江西省社会科学规划青年博士基金项目（17BJ16）

国家自然科学基金项目（51768026）

国家自然科学基金项目（51568025）

抚河流域地区
传统聚落空间形态研究

段亚鹏　著

中国建筑工业出版社

图书在版编目（CIP）数据

抚河流域地区传统聚落空间形态研究 / 段亚鹏著 . —北京：
中国建筑工业出版社，2017.10
ISBN 978-7-112-21230-9

Ⅰ. ①抚⋯ Ⅱ. ①段⋯ Ⅲ. ①聚落地理—空间形态—研
究—江西 Ⅳ. ① K928.5

中国版本图书馆 CIP 数据核字（2017）第 225411 号

责任编辑：刘 丹 刘 川
责任校对：李美娜

抚河流域地区传统聚落空间形态研究

段亚鹏 著

*

中国建筑工业出版社出版、发行（北京海淀三里河路 9 号）

各地新华书店、建筑书店经销

北京佳捷真科技发展有限公司制版

北京中科印刷有限公司印刷

*

开本：787×960 毫米 1/16 印张：23¼ 字数：469 千字
2017 年 12 月第一版 2017 年 12 月第一次印刷
定价：**68.00** 元
ISBN 978-7-112-21230-9
（30879）

前　言

　　传统聚落与地域环境紧密结合，是建筑文化一笔重要的历史遗存，是我国民间优秀文化生存发展的根基。在现代工业文明和信息化时代背景下，国家和社会各界充分重视传统聚落的普查、研究和保护工作。

　　抚河流域地区位于江西省东部，传统聚落数量众多，分布密集，按聚落遗存的价值来看，属于研究薄弱的地区。抚河是江西省境内的第二大河，是连接南部武夷山地区和赣中部赣抚平原的纽带，是一条历时千载的水运通道，促进了其周边聚落的产生、发展，对沿线聚落的布局、经济发展、文化交流都产生了重要影响。本书研究的区域属临川文化圈的范畴，临川文化是赣东江右民系创造出来的区域性文化，亦为江右文化的重要支柱，该地区自然地理条件优良，农业发达，历史人文底蕴深厚，明清商业贸易繁盛，拥有得天独厚的自然人文背景。由于区域地理环境和区域文化的特殊性，产生了大量地域性特征鲜明的聚落，布局典型，类型丰富，建筑形态自成体系，是江西乃至中国传统聚落研究的重要范本。本书从传统聚落产生的背景入手，从宏观、中观、微观三个层次，对抚河流域地区的传统聚落空间形态进行分析与研究，并以比较的视角将抚河流域地区传统聚落进行区内外对比，最后由表及里，分析传统聚落空间形态与其影响因素之间的关联。

　　首先，在宏观层面研究传统聚落形成与整体分布，从地理环境、经济、文化等方面分析对传统聚落形成分布的影响，并从聚落群的角度分析了传统聚落群的形成模式和空间分布形态，最后分析了抚河对该地区传统聚落发展的影响。

　　其次，在中观层面对抚河流域地区传统聚落空间形态进行研究。以形态学和图形学理论为基础构建出本书采用的聚落空间形态的研究方法，包括聚落环境匹配、聚落整体形状、聚落空间结构、聚落街巷组织、聚落节点布置和传统建筑形态六个方面。本章主要介绍前五个方面，由远及近、由整体到局部分析传统聚落与自然环境契合的关系，聚落在立面和平面上的形态，空间要素之间的结构组织，街巷空间的平面肌理及界面构成，节点在聚落中的位置对聚落整体布局的影响和节点空间的形态。

　　然后，在微观层面研究传统聚落中的细胞——传统建筑的形态特征。抚河流域地区从北往南，由于受所处的地理位置和文化交流的影响，传统建筑在微观上呈现出片区化特征。结合地理位置、历史上的行政区划和建筑文化的差别，将该地区传统建筑分为两个片区，分抚河下游地区（主要是原抚州府辖区）和抚河上游地区（主要是原建昌府辖区），分别以其中特征较为鲜明的两个县域为代表，选取其中较有代表性的建筑类型，如祠堂、官厅和民宅等进行详细分析，总结出该片区各类型及总体建筑特征。

最后，以比较的视角、关联的角度分析抚河流域地区传统聚落空间形态内外区域比较和传统聚落空间形态与其影响因素之间的关联。①以比较的视角将抚河流域地区的传统聚落与赣东北地区徽派聚落和赣江流域吉安地区的传统聚落从生成背景、聚落空间形态进行对比分析。通过比较，总结抚河流域地区传统聚落空间形态的典型性，进一步确立其赣派聚落的地位。②以关联的角度分析传统聚落形态与其影响因素之间的联系。传统聚落空间形态的形成是受综合因素的影响，影响因素之间的关系错综复杂。本书主要从各影响因素如何作用于聚落的空间形态，从表征和背后的动力因素之间寻找其中的关联。

本书主要采用实证分析与理论研究相结合，系统整体分析与比较对比研究相统一的研究方法，对抚河流域地区的传统聚落空间形态进行深入研究，得出以下主要结论：抚河流域地区复杂的自然地理条件和"仕、商、儒、耕"的社会文化背景对传统聚落空间形态特征产生了深刻的影响。该地区传统聚落分布密集，以中小规模为主，空间均质化，有村堡和里外堡式两种典型模式，建筑工艺精良，是赣派聚落的典型代表。同时，在建筑文化分区上，传统聚落空间北部呈现出"规矩、儒雅"的特征，南部相对来说则具有"张扬、多元"的特征，总体上呈现出"和而不同"的风格。

传统聚落文化是乡土文化的根，尤其在江西抚河流域地区农耕文明发育完好并且是农耕经济向小商品经济过渡得较好的地区。该地区的传统聚落呈现出与其经济形式（农耕经济和小商品经济结合）相适应的形态，是中国"农商"结合的聚落形态的典范。

目　录

1

绪论

1.1 研究背景与意义

1.1.1 研究背景

1. 时代背景：传统聚落研究的重要性

广义的聚落是人类各种形式聚居地的总称，覆盖了社会、经济、文化等不同的层面，是人们居住、生活、休息和进行各种生产活动的场所。传统聚落是历史时期人类活动和自然环境相互作用的结果，是非物质文化的物质载体。历经五千年文明，我国广袤的大地上由于地理环境、民俗文化等的差异，形成了形态万千的聚落，展现了丰富多彩的特色地域文化。

近年来，经济高速发展，由于受到现代工业文明和信息文明的强烈冲击，地方特色和文化多样性逐渐消失。这种变化使人类社会从古至今不断延续的文化经验和生活方式的传承受到极大的挑战[①]。1999 年第 20 届世界建筑师大会《北京宪章》明确指出了 20 世纪城市化进程中出现的一大问题："地域文化的多样性和特色逐渐衰微、消失……建筑文化和城市文化出现千篇一律的现象和特色危机。"[②] 随着工业文明的不断深入，城镇化进程的强势推进，在广大的农村地区，传统的农业耕作方式正在被快速淘汰，代表本土化和地域化的传统聚落遭受了前所未有的毁坏，正在以惊人的速度消亡。湖南大学中国村落文化研究中心经过多年田野调查发现，在长江、黄河流域，具有研究价值的传统村落从 2004 年的 9707 个锐减到 2010 年的 5709 个，平均每年递减 7.3%，每天消亡 1.6 个。因此，传统聚落的研究在当下是非常重要的课题。

传统聚落是我国丰富的民间文化生存发展的根基，融合了乡土文化和积淀千年的建筑技艺，因自然地理和社会文化等因素的差异，呈现地域性的特征，是千百年来人们顺应、改造和利用自然所积累的科学技术和生活经验的结晶，具有较高的文化价值[③]。传统聚落是历史文化载体，它所承载的有关中华民族文化的历史信息更具鲜活性，是我们中华民族文明发展史的"实证"，是中华文明渊源有字的"活证"。因此保护和研究传统聚落具有重要意义。

在大的时代背景下，国家和学界开始重视对传统聚落的普查、研究与保护。2013 年 11 月 29 日由《中国建设报》和福建泰宁联合举办的"泰宁·首届中国

---

① 荆其敏，张丽安. 中外传统民居 [M]. 天津：百花文艺出版社，2004.
② 吴良镛. 国际建协北京宪章：建筑学的未来 [M]. 北京：清华大学出版社，2002.
③ 李晓峰. 乡土建筑：跨学科研究理论与方法 [M]. 北京：中国建筑工业出版社，2005.

城镇高峰论坛"以"新型城镇化背景下如何科学打造特色城镇和复兴城镇传统建筑文化风貌"为主题，围绕"城镇风貌与新型城镇化建设""城镇风貌的保护与更新""城镇建筑文化风貌的理想与现实"等系列当前面临的问题进行研讨。住房和城乡建设部办公厅 2013 年 8 月 18 日下发《关于开展传统民居建造技术初步调查的通知》，要求各地组织开展传统民居建造技术调查，并将根据调查结果，整理中国传统民居分类谱系，编纂《中国传统民居建造技术实录》。在 2014 年 8 月 20 日住房和城乡建设部召开的中国传统村落保护工作会议上，住房和城乡建设部村镇建设司发言称，目前我国已经完成全国首次传统村落调查，掌握了近 2 万个传统村落的基本信息，2 批共有 1500 多个有重要保护价值的传统村落列入了中国传统村落名录。2014 年 9 月第三批名录公布后，中国传统村落名单已经突破 2000 个。另外一个值得注意的现象是 2014 年军转干考试申论热点为"传统村落保护研究"，说明传统聚落的保护研究已是国家及社会各界非常关注的热点问题。国家及社会各界对传统聚落的保护和可持续发展的重视程度越来越高。为严厉打击贩卖传统民居和偷盗构件的行为，2015 年 7 月 3 日住房城乡建设部、国土资源部和公安部联手发布了《关于坚决制止异地迁建传统建筑和依法打击盗卖构件行为的紧急通知》，对传统古建筑被偷盗、拆解贩卖等行为发出"追缉令"，为日后形成相关的法律文件奠定基础，以便做到对破坏传统村落的行为形成有法可依的管理模式，树立起全民的保护意识。社会各界对传统聚落保护及未来发展的参与热情逐渐高涨，由北京大学深圳校友会、奥雅设计集团公益基金、阮仪三城市遗产基金会等机构成立了大型公益性社会组织"古村之友"，有全国近 30 个省、近 100 个县市共计数万的古村落保护与活动志愿者参与。一股强大的民间力量在关注全国范围内的传统聚落的状况并推动其向健康可持续化方向发展。关注与研究传统聚落是对历史文明的延续，是对文化遗产的敬畏，也是时代赋予我们的责任。

2. 区域特色：临川文化影响下的赣派聚落的代表

研究传统聚落民居结合民系逐渐成为热点，"研究民居已不再局限在单个村镇或一个小范围的聚落群，而要扩大到一个文化区域，即我们称之为一个民系的范围中去研究。"[①] 以更宏阔的视角，从文化圈、民系、地区范畴来研究传统聚落，是学界研究的趋势，并已取得了一定的研究成果。江西省属于东南汉族五大民系中的湘赣系，自古便有先民在这块富饶的土地上创造了悠久灿烂的历史文化。赣文化由特定的历史背景和自然地理环境所决定，在这片广袤的土地上，伴随着文化的产生、交流、融合，产生出一系列的分支，包括豫章文化、浔阳文化、袁州文化、临川文化、庐陵文化、赣南客家文化等子文化系统。这些文化子系统基本

---

① 陆元鼎主编. 中国民居建筑（上）［M］. 广州：华南理工大学出版社，2003.

上是基于古代的行政建置范围内孕育出来的区域文化。本书研究的抚河流域地区属于临川文化圈的范畴。

关于江西省的传统建筑文化分区，已有学者进行了研究，并取得了丰厚的研究成果，比较典型的有东南大学李秋香的硕士论文《江西传统民居及区系研究》（2001）和华南理工大学潘莹的博士论文《江西传统聚落建筑文化研究》（2004）。

前者主要按照江西的自然地理环境划分，认为传统建筑的风格与自然地理特质相关，而且历代的建置也基本上依据自然地理特征的天然界线来划分，后来由于建置划分越来越细之后不再单纯按照地理特征来划分了。忽略今天的行政区划，按地理环境特征将江西民居划分为五大区系：赣东区系（赣江之东的市县）、赣南区系（赣南部的赣州市、赣县）、赣西区系（江西西部和西北部，赣江以西的市县）、赣北区系和婺源区系（图1-1）[①]。后者将建筑区划方法中的从影响因素出发称之为"自上而下"的研究方法，从建筑本体出发称之为"自下而上"的研究方法，根据行政地域、社会文化和建筑本体特征等因素综合考量，将江西传统聚落划分为环鄱阳湖区系、吉泰区系、建抚区系、婺源区系、广信区系、赣南区系和袁锦区系七个区系（图1-2）[②]。

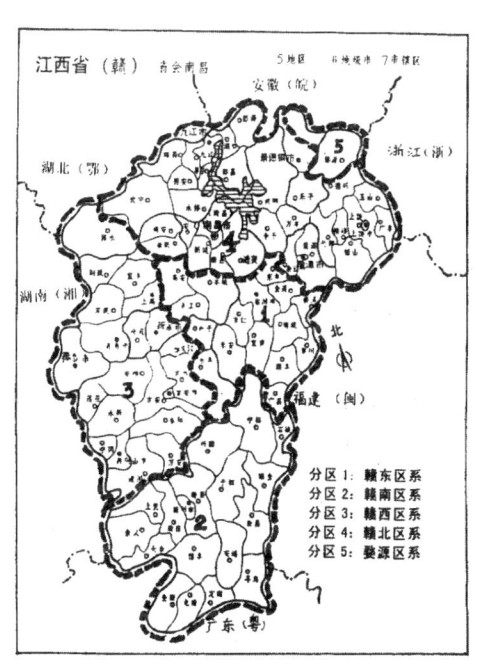

图1-1　江西传统建筑区系划分

（来源：李国香. 江西传统民居及其区系研究［D］. 南京：东南大学，2001。）

本书所研究的区域——抚河流域地区，位于赣东地区，基本与潘莹所划分的建抚区范围大致相似。建抚区的范围基本对应明清时期的抚州府和建昌府，即今天抚州市的行政区。本书研究的地区不仅属于地理学上抚河流域地区范畴，还是赣文化子系统文化分布上的临川文化系统。本书在前人已有的研究基础上，进一步从人文地理的视角，深入挖掘该地区传统聚落的空间形态特征。

江西省传统聚落的类型丰富，呈现出明显的区域特色。江西历史上处于"吴

---

① 李国香. 江西传统民居及其区系研究［D］. 南京：东南大学，2001.

② 潘莹. 江西传统聚落建筑文化研究［D］. 广州：华南理工大学，2004.

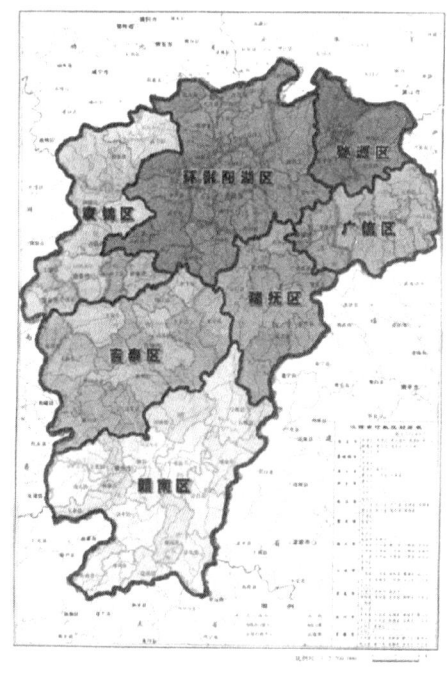

图 1-2　江西传统建筑区系划分

（来源：潘莹. 江西传统聚落建筑文化研究 [D]. 广州：华南理工大学，2004.）

头楚尾"，位于我国的东南部，北接安徽省和湖北省，南邻福建省和广东省，由于特定的历史文化背景，长期以来受文化交流的影响，赣文化既是向其他地方的文化输出源，同时也吸纳融汇其他文化（图 1-3）。江西本土的文化一方面是特定地域条件下孕育的赣文化，另外一方面受到周围其他文化的影响，整体上呈现兼容并包的气质。江西省北部地区受强势的徽派文化的影响，赣东北地区的传统聚落呈现徽派聚落特征。由于历史上的"江西填湖广"移民背景，江西是赣文化的输出地，所以鄂东南地区的建筑深受赣派建筑的影响。在江西省的南部受闽粤建筑文化和客家移民形成的客家文化影响，赣南地区的传统聚落以客家围屋为主。客家围屋主要分布在赣南、粤东北和闽西南。从文化类型和建筑风格上可将江西的传统聚落分为：赣东北地区的徽派聚落、赣中地区的赣派聚落和赣南地区的客家围屋（图 1-4）①。赣派聚落是赣文化的物质载体和文化符号，彰显了赣文化的独特气质，具有不同于徽派和其他类型聚落的特征。抚河流域地区位于江西省东部，临川文化是赣文化的重要支柱，所孕育的传统聚落属赣派聚落的范畴。

抚河流域地区缔造了辉煌灿烂的历史文化，是临川文化的发祥地。历史上的临川，不仅指现在的临川区，还包括金溪、东乡、崇仁、资溪、宜黄、南城、南丰、黎川、广昌等多个县区，是一个宽泛的临川文化地理范畴。临川文化是抚州江右民系创造出来的区域性文化，生成于秦汉，兴盛于两宋，延绵于明清，影响于当今，以临川古治属为核心，涵盖现今抚州市十余县区，为江右文化的重要分支②。"临川文化"是古代临川区域人民所创造的独特的区域文化形态，其地理环境和人文环境统一，个性鲜明和独特，成就巨大且突出。临川文化经历了从远古至隋唐的漫长发展途程，至宋代有了自身的长期深厚积累，大放异彩，在中华文明史中有非常重要的价值和地位。抚州地区水系密集，气候温润，大部分地区

---

① 方志远、冯淑华. 江西古村落的空间分析及旅游开发比较 [J]. 江西社会科学，2004，8：220-223.

② 中国临川网，http://www.zgfznews.com/linchuanwenhua/fuzhoulvyou/youbianfuzhou.

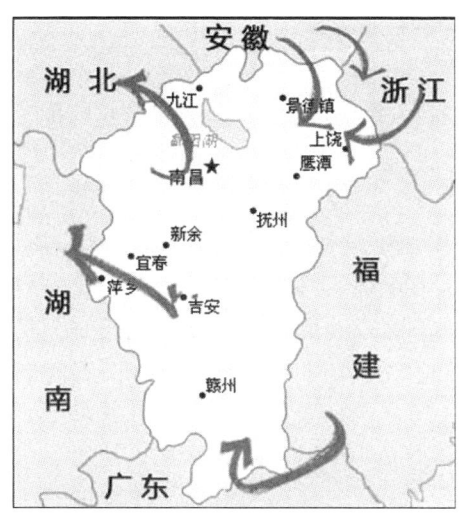

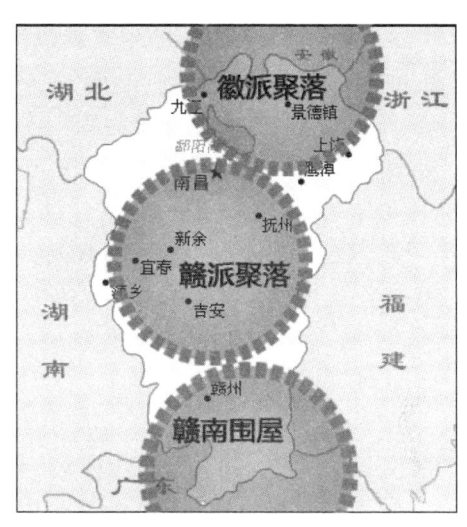

图1-3　江西与周围地区文化流示意图
（来源：作者自绘）

图1-4　江西传统聚落类型
（来源：作者自绘）

处于赣东盆地，在这样优异的自然条件下自古以来以农耕为重，读书之风尤为兴盛，科举入仕的人员极多。据统计，由宋至清，仅临川一县进士及第者超过两千之数。笔者在调研的过程中发现，很多传统村落历史上都出过几名甚至几十名举人、进士，堪称"科举世家"，其整体数量之多，分布之密集在中国实属罕见，素有"临川才子金溪书"之说。在科举文化兴盛、教育水平较高的社会背景下，诞生了著名政治家王安石、心学创始人陆九渊、著名文学家曾巩和晏殊、曲坛巨星汤显祖等对于推进中国历史进程发展作出巨大贡献的仁人志士，还有大批由学而仕的历史名人，如明礼部尚书徐琼、明大学士蔡国用、明工部侍郎胡桂芳等。抚州自明初以来，商品贸易发达，墟市较多，农村市场亦较发达。直至明中期，其数量远超过同一时期的福建和珠江三角洲等地区。抚州明时期不仅产生大量墟市，且出现了如金溪浒湾、宜黄棠阴和临川上顿渡等商业和手工业较为繁荣的市集，其规模与层次均较高[①]。

　　该地区自然地理条件优良，农业发达，历史人文底蕴深厚，明清商业贸易发达，拥有得天独厚的自然人文背景。由于区域地理环境和区域文化的特殊性，产生了大量的聚落，具有鲜明的地域性。抚河流域地区传统聚落布局典型，类型丰富，建筑形态自成体系，是江西乃至全国传统聚落研究的重要范本，是赣派聚落的典型代表。

---

　　① 王根泉. 明清时期一个典型农业地区的墟镇——江西抚州府墟镇试探［J］. 南昌大学学报：人文社会科学版，1990，2：84-88.

3. 文化线路视角：抚河流域地区传统聚落的规律性

线性文化遗产是一种全新的文化保护理念，也是近年来世界文化遗产类型中新兴的一种类型。线性文化遗产是指在拥有特殊文化资源集合的线形或带状区域内的物质和非物质的文化遗产要素，由特定线索将一些原本不关联的城镇、村庄等串联起来，构成链状的文化遗存状态，真实再现历史文化信息的交融，并赋予作为重要文化遗产载体的人文内涵①。文化线路强调的是不同地区、不同民系、不同文化之间的交流，可以依附于水路、陆路和其他的实体形式，形成一个持续的动态系统。1994 年，国际古迹遗址理事会在马德里召开的"线路——我们文化遗产的一部分"会议上，文化线路的概念正式提出。随后在 1998 年成立了专门研究文化线路的机构，并召开多次会议，进一步完善文化线路的保护、价值评定、世界遗产申报程序等。2008 年 10 月，国际古迹遗址理事会第十六届大会上通过《文化线路宪章》，标志着文化线路正式成为世界遗产保护的新领域。

随着文化线路在世界遗产保护领域研究的不断升温，文化线路遗产受到了各国的高度重视，已被批准为世界文化遗产的有法国的米迪运河、奥地利的赛默林铁路和印度的大吉岭喜马拉雅铁路等。我国线性文化遗产类型丰富，有举世瞩目的大运河、丝绸之路、茶马古道等，其中大运河 2014 年 6 月成功入选世界文化遗产名录。文化线路的发展离不开人的活动交流，随着文化线路的兴衰，其沿岸产生发展了一大批区域聚落。文化线路上的传统聚落是我国时代特征明显、地域性鲜明的聚落典型。文化线路上的传统聚落的研究越来越受到专家学者的重视，目前已取得了一定的研究成果，如《川盐古道上的传统聚落与建筑研究》（赵逵，2007）、《隋唐大运河通济渠与沿岸聚落空间关系研究》（王金根，2012）、《松茂古道沿线聚落探析》（郑芹，2012）等。

抚河是江西省境内的第二大河，是连接南部武夷山地区和赣中部赣抚平原的纽带，是一条历时千载的水运通道。抚河促进了其周边聚落的产生、发展，对沿线聚落的布局、经济发展、文化交流都产生了重要影响。抚河流域地区的传统聚落依附于这条水运线路，在特定的地理环境和文化背景下形成了独特聚落形态体系。从文化线路的视角，本研究分析抚河流域地区传统聚落的空间形态、分布规律及空间形态与影响因素的关联。

1.1.2 研究意义

吴良镛教授在《广义建筑学》中指出："从原始时代的穴居和巢居，到后来

① 单霁翔. 大型线性文化遗产保护初论：突破与压力［J］. 南方文物，2006，3：2-5.

的村、镇和城市，我们都可以看到聚居存在的重要性——只有单体建筑而没有聚居的概念，不可能完整地解释历史上人类的建筑活动。"本书以"聚落"为整体，选取抚河流域地区的传统聚落为研究对象，揭示特定自然地理条件、社会文化背景、时空维度下的聚落空间形态特征及空间分布关系。

1. 建筑史学意义

1）进一步完善文化线路视角下的聚落理论研究

目前学界对文化线路视角下的聚落研究已取得了丰硕的成果，为后继的研究打下了坚实的基础。受人为因素影响较大的线路如京杭大运河、茶马古道、丝绸之路上的传统聚落研究被关注较多，而对自然河域的水系线路下传统聚落研究则相对较少。前者受政治、经济等因素的影响，聚落形成的主动性因素较大，而后者则相对较小。本书选取文化线路——抚河为自然河，其周围的聚落处在相对单一的文化背景——临川文化圈，从系统整体和比较对比的层面，分析和总结传统聚落空间形态特征。

2）继续补充和深化抚河流域地区传统聚落研究成果

据不完全统计，抚河流域地区目前现存传统聚落有200多处，类型多样、遗存丰富，虽然也有学者对赣东地区即基本相当于抚河流域地区（建抚区）的聚落进行了分析，还有一些个案的研究，取得了初步研究成果，但对整个区域而言研究不够深入，缺乏系统性，聚落价值未得到充分挖掘。本书从文化线路的角度建立整体系统—部分对比的框架，从整体区域角度把握聚落规律，在对比中进行区系内部的比较，揭示其变化，对江西传统聚落研究作有益的补充。

3）明确抚河流域地区流域传统聚落是赣派聚落的典型代表

纵观目前江西传统聚落的研究成果，赣东北地区的徽派聚落和赣南地区的客家围屋受到学者的重视，已经有一定量的研究成果。赣东北地区的徽派传统聚落已经形成了品牌并积累了一定的研究成果。赣中地区的赣江流域和抚河流域地区是主流赣文化影响下形成的赣派聚落，其中赣江流域庐陵文化影响下的吉安地区研究已较为深入，而临川文化影响下的抚河流域地区的传统聚落的研究较少，与实际存在的物质遗存的丰富度不够匹配。本研究一方面为抚河流域地区研究薄弱地区提供补充资料，另一方面通过比较对比的角度，深入总结和挖掘赣派聚落的特征和价值，进一步确立赣派聚落在全国聚落体系中的地位。

4）丰富中国传统聚落的研究内容与体系

全国范围内由于地理环境和人文背景的不同，形成丰富多样的传统聚落类型。根据文化背景和历史区域可分为徽派聚落、西北地区聚落、山西大院建筑群、岭南聚落、西南少数民族聚落等①。从地形和聚落的形态上，可以分为平原聚落、

---

① 孙大章，中国传统民居［M］．北京：中国建筑工业出版社，2003.

山地聚落、丘陵聚落、草原聚落、水域聚落和堡寨式聚落等①。本书调研抚河流域地区的传统聚落除了普通的在地理学上按地形环境可以分为山地型、滨水型、平原型和岗地型外，从空间的组织模式上发现有不同于北方长城沿线堡寨式聚落的"村堡式"，这是一种特殊的聚落形制，同时在南丰地区发现"里外堡"式的另一种聚落模式。对抚河流域地区传统聚落空间形态的研究有助于进一步丰富对我国传统聚落的类型和聚落研究体系。

2. 社会文化意义

优秀的传统聚落文化的延续是现代文明发展的根基。我国现代工业化文明的发展和经济的发展，对传统聚落形成巨大的冲击，传统聚落中的传统风貌和生活空间正在被"经济成就"和"现代化"等理念所取代。传统聚落历史文化的记录，一直在不断地演变和发展。然而，创造和谐的社会文化，应是建立在乡土文明的延续上，否则将丢失中国传统乡土文化的根②。对抚河流域地区传统聚落的研究，有助于发现并揭示传统聚落中尊重自然、适应环境的"天人合一"的价值观和和谐社会的文化观念。

3. 社会现实意义

学习和总结传统聚落的营建方式可为当下聚落规划和地域建筑设计提供借鉴和参考。一种文化，一种建筑形式或者说建筑体系，能够经历漫长的历史而不衰亡，说明它在发展的过程中积累了无比丰富和宝贵的经验，能经得起冲击和考验③。抚河流域地区的传统聚落历经几百年甚至长达千年的发展，形成了适应地理环境、适应气候条件的聚落模式和建筑形态，总结和挖掘传统聚落契合山水环境的空间模式，"近水利，避水患"的生存策略，表达历史文化等建筑语言，可为当代传统聚落和地域建筑设计提供理论指导。

1.2   研究范畴

1.2.1   地域范围

抚河流域地区位于江西省东部（图1-5），抚河南北贯穿江西省东部，是鄱阳湖水系主要河流之一，发源于武夷山脉西麓广昌县驿前镇的血木岭，向东北流经广昌县、南丰县、南城县、临川区、进贤县，抵达箭江口后，经梁家渡由青岚

---

① 管彦波，论中国民族聚落的分类［J］．思想战线，2001，2：38-41.
② 王韡．徽州传统聚落生成环境研究［D］．上海：同济大学，2006.
③ 李允鉌．华夏意匠［M］．天津：天津大学出版社，2005.

湖入鄱阳湖，全长 349km。在抚州市下源村附近纳入宜黄水和宝塘水之前称为盱江，之后称为抚河，流域面积 1.5811 万 km²。经进贤县、南昌县之后分为两支，右支入青岚湖，左支流入金溪湖之后向北流经余干县，分两支汇入鄱阳湖。抚河的主要支流有九剧水、沧浪水、黎滩河、龙安水、桐埠水、金溪水、崇仁河、宜黄水等。本书主要的研究区域为抚河及其支流流经的广昌县、南丰县、黎川县、南城县、资溪县、金溪县、宜黄县、崇仁县、临川区、东乡县、进贤县 11 个县区（图 1-6）。该区域内传统聚落分布密集，保存完好，其中金溪县双塘镇竹桥村、琉璃乡东源村被评为中国历史文化名村，广昌县驿前镇、宜黄县棠阴镇、进贤县架桥镇陈家村、东乡县黎圩镇浯溪村、崇仁县相山镇浯漳村、黎川县华山场洲湖村被评为江西省历史文化名村。此外，还有大批肌理格局完整，历史风貌较好的传统村落，具有较高的研究价值。

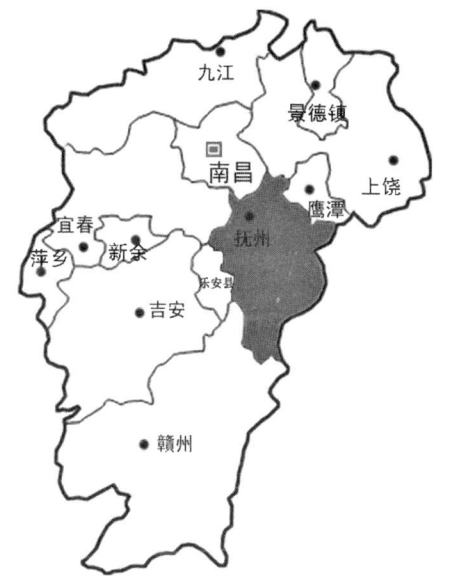

图 1-5 抚河流域地区在江西省的区位图

（来源：作者自绘）

图 1-6 抚河流域地区各县区分布图

（来源：作者自绘）

1.2.2 研究对象

本书的研究对象为"聚落"。聚落来源于人类的聚集，是人与环境相互作用、相互适应的结果。在《辞源》中，"聚，谓村落也，为人所聚居"，侧重社会的概念；"落，所居之处，如部落、墟落、村落"，侧重环境的概念。在《辞海》中，"聚"，有村落、会集、积聚的意思。而"落"，则是人聚居的地方，并引《汉书·仇览传》："庐落整顿"，《广雅》："落，居也。案今人谓院为落也"①。关于传统聚落没有统一的识别标准，一般泛指那些具有一定的历史形成、发展阶段，与现代农村、市镇、城市相比，其存在和延续具有连续性、稳定性，其发展过程受传统的因子影响为主，沉淀和积累的传统因子在聚落形态、结构、空间、建筑、自然、文化、社会环境等方面表达清晰、完整，能全面、系统地反映与之相应的聚落与建筑空间形态特征②。聚落一经形成，就占据着一定的地表空间，并在各种自然、人为因素影响下，形成一定的用地轮廓形态，即是聚落的空间形态。美国学者戈登·威利对聚落空间形态给出下面的定义："人类在土地上安置自己的方式，它涉及住房和社会性质的其他建筑的布局，这些布局反映自然环境和建造者的水平及控制的各种制度。"

　　本书所讨论的传统聚落是指具有一定历史传承的村落，是历经农耕经济体制下的基层社会在一定的空间地域上的投射，表现为一定区域内人的活动与自然环境、人工环境在时空上的集聚与整合。这些聚落里保留有公共、文化、宗教性质的建筑物，如祠堂、书院、牌坊、庙宇、传统街巷等历史要素，并在一定程度上保存传统聚落格局和古朴的建筑风貌。本书中的传统聚落即"乡土聚落"，自从人类社会诞生之时就存在，历史上大多数村居环境的形成与专业建筑师并无关联，而是由当地的居民，或有名望和文化的乡绅以"乡土"的方式自行规划创造，即使今日世界上仍有大多数人依然居住在各种乡土聚落中③。抚河流域地区的传统聚落涵盖以下两种类型：一是传统风貌保存较好、肌理相对清晰的村落；二是历史久远、传统建筑局部保留、整体格局基本存在的聚落。

　　"形态"一词《辞海》中的解释为形状和状态，指事物在一定条件下存在的形状和各元素之间组织的状态。"聚落形态"最初源于人文地理学领域，美国考古学家戈登·威利将其定义为："人类将他们自己在他们所居住的地面上处理起来的方式，包括房屋、房屋的布置方式及与社团生活相关的建筑物的性质和处理方式。"④他一方面从物态上认为房屋及其他人工构筑的环境是形态的表现部分，同时意识到物质形态背后的社会关系是影响聚落形态的形成因素。此后聚落形态的概念则扩展到是人类活动在特定背景下的社会、文化、生态等多重系统构建下的聚居点的物态表达。空间形态是特定的背景下，空间元素组织围合形成的形状和能够被人感知的状态，是一种复杂的经济、社会现象，是在特定地理和社会环境中，人们的各种活动与自然因素相互作用的综合结果，是人们通过各种方式去

①　王韡. 徽州传统聚落生成环境研究［D］. 上海：同济大学，2006.
②　杨定海. 海南岛传统聚落与建筑空间形态研究［D］. 广州：华南理工大学，2013.
③　王路. 村落的未来景象——传统村落的经验与当代聚落规划［J］. 建筑学报，2000，11：16-22.
④　Willey G R. Prehistoric Settlement Pattern in the Vim Valley［M］. Peru：Bureau of American Ethnology, Smithsonian Institution, 1953, 1.

认知、感知并反映聚落意向的总体①。传统聚落的空间形态是指在一定的区域环境内，在特定的人文历史背景和自然环境因素影响下，经过长时间的历史发展，聚落中的各空间构成要素通过一定的结构关联而形成的空间状态，是物质空间的外在表现形式。它具有物质性和精神性。物质性是指空间要素及构成整体的实体存在，精神性是人们通过空间的认知能感受到的区域性的历史文化、生活方式等深层次的精神文化内涵。本书讨论的传统聚落空间形态偏重物质层面，涵盖宏观上聚落群总体的空间分布、中观上的聚落布局及空间组织方式包括选址、布局形状、格局构成、街巷组织、组织模式、节点布置等，微观上则是构成聚落的细胞——传统民居的建筑形态。传统聚落空间的物质形态是人群活动的物质载体，在生活中被感知，并依赖物质形态表现出来。

1.3　相关研究现状

1.3.1　国外聚落研究概况

1. 关于聚落的研究

国外关于聚落的研究要比国内早近百年的历史，对中国的聚落研究在研究方法、研究技术、研究理论方面都起到了指引作用。对乡土聚落的关注和发展，已有一百多年的历程，德国地理学家科尔（J.G.Kohl）1841 年在《交通殖民地与地形之关系》一书中，将聚落分为都市、集镇、农村等聚落类型，并对不同类型进行了比较研究；1895 年，迈岑（A.Meitzen）对德国北部地区的农村聚落的形态、成因、演变过程进行了研究②；1964 年著名建筑理论家伯纳德·鲁道夫斯基出版了专著《没有建筑师的建筑》，向世人展示了充满地域性和民族性特色的乡土建筑，成为倡导研究"非正统"建筑的开山之作，在建筑学界引起强烈的反响。布伦斯基尔（Ronald Brunskill）也是最早从事乡土聚落研究的学者之一，他的主要观点是，乡土聚落的建造多遵循当地的建造习惯，聚落功能对聚落形态起主要作用，同时建造材料多采用本地材料③。西方的建筑学和城市规划学领域的学者自 20 世纪 50、60 年代便对乡土聚落的形态展开大量研究，包括聚落形态及其背后的成因，国内乡土聚落的研究起步较晚，多是借鉴了国外的相关研究成果。

---

① 武进. 中国城市形态——结构、特点及其演变 [M]. 南京：江苏科技出版社，1990.

② 孙夏. 济南朱家峪古村落聚落空间形态研究 [D]. 济南：山东建筑大学，2011.

③ Brunskill R W. Illstrated landbook of Vernacular Architecture [M] 4ᵗʰ ed. London：Faber and Faber，2000：27–28.

西方关于乡土聚落的研究范围广泛，采用学科交叉的方法，受到社会学界哲学思潮影响，同时每个领域亦有自己的侧重，以下主要介绍聚落的基础性研究、人文地理学、社会文化学等方面国外的理论研究进程。

对聚落基础性研究，美国阿摩斯·拉普卜特在《宅形与文化》一书中，通过大量案例分析了世界各地的住宅形态，研究了住宅与聚落的自然适应性与文化适应性；日本藤井明的著作《聚落探访》对大量的案例进行研究，阐明聚落生成的三个步骤：选址、内部空间的序列化和精神特征的注入；日本建筑学家原广司（2003）在《世界聚落的教示100》中，对世界范围内丰富的聚落案例进行调查与研究，从建筑设计的角度，由细致的建筑元素分析到宏阔的思考，提炼的关键词中所涵盖的聚落特性涉及自然、时间、空间、文化等诸多要素。

在人文地理学领域，法国地理学家在19世纪就开始了对乡村聚落的研究，随后德国地理学家对乡村聚落、土地利用、农业活动和乡村文化景观等问题进行了系统研究。乡村地理学主要研究乡村的形成、发展演变及功能和空间体系分布规律，在探讨乡村自然、经济、社会、文化的空间变化的同时探索乡村地区发展的规律和途径[①]。19世纪末以来，聚落地理学逐步发展为独立学科，并在各国形成不同学派和不同研究特色。德国、英国和法国在聚落景观，聚落历史地理学，从社会、自然综合观点研究聚落方面成果突出。随着工业化和城市化进程的加快，有关城市经济结构、职能、类型等问题的研究，成为现阶段聚落地理学的研究内容[②]。

在文化人类学方面，近代西方文化人类学家把聚落视为一个文化系统深化了聚落的研究，而对人格心理学家荣格的"集体无意识"概念的引用，则更将聚落研究引向深层结构的探索"集体无意识"，反映了人类在历史演化过程中的集体经验，是精神中最重要的和最有影响力的一部分，并且它的一切内容都寻求各自的外在表现形式——"集体表象"。路易斯·H.摩尔根将文化人类学与建筑学相关联，创立"人类空间关系学"，将聚落引入文化人类学中，以社会结构及其演变进化为时空骨架的分析方法在更深层面求本溯源地探索聚落的生成与发展[③]。

国外采用现象学方法对聚落进行研究，诺伯格－舒尔兹（Norberg-SChulz）认为可以采取形态学、场所学和类型学的方法。民族学包括社会学、人类学、考古学等分支，对聚落的研究主要围绕移民、方言民系及以地域性为基础的三个民俗主题展开，借鉴文化人类学的方法成果，结合历史地理学的经验资料等进行综

① 朱炜. 基于地理学视角的浙北乡村聚落空间研究 [D]. 杭州：浙江大学，2009.

② 郭晓东. 黄土丘陵区乡村聚落发展及其空间结构研究——以葫芦河流域为例 [D]. 兰州：兰州大学，2007.

③ 王绚. 传统堡寨聚落研究 [D]. 天津：天津大学，2004.

合研究，在对聚落进行静态分析的同时，也注意探寻聚落形态的变迁及其社会动因。国外关于聚落的研究起步较早，积累深厚，不管是研究方法上的架构，还是技术上的革新、研究思潮的影响都对我国聚落研究起到重要参考和借鉴意义。

2. 关于聚落空间的研究

国外关于空间形态的研究已有成熟的理论架构，并对我国的聚落空间研究发展产生了重要的影响。其中影响较大的是美国城市设计学者凯文·林奇（Kevin Lynch）的《城市意象》，根据城市景观对人们空间认知和记忆影响的调查分析，将城市从感知意象的角度分为路径、边界、地域、节点和地标五个要素，注重内部元素的研究。这一理论是针对城市聚落的解读，而对传统聚落的空间解读则需进行调整。

杨·盖尔（Jan Gehl）在 1971 年出版《交往与空间》（*Life between Buildings*）对斯堪的纳维亚和欧美其他地区的城市居住区规划产生了广泛的影响。他强调空间里的活动性，将人们日常生活空间分为建筑内部空间与建筑和建筑围合而形成的外部公共空间。同时根据人们的户外活动分为必要性活动、自发性活动和社会性活动，由此对应的空间为必要性活动空间、自发性活动空间和社会性活动空间。

诺伯格 – 舒尔茨的《存在·空间·建筑》从任何空间知觉均有意义作用，与更稳定的图式体系相对应这一观点出发，引入以人为主体的空间坐标系。他的另一本著作《建筑——存在、语言和场所》从图形的角度，以类型学、形态学和拓扑学的方法解读了建筑与空间。

建筑师克里斯托弗·亚历山大（Christopher Alexander）在他的《建筑模式语言》中关于图式语言，总结出空间关系作为设计的基本原理。建筑理论家志水英树在《建筑外部空间》一书中，将聚落的空间结构分为边界、场所、出入口、通道、标志、周边 6 要素，并提出"硬空间"与"软空间"的概念。

康恩泽学派（Conzen）提出市镇平面分析理论，这一理论是国外城市形态的主流学派之一，1960 年出版专著《城镇平面格局分析：诺森伯兰郡阿尼克案例研究》（*Alnwick, Northumberland：A Study in Town-Plan Analysis*）。该理论中土地的单个地块被确定为聚落格局的根本要素，将城镇景观分为三个要素，肌理单元、建筑形式和土地功能布局，并强调城市形态演化过程的重要性[①]。

罗杰·特兰西克（Roger Trancik）在《寻找失落空间：城市设计的理论》（*Finding Lost Space：Theories of Urban Design*）一书中提出城市空间研究的三种理论：图 – 底理论、连接理论和场所理论，这三种理论分别用于分析建筑实体和空间虚体之间的关系来明确城市的空间结构和秩序，建立线性空间与各部之间

---

① 康恩泽. 城镇平面格局分析：诺森伯兰郡阿尼克案例研究［M］. 宋峰等译. 北京：中国建筑工业出版社，2011.

的联系以及对物质空间人文特色的研究。

我国在传统聚落空间形态的研究中，广泛采用了凯文·林奇城市意象中的五要素法和罗杰·特兰西克的城市空间研究的三种理论。

3. 关于文化线路的线性文化遗产研究

1964 年，欧洲理事会在报告中首次阐述了"文化线路"的思想[①]。1994 年国际古迹遗址理事会在马德里召开专题会议，提出文化线路的概念，并对其内涵和外延进行界定，最后以附录的形式就文化线路的评判标准、要素、线路类型、登记程序等作了相关规定[②]。2005 年 10 月，国际古迹遗址理事会在中国西安召开的第十五届大会上，"文化线路"被列为四大专题之一。2008 年，在第十六届大会上《文化线路宪章》正式通过。文化线路在世界遗产保护领域受到越来越多的关注，关于文化线路的研究主要集中在线路环境研究、线路精神研究、保护管理及开发研究等方面[③]。

线性文化遗产引起国际社会的广泛关注，西班牙的桑地亚哥·得·卡姆波斯特拉朝圣之路（Route of Santiagode Compostela）、法国的南运河（Le Canaldu Midi）、日本的纪伊朝圣之路（KiiMountain Range）和中国的大运河（The Grand Canal）等已被列入世界文化遗产。

4. 关于流域聚居学的研究

在流域聚居学方面，美国和日本研究较早。美国成立的流域保护中心（Center for Watershed Protecion，CPW）是对流域人居环境进行研究的权威性机构。1965 ~ 1966 年，美国宾夕法尼亚大学区域规划和风景建筑学研究生在麦克哈格（Mc Harg）的指导下对波托马克河流域的人居环境进行了研究，这是美国第一个以流域为单元的生态规划研究，是此类性质规划研究的原型，也是流域规划领域跨时代的里程碑。2002 年，日本开始进行了"与自然共生型的流域圈、都市再生技术研究"的课题，着眼于日本的水系及流域圈，旨在建立能够与流域内的自然系统共生共存的新型聚落，这是日本在生态环境方面的三大研究课题之一[④]。

1.3.2   国内传统聚落研究动态

1. 不同学科领域对传统聚落的研究概况

传统聚落本身是一个涉及自然、社会、文化和生活在其中的人的活动的复杂

---

① Chairatudomkul S. Cultural Routes as Heritage in Thailand：Case Studies of King Narai's Royal Procession Route and Buddha's Footprint Pilgrimage Rout［M］．Thailand：Silpakorn University，2008：14.

② World Heritage Center．Routes as a part of our cultural heritage［M］．UNWHC Publications1994.

③ 陶犁，王立国. 国外线性文化遗产发展历程及研究进展评析［J］．思想战线，2013，3：108-114.

④ 谭人殊．一种关注：西南山地流域滨水聚落肌理形态研究［D］．昆明：昆明理工大学，2009.

系统。从历史时间维度，自人类起源便有了原始聚落，历经千年，有的已消失在历史的烟尘中，有的至今还生机勃勃。从地理空间维度，世界上复杂多样的地形地貌上，分布着难以计数的形态各异且具有浓郁地域特征的传统聚落。不管从静态的布局特征还是从动态的历史变迁的角度，对于聚落的研究早已不是局限在历史学、地理学、考古学、社会学、建筑学等某个领域，而是在学科交叉的背景下，从更宏阔的视野探寻传统聚落的存在和发展规律。本书在立足建筑学的背景下，对其他相关学科的研究进行梳理（图1-7），以期为本书的研究拓展思路。

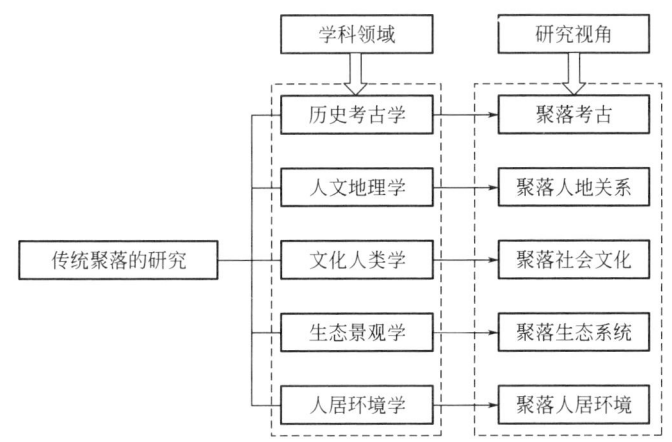

图1-7　不同学科视角下的传统聚落研究框架示意图

（来源：作者自绘）

1）历史考古学

历史考古学领域，主要依靠考古学的方法对聚落遗址进行研究。聚落考古研究的探索开始于20世纪30年代，进入20世纪80年代随着考古资料的极大丰富和外国考古学理论与方法的引入，聚落考古研究逐渐深入[①]。聚落作为考古学独特研究对象的实物资料至今依然重要，通过聚落的形式与特征的不同，来探究人类社会生活的发生机制与演变脉络。著名考古学家哈佛大学张光直教授立足考古学研究，对聚落给出如下定义：聚落可以看作考古的基本分析单位，它是一个静态的，占据着特定时间和空间范围的单位，并包括人工制品、人类居住遗迹以及文化堆积的层位关系[②]。近些年来，考古学与GIS、RS等新技术结合，为研究聚落的空间分布、区域环境模拟等提供了全新的技术和手段。历史学与考古有着密切联系，通常考古的成果为历史的研究提供佐证，通常在历史学领域则多关注在某种社会背景下聚落的历史变迁。

① 王建华. 聚落考古综述［J］. 华夏考古，2003，2：97-100，112.

② Chang Kwang-chih. Rethinking Archaeology［M］. Newyork：RandomHouse，1967：32-48.

2）人文地理学

人文地理学研究目标在于揭示各地区人文现象的空间结构、地域特征及其分布规律。人文现象是复杂多样，研究其中某一方面的地域分布规律，就逐渐成为人文地理学的分支，如政治地理学、经济地理学、文化地理学、宗教地理学、聚落地理学等[①]。聚落地理学是研究聚落形成、发展和分布规律的学科，又称居民点地理，是人文地理学的一个分支学科。德国科学家科尔最早对乡村聚落进行地理学方面的研究，在 1841 年发表《人类交通居住与地形的关系》。人文地理学中的基本理论如人地关系论、空间行为论、区位论等一些成熟的方法体系，可以借鉴到传统聚落的研究中以拓宽研究思路[②]。在聚落地理学方面，国内早期有影响力的著作有金其铭的《农村聚落地理》。在人文地理中，对于流域空间结构的研究已有诸多成果，主要集中在以下几个方面：一是采用区域空间理论中的点—轴理论、核心—边缘等传统理论等对流域空间结构模式研究[③]；二是近年来采用空间信息技术采用定量化的手段对空间结构研究，建立空间关联结构模型，分析空间关联模式[④]；三是建立流域聚落属性数据库及生境类型图谱，揭示聚落类型分异与聚落生境的相互关系[⑤]。

3）文化人类学

人类学是研究人的一门学科，源于希腊文中的 Anthropos（人）和 Logia（学科），是用历史的眼光研究人类及其文化的科学[⑥]。文化人类学是人类学中的一个重要分支，主要是研究不同时空背景下社会文化与人类行为的关系。文化人类学可分为民族学与社会人类学两个方向，民族学着重记录各民族的社会文化内容，比较各民族文化的异同，探讨文化的起源和演变规律。社会人类学着重比较研究不同的文化社群的社会关系，同时视文化为造成社会互动的工具或媒介[⑦]。

在 20 世纪 30 年代，我国著名的社会学家、人类学家、民族学家吴文藻先生最早将西方的社会学、民族学、文化人类学全面系统地介绍到中国，发表于1932 年的《文化人类学》讲义大纲是全面系统介绍西方人类学理论与方法的启蒙著作[⑧]。早期对我国社会学人类学科的构建发挥了卓越贡献的另外一名学者——费孝通先生，自 20 世纪 40 年代起直到 80 年代，出版《乡土中国》（1948）、

①　张文奎主编. 人文地理学概论［M］. 长春：东北师范大学出版社，1989.

②　李晓峰. 多维视野中的中国乡土建筑研究——当代乡土建筑跨学科研究理论与方法［D］. 南京：东南大学，2004.

③　俞勇军. 赣江流域空间结构模式研究［D］. 南京：南京师范大学，2004.

④　李博. 流域空间关联结构研究［D］. 兰州：西北师范大学，2013.

⑤　闫卫坡. 岷江上游杂谷脑河流域山区聚落分异与生境的耦合效应［D］. 绵阳：西南科技大学，2013.

⑥　林慧祥. 文化人类学［M］. 北京：商务印书馆，1991.

⑦　庄齐. 人类学视野下的家族聚落空间形态演变［D］. 厦门：厦门大学，2008.

⑧　祁庆富. 论吴文藻先生引进西方文化理论的贡献［J］. 中央民族大学学报，2002，4：37–41.

《费孝通社会学论文集》（1988）等一系列著作。近二三十年来，文化人类学的研究不断深化，典型的著作有庄锡昌等编著的《文化人类学的理论构架》（1988），庄孔韶主编的《人类学通论》（2002）等。在建筑学领域对传统聚落的研究，在20世纪90年代，就已有学者采用了文化人类学的方法，分析聚落形态与宗法社会下的社会结构之间的关系[①]。1996年，华南理工大学陆元鼎先生的团队从跨学科的视野试图把人类学的研究方法引入到传统聚落中，从自然生态系统、经济技术系统、社会组织系统、文化观念系统四方面构建"人类聚落学"的基本研究框架[②]。在近阶段传统聚落中的研究，渗透文化人类学的研究方法与理论的传统聚落的研究已有不少成果，如清华大学建筑学院陈志华、楼庆西、李秋香三位教授编写的《中华遗产·乡土建筑》系列丛书及昆明理工大学朱少武《社会学视域下的乡村聚落空间演变——以贵溪市罗河镇祝坂村为例》（2009）、厦门大学庄齐《人类学视野下的家族聚落空间形态演变——以陈埭丁氏家族为例》（2008）、华中科技大学唐亮《文化人类学视野下的舍米湖村空间形态解析》（2013）等一系列学位论文。

4）生态景观学

生态学（Ecology）是研究生物体与其周围环境（包括非生物环境和生物环境）相互关系的科学。国外较早就将生态学的理论与方法引入到乡村聚落的研究中，对生态聚落模式进行了探索，并提出"生态村"的理念[③]。在20世纪90年代初，从建筑的层面引入生态理念，发表的论文有夏云《节能、节地的建筑》（1992）、蔡济世《资源型生态圈土楼》（1995）等。我国在传统聚落中的研究引入生态学理念相对较晚，李晓峰在《以生态学观点探讨传统聚居特性及承传与发展》（1995）一文较早地在生态学视角下对传统民居进行了研究。直到1999年，周道伟在《乡村生态学概论》一文中，将乡村生态学定义为研究村落形态、结构、行为及其与环境本底统一体客观存在的生态学分支学科。在2000年后，我国乡村生态的研究进入一个新的阶段，以学者陈国阶和陈勇为代表的学者陆续发表相关论文，提出乡村聚落生态系统概念，指出聚落生态系统是以人为核心、建筑物为主体、聚落周围环境和自然资源为基础的由人工环境和自然环境构成的半人工半自然生态系统[④]。2005年，陈勇对国内外的乡村聚落生态进行了研究回顾并发表论文《国内外乡村聚落生态研究》。刘邵权的《农村聚落生态研究：理论与实践》（2006）一书，是一部从社会—经济—自然复合生态系统角度研究农村聚落

① 沈克宁. 富阳县龙门村聚落结构形态与社会组织［J］. 建筑学报，1992，2：53-58.

② 余英，陆元鼎. 东南传统聚落研究——人类聚落学的架构［J］. 华中建筑，1996，4：48-53.

③ 余侃华. 西安大都市周边地区乡村聚落发展模式及规划策略研究［D］. 西安：西安建筑科技大学，2011.

④ 陈勇，陈国阶. 对乡村聚落生态研究中若干基本概念的认识［J］. 农村生态环境，2002，1：54-57.

的综合性著作，系统地阐述了农村聚落生态学的研究对象、研究内容及其学科理论基础，探讨了农村聚落生态系统的结构、功能，物质循环，能量转换，生态演替，稳定性评价，生态系统预警，生态类型划分与生态区划等理论与方法问题。同时还系统论述了农村聚落生态规划、生态建设、生态管理和生态聚落建设等一系列重大实践问题。近年来，乡村聚落景观的研究、乡村生态旅游和传统聚落的生态景观评价成为生态景观学视角下传统聚落的研究热点问题。乡村聚落景观研究方向的研究成果有昆明理工大学高娜的《景观生态学视野下的乡村聚落景观整体营造初探》（2006）、雷凌华等的《湖南怀化传统侗族聚落生态景观模式研究》（2014）等。在乡村生态旅游方向的研究成果有东北师范大学郑辽吉的《乡村生态体验旅游开发研究——以丹东为例》（2013）、王远坤的《乡村旅游发展与乡村生态保护》（2008）等。在景观评价方向研究成果有中国农业大学肖禾的《不同尺度幸存生态景观评价与规划方法研究》（2015）、浙江农林大学尚兵兵的《临安市乡村生态景观调查分析及评价方法研究》（2013）等。

5）人居环境学

人居环境学是一门以人类聚居为研究对象，着重探讨人与环境之间关系的科学，强调把包括自然、人类、社会、建筑、支撑系统在内的人类聚居作为一个整体，目的是了解、掌握人类聚居发生、发展的客观规律，以更好地建设符合人类理想的聚居环境[1]。20 世纪 50、60 年代，希腊学者道萨迪亚斯提出人类聚居学的概念。他强调要从整体的视角对人类聚居作出阐述，将人类聚居的整体范围界定为由 5 种元素构成的复杂系统，即自然、人类、社会、遮蔽物（建筑）和网络，从经济、社会、政治、科技和文化多方面研究[2]。道萨迪亚斯是这一学科创建的领军人物，用整体系统的理论，从学科交叉的视角，建立了人类聚居学的理论框架，并在 1975 年完成专著《人类聚居学与生态学》，对世界各国的相关研究产生了广泛的影响。我国的建筑学家吴良镛院士为中国人居科学环境研究的创始人，在吸收前人成果的基础上，构建了符合中国国情的人居环境科学，出版专著《人居环境科学导论》（2001），提出人居环境的 5 个子系统：自然系统、人类系统、居住系统、社会系统和支撑系统。在此基础上又出版《人居环境科学研究进展》，总结了 2002～2010 年近 10 年人居科学发展的研究历程，对不断丰富人居环境科学的内容和推动人居环境科学的发展具有重要意义。近年来，研究某一特殊区域的人居环境建设[3]和运用经济学、生态学、地理学等相关学科的研究方法并利

---

① http://www.docin.com/p-20292091.html.

② Doxiadis C A. Ekistics, the Science of Human Settlements [J]. Science, 1970, 170 (3956)；席丽莎. 基于人类聚居学理论的京西传统村落研究 [D]. 天津：天津大学，2014.

③ 李钰. 陕甘宁生态脆弱地区乡村人居环境研究 [D]. 西安：西安建筑科技大学，2011；周学红. 嘉陵江流域人居环境建设研究 [D]. 重庆：重庆大学，2012.

用空间信息技术对山居人居环境的信息图谱的研究[①]成为研究的热点。

2. 建筑学领域传统聚落及民居研究概况

我国传统聚落和民居研究，根据研究方法、思维取向可将研究历程大致分为三个阶段[②]：

第一阶段：20世纪30～80年代，该阶段的工作主要是对传统民居的调查、测绘，称为建筑考据法时期。刘致平教授调查了云南古民居，发表《云南一颗印》论文；刘敦桢教授等基于对云南、四川等地的民居考察，撰写了《西南古建筑调查概况》论文。1957年刘敦桢教授出版的《中国传统民居概说》是聚落与民居研究的标志性著作。这一时期，民居研究处于起步阶段，注重建筑单体形制的研究，调研的方法主要是测绘建筑单体，仅仅关注建筑本身的平面、结构、造型等形制特征。直至20世纪80年代，全国各地的民居调研普遍展开，出版一系列的相关著作，如《福建民居》（1987）、《浙江民居》（1984）、《云南民居》（1986）、《新疆民居》（1987）等。

第二阶段：20世纪90年代至2000年初，这一阶段在方法论上采用文化人类学的方法，从历史学、民俗学、人类学、社会学等方面开展对民居的研究，称为建筑文化法时期。这一时期已从上阶段仅仅关注建筑单体扩展到关注建筑周围的环境，民居内容的研究从单体扩展到聚落的层次，开始分析聚落的生成机制及民居建筑空间结构。这一时期的典型著作，彭一刚先生1992年出版的《传统村镇聚落景观分析》一书，从整体与局部两个视角对传统村镇聚落进行研究，将传统村镇聚落按聚落形态分为八类，阐明了由于地区的自然地理和社会文化因素的不同，导致了各地村镇聚落景观的不同。刘沛林的《古村落：和谐的人聚空间》（1997），是我国第一本系统论述中国古村落空间意象与文化景观的著作，从人类学和文化学的视角，对古村落的选址、空间布局特点、地域差异性及古村落构成要素进行了系统的介绍，并提出建立"中国历史文化名村"保护制度的构想。于1992年召开的中国民居第四届学术会议上，已有学者开始关注古村的保护与利用方面，发表学术论文《呈坎古村保护利用初探》（高清山）。对于研究区域，较早受到关注的是皖南地区的古村落。余治淮的《桃花源里人家》（1993），系统地介绍了西递、宏村等皖南古村落。该阶段研究的视野从民居扩大到聚落，研究方法除了传统的建筑学方法还吸纳了社会学、文化学的方法，对聚落产生的动力因素等有所研究，对后来的研究奠定了基础。

第三阶段：从2000年初至今，从单一的民居研究开始转向对更大范围的民

---

① 汪洋. 山地人居环境空间信息图谱——理论与实证［D］. 重庆：重庆大学，2012；赵万民，汪洋. 山地人居环境信息图谱的理论建构与学术意义［J］. 城市规划，2014，4：9-16.

② 赵逵. 川盐古道上的传统聚落与建筑研究［D］. 武汉：华中科技大学，2007.

居赖以生存的环境状况及聚落的研究，强调方法论的多元化对理论研究的促进作用，注重跨学科与历史的综合研究方法。清华大学教授陈志华先生依据文化人类学、文化社会学和人文地理学中的"生活圈""文化圈"理论，提出并实践了"以乡土聚落为单元的整体研究和整体保护"的方法论，体现了乡土建筑研究的系统性和动态性。系统性是指在整体联系中研究聚落中的建筑物和它们所组成的聚落本身，把乡土建筑放在完整的社会、历史和环境的背景中，不是就建筑论建筑，脱离生活。动态性是指从历时性的视角，关注聚落的发展变迁，包括建筑的演变及与周围地区的文化交流对建筑和聚落产生的影响。清华大学乡土建筑研究组经过长期的积累，出版了《楠溪江中游乡土建筑》《婺源乡土建筑》《乡土建筑遗产保护》等著作。华南理工大学陆元鼎教授提出"传统民居要在一个民系中去研究"[①]的观点，他所带领的团队就民系研究出版了一批有学术价值的著作，如余英的《中国东南系建筑区系类型研究》、潘莹的《江西传统聚落建筑文化研究》、郭谦的《湘赣民系民居建筑与文化研究》、吴少宇的《多民系交集背景下的惠州地区传统聚落和民居形态研究》等。华中科技大学李晓峰教授在乡土建筑研究领域，选择社会学、人文地理学、传播学、生态学等学科与乡土建筑进行交叉研究，分别搭建了相关研究的理论框架，从而拓展了乡土建筑研究理论视野，出版了《乡土建筑：跨学科理论与研究方法》，多学科领域切入进行剖析并推陈出新，从移民与建成环境关系角度指导了一系列硕士论文，如阙瑾《明清"江西填湖广"移民通道上的鄂东北地区聚落形态案例研究》（2008）、孙一帆《明清"江西填湖广"移民影响下的两湖民居比较——以鄂东南、湘东北地区为例》（2008）、马丽娜《明清"江西填湖广"移民通道上戏场建筑形制的承传与衍化》（2007）、苏小连《当代移民背景下的乡村聚落变迁研究——以汉江上游郧县滨水聚落为例》（2012）等。天津大学在传统聚落的研究上关注堡寨聚落较多，张玉坤教授主持国家自然科学基金"明长城军事聚落与防御体系基础性研究"，指导了一系列博士、硕士论文，如谭立峰《河北传统堡寨聚落演进机制研究》（2007）、王琳峰《明长城蓟镇军事防御性聚落研究》（2011）、李蕾《晋陕、闽赣地域传统堡寨聚落比较研究》（2004），从区域比较的方式对传统堡寨聚落进行比较研究。

在城镇化快速发展的时期，传统聚落如何面对保护与发展的挑战也是当今面临的一大重要课题，在以往共时性的关注聚落静态研究的基础上，以历时性的视角从可持续发展的角度关注传统聚落的保护与更新，探讨文化遗产的传承，传统聚落的发展模式、规划策略及具体的更新设计实践等，如胡欣《聚落变迁中的文化遗产传承与保护研究——以晋中市榆次区相立古村为例》（2011）、余侃华《西

① 陆元鼎主编. 中国民居建筑（上）［M］. 广州：华南理工大学出版社，2003.

安大都市周边地区乡村聚落发展模式及规划策略研究》（2011）、赵元欣《形态学视野下的成都平原传统聚落演进与更新研究》（2008）等。

从学科交叉的角度，结合历史学、文化学、社会学、人类学、建筑学、城市规划学等不同领域，关注传统民居的区划和谱系研究，注重研究区域建筑之间、聚落之间的相互关系，是目前传统聚落的研究趋势。

此外，不少学者在不同的研究视角下对传统聚落的已有研究进行了全方位的梳理，形成了全面综合的综述型文章，主要分为两个方向，一是梳理国外传统聚落的研究进展，二是国内建筑学和交叉学科视野下的传统聚落研究综述。这些研究成果为后来聚落的研究者奠定了基础，同时对聚落研究的进一步探索指明了方向。其中具有较高学术价值的论文见表1-1所列。

传统聚落综述文献　　　　　　　　　　　表1-1

序号	论文题目	主要内容	作者及单位
1	国外乡土聚落形态研究及对中国的启示	乡土聚落研究范畴、乡土聚落形态影响因素、从物质和非物质要素理解乡土聚落形式	钱云等，北京林业大学园林学院
2	建筑学视角下国内乡村聚落研究解析	各学科领域的聚落研究概况、聚落分类及研究理论与方法的梳理	浦欣成等，浙江大学建筑工程学院
3	学科交叉视野下的国内聚落研究综述	学科交叉视野下的聚落研究，聚落研究的学科完整性	浦欣成等，浙江大学建筑工程学院
4	乡村聚落空间形式研究综述	国外乡村聚落空间形式的相关研究、国内乡村聚落空间形式的相关研究	丁雯娟等，华南理工大学
5	古村落研究综述	古村落认定、价值体系、分布和未来研究方向	陈甲全等，中国科学院地理科学与资源研究所

（来源：根据相关资料自绘。）

3. 民系和文化圈视角下的传统聚落研究

关于宏观区域上的文化分区有文化圈和民系的理论方法。文化圈是社会学和文化人类学描述文化分布的概念，由文化人类学家莱奥·弗罗贝纽斯（Leo Frobenius）首先提出。德国民族学家格雷布尔内和奥地利民族学家施米特对文化圈进行了进一步诠释，他们对文化圈的概念认知略有不同，格雷布尔内在1911年出版的《民族学方法论》一书中使用文化圈作为民族学研究的方法论，他认为"文化圈"是一个空间地理上的概念，由一系列的"文化丛"或"文化群"组成，多注重物质文化的研究。施米特主张，文化圈不仅是一个地理空间的概念，位置上不一定连片。其涵盖范围从物质文化到社会风俗、民族信仰、伦理道德等各种文化范畴，更强调文化圈内的各文化丛的相互关联及其如何构成具有共同文化特质的文化有机体①。文化圈的划分可以依据地形地貌、语言、民族等多种影响因素，圈划的范围越大，文化容差越大，反之越小。众多学者对我国的整体文化分区进行了研究，如华东师范大学吴必虎教授在综合地理环境、历史发展、区位条件等文化形成的诸因子综合研究，将全国分为东南部的农业文化和西北部的牧业文化两个文化大区，然后再根据地域性特点进行细分②。

民系的概念是学者罗香林先生在研究客家时提出的。王东先生认为民系是在汉民族漫长的发展史上，由于自然环境、民族迁徙以及其他社会历史条件的变动而由汉民族共同体内部衍生出的众多支脉，这些民系在总体上统一于汉民族共同体之中，但在语言、习俗、民情以及其他文化事象方面又具有各自的特点，构成一个又一个相对独立的单元③。方言是汉族各民系之间最容易识别的显著特征，现在汉族内部仍存在着七大方言，即北方方言、吴语、赣语、客家语、湘语、闽语和粤语。南方方言对应着五大民系，即越海民系、湘赣民系、客家民系、闽海民系及粤海（广府）民系，其分布见图1-8。本书研究的抚河流域地区属于湘赣民系地区。

从微观上建筑学领域的考察，同一文化圈，或者民系内的建筑文化仍然存在一定的异同性。区划是地理学上的方法，便于了解一定区域内自然和人文现象的差异和规律性。建筑区划同样有利于揭示一定区域内建筑特征的空间分布差异和规律性。建筑是一个区域内自然地理条件和社会人文环境综合作用的结果，一个地区人们长期积淀的文化传统、建造技艺的物质文化的载体，呈现鲜明的地域性。关于建筑区划有以下三种比较成熟的方法④：一是基于建筑本体构成要素的区划，东南大学朱光亚教授根据

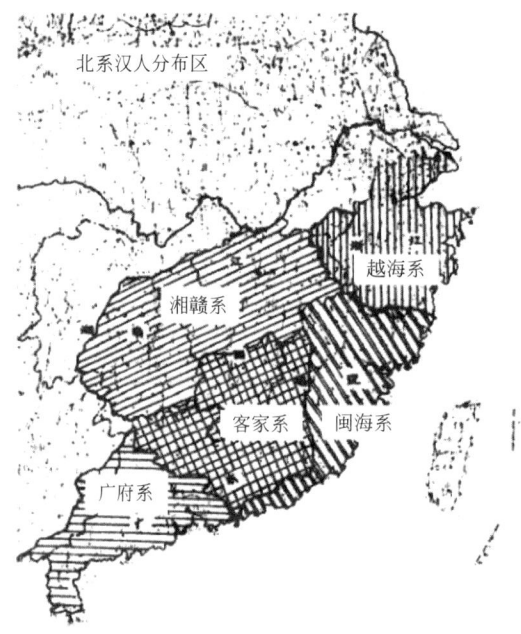

图1-8 东南汉族五大民系分布的地理格局示意图

（来源：郭谦. 湘赣民居建筑与文化研究［M］. 北京：中国建筑工业出版社，2005.）

① 刘金龙，张士闪. 文化社会学［M］. 济南：泰山出版社，2000.
② 吴必虎. 中国文化区的形成与划分［J］. 学术月刊，1996，3：10-15.
③ 黄向春. 客家界定中的概念操控：民系、族群、文化、认同［J］. 广西民族研究，1999，3：21-23.
④ 熊伟. 广西传统乡土建筑文化研究［D］. 广州：华南理工大学，2012.

建筑结构体系井干、抬梁和穿斗对中国古代建筑区划与谱系进行研究。二是基于建筑形成影响因素的分区，现存的建筑文化区划，大多也是基于建筑形成影响因素来进行。徐明福先生在进行台湾传统民宅的有关研究时，诠释了建筑与自然环境和社会人文环境之间的关联。东南大学王文卿先生在文章《中国传统民居构筑形态的自然区划》中，根据气候、地形和材料三方面的自然环境因素对我国传统民居的构筑形态进行区划 ①。王文卿先生的另一篇文章《中国传统民居的人文背景区划探讨》，则从社会文化环境的分析入手，从传统文化的结构要素——物质文化要素（经济类型）、制度文化要素（亲缘关系）、心理文化要素（信仰）对传统民居进行综合人文区划 ②。三是基于历史民系的区系类型研究，相关的研究成果有余英博士所著《中国东南系建筑区系类型研究》、郭谦的博士论文《湘赣民系民居建筑与文化研究》，赖瑛博士学位论文《珠江三角洲广府民系祠堂建筑研究》，潘莹、施瑛所写论文《湘赣民系、广府民系传统聚落形态比较研究》等。关于江西传统建筑文化区系划分，华南理工大学潘莹博士论文《江西传统聚落建筑文化研究》（2004）和东南大学李秋香硕士论文《江西传统民居及区系研究》已作了深入细致的研究。

4. 文化线路和流域视角下的传统聚落研究

"文化线路"这个遗产保护的概念提出后，国内许多建筑学者已开始在文化线路的视野下研究民居和聚落。偏重传统聚落的研究成果有陶卫宁的《明清时期陕南汉江走廊乡村聚落类型的地名研究》（2003），施维琳的自然科学基金项目《西南丝绸之路驿道聚落传统、现状与发展研究》（2005），赵逵的《川盐文化线路与传统聚落》（2007），李晓峰研究团队的《汉江流域文化线路上的聚落形态变迁及其社会动力机制研究》（2011）。偏重传统民居研究的有祝笋的《文化线路视野下的茶叶之路（湖北段）建筑遗产调查研究》（2011），其他还有大运河文化线路的相关研究等。

在流域视角下聚落研究成果有张以红的《潭江流域城乡聚落发展及其形态研究》（2011）、王家骥的《沁河中游传统聚落研究》（2011）、李博的《流域空间关联结构——以石羊河流域聚落研究为例》（2013）、谭人殊的《一种关注：西南山地流域滨水聚落肌理形态研究》（2009）、汪任平的《澜沧江中下游流域传统聚落研究初探——村落人居环境与建筑朝向生态的可持续发展》（2002）、邵冬辰的《青弋江上游流域水与古村落关系研究》等。其中《青弋江上游游流域水与古村落关系研究》一文从以青弋江水系为线索，研究古村落与水的关系。文化线路视野和流域的视角下的传统聚落研究已取得了丰硕的成果，本书对抚河流

---

① 王文卿，周立军. 中国传统民居构筑形态的自然区划［J］. 建筑学报，1992，4：12-16.

② 王文卿，陈烨. 中国传统民居的人文背景区划探讨［J］. 建筑学报，1994，7：42-47.

域地区传统聚落进行研究，对文化线路下聚落研究理论作进一步补充。

5. 传统聚落的空间形态研究

目前传统聚落空间形态的主要研究方法，其一是借鉴美学构图中的"点—线—面"理论，业祖润在《传统聚落环境空间结构探析》（2001）一文中指出，聚落空间结构由自然生态空间、人工物质空间和精神文化空间组成，在聚落空间形态的研究方法上用中心、方向、领域（几何元素中的点、线、面）三元素以几何形的坐标系统和几何结构方法构建我国传统的空间体系[①]。梁爽的硕士论文《历史文化名城格局与保护研究——以祁县古城为例》（2013）将祁县古城空间分为整体空间、线状空间、点状空间、面状空间进行研究；其二是借鉴凯文·林奇的城市意象五要素理论分析空间，将传统聚落的空间以感知的角度从道路、边缘、区域、节点、标志物这五要素来解读空间序列。王婷在《贵州三都县水族乡村聚落景观空间形态研究》（2012）一文中运用了城市意象中的五要素理论对聚落景观空间的构成要素进行了分析。段进教授学术团队的《城镇空间解析——太湖流域古镇空间结构与形态》（2002）一书利用结构主义中的三种数学母结构"群""序""拓扑"，将古镇的空间结构相应地抽象为三种基本组织关系，并对空间要素之间的组织和发展演变规律进行分析。该团队对传统聚落空间的研究采用"自上而下的主导因素"和"自下而上的自组织过程"两个不同的视角解析空间形态成因，出版了《空间研究1：世界文化遗产西递古村落空间解析》（2006）、《空间研究4：世界文化遗产宏村古村落空间解析》（2009）等著作。王昀在《传统聚落结构中的空间概念》（2009）[②]一书中通过从村落的总平面中抽出建筑的大小、朝向以及它们之间的最小距离，同时将建筑抽象为坐标中的点，建立数学模型来分析聚落中的空间结构。

对于传统聚落空间形态的构成分析，不同的学者对其有不同的认知和解读。陆元鼎教授认为，传统村落的空间形态呈现出很强的层次感和序列感，表现为村周、村边、村中和民居建筑四个空间层次，按一定的秩序展现开来，这些层次以街道、空间点、路径、节点等连续性的实体标志物或空间出现[③]。将聚落空间形态构成分为村落边界、村口、村落核心、村落防御体系、街巷格局、公共元素等，并总结传统聚落空间形态的意象和本源特征[④]。根据王昀的远景、中景、近景的层次将传统聚落空间形态分为宏观——聚落整体空间形态、中观——村落外部空间形态、微观——民居内部空间形态三个层次，村落整体空间形态反映人工环境与自然之间的关系、村落外部空间形态反映社会关系、民居内部空间形态反映家

---

① 业祖润. 传统聚落环境空间结构探析［J］. 建筑学报，2001，12：21-24.

② 王昀. 传统聚落结构中的空间概念［M］. 北京：中国建筑工业出版社，2009.

③ 陆元鼎主编. 中国民居建筑（上）［M］. 广州：华南理工出版社，2003.

④ 杨定海. 海南岛传统聚落与建筑空间形态研究［D］. 广州：华南理工大学，2013.

庭中人的关系①。按空间的属性将聚落空间形态分为聚落外部空间形态和建筑内部空间形态②。将聚落的空间形态界定为物质空间形态然后将其分为整体空间形态（点、线、面的角度）、街巷空间、建筑空间③，还有仅将聚落空间分为公共建筑空间和街巷空间两类④，这种空间构成分类不尽全面，在公共空间中除了建筑空间，还有其他的广场、水塘、古井等节点空间。

关于传统聚落形态的研究，陈紫兰早在1997年就指出聚落的界域性和中心性这两种基本特征。界域性指人工聚集之处与自然产生的分界，由最初的防御功能转化成为一种精神需求。中心性是人工环境出于社会需求在布局秩序中最突出的一点，聚落良好的中心性使得聚落形态具有可识别性同时满足人们的心理需求⑤。天津大学张楠在《作为社会结构表征的中国传统聚落形态研究》（2010）一文中运用社会—空间的分析方法，将传统社会结构空间化，采用了结构主义中"群""序""拓扑"的方法分析聚落形态。在某一视野下对传统聚落形态研究也是聚落研究的一个角度，北京林业大学田莹在《自然环境因素影响下的传统聚落形态演变探析》（2007）一文中将西南地区传统聚落形态分类为线型聚落、台阶型聚落、组团型聚落、散点型聚落。山东建筑大学陶然在《"业缘"影响下的传统聚落与民居形态研究》（2013）一文中分析了业缘影响下的聚落布局与空间形态。林志森等在《基于民间信仰的传统聚落形态研究——以成郡型传统商业聚落为例》（2012）一文中从民间信仰的角度分析了传统聚落空间的社会属性，通过社会–空间的分析方法探寻社会空间与形态空间的演化与互动。

6. 新技术、新方法在传统聚落研究中的应用

GIS越来越广泛地被运用到城市规划学，人文地理学、景观学、人居环境科学等各个学科领域。在建筑学领域，GIS技术偏重于研究聚落的空间形态。郭晓冬等（2012）及肖雪等（2014）以某个地区为例分析了乡村聚落空间的演变特征，指出地形等自然因素决定了聚落的总体空间分布，但人口增长、经济发展、交通条件、政策制度及传统文化因素对空间分布格局的演变具有重要影响。基于GIS技术的聚落空间分布研究，单勇兵等（2011）得出研究区绝大多数乡村聚落在局部空间上的聚集性⑥。王炎松等（2011）采用GIS技术对传统聚落居住环境进行

---

① 何峰. 湘南汉族传统村落空间形态演变机制与适应性研究［D］. 长沙：湖南大学，2012.

② 陈轶波. 传统聚落空间组构形态研究——以高椅村为例［D］. 长沙：湖南师范大学，2013.

③ 王梦. 大悟县历史村镇空间形态特色研究——以晋中市榆次区相立古村为例［D］. 武汉：武汉理工大学，2014.

④ 胡欣. 聚落变迁中的文化遗产传承与保护研究［D］. 太原：太原理工大学，2014.

⑤ 陈紫兰. 传统聚落形态研究［J］. 规划师，1997，4：37-41.

⑥ 单勇兵，马晓冬. 基于GIS的徐州乡村聚落空间分布规律研究［J］. 徐州师范大学学报：自然科学版，2011，29（1）：73-75.

分析，探索居住生态适宜性之间的某种关系和规律，尝试建立山水聚落生态适宜性评价体系，为传统村落聚落更新和新农村建设的技术参照和依据。

空间句法不仅可以揭示城市的空间结构与形态特征，而且可以将空间特征与人类的行动、停留和交往方式相结合，从而分析空间的形成原因与动力机制。高伟等（2012）采用空间句法理论中的轴线分析法，对和平古镇保护区内的街巷空间系统进行量化分析，为和平古镇的保护、更新提供引导和支持。厉旭东等（2008）通过空间句法与GIS的结合增强了GIS空间分析能力，深化了空间句法在城市空间形态结构的量化研究应用。空间句法理论可以和其他的研究方法共同使用，分析聚落的空间形态，并对未来规划和保护空间结构上提出合理建议。

此外利用计算机辅助软件从城市空间形态中引进的特征值、分形理论、元胞自动机理论在传统聚落的研究中也有所借鉴。

1.4 抚河流域地区相关研究

不少学者对抚河流域地区的文化民俗、社会历史、传统建筑等方面进行了大量细致入微的研究。抚河流域地区地处临川文化圈，临川文化为江右文化的重要支柱，一大批学者对临川文化进行了研究探讨，出版了《临川文化研究丛书》共28部专著，解读了临川文化的内涵、外延，并拓展到科技、军事、旅游、教育等方面；罗伽禄等著《临川文化大观》（2015），梳理了临川文化的发展脉络，展示了临川文化的丰富成果。早期对临川文化的研究主要集中在临川文化的概念、渊源、地位和价值方面，到2000年前后，主要针对临川文化的应用前景。近年来，关于临川文化数据库的建构是研究的热点。关于临川文化的研究，成立了临川文化协会，并有专门的临川文化网站作为宣传的媒介。在民俗研究方面，戏曲和傩舞是抚河流域地区流传至今的非常重要的非物质文化遗产，临川是明代杰出戏剧家汤显祖故里。抚河流域地区自古戏曲文化发达，比较著名的有南丰傩舞、广昌孟戏、抚州采茶戏、宜黄戏。南丰的傩舞被誉为中国古代舞蹈的活化石，被列为第一批国家级非物质文化遗产。傩舞的研究较为全面深入，其中典型的成果有华中师范大学穆涛的硕士论文《民俗体育视角下的南丰傩舞的调查研究》（2013）、廖夏林等的《傩舞的原生态艺术特色——以江西南丰为例》（2007）、高海桂的河北大学硕士论文《江西南丰傩文化传播研究——以石邮傩为例》（2013）等。于少海的著作《临川戏曲与地方社会》（2007），从戏曲与地方社会关系这一更为宏观的角度考察了戏曲功能流变，并探讨戏曲与地方社会的关系。在区域史方面，《抚州府志》《东乡县志》《金溪县志》《崇仁县志》《南丰县志》《黎川县志》《广昌县志》等县志和各县区的地名志《江西省金溪县地名志》《江西省东乡县地名志》《江西省南丰县地名志》等地方志和各宗的族谱记载了当地的人文、社会、教育、风俗信仰等方面的历史。在水利方面关于抚河的著述相对较多，黄丽虹的《抚河流域地区水资源承载力研究》（2013）阐述了抚河流域地区水资源现状规律；王法磊的《流域生态需水研究——以抚河流域地区为例》（2010），采用实证和理论相结合，典型调查和宏观分析结合，计算了抚河流域地区河道内和河道外生态需水量；罗蔚等的《鄱阳湖流域抚河径流特征及变化趋势分析》（2012）分析了抚河径流年内分配特征及变化规律。上述研究成果为聚落研究提供了非常重要的背景资料。

从社会历史学方面，有关学者对该地区的社会宗族、商业贸易等情况作了梳理。关于社会学的研究，南昌大学朱琳的硕士论文《明清时期临川士绅与地方社会》（2010），研究了历史上临川地区的士绅对地方政务、公共事务的参与和家族建设所发挥的作用。南昌大学童翔的硕士论文《行业与家族——对清代江西金溪县雕版印刷业的个案研究》（2007），分别以江南的刻板中心——浒湾和刻书业的家族网络——竹桥村为例，分析了行业与家族之间的关系。南昌大学李富的硕士论文《文化、权利与家族——以江西南丰石邮村为例》（2007），从社区历史与聚落形态、文化权利体系的构建和家族与跳傩仪式等方面进行了研究。江右商帮是我国传统社会有影响力的商帮之一，关于商业方面的研究，尤其是明清时期社会经济发展水平及社会发展与商人之间关系是研究的重点。王根泉的《明清两代江西抚州地区商品经济发展的水平》（2012）一文详细分析了明清时期抚州地区商品经济发展的有利条件和局限性。江西师范大学李淑娟的《明清时期抚河流域商品经济发展初探》（2014），研究了抚河流域地区明清时期农业生产、商人概况及市镇的分布及特点。赣南师范学院陈佳的硕士论文《明清时期抚州商人与农村社会变迁》（2012），分别从商人与农村的公共事务、与农村的社会结构、与农村的社会生活等方面研究了商人在农村社会变迁中发挥的作用。以上关于抚州地区明清时期的商业情况为本书研究提供了相关的背景资料。

在建筑学领域，传统聚落方面，华南理工大学潘莹的《江西传统聚落建筑文化研究》（2004），通过对江西省境内大量的传统聚落从微观（民居模式）、中观（聚落整体布局模式）、宏观（区系聚落模式）三个不同的论域，归纳总结江西传统聚落建筑文化的特征，并从聚落建筑本身出发，将江西省的传统聚落划分为七个区系：环鄱阳湖区系、吉泰区系、建抚区系、婺源区系、广信区系、赣南区系和袁锦区系，文中对建抚区的聚落规划布局与建筑形态特征进行了初步分析和研究。本书研究的抚河流域地区与其划分的建抚区范围大致相同。黄初晨著《岁月无痕——抚州一百古村落行摄记》（2012），对抚州市境内的100多个传统村落从游记的角度叙述了相关概况，为本书的研究提供了大量的基础资料。在抚河流域地区，金溪县的传统聚落资源相对量多质好，目前的研究成果相对较多。吴定安著《乡草集——金溪历史文化研究》（2012），从明清村落研究、"金溪三陆"研究、历史人物研究、文化遗存研究等方面全面地介绍了金溪县的历史文化。王炎松教授对金溪古村落的多次考察，出版《金溪古村落四季行》（2015）一书，对金溪县境内的古村概况进行了生动的描写。丘勤的《书香古韵里的金溪县古村落群》（2013）对金溪县的典型古村落蒲塘、东源、竹桥村进行了介绍。武汉大学黎颖的硕士论文《赣东地区传统聚落外部空间形态特征研究——以金溪县为例》（2015），采用定性与定量结合的方式对传统聚落的选址与平面、外部空间构成与组织模式及运用空间句法对外部空间形态进行分析评价研究。吴泉辉的《品德为先、耕读与儒商并重的竹桥古村》（2010），从村落布局和传统建筑两个方面对竹桥村进行了详细介绍。早在1987年就有学者关注到了浒湾古镇，宋友贤的《赣东古镇》（1987）对其概况作了介绍。关于抚河流域其他地区传统聚落个案，莘冈的《古竹村逝去的辉煌》（2013）一文对古竹村厚重的历史文化底蕴和至今保存完好的传统建筑作了概述。在传统民居研究方面，江西民居研究的前辈黄浩先生对该地区的传统建筑作了大量的研究积累，出版学术著作《江西民居》，用大量实例详细介绍了江西天井式民居，赣中地区民居和赣南客家围屋的特征。华南理工大学李国香的《江西传统民居及其区系研究》（2001），通过对实际案例的调研资料整理，对江西民居的构架体系、构造节点、院落空间及区系划分做了研究和分析，是较早从系统的角度对江西省内的民居研究的成果。南昌大学翁佳的硕士论文《抚河下游地区住宅穿斗式木结构法式研究及其当代应用》（2014），分析了穿斗式住宅的大木构架的构成及其构件尺寸，总结出屋架的形式，并从定量的角度以图表形式总结出其规律特征。武汉理工大学赵殷英的硕士论文《宗族文化视角下江西浒湾古镇传统建筑研究》（2013），介绍了浒湾村镇形态、传统建筑空间和传统建筑的营造。武汉理工大学童佩的硕士论文《抚源水乡——驿前古镇形态及建筑特征研究》（2014），对驿前镇的古镇空间形态和传统建筑形态进行了深入研究，同时与周围水乡古镇的建筑形态作了对比研究，进一步突出该镇传统建筑形态特征。这两篇硕士论文对抚河流域地区境内传统建筑作了较为深入的案例研究。东华理工大学张发祥老师对抚州的书院进行了系统研究，分别对两宋时期、明代、清代的书院进行了考略，并从整体上梳理了古代各个时期抚州书院的情况及发展特征，发表了《宋代抚州书院繁盛及其原因分析》《明代抚州书院述略》《清代抚州书院考略》《古代抚州书院发展探析》等一些非常有价值的文章。江西师范大学肖爱民的硕士论文《临川古戏台》（2006），对不同的戏台类型进行了研究。在传统民居的装饰方面，杜鹃的《赣东地区传统民居装饰艺术探析》（2013）对该地区的民居装饰进行了解读。在居住区景观设计方面，吕丽丽的《抚州文化在居住区景观设计中的应用研究》（2013），从现状存在的问题出发，探讨居住区的景观如何融入抚州文化的设计策略。

关于抚河流域地区的研究，不论是社会文化还是建筑学领域都已有了一定的研究积累，尤其是学界对于临川文化的研究相当重视，然而作为文化的物质载体，在建筑学领域的传统聚落和民居的研究还有很大的空间。已有的研究多为个案的研究，或作为区系研究的程度还不够深入。自20世纪末以来国内学者便尝试对民居聚落进行了跨学科、多方位的研究，对传统聚落的广泛关注越来越重视从文化线路、民系、文化分区的角度进行研究；而研究方法多元化，从不同的学科大胆引入不同的方法并消化吸收为己所用，扩展到多层面、多视野、多领域的研究领域，更与现代科学的普遍化、系统化、有机化的总体倾向相一致。本书选择以文化线路的视角，关注一个区域的传统聚落研究，并采用多种研究视角和思路，挖掘传统聚落的特征，分析聚落空间形态，符合目前学界对传统聚落的研究趋势。

1.5　研究内容与创新点

1.5.1　研究内容

本书选取抚河流域地区，在时间和空间的维度，以历时性和共时性的视角，对传统聚落空间形态从宏观、中观、微观三个层面进行解析；然后对抚河流域传统聚落进行区内外比较，以突出区域特色；最后，对传统聚落空间形态及其影响因素进行关联研究。

1．从宏观层面，分析抚河流域地区传统聚落形成背景与整体空间分布

抚河作为交通动脉，文化传播廊道，商贸发展的驱动力，在聚落的形成和发展过程中发挥了重要作用。本书从自然地理环境、区位交通条件、历史文化及社会经济等方面分析了抚河流域地区传统聚落的背景。从宏观层面研究聚落形成与整体的空间分布，从地理环境、经济、文化等方面分析对传统聚落形成分布的影响，并从聚落群的角度分析了传统聚落群的形成模式和空间分布形态，最后从水系的角度分析了抚河对该地区传统聚落发展的影响。

2．从中观层面，分析抚河流域地区传统聚落空间形态

从中观层面对抚河流域地区传统聚落空间形态进行研究。首先分析了传统聚落的类型，由于该地区地形复杂，历史上文化、商业发达，所以主要分析聚落的村落文化类型、地理类型和产业类型；然后从聚落环境的匹配、整体形状、空间结构、街巷组织和节点布置等方面由远及近、由整体到局部地分析聚落与自然环境契合的关系，聚落在立面和平面上的形态，空间要素之间的结构组织，街巷空间的平面形态及界面构成，节点位置对聚落整体布局的影响和节点空间的形态。

3. 从微观层面，分析聚落中传统建筑形态特征

该部分从微观层面，主要研究传统聚落中的细胞——传统建筑的形态特征。抚河流域地区从北往南，由于所处的地理位置和文化交流的影响，传统建筑的特征呈现出微观上的片区化差别。结合历史上的行政区划和建筑文化的差别，将该地区传统建筑分为两个片区——抚河下游地区和抚河上游地区，分别以其中特征较为鲜明的两个县域为代表，选取其中较有代表性的建筑类型——祠堂、官厅和民宅进行详细分析，总结出每一类型及该片区的建筑特征。

4. 以比较的视角分析抚河流域地区传统聚落空间形态区域内外对比

以比较的视角将抚河流域地区的传统聚落与赣东北地区徽派聚落和赣江流域吉安地区的传统聚落进行对比分析。抚河流域地区的传统聚落作为赣派聚落与赣东北地区徽派聚落空间形态的比较，找出其中的共性和差异性，以进一步厘清赣派聚落和徽派聚落的差别，确立赣派聚落作为一个独立的聚落体系的地位。将同为赣派聚落的抚河流域地区传统聚落与赣江流域吉安地区的传统聚落进行对比，找出在不同文化圈、不同流域的两大地区的赣派聚落的共性和差异性，在确立赣派聚落的共同特征的基础上，进一步分析抚河流域地区（主要受临川文化影响）和赣江流域吉安地区（主要受庐陵文化影响）两个地区受不同地理和人文环境影响的传统聚落形态上的差异性。通过比较，进一步确定抚河流域地区传统聚落空间形态的典型性，进一步确立其为赣派聚落的地位。

5. 以关联的角度分析抚河流域地区传统聚落空间形态与其影响因素之间的联系

以关联的角度分析传统聚落形态与其影响因素之间的联系。传统聚落空间形态的形成是受综合因素的影响，基于影响因素之间的关系错综复杂，影响因素对空间形态影响力的强弱不同，难以以定量的程度确定出影响力度的强弱。本书仅从各影响因素如何作用于聚落的空间形态，从表征和背后的动力因素之间寻找其中的关联关系。

1.5.2 创新点

1. 研究内容创新

系统深入研究抚河流域地区传统聚落空间形态，进一步分析其空间形态地域特色。关于江西传统聚落整体的研究，一般对不同建筑文化区的传统聚落进行分析研究，本书以文化线路的视角选择抚河流域地区传统聚落为研究对象，将抚河作为地理轴线、交通通道、文化传播廊道等，以水系为线索，对传统聚落的研究做一个补充。

以往的研究将建抚区（明清时期的建昌府和抚州府辖区，与本书研究的抚河流域地区的范围基本相同）作为江西建筑文化的一个片区，对抚河流域地区的传统聚落形态研究已有一些初步的积累，但研究不够深入。此外，还有一些零散的村镇个案的研究，针对个案有深入的分析，可以作为整个地区的一个研究材料的佐证，但不能从宏观的角度把握抚河流域地区的整体传统聚落空间形态特征。本书在整体层面，深入、细致地从宏观、中观、微观三个层次系统化地解析了抚河流域地区的空间形态特征。首次明确了抚河流域地区的村堡式、里外堡式的聚落类型，为中国传统聚落类型体系作一个补充，并在微观的建筑形态的层面，研究了官厅这一在以往研究中不太被关注的建筑类型。抚河流域传统聚落空间形态的研究对丰富我国传统聚落的类型和聚落研究体系有重要意义。

此外，在已有研究基础上，进一步分析抚河流域地区传统聚落空间形态与其影响因素之间的关联。由于聚落空间形态形成的影响因素种类繁多，且关系错综复杂，所以聚落空间形态因素的分析多数研究偏重罗列具体的影响因素，但对影响因素如何对传统聚落空间形态进行作用，或者说影响因素与传统聚落空间形态之间存在何种关联，少有涉及。本书以抚河流域地区的传统聚落为例，试图揭示出空间聚落形态与影响因素之间所建立起的具体联系。

2. 研究方法创新

立足于图形学和形态学的理论基础，构建聚落空间形态理论研究方法。在传统聚落形态的著述中，对于单个聚落的空间形态的研究多采用"点—线—面"或依据《城市意象》中的五要素"道路、边界、区域、节点、标志物"的研究方法。"点—线—面"的空间分析法从建筑、街巷、片区的组织方式，或是从片区、街巷到建筑的顺序，这种研究方法从部分到整体厘清聚落形态结构，侧重于构成元素的分析。从《城市意象》中的五要素到传统聚落系统构成的各种研究方法对局部空间的研究比较系统，侧重聚落内部空间的分析。中国传统聚落在追求天人合一的思想指导下，对自然环境非常重视，所以聚落与环境之间的关系是整体空间形态中必不可少的特征之一。

诺伯格－舒尔茨在《建筑——存在、语言和场所》中提出聚落作为图形，是构成环境的有形实体，具有有形的特征，不能降为点、线或面等抽象元素，要具有整体性。本书试图在已有研究的基础上，运用形态学和图形学的方法，从聚落环境匹配、整体形状、空间结构、街巷组织、节点布置、传统建筑形态六个方面由远及近，从整体到局部解析，以期能更全面系统地解读传统聚落的空间形态。

3. 研究视角创新

基于比较的视角研究抚河流域地区内外传统聚落的空间形态，明确该地区传统聚落是赣派聚落的典型代表。在以往对江西省传统聚落的研究成果中，对赣东北的徽派聚落和赣南围屋关注较多，对赣中地区赣派聚落的研究还存在很大的空间。在赣派聚落研究成果中对赣江流域庐陵文化影响下的传统聚落研究较多，对抚河流域临川文化影响下的传统聚落关注相对较少，与该地区传统聚落的研究价值不匹配。本书以比较的视角，首次将抚河流域地区传统聚落与赣东北地区的徽派聚落和赣江流域吉安地区的赣派聚落进行比较研究。通过抚河流域地区传统聚落与赣东北地区的徽派聚落进行比较，分析出赣派聚落与徽派聚落的共性与差异性；通过抚河流域地区传统聚落与赣江流域吉安地区的传统聚落进行比较，寻找出赣派聚落的共同特征和不同生成环境背景下的聚落特征的差异。通过比较分析，深入挖掘抚河流域地区传统聚落空间形态的典型性，总结赣派聚落的特征和价值，进一步明确赣派聚落在聚落体系中的地位。

1.6　研究方法与框架

1.6.1　研究方法

1. 文献考证与田野调查相辅助

开展本研究必须注重两方面工作：一是搜集文献和相关史料资料，包括相关学术著作、地方志、族谱等，并对资料进行甄别、整理、综合；二是田野调查，包括现场的实物拍照、建筑测绘、访谈等。通过对文献的搜集、阅读、整理等工作，了解和学习有关传统聚落的研究状况，吸收前人的研究成果，扩大学术视野，掌握科学的研究方法，尤其是了解江西传统聚落的相关研究进展情况，并辅助参阅县志、族谱等地方的史料，为下一步深入研究抚河流域地区的传统聚落奠定基础。田野考察对于传统聚落的研究是获取第一手资料的行之有效的研究方法。由于传统聚落是与社会和文化现象息息相关实际存在的物质载体，要对其进行深入挖掘研究必须依赖实地调研。在田野考察过程中，通过摄影、测量、绘图、采访等手段得知有关聚落的空间布局信息、建筑形态特征和丰富的历史文化信息，为进一步研究提供翔实的基础资料。

2. 实证分析与理论研究相结合

本书一方面选取抚河流域地区传统聚落中的典型案例进行实地考察，分别选取代表性案例进行深入的考察研究，根据实际的发展现状，提供切实的空间感受和第一手的相关资料，增强内容的直观性；另一方面通过大量的文献资料进行理论分析和综合，学习和掌握传统聚落的研究方法，从整体上把握研究对象，在以往的理论基础上进行拓展研究。采用实证分析和理论研究相结合的研究方法，实证分析可以补充理论分析需要的支撑案例，理论分析又对实证分析起理论指导作用。

3. 系统整体分析与比较对比研究相统一

吴良镛先生提出"要整体地分析与创造地区建筑文化"，传统聚落的研究本身就是一个复杂的多因素、多层次、多目标系统，所以应该采取一种系统的、整体的、联系的、动态的、比较的方法研究传统聚落。

一个地区的文化是连续的，且该地区的各个文化是相互影响的。一个地区内的文化史透过彼此的相互作用而形成扩展，当扩展到一定的时空条件又和其他区的文化产生相互作用，进而促成新的地域性共同传统[①]。抚河流域地区从文化分布的角度处于临川文化圈内，从建筑形态分布的角度属于建抚区。本书采用系统整体的方法在宏观层面总结抚河流域地区传统聚落分布特征。"文化区"的意义不仅仅在于相同文化特质的总结，更重要的是如何从众多相似或相异的文化特质之间，归纳出彼此互动与沟通的过程。本书采用比较的视角，一方面是抚河流域地区内部的比较，另一方面是抚河流域地区与其他地区的比较。关于区域内部比较，虽然抚河流域地区的传统聚落同处临川文化圈，但由于地理环境和文化交流融合的程度有所不同，在聚落布局和建筑形态方面存在微观差异。通过采用比较方法对两个片区的聚落群进行对比研究，找出其微观差异，从而更深刻地了解抚河流域地区传统聚落空间形态特征。抚河流域地区与区外比较，通过与赣东北徽派聚落和赣江流域吉安地区赣派聚落比较，总结出共性和差异性，进一步总结抚河流域地区传统聚落的典型性，确定赣派聚落的地位。

以上列举了几个主要的研究方法，传统聚落的形成、演变是在自然地理环境、社会人文条件下包括了人、自然、社会综合影响机制作用下发展的，这就决定了传统聚落的研究是一项系统的研究，应当从建筑学、历史地理学、社会文化学等跨学科交叉的广泛的视野上进行综合融贯的研究。

1.6.2 研究框架

（1）从分析逻辑上，本书从研究背景入手，从宏观——聚落分布、中观——聚落空间形态、微观——建筑形态三个层次，对抚河流域地区传统聚落的空间形态进行研究；由表及里，通过对传统聚落表征形态的解读，寻找出与其影响因素的关联（图1-9）。

（2）从研究视角上，本书采用整体系统分析和对比比较研究相结合的方法。

---

① 郑芹. 松茂古道沿线聚落探析［D］. 成都：西南交通大学，2012.

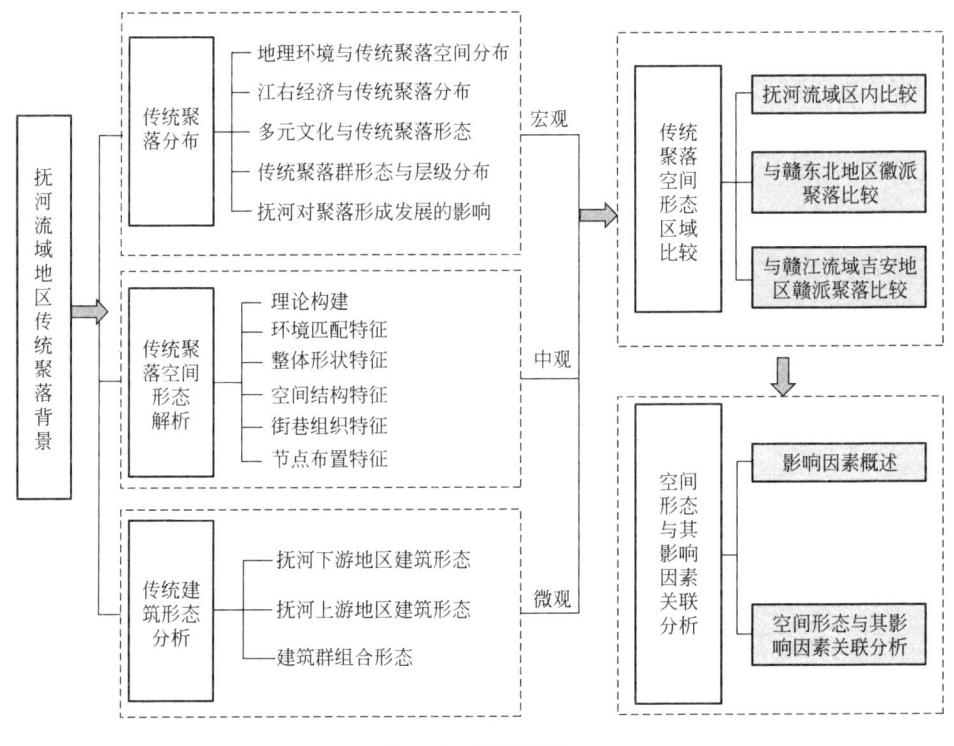

图 1-9   研究框架

1.7   本章小结

本章对"抚河流域地区传统聚落空间形态研究"这一选题的研究背景和研究意义进行了探讨,界定了本书研究的地域范围并明确了研究对象,并对国内外的研究现状进行了梳理。在此基础上,架构研究内容,提出本书的创新点,对研究方法与研究框架作全面的阐述,搭建总体框架,为进一步研究打下基础。

抚河流域地区传统聚落形成背景

2.1 自然地理环境

2.1.1 抚河概况

抚河位于江西省东部，是鄱阳湖水系的五大支流之一，位于东经115° 36′~117° 10′，北纬26° 30′~28° 20′之间，发源于赣、闽边界武夷山西麓广昌县驿前镇里木庄。干流流经广昌、南丰、南城、抚州、焦石坝、李家渡、柴埠口，抵达箭江口后，经梁家渡由青岚湖入鄱阳湖，全长349km，流域面积1.58万km²[1]。抚河干流南城以上为上游河段，称为盱江。盱江，属抚河上游，曾称汝水、盱水、盱江。抚河的源头为盱江的源流港——驿前港，源出驿前镇血木岭之东峦，曾名盱源，有里木庄、罗家地诸涧水，至木头坑合流。因水过龙井、天井，故旧县志称龙井水、天井里水。今因其源头在驿前镇境内，遂以为名。经姚西、驿前、河东、官坊、湖罗石、东坑，沿路接纳诸溪水和杨溪港水，至石咀头与塘坊港汇合为盱江起点。关于"盱江"名称的说法有以下几种来历，一是明正德《建昌府志》记载："汉史地理志，已有盱之名，按旧志，盱水发源自广昌县血木岭，流二百八十里入南丰县，又有二十里至府治东南与新城县飞猿水合，又二百四十里入临川与汝水合流注江。清烛须眉，故名盱水。"二是清同治六年（1867年）《广昌县志》："广昌，盱水发源之处也，日始出为盱，旦气清明之意也。字从日不从目。古河道窄，水深，帆船可航抵桂湖。上游称驿前港，源出驿前镇血木岭东峦。"[2]三是郦道元水经云：盱水出南宫而北流南昌，注赣水或云盱姥。南宫即南丰之讹。在《辞海》中"盱"，大也。《汉书·谷永传》有"广盱营表"之句。颜师古注引晋灼曰："盱，大也"。又名盱水，古称盱姥江，盱作姓氏[3]。明清时期抚河的干流流经建昌府和抚州府，在建昌府内称为盱江，在抚州府内称为汝水。

抚河及其支流主要流经的区域自南向北依次为广昌县、南丰县、黎川县、南城县、资溪县、宜黄县、崇仁县、金溪县、临川区、东乡县和进贤县。抚河流域地区支流，流域面积在150km²的有14条，上游有长桥水、密港水、洽村水、九剧水、上塘水、沧浪水、资福水和龙安水等8条；中游的黎滩河、芦河、琅琚水（又称金溪水）和梦港水4条；下游东乡河和桐源水等2条，流域面积大于500km²

① 黄丽虹. 抚河流域水资源承载力研究［D］. 南昌：江西师范大学，2013.
② 广昌县地名办公室. 广昌县地名志，1985.
③ 南丰县地名办公室. 南丰县地名志，1987.

的河流有黎滩河、芦河、临水（崇仁河和宜黄水河流的一段）、东乡河（图2-1）。①
抚河流域地区位于中亚热带湿润季风区，盛产各类农作物，为江西省主要木材产
区，松树、杉树、樟树、枫树等为主要树种；有煤、铁、铜、钾、钨、锡、铀等
矿产资源②。

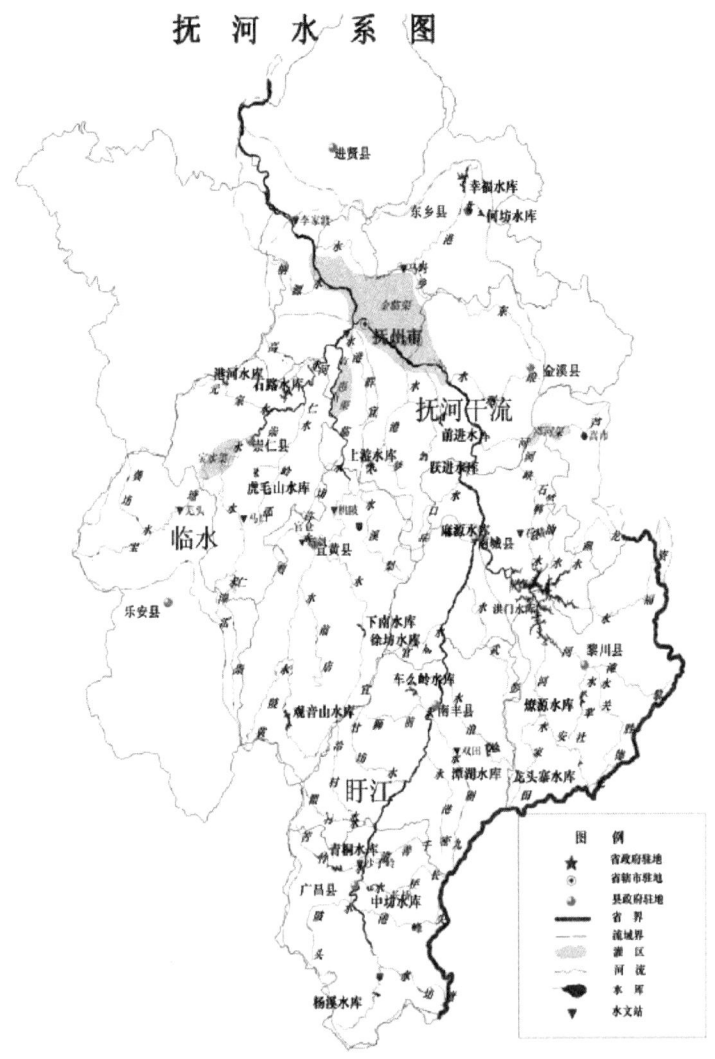

图2-1 抚河水系图

（来源：王法磊. 流域生态需水研究——以抚河流域为例［D］. 南昌：江西师范大学，2010。）

---

① 王法磊. 流域生态需水研究——以抚河流域为例［D］. 南昌：江西师范大学，2010.
② 百度百科 http://baike.baidu.com/item/%E6%8A%9A%E6%B2%B3/1458231.

2.1.2 地形地貌

抚河流域地区东、南、西三面环山，东部为武夷山山脉，南部与西部为雪山山脉，形成一个较为封闭的环境。中部丘陵与河谷盆地相间，地势南高北低，中上游地区属山丘地区，下游属平缓冲积平原区。

抚河流域地区南部的广昌县、南丰县、黎川县、南城县属于山地丘陵地区，东面为武夷山山麓，西面雪山如屏，河网密布（表 2-1）。广昌县东境处武夷山脉南段，西境居于山山脉，中部和北域丘陵、平原交错，多山，山地地面积为 77%。南丰县全县属低山丘陵区，100～300m 之间的低丘岗地占 52%。中部和北部低丘广布，盆地相间多为低丘岗地。黎川县地势自东向西倾斜，山地占 76.88%，中部和西北部多为丘陵和平地。南城县地势东西高，中部为平川岗地，东北和西部边缘多山地。丘陵分布在盱江两侧，面积约 1313.4km²，占全县土地面积的 77%。抚河流域地区东部资溪县在武夷山脉西北麓，属山区，地形复杂，大体呈东高西低之势。境内山高林密、层峦叠嶂、谷深坡陡。全县山地面积占总面积的 69%，海拔多在 700～1000m，丘陵面积占总面积的 26%，多在 200～500m 之间。低丘占 5%，多在 200m 以下。丘陵中分布着宽谷盆地，为主要耕作区。抚河流域地区西部宜黄县和崇仁县为山区到赣抚平原过渡地带。宜黄县境地势南高北低，三面环山，形成一个南部封闭而高起，北部倾伏而开口的山字形地形。崇仁县地貌素称"七山半水两分田，半分道路和庄园"，中部丘陵起伏，东北部主要为河谷平原与岗地。抚河流域地区北部的临川区、金溪县和东乡县北接鄱阳湖平原，地形主要以岗地和平原为主。金溪县地形东南高，西北低，高处是丘岗，低处是农田和河港，主要有山地、丘陵和平原三种类型。山地分布在东南部边缘，属于武夷山脉东北端天旭山山麓，丘陵分布在东北、西北和中部，范围较广，约占全县总面积的 70%，海拔高度一般在 100～500m，岗丘之间的凹地大都辟为良田。平原主要分布在西南沿抚河和芦河及其支流的沿河西岸，约占全县面积的 20%。临川区地势南高北低，四周多为丘陵，中间为冲积平原，形成一个向北倾斜的小盆地。盆地中部，地形比较复杂，平原、冲谷，岗地、低丘交错分布。整个地势由东北向西南缓慢倾斜，自北而南，平原与高、中丘呈低—高—低—高相间分布，构成自东向西南敞开的一大盆地。岗地多分布在中部红壤地带，岗地与岗地之间，形成大片平原耕地。

抚河流域地区自古是我国重要的粮食产地，土质松软肥沃，尤其是临川、金溪、东乡一带农业发达，是粮食的高产地区。主要耕作区为平原和岗间的平地，沿河分布的河谷冲积平原，岗间的平地辟为农田。该区域水系发达，河网密布，主要是抚河及抚河的支流遍布全境，10km 以上的河流有 382 条，其中

10 ～ 30km 的有 229 条，30 ～ 100km 的有 105 条，100 ～ 300km 的有 34 条，300 ～ 1000km 的有 8 条，1000 ～ 3000km 的有 4 条，3000 ～ 10000km 的有 1 条，大于 10000km 的河流 1 条[①]。发达的水系为人民的生产生活提供了便利的条件。

抚河流域地区各县、区地形与水系分布概况   表 2-1

序号	名称	地形类型及所占比例				水系（除备注外均为抚河水系）
		山地(%)	丘陵(%)	岗地(%)	平原(%)	
1	广昌	77.0	13.0	10.0	—	千善港、古竹港、长桥港、柯树港、头陂港、尖峰港、石梁港
2	南丰	31.0	17.0	52.0	—	抚河、浪水，九尉水，密港、沿村水
3	黎川	76.9	11.2	11.9	—	黎滩河、龙安河、资福河
4	南城	18.0	77.0	—	5.0	黎滩河、芦河、邹家港、上唐河、上舍港、谢坊河、程家河、水南河等
5	资溪	69.0	26.0	5.0	—	泸溪（信江水系）、欧溪
6	宜黄	17.6	82.4	—	—	宜黄河、有宜水、黄水、曹水、梨水
7	崇仁	8.4	55.9	28.4	—	崇仁河、宜黄河、宝唐水、西宁水、左港水、六家桥水、东源桥水
8	金溪	10.0	30.0	40.0	20.0	抚河、芦河、金溪水、齐冈水、青田水（信江水系）、三港水（信江水系）
9	临川	17.3	17.5	47.2	18.0	抚河、宜黄河、崇仁河和云山河
10	东乡	12.0	38.7	21.2	28.1	北港、南港、铁山港、瑶河（信江水系）、润溪港（属鄱阳湖水系）
11	进贤	25.0		滨湖面积67	8.0	抚河、信江（信江水系）、进贤河、高桥河、池溪河、钟陵河、白圩河、桐车港

2.1.3 气候特征

抚河流域地区境内属南方湿润多雨亚热带季风气候区，气候湿润，雨量充沛。该地区年平均气温为 16.9 ～ 18.2℃；最热月为 7 月，平均气温 28.8 ～ 29.6℃；最冷月为 1 月，平均气温为 4.9 ～ 6.3℃。历年极端最高气温 42.1℃，极端最低气温 –13.7℃；年平均降水量 1700mm，全年各季节的降水量分布不均，差异较大，雨季集中在 4 ～ 6 月，占全年降水量的 50%，1 ～ 3 月份占 20%，7 ～ 9 月占 20%，10 ～ 12 月占 10%。年平均降水日为 179.5 天；全年最多的为北风和东

---

① 黄丽虹. 抚河流域地区水资源承载力研究［D］. 南昌：江西师范大学，2013.

北风，四季平均风速变化不大。9月至次年3月，境内常受干冷气团控制，多偏北风，风力2～3级，遇北方强冷空气入侵，风力增大到5～6级，阵风7～11级。4～8月，常受太平洋副热带高压控制，多偏南风。4～5月多偏东风，风力1～2级。遇强对流天气，常出现雷雨大风，阵风可达7～11级；年平均日照为1650～1928.1小时，日照百分率约40%；无霜期年平均为260～280天。年蒸发量约为1500mm，月平均最高蒸发量出现在7月，月平均最低蒸发量出现在2月；年平均相对湿度为81%，月平均最高相对湿度出现在3月，月平均最高相对湿度出现在7～8月。

　　该地区四季分明，生长期长。春季受海洋暖气团影响，冷暖空气活动频繁，多出现连续阴雨天气，日照少，时冷时暖，气温逐渐回暖。夏季是全年最长的季节。初夏是全年雨量最多的季节，这一时期是雨季集中季节，多暴雨，占全年总暴雨过程的50%。盛夏降水量明显减少，温度升高进入酷暑炎热季节，7月份平均最高气温升到35℃以上，且受副热带高压稳定控制，干旱少雨。秋季北方冷空气开始入侵，气温下降，气候温凉，天气晴朗少雨，常伴有秋旱发生。冬季受极地南伸的大陆性冷气控制，盛行偏北气流，天气湿冷。1月份平均气温5℃，为全年最冷月。隆冬遇到强冷空气南下，有时伴有雨雪天气。由于该地区内地形复杂，气候多变，旱涝、风雹、雷电和低温天气常有发生[①]。

2.2　区位交通状况

　　抚河流域地区连接闽、赣二省，东邻福建省建宁县、泰宁县、光泽县、邵武市，南接江西省赣州市石城县、宁都县，西连江西省吉安市永丰县、新干县和宜春市的丰城市，北毗鹰潭市的贵溪市、余干县和南昌市，是省际联系赣、闽的重要交通要道，是省内联系南北的枢纽。抚河流域地区属低山丘陵地区，除抚河十流外，还有众多支流，水系发达。丘陵地形和发达的水系，这样的地理条件决定了古代该区域的交通方式以水运为主，辅以重要的陆路官道，水路和陆路共同构成了抚河流域地区内外联系的交通方式。

2.2.1　区位条件

　　抚河作为江西的第二大河流，自古就有连接赣东部南北以及赣中部东西的作

---

① 江西省东乡县志编纂委员会. 东乡县志. 1989；50-53；江西省金溪县人民政府主修. 金溪县志. 2006；113–119.

用，是历史上重要的物资运输、移民南下的通道，地处赣中腹地，北接南昌、鄱阳湖，东邻闽粤，南接赣州，西靠吉安，交通便利。

该地区自古土地肥沃、物产富饶、文化昌盛，名人辈出，接江浙，控闽广，具有重要的地理区位。抚河流域地区流经的今天行政区划的 11 个县区，大致为明清时期建昌府和抚州府，清康熙《江西通志》详细记载了其历史沿革。北部的进贤县有部分地区原属于抚州府，北接鄱阳湖，有"东南藩蔽，闽浙门户"之称，属于中部的水陆交通要冲。

从历史发展沿革来看，建昌府春秋为吴地，战国楚地，秦并天下，分属九江郡。汉改九江为淮南国，置豫章郡领治，有南城县，即今郡治。后汉分南城西北境置临汝县，三国吴分豫章，立临川郡，复析南城为南丰、东兴、永城三县。晋仍以临川郡隶江州。南朝（宋因之隋初改置抚州后，复为临川郡，唐初复置抚州，又分南城置永城、东兴县，寻省入，邵武隶建州后仍属，抚州隶江南西道，乃改临川郡升为邵武军节度使。南唐初置抚州后，乃以南城县置建武军。宋改建武军为建昌军后，分南城之东为新城县，南丰之南为广昌县焉。元为建昌路，明为建昌府，隶江西布政使司。万历六年，因山溪险阻地远难治，乃割南城东北五十六都至七十二都地为泸溪县、新城县 ①。明初辖南城、新城（今江西省黎川县）、广昌（今江西省广昌县）三县。辖：南城、泸溪（今江西省资溪县）、新城、南丰（今江西省南丰县）、广昌共 5 县。1913 年废。该地区是军事要地，自古为兵家必争之地。抚州府春秋为吴越地，战国时楚灭越地又属楚。秦分天下为三十六郡，郭会稽九江其地，属九江郡。初改九江为淮南，又分淮南置豫章，领县八。又南城以其地在郡南，故曰南城，即今之金、宜各县地也。后汉分豫章南昌县地，即南城西北境地，始置临汝县。三国吴以豫章东部为临川郡，领临汝、南城二县。凡十如吴因晋郡名仍隶江州入。旧齐梁或徙治南城，或分置巴山地，视旧境稍廓矣。隋初改为抚州，后复为临川郡。唐初复为抚州，属江西道，寻改为临川郡，既乃复抚州，所隶属州军名号不一，五季升为邵武军节度。南唐复称抚州，置金溪、宜黄二场焉，宋为抚州军，元为抚州路，明改抚州府，隶江西承宣布政使司。正德七年因临之东乡寇患，乃割临川、金溪各乡地并以余干、安仁、进贤三县，接壤地益之，立东乡县领 ②。明初辖临川、崇仁（今江西省崇仁县）、金溪（今江西省金溪县）、宜黄（今江西省宜黄县）、乐安（今江西省乐安县）五县。清末辖：临川、金溪、崇仁、宜黄、乐安、东乡（今江西省抚州市东乡区）共六县。乐安县属赣江流域，所以本研究范围不含乐安县。

---

① 清康熙《江西通志》.

② 清康熙《江西通志》.

抚河流域地区气候温润，适宜种植，自古以来农业基础稳定，是赣抚平原的粮仓，商贸流通活跃，抚州商帮是江右商帮的重要组成，对聚落的生成、发展提供了物质保障。在交通方面，历史上水运发达，连接赣中与赣南和闽粤，赣闽官道、赣东南古道对促进经济发展产生了重要作用。同时由于便利的交通条件，在人口迁移和促进文化交流方面也起到了深远的影响。

2.2.2　水运贸易通道

抚河流域地区的水运历史悠久，据《南丰县志》记载：清雍正十年（1732年）《江西通志》载，北宋元祐六年（1091年）就出现了木船和竹筏运输，农民在农闲时便撑船将农副产品运往外地销售。民国期间，筏运是盱江水道上主要的运输方式，适应枯水季节河部分支流水域行驶。竹筏制作简易、就地取材，造价比船低廉。大型筏可铺架数层，载货约万斤。民国时期，在南丰地区，船可载货上溯到广昌，下达到抚州、南昌。少数15t的货船由南丰装有大米、蜜橘通往汉口。近年来，由于水位下降，焦石拦河坝对水运的影响，再加上陆路交通的快速发展，航运业务锐减。

在交通工具较为落后的传统时代，发达的水系是发展水路交通和区域商贸的重要条件。抚河流域地区发达的水系成为水路交通的天然优势。河流根据自然地理条件分为常年河和季节河。常年河的航运条件受季节变化较小，四季可通航。抚河河宽400～1000m，最大流量为5000m³/s，最小流量45m³/s，属于常年河。主要支流黎滩河，全长47km，宽约45～60m。可常年放运竹木排，汛期下游可通小机轮，枯流量0.9m³/s，洪流量2210m³/s，属于常年河。抚河的其他主要支流如芦河、东乡河、临水等都是常年河，可四季通航。抚河的次要支流多为季节河，季节河分为丰水期和枯水期。受自然气候条件的影响，季节性河流多在每年5～8月丰水期时可以通航，发挥交通运输作用。

抚河是沟通抚河流域地区从南（广昌）至北（临川）的经济动脉，经鄱阳湖，可直达长江，作为黄金的运输通道，促进了这一带经济贸易发展。在抚河沿岸设有很多渡口、码头，产生了因交通而兴的集散中心如临川的上顿渡[①]、李家渡、温圳等。上顿渡处于抚河支流的汇合处，地处平原地区，水陆交通都比较便利，使其成为商贸中心。另外，由于便利的水运条件，很多商贸型经济重镇沿抚河或者其支流而布，如广昌驿前镇、宜黄棠阴镇、金溪浒湾镇等。明初，抚河改道途经浒湾，使得浒湾"舟楫辐辏，市遂集于此"，水运的便利促进了浒湾的经济贸

---

①　同治《临川县志》卷7《地理·津梁》.

易发展，浒湾成为农副产品集散和转运的中心，成为商业往来的中转站[①]。古时村落选址，便利的水运交通条件是其重要的择址条件，所以在抚河流域地区分布大量的滨水型村落，如广昌县抚河岸边的姚西村、黎川县龙安河畔钟贤村、崇仁县抚河畔华家村、金溪县芦河边的靖思村等。水系为加强村落对外的交通联系，促进经济发展发挥重要作用。

抚河的支流同样发挥着重要的交通作用，加强了地区间的交流，在古代陆路交通不发达的时代，河道是重要的黄金水道，以黎滩河为例。黎滩河是过去黎川县与外界联系的通道。黎川县地理位置偏僻，位于武夷山中段西麓，与福建接壤，陆路交通不发达。黎滩河是内外联系的重要运输通道，百姓的日常生活用品通过这条河运进来，当地的竹笋、药材、木竹等农副产品通过这条河运出去。黎滩河岸边的码头见证了当时航运的发达，见证了当年舟楫往来，商业贸易的繁荣。排栈码头是黎滩河岸最大的竹木集散交易市场，当时从武夷山砍伐下来的木头，沿德胜河和熊村河漂流而下，全部在这里集中，然后通过经销商运到抚州、南昌等地。黎滩河由于其独特的地理区位，同时又与抚河、赣江，甚至长江相通，其成为闽西北与内地贸易联系的重要通道。福建的食盐等海产品以及其他商品可以通过这条水道运往内地，内地的日常生活用品、南北杂货也可通过这条水道运往黎川，再通过陆路运到福建[②]。黎滩河水运不但促进了黎川境内的经济贸易发展，同时为加强福建、江西两省边际贸易的繁荣也发挥了重要作用。

抚河的季节性支流，航运的时节虽受自然条件的限制，但在丰水期时却发挥了重要的交通运输作用。资溪县境内诸水，河床浅窄、水急滩多、落差大，不通舟楫，只有丰水季节，方可放竹、木筏。资溪县西部的欧溪每年5～8月份，将山里的木竹、木耳、香菇等山货运输到南城黄狮渡，再汇入抚河。金溪的齐冈河属季节性河，据《金溪县志》记载，1957年5月，浒湾港有54艘帆船在合市镇东源村装运粮食，因水位突然下降，搁浅在合市镇长达5个月。

抚河及其支流在古时陆路运输不发达的时代发挥着重要的交通运输作用，主要运输的货物有粮食、木、竹、药材、书籍、日常生活用品等，水运是黄金贸易通道，为满足人们的日常生活需求，促进经济贸易发展发挥了不可估量的作用。近年来，由于水土流失、水位下降，河道的通航能力减弱，大部分河流已经断航。加之现在发达便捷的陆路运输，使得水运的优势大幅减弱。

---

① 王根泉. 明清时期一个典型农业地区的墟镇——江西抚州府墟镇试探［J］. 南昌大学学报：人文社会科学版，1990，2：84-88.

② 临川晚报，http://www.lcwb.com.cn/newshtm/2013-04-11/201341181858.htm.

2.2.3　对外交通联系

抚河流域地区自古就与外界来往频繁，早在汉唐时期对外的交通联系就已存在，正是因为交通上的对外联系促进了这一区域经济、贸易的发展和文化的传播交流。这一区域对外的交通联系主要有向福建方向的赣闽官道，向北南昌方向与赣江对接，向东南沿海的水陆古道形成一个有机的对外交通网。

1. 赣闽官道

古时建昌府是江西进入福建的重要通道，是赣闽通道上的交通枢纽。赣闽官道为南昌—抚州—建昌（今南城）—新城（今黎川）杉关—福建光泽。武夷山脉横亘于赣闽边界，几乎成为赣闽的整条分界线，其雄伟险峻，成为两地的天然屏障，也成为赣闽边境的交通瓶颈。出于军事和商业贸易的原因，这条延绵千里的山脉上，穿越东西的开口非常多，如赣闽边界福建光泽县境内的杉关，从汉唐时期起就成为闽人晋京官道；黎川杉关，雄立于江西与福建交界处，是由赣入闽的第一关，史称"赣闽门户"，为赣闽交界处的要道。清光绪版的《光泽县志》当中记载，杉关始建于唐广明元年（880年），至今已有1132年的历史。至明洪武三年（1370年），"增雉堞，甃以石门，而阁其上，商贾蹲趾交道，置税焉"。清咸丰七年（1857年），毁于兵燹，光绪四年（1878年）复建。作为有着千年历史的古关隘，杉关自古以来就是赣闽交界最大的关口，刻有"闽西第一关"，在福建省地方志的关隘条目上排在首位。现在的杉关仍是赣闽两省的交通要道，阳杉公路和黎光公路从这里穿过。赣闽两省边境的人们习性相通，民俗相近，经常相互交流，互通有无。

2. 赣抚运渠

赣抚运渠是第一条沟通抚河和赣江水路的水网交通，抚河自焦石船闸进入总干渠，经王家洲过船孔、西航岗前，过岗前渡槽、天王渡船闸、续西航过市汊闸入赣江。市汊街是抚河和赣江汇合的重要节点，是赣江上重要的古码头。市汊街顾名思义是江河汊口的集市，早在唐朝时这里便是往来要道，到明清时期已成为货物集散、人员流通的重镇。抚河和赣江的连通可使抚河流域地区的物资通达南北。另一条利用东干渠为航道，船只过柴埠口闸后，经一段近100m开挖运渠，进入东干渠为航道，与浙赣铁路联运，从而使抚河西挽赣江，北攀浙赣，组成了有机的运输网络[①]。

3. 赣东南古道

抚河是赣东地区运输景德镇瓷器从赣北到沿海地区的重要交通干线。赣东北

---

① 赣抚平原水利工程管理局. 江西赣抚平原水利工程志. 1991：97.

部的景德镇是世界著名的瓷都，明清时是江西的四大古镇之首，在全国范围内与汉口、佛山、朱仙并称为清代的四大古镇。历史上，景德镇的瓷器远销海外时，曾有三条古道经过抚河到达东南沿海的港口。

（1）鄱阳湖—抚河—广昌—驿前镇—石城—隘岭—福建长汀—梅县。

（2）鄱阳湖—抚河—广昌—驿前镇—石城—际头隘—福建宁化—漳州—厦门。

（3）鄱阳湖—抚河—广昌—陂头镇—宁都—贡江—会昌湘江—金竹坳—福建武平县—广东镇平—潮州。

抚河承担着景德镇瓷器向东南沿海运输的重要交通功能，一方面促进了抚河流域地区的经贸繁荣，另一方面促进了北至赣东北南至中国沿海的文化交流。赣东南古道之所以在明清时期较发达，是因为明代实施"海禁"政策，这是促进内陆河运和陆运发展的直接原因。

抚河不仅是省内沟通赣东地区南北的水运交通动脉，过去向北可以到南昌府，进入赣江后可以到达西部的吉安府和南部的赣州府，同时也是省际，促进闽西北、东南沿海与内地的经贸发展交流的纽带。

4. 北人南迁的移民通道

在中国历史上，北人南迁一共有八次。北人是指黄河流域的中原汉民族统称，南迁则是指迁入长江中下游及长江以南，继而再向南至闽粤海南岛直至海外东南亚等地区。

第一次南迁是秦始皇时代；第二次是东晋的"五胡乱华"时期；第三次发生在唐代的"安史之乱"，战争带来的灾难，使得中原人们大量南逃；第四次是唐末的"黄巢之乱"，中原人避难逃到闽粤赣地区；第五次南迁是宋南渡时期，北方的官吏士民进入太湖流域、闽粤或滞留在赣南各县；第六次是南宋末年，宋元交战，使得大量人口江浙逃亡广东、海南岛等地；第七次是明末清初政府组织的湖广填四川移民运动；第八次是太平天国时期，一部分客家人迁徙到东南亚。

这八次迁徙运动中，尤其是第四次、第五次、第六次，江西作为北人南迁的途经之地，有两条主要通道，其一是西路，赣江和及江边的驿道；其二是东路，即抚河及河边驿道。抚河"控咽荆浙、接武闽广，为东南孔道"[1]，它是赣东地区由北向南的一条重要交通要道。移民可乘船自南昌、抚州、南城、南丰，到达抚河的源头广昌县境内登陆，然后在广昌经驿道到宁都、石城，福建的宁化县。福建宁化石壁被称为客家人的祖地，南迁移民在此修整后，继续向南至闽西、粤东地区，所以说抚河是北人南迁的一个重要移民通道。

---

① 刘纶鑫. 论客家先民在江西的南迁 [J]. 南昌大学学报：社会科学版，1998，1：108–112.

2.3　历史文化背景

　　抚河流域地区物华天宝，人杰地灵。抚河不仅促进了经济的发展，也孕育了灿烂的文化。抚河流域地区地处临川文化圈，临川文化是赣东江右民系创造出来的区域性文化，是江右文化的重要支柱。临川文化生成于秦汉，兴盛于两宋，绵延于明清，在哲学、教育、文学、艺术、科学、宗教等方面取得了辉煌的成就，在历史的长河中形成独具特色、成就突出的区域性文化。临川文化经历了从远古到隋唐的漫长发展至宋代有了深厚的积累，在全国政治、经济、文化中心南移，重视文化、优待文人的社会背景下，临川一带才人辈出，各行各业群星璀璨，他们锐意进取，著书立说，对推动社会进步产生了深远影响。抚河流域地区出了世界级的文化大师，北宋时期锐意改革的思想家、政治家王安石，在政治上和文学上都取得巨大成就的晏殊，伟大的戏剧家、文学家汤显祖等；在哲学领域有北宋时期理学家李觏，百世大儒心学创始人陆九渊，元代杰出的思想家、教育家吴澄，明代著名理学家教育家吴与弼等；在文学领域有唐宋八大家之一的曾巩，宋代十大词人之一的晏几道，元代著名学者诗人虞集，有与饶节、汪革、谢薖并称为"江西诗派临川四才子"的谢逸等；在史学领域有元末明初在史学方面具有很高造诣的危素，明代著名学者文史学家徐奋鹏；在医学方面有突出贡献的有元代著名医学家危亦林，南宋医学家陈自明，明代医学家龚廷贤，明代具有精湛医术的龚居中，清代著名医学家黄宫绣等。其他的还有北宋的地理学家乐史、朱思本，北宋的语言学家陈彭年；在书法、绘画方面有清末民初书画家李瑞清，清初画家吴宏等；在宗教方面有北宋著名道士陈景元、佛教之本寂等[①]。这些文化名人都是名播朝野享誉全国的人物，共同谱写了临川文化的辉煌篇章。

2.3.1　理学文化

　　江西是理学思想传播的发端地，又是其集大成者。《宋史·道学传》序说，两汉以后，"得圣贤不传之学"的道学家，首推周敦颐，扩大其思想的是程颢、程颐兄弟，南宋集道学之大成者朱熹，南宋时期的陆九渊是理学的另一位宗师。抚河流域地区自宋以来，理学开源，名贤辈出，成就卓越，涌现出了百世大儒陆九渊，伟大思想家李觏，著名理学家吴与弼和徐奋鹏等。

---

　　① 周世泉，廖应生. "临川文化"的概念、内涵、外延二题——临川文化的个性特征［J］. 抚州师专学报，1994，4：1-7.

　　在中国历史上哲学领域营构"心学"的陆九渊，为南宋著名的理学家、思想家和教育家，是宋明两代"心学"的创始人，是理学中的主观唯心论学派的宗师，他认为心是宇宙的本体，"宇宙便是吾心，吾心即宇宙，此心此理，我固有之，所谓万物皆备于我"①。他强调发明本心，要人们充分发挥主观能动性，去"欲"明"理"。陆九渊的学说被明代王守仁继承和发展，形成陆王学派，与程朱学派并称为理学的两大学派。陆九渊的四兄陆九韶和五兄九龄也是著名的理学家，他们三人并称为"三陆子之学"。陆九渊开宗创派，呕心沥血的"心学"营构，使得中国哲学的唯心主义体系形成一个完整的构架。李觏是北宋时期杰出的思想家，北宋时建昌军南城人（今抚州市资溪县），是北宋中期颇有影响力的人物，博学通礼，在哲学和文学领域都取得了很高的成就。他是一位重要的唯物主义思想家，有朴素的辩证法思想，坚持唯物论观点，认为万物是"阴阳二气之会而后产生"的，即认为宇宙万物都是由阴阳二气会合而生成，肯定了世界的物质性，继承了柳宗元等人的唯物主义思想。李觏一生虽未入仕，但著述甚丰，策论有《礼论》7篇，《易论》12篇，《周礼致太平论》51篇等。除此之外，他还有比较进步的历史观，抨击当时的社会政治，主张政治革新，在经济、法学、军事方面都阐述了自己的思想。吴澄，宋元之际的理学家，为元朝儒学的传播和发展作出了重要贡献。吴与弼，明代学者，著名的理学家、教育家，明崇仁县莲塘小陂（今抚州市崇仁县）人。他的理学思想"上无所传"，自学自得，身体力行，概括起来即天道观、性善观、践行观、苦乐观。吴与弼对明代学术思潮的兴起具有"启明"的作用。同时，发生在明代的中国历史上第二次文化下移，是由以王阳明为代表的思想家们推动并完成。而此前，吴与弼发儒学往工农商贾转向之端，推动中国文化教育发生了纵向的传递传播，使儒学由上而下，走向社会下层民众，走向工农商贾，意义重大。加之王阳明的老师又是吴与弼的弟子，由此众多专家学者均认为吴与弼创立的"崇仁之学"是第二次文化下移的发端②。徐奋鹏，今临川云山巷口徐村人，明代著名学者、理学家，又是文学家，当时与同时代的汤显祖、艾南英齐名，史著史评在日本至今仍享有盛誉。因他长期在家乡笔架山下设馆讲学，人称"笔架先生"③。

2.3.2　科举文化

　　江西自古英才辈出，明景泰年间大学士陈循也曾对英宗说："江西及浙江、

---

①　陆九渊.《与侄孙濬》，《象山全集》卷一.

②　中国新闻网，http://www.chinanews.com/cul/2011/11-11/3454999.shtml.

③　http://baike.baidu.com/link?url=6abtxAt6jtF1mQTHgUrUoEweebUKLWsBE6uaE90lcDSWKQAtf38doMXZ34nZ9ZgYmeOYrMv366ay2hdR1vV5lK.

福建等处,自昔四民之中,其为士者有人,而臣江西颇多。"看来这话有一定的道理,从明洪武四年(1371年)至清光绪三十年(1904年),共举行了203次科举考试,全国共有51624人中进士,其中江西4988人,占进士总数的9.65%[①]。

临川自古文风昌盛,人才辈出。唐朝的王勃在《滕王阁序》中发出"光照临川之笔"的由衷赞叹。至宋,又因科举连捷,流光溢彩,被著名学者董震誉为"人才之乡",民间大众俗称为"才子之乡"。宋代是临川文化的辉煌时期,封建文化教育事业发达,书院蓬勃兴起,文化昌盛,人才鼎盛,在文化上所取得的巨大成就在当时和后世都产生了巨大的影响。官府创办"州县之学",乡绅大族创办书院、私塾,供本族弟子读书,也吸收外地学子,有的书院名望很大,成为文化学术的中心。宋代各州县纷纷兴办书院,据光绪《江西通志》记载,新创办的书院粗略统计为136所,其中北宋开办的54所,南宋开办的82所[②]。抚河流域地区比较著名的是陆九渊开办的象山书院,当时出现"远近学者闻风云集。至无斋以容之"[③]的场景。在兴办学堂,读书风气大盛的背景下,直接导致的是科学文化发达,学子登科进士尤盛。江西浓厚的兴学之风,使得一些地域和一些家族,对教育十分看重,这才为日后创造科举奇迹奠定了基础。宋代江西中举的学子以抚州和吉州两地较多。宋代为抚河流域地区科举文化的第一个高潮期,经历了元朝社会动荡,到了明清时期崇文重教科举进入一个小高潮。明清两代江西各县中考取进士人数前十名的分别是南昌县(381人)、安福(279人)、丰城(254人)、吉水(213人)、泰和(204人)、临川(198人)、新建(193人)、庐陵(吉安156人)、南城(153人)、金溪(130人)。明清时期各府州进士人数见表2-2。其中抚河流域地区有3个县进入了前十名,并从表2-2中可以清晰地看出抚河流

明清江西各府州进士人数表 表2-2

明代	清代	资料来源
吉安府 994 人	南昌府 413 人	
南昌府 715 人	建昌府 292 人	
抚州府 292 人	吉安府 205 人	
饶州府 266 人	抚州府 192 人	光绪《江西通志》卷22-24,明清合计4935人,与《明清进士题名碑录索引》所记比较一致
广信府 206 人	九江府 103 人	
临江府 206 人	饶州府 102 人	
建昌府 133 人	赣州府 98 人	

① 许怀林. 江西史稿[M]. 南昌:江西高校出版社. 1998.
② 许怀林. 江西史稿[M]. 南昌:江西高校出版社. 1998.
③ 《年谱》,《象山集》卷三十六.

续表

明代	清代	资料来源
瑞州府 107 人	广信府 78 人	光绪《江西通志》卷 22-24，明清合计 4935 人，与《明清进士题名碑录索引》所记比较一致
九江府 63 人	瑞州府 68 人	
赣州府 53 人	南康府 63 人	
袁州府 51 人	袁州府 62 人	
南康府 37 人	临江府 56 人	
南安府 25 人	宁都州 30 人	
	南安府 25 人	
合计 3148 人	合计 1787 人	

（来源：许怀林. 江西史稿 [M]. 南昌：江西高校出版社，1998. ）

域地区的抚州府和建昌府中进士的人数名列前茅，在明代两府进士人数共 425 人，占江西总进士人数的 13.5%，清代两府进士人数共有 484 人，占江西中进士人数的 27.08%，可见抚河流域地区在明清时期是整个江西省内科举文化较发达的地区。从宋至清，抚州（含原建昌府地区）进士共 2450 人，其中状元 6 人。北部的进贤县除了有名满天下的舒芬外，还先后出了 148 个文、武进士，使进贤成为远近闻名的进士之乡。科举文化事业发达，由学而仕，造就了一批文人学士和官宦阶层，他们对社会发展所作出的贡献影响深远。

以金溪县为例，金溪虽为赣东一个小县，但自古人文荟萃、英才辈出。据《金溪县志》记载：金溪自北宋淳化三年（992 年）至清光绪三十一年（1905 年），共有 224 人考中文进士，639 人考中文举人。自明永乐十六年（1418 年）至清咸丰二年（1852 年），有 25 人考中武进士，179 人考中武举人。金溪历史上人才分布特点有以下几点，第一是历代均有分布，以文武进士为例，宋、元、明、清的文进士分别为 63 人、11 人、86 人、64 人，占江西全省文进士总数的 1.16%、5.31%、2.8%、3.58%。明、清武进士分别为 10 人、15 人，占抚州市武进士总数的 45%、26%。第二是出类拔萃的人才不少，以文状元、榜眼为例，全国不过各有 700 来人，有的一个省不超过 10 名，而金溪一个县则有状元 2 名（吴伯宗、陆肯堂），榜眼 3 名。第三是因学而仕的名臣良吏多。宋代以来，金溪至少有 4 人担任副宰相以上高官，担任尚书、侍郎、巡抚、副将、布政使的则不少于 30 人，州府级官员数以百计。他们当中不少人官者政绩斐然，将者功勋卓越，其中代表性的有清正廉明的宰相蔡国用，文武双全的户部侍郎周亮工，有布衣推官之称的工部侍郎胡桂芳等①。

---

① 江西省金溪县人民政府主修. 金溪县志 [M]. 2006：5.

2.3.3 多元宗教信仰

继唐、五代之后，佛教和道教在江西各地传播，儒学和佛道合流，尤其是儒佛融合的现象突出。宗教的发展必须依赖于封建统治阶级，而统治阶级为了加强统治必须借助于宗教。江西是理学发展的主要阵地，理学作为封建统治思想儒学的新发展，大量吸收了佛教思想，尤其是禅宗思想而确立的。朱熹、陆九渊的理学都吸收了佛教的思想，丰富理学内容，从而刺激了佛教的传播发展[①]。佛教禅宗思想在江西广泛传播，这是禅宗和理学互相渗透的生动反映。佛家曾言"求官到长安，求佛到江西"[②]说明了江西地区佛教之兴盛。唐以后影响最大的南禅，其主要根据地便是江西。南宗佛教的五家七宗，有青原行思、曹洞、沩仰、临济、黄龙、杨歧六宗皆发于江西，并由江西远播海外，在世界许多地方有着深远的影响。禅宗的中国化，最后在江西得以完成，这也是中国文化中不可小视的现象[③]。道教在江西地区的发达程度不亚于佛教，兴建了大量宫观。在宋代，统治者对道教也是扶持并加以利用。道教有两大教派：流行于南方的天师教和北方的全真教。江西贵溪龙虎山在天师教中有独特的地位，被称为道教祖山，第一代天师张道陵曾在此炼丹肇基，其曾孙第四代天师张盛移居此山，广收信徒，被尊为"正一天师"[④]。在江西活动过的著名道教人物有葛洪、陆修静，以及传说中的许逊、麻姑、张力英等，因道教人物而成名的山有上饶三清山、樟树图皂山、九江庐山和南城麻姑山等[⑤]。

江西历来有对净明宗孝道祖师许逊（许真君）的信仰，而大量兴建万寿宫。许逊成为江西人的保护神，千百年来被顶礼膜拜。万寿宫并非江西独有，却成为江西人的重要招牌。许逊为晋代著名道士，东汉末，其父许萧从中原避乱来南昌，许逊出生在南昌市南昌县长定乡益塘陂。他饱读诗书、仁孝忠厚、居官清廉，深受百姓爱戴。民间有很多关于他的传说，史书也记载有他做的利国利民的好事，除为民治病、斩蛟治水外，还有对政治有独到的看法，不但是一个精通道法的术士，还是一个参与政治的士人，使得许逊的形象不但为普通民众所接受，同时被士大夫所推崇。江西人在明清移民过程中，持有许逊信仰，为了在异乡寻找失落的乡土情怀，随处可见他们建立的江西会馆即万寿宫。明代江右商帮的兴起，江

① 许怀林. 江西史稿［M］. 南昌：江西高校出版社，1998.

② 潘莹. 江西传统聚落建筑文化研究［D］. 广州：华南理工大学，2004.

③ 易行广. 禅宗的演播与江西［J］. 江西社会科学，1997，6：47-50.

④ 周文英等. 江西文化［M］. 沈阳：辽宁教育出版社，1995：5-12，27-28，108-119，13 3-160，235-245.

⑤ 郭树森. 江西道教概说［J］. 中国道教，1996，3：31-33.

西商人集中一地共同经营，要联谊乡亲，互相团结，为了维护共同的利益，建立江西会馆——万寿宫，许逊成为江西商人的保护神。万寿宫变成江右商帮文化的标志和载体①。

　　"江西为理学之乡，文章风雅之奥区"，又是信鬼崇巫之地；既尚厚德明理的儒家思想人格，又俯伏在虚无的鬼灵脚下，至诚膜拜，理性与虚幻并存不悖②。江西不少民俗活动伴随着巫术活动，这也是由于封闭的自然地理环境和当时人们崇尚巫鬼的民间信仰相关。江西南丰以傩舞而著名，傩是一种神秘而古老的原始祭礼。傩形成于唐宋，扎根于民间，极具晦涩、神秘之特征。傩舞，是古代腊月驱逐疫鬼的仪式，一种民间的民俗活动，流行于江西南丰、四川、甘肃、贵州、安徽贵池以及湖北西部山区等地。江西南丰傩舞文化历史悠久，傩风盛行。与周边省市的傩文化相比，南丰傩舞更古老稚拙，更粗犷豪放，更具原生态特征。它们大多保存了古老的驱疫逐鬼的祭祀内容，融合了明清时期社祭中娱神乐人的习俗，渗透了社祭的神人角色，显示出了传统的科举进士文化主题和人文精神内涵③。南丰一带至今保存完整的傩舞仪式，并建有傩神庙。

　　我国古代一直是农耕社会，土地是立身之本，凡有汉族民众居住的地方就有供奉土地神的地方，各地乡村均建有土地庙。在抚河流域地区一带，村口或村内一角常建有土地庙或者称为"社公庙"。抚河流域地区除了民间信仰中主流的佛教、道教、许逊信仰、土地神信仰，还有其他一些独特的民间信仰，几乎村村皆有庙，属于世俗信仰的产物，是居住者营造的一个供神灵栖居的场所，是乡村社会的功利诉求，是祈求保佑，寄托心愿的场所。

　　抚河流域地区民间信仰多样，首先反映在传统聚落中建有各种佛寺、宫观、万寿宫、土地庙、傩神庙及其他类型的庙宇，是村落格局构成的重要节点，在村落景观中扮演着重要角色。其次是这些信仰还演变为文化符号，成为装饰的重要题材。最后，佛教、道教中天人合一的思想还深入到聚落的规划和营建中。

　　抚河流域地区民间信仰体系丰富，文化多元，除了普通的佛教、道教外，还有众多独特的信仰民俗文化。其中，比较典型的是以南丰为主的傩神文化，还有个别村落传承的关公戏、孟戏等。

　　傩文化是一种远古的原始文化。傩就是我国古代基于万物有灵观念而产生的一种用驱鬼逐疫、迎神纳吉为目的的原始巫术活动。既然傩面是神，就得有供奉傩神面的庙宇。江西地区有傩信仰的村庄，均建有傩神庙，有"五里一将军，十里一傩神"的说法，这些神庙的门框堂柱上均刻有表现傩信仰的对联，道出人们

　　① 刘亮. 江西许真君信仰研究 [D]. 南昌：江西师范大学，2012.
　　② 潘莹. 江西传统聚落建筑文化研究 [D]. 广州：华南理工大学，2004.
　　③ 丁武军，王健. 中日傩文化的源起与流变 [J]. 江西社会科学，2003，5：141–145.

祈求平安吉庆的美好愿望。傩神庙作为传统村落中的重要节点，成为乡民们跳傩舞和祭祀傩神的公共活动空间。

南丰县傅坊乡的港下村至今流传着纪念"关圣帝"的关公戏，每年的农历五月十三都会在关帝殿古戏台前演戏。传说古时的农历五月十三，天气大旱，蛇精兴风作浪，天旱地裂。关公擒妖时，宝刀因不用生锈，便在洞口的大石头上咔嚓咔嚓地磨刀，蛇妖被磨刀声吓住便归降，以后便天下太平。自此后，老百姓为感激关公恩情，每年便在五月十三左右演戏，这个习俗流传至今。关帝殿有 200 多年的历史，硬山顶，弧形山墙，规模不大，砖木结构，内供奉关帝神像。后来在关帝殿前建造一座歇山顶戏台。

广昌孟戏在甘竹镇一带流行，流传在江西广昌甘竹镇赤溪村曾家的《孟姜女送寒衣》和大路背村刘家的《长城记》两种剧本的统称，有两个民间戏班演唱不同的剧本，不同的唱腔戏曲，剧情都是孟姜女哭长城的故事，当地人俗称"孟戏"，又名"盱河戏"，起源于明永乐年间，是抚州市传唱时间最久的一个戏腔，至今已传承演出了五百余年。孟戏用高腔演唱，经专家考证，其唱腔是明代四大声腔之首的海盐腔遗响。2006 年广昌孟戏被列入国家级非物质文化遗产，被誉为古老戏种的活化石。曾家村和刘家村的戏台是演戏的重要场所，是为非物质文化遗产传承的文化空间。

在南丰县的古村中，几乎村村都有福主殿，规模不大，多为一间，在石邮村、古竹村、黄连山都建有福主殿。在黄连山村，村落入口不远处有一座小庙（福主殿），旁有一棵古树，面阔一间，悬山顶，作为村中重要的精神场所，庇佑着这里的一方百姓。

2.4 社会经济背景

2.4.1 江右商帮兴衰

古人在地理上以东为左，以西为右，江西在右，所以江西商人也就成为"江右商人"。在明清时期江右商人"以地域为中心，乡谊为纽带，以'相亲相助'为宗旨，以会馆、公所为他们在异乡的联络、计议之所，逐渐形成既'亲密'又松散的自发性商人群体"[①]。这就是历史上的十大商帮之一——江右商帮。江右商帮商海沉浮 500 余年，盛极一时，与晋商、徽商鼎足而立，曾有"无赣不成商"的说法，为推动社会经济发展发挥重要作用。

---

① 谢力军，张鲁萍. 浅析江右商帮的没落［J］. 江西社会科学，2002，2，：85-88.

关于江西商人的缘起，明万历时期曾任礼部尚书的张瀚在《宋窗梦语》中记载："江西三面距山，背沿江、汉，实为吴、楚、闽、越之交，古南昌为都会。地产窄而生齿繁，人无积聚，质俭勤苦而多贫，多设智巧，挟技艺以经营四方，至老死不归①。"他在这段话中分析了由于江西地少人多，土地矛盾尖锐，所以大多凭着质朴勤俭的精神，在各地靠经营手艺为生。江西由于江右商人绝大多数是因家境所迫而负贩经商的，因此，小本经营、借贷起家成为他们的特点。他们的经商活动一般是以贩卖本地土特产品为起点，而正是江西商人这些独特的背景，使得江右商帮具有资本分散，小商小贾众多的特点②。当代著名作家沈从文在他的作品中这样描述江西布商："一个包袱一把伞，跑到湖南当老板。"

江西在两宋以后伴随着"海禁"政策、人口迁徙、商业贸易中心南移和得天独厚的资源优势，成为经济文化先进的地区。明代初期，由于当时的社会背景决定实行"海禁"政策，严重限制了海上贸易的发展，却直接促进了"内陆"贸易发展。古时商业贸易运输通道主要是水运航道，这就给具有发达水系的江西带来了便利条件和千载难逢的发展机遇。江西河网密布，主要交通动脉赣江、抚河，连通长江，向南可至广东，向北跨过湖广，向西可溯流而上到云、贵、川，形成了便利的交通网络。江西商人凭借发达的运输通道和丰厚的资源优势，迅速渗透到各行各业，外出经商者，足迹遍布全国，发展壮大。逐步兴起的江右商帮，从商人数之多，从事行业之广，活动范围之大，小本经营，在全国形成较大的影响力。据文献记载，明代各省在北京的会馆有41所，其中江西有14所，占全国在北京会馆数的34%，居各省之首。在湖广地区江西人聚集之地，粮食、药材、布匹等各大行当在汉口都有江西人的商号，形成"无江右商人不成市"之说。西南的云南、贵州、四川等，是江西商人的又一主要活动地区，而又以抚州人为多。抚州艾南英《天佣子集》云："随阳之雁犹不能至，而吾乡之人都成聚于其所。"明代万历年间（1573—1620），在云南居住的人口，有一半以上是江西抚州人③。明清时期江右商帮的辉煌，造就了江西商业贸易的发展，促进了经济的发展，产生了一批重要的商贸城镇，有以瓷器烧造著称于世、明清时期江西四大古镇之首的景德镇，赣江流域重要的商货流通中心，有"药不过樟树不灵"的樟树镇，开埠通商的重要九江关，扼赣江入鄱阳湖的咽喉商贸集散中心吴城镇，有"籍著中华三百年"以刻书著名的浒湾镇等。明朝中后期江西经商氛围浓厚，直到清后期江右商帮逐渐走向没落，一方面由于国家宏观政策调控，对江西发展不利；另一方面是小商品经济形式不能适应市场需求。

① 张瀚．《商贾纪》，《松窗梦语》卷四．

② 肖文胜，蔡玉文．江右商帮兴衰史带给新赣商的启示［J］．南昌高专学报，2011，1：28-30，37．

③ 刘亮．江西许真君信仰研究［D］．南昌：江西师范大学，2012．

江右商帮在明清时期对江西的社会发展起到了巨大的推动作用，反映在聚落的营建上，正是江西商人雄厚的财富积累回馈乡里，才有我们今天看到的材质精良的大院，精于规划、设计的聚落。规模宏大的祠堂、数量众多的书舍、严整的石板路、完整的排水系统都是财富的沉淀和江右商帮繁华背后的体现。

2.4.2　农业、手工业及商业的发展

抚河流域地区地处江西东部，北接鄱阳湖平原，境内河网密布，多山地，属于丘陵地区，临川、金溪、东乡平原地区较多。该地区是亚热带湿润气候，雨水充沛、阳光充足，优越的自然条件使得农业生产得天独厚，两宋以来，一直是江西重要的粮食产地和经济作物种植地，农业较为发达，是典型的农业地区。在粮食产量上以清朝时金溪县和崇仁县为例，据光绪七年（1881 年）四月十日《申报》记载，金溪粮食每年除自给外尚余下 10 万石[①]。同治《崇仁县志》记载清末每年经崇仁至郡城的商品粮有二三十万石之多，可见山区的商品粮之多和城乡经济的发达[②]。除了粮食作物外，该地区还种植一些经济作物，茶叶是其中重要的门类。《中兴会要》记载，临川、崇仁、宜黄、金溪一带产茶叶 21726 斤 12 两 4 钱。同治《金溪县志》记载全县夏税征茶折钱 122 贯 726 文，其数之大。东乡县种植蓝靛，"东北源里多蓝靛，比户皆种"[③]。黎川、广昌二县，明代末期后开始种植烟草，成为省内最早种植烟草之地。

明清时期，抚河流域地区粮食商品化与经济性作物品种愈渐繁多，为手工业提供大量原材料。农民对商品的需求促进了市场的繁荣[④]，传统手工业进一步发展，促进了商品经济的发展，反之商业活动进一步促进手工业的规模扩大和产量增长，市场分工日趋专业化，其中典型的有夏布业、刻书业、棉麻纺织业、造纸业等。夏布，抚州的宜黄、乐安、崇仁等地都产夏布，但宜黄的最佳，据《抚郡农考略》记载，"宜黄有名棠阴者，巨镇也，其水尤佳，漂出之布，洁白夺目"[⑤]，由于产夏布而著名的棠阴镇素有"小小宜黄县大大棠阴镇"之说。金溪的浒湾以刻书业闻名，为清代的四大刻书中心之一，明清时期金溪的雕版刻书业生意兴隆，金溪书商遍布全国，形成"临川才子金溪书"的民谚。至今，保存以刻书卖书为主的商业街道——前后书铺街，全国罕见。明代之后棉花广泛种植，纺织技术改良，

① 江西省金溪县人民政府主修. 金溪县志. 2006：113-119.
② 王根泉. 明清时期一个典型农业地区的墟镇——江西抚州府墟镇试探［J］. 南昌大学学报：人文社会科学版），1990，2：84-88.
③ 《风上志·土产》，同治《东乡县志》卷8.
④ 李淑娟. 明清时期抚河流域地区商品经济发展初探［D］. 南昌：江西师范大学，2014.
⑤ 陈佳. 明清时期抚州商人与农村社会变迁［D］. 赣州：赣南师范学院，2012.

东乡县"东乡女红多习纺织,聚万石塘而市之"①,元明时,万石塘发展成为农村集市,是当时临川东部的棉布集散地,盛极一时。明代前中期抚州地区是江西重要的纸张产地之一,除了生产小笺纸之外还生产其他各种纸张。《西江志》中就有记载:"清江纸,金溪县出;牛舌纸,崇仁县出;揲纸,墨刻用抚州揲纸为贵,今绝无矣。"②抚州地区纸业经济的发达,以浒湾镇为例,全镇大大小小的纸店、作坊就有140家,纸槽300多个,当时直接或间接以纸业为生的人更多③,民间有俗语"药不到樟树不灵,纸不到浒湾不齐"。

明清时期由于农业和手工业的发达,有多余的农副产品出售加之抚河流域地区外经商者,直接刺激了该地区的商业发展。明代抚州府随着经济的发展,农林商品的增多、农民交换农副产品必要性的加强,这一时期,抚州不仅墟市较多,分布较密,而且有的已成为工商业较为繁荣的大市,具有一定的规模。据《广志绎》记载:"江、浙、闽三处,人稠地狭,总之不足以当中原一省,故身不有技则口不糊,足不出则技不售。惟江右尤甚,而其士商工贾,谭天悬河,又人人辩足以济之。又其出也,能不事子母本,徒张空拳以笼百务,虚往实归,如堪舆、星相、医卜、轮舆、梓匠之类,非有盐商、木客、筐丝、聚宝之业也。故作客莫如江右,而江右又莫如抚州。"④在明代人文地理学家王士性看来,虽然浙江、福建的商业活动在明代也十分兴盛,但是都不如江西,而江西又以抚州为盛。弃农经商、弃学经商几乎成了遍及江西各府、州、县的社会风气⑤。嘉靖《江西通志》指出抚州府"土狭民稠,为商贾三之一"。由于地产丰富,盛产粮食、茶叶、陶瓷、纸张、布匹、木材等,缴纳税粮在明孝宗弘治年代直至明神宗万历年代高居全国第一。抚河流域地区是全国主要粮食产区,每年运往京城、浙江、广东等地大量的粮食。发达的手工业也是该地区的重要特色,大宗夏布、纸张、茶叶的输出,使得棠阴、浒湾成为全国的商贸重镇。商人依靠着本省农产品与手工业产品的输出,活跃在全国各地。在这些商人中腰缠万贯衣锦荣归者不乏其人,他们将在外所积累的资金投资于家乡的工农业生产,并带来了各地的先进生产技术,客观上促进了该地区工农业主产的发展⑥,并促进了该地区聚落基础设施的建设。

抚河流域地区明清农业、手工业的发展,使得商品经济较为活跃,经济发达,江右商帮对财富的积累,在如此富庶的地区,崇文重教文化昌盛,人文荟萃,这两者的完美结合,孕育了今天我们领略到的建设考究、材质精良和文化底蕴深厚

---

① 《风俗》,同治《东乡县志》卷8,第127页.
② 白潢等修. 西江志. 卷27. 土产[M]. 南京:江苏古籍出版,1981:433.
③ 钟建华. 江右之秀—抚州商帮文化与流变[M]. 南昌:百花洲文艺出版社,2004:114.
④ 王士性. 《江南诸省·江西》,《广志绎》卷四.
⑤ 刘亮. 江西许真君信仰研究[D]. 南昌:江西师范大学,2012.
⑥ 胡水凤. 繁华的大庾岭古商道[J]. 江西师范大学学报,1992,4:60—65.

的传统聚落,是历史留给我们的珍贵的物质载体,同时它们又是抚河流域地区曾经辉煌的历史人文写照。

2.4.3　家族社会形态

中国封建社会为了便于统治,实行宗法社会制度,对社会基层进行管理和控制,宗族和宗法关系的长期存在,使得中国传统社会结构特征呈现"家国同构"的格局。宗法制度是中国古代社会凭借血缘关系对族人进行管辖和处置的制度,与宗族组织相配合,是统治阶级维护社会稳定的重要手段。宗族与其他的社会组织不同,首先是血缘关系的集合体,他们是同一祖先的后人,是同族关系;其次是地缘关系,常常聚族而居,除了血缘和地缘关系,需要在族内选举组织者建立组织机构。他们从族内推选出德高望重的族长来管理宗族内的日常事务。宋元时期为官僚宗族制,到明清时期宗族组织平民化,由以往的政治功能为主,转化到社会功能为主。由于人口的不断繁衍,每一宗族内分出亲疏不同的派系,始祖是同一个人,但由于人数增多,血缘关系复杂,同一宗族内便分出支派,一群人是这一派系的后裔。按血缘派系的划分,分为长房、二房、三房等。宗法制度的核心是"敬宗收族",为了维护家族统治,增强宗族的凝聚力,敬宗收族的办法通过建祠堂、修族谱、置族田实现。这三种东西把族众紧紧联系在一起,不至于离散[①]。祠堂是供奉先祖,进行祭祀和裁定家族事务的场所,是同一宗族或者家族的精神象征。汉代,宗庙为天子专有。到了隋唐时期,则规定五品以上的官才可以建家庙,而六品以下官员至庶人只能"祭祖祢于寝"。南宋朱熹在《家礼》设立祠堂制后,民间才有祠堂出现。直到明嘉靖年间(约1526年)才允许民间建联宗之祠堂。明代祠堂大致分为皇帝的太庙、品官家庙和庶民祠堂三种。今天我们看到的抚河流域地区一带的祠堂基本都是明嘉靖之后兴建的。族谱,又称家谱,是团结族人的纽带。修族谱的目的是维系族人不会因迁徙或人口不断繁衍扩展而使家族关系发生混乱,并且从思想上团聚族人。修谱是宗族内的大事,族谱上记载了这一族的相关信息。抚河流域地区的传统聚落几乎村村还保留着祠堂、族谱等。建祠堂和修族谱是从精神层面来保持宗族团结,而置族田是维系家族的物质基础。清人倪元坦说:"亲亲故尊祖,尊祖故敬宗,敬宗故收族。凡宗族离散,皆有不设义田、宗祠之故。"建祠堂、修族谱、设义田是封建宗族社会的主要特点[②]。

明清时期江西是宗族势力较强的地区,宗族自治达到全盛时期。由于有较强

---

① 郭谦. 湘赣民系民居建筑与文化研究 [M]. 北京:中国建筑工业出版社,2005:66-76.

② 同上

的家族观念，从聚落的形成上，多聚族而居。抚河流域地区现存大量的单姓血缘村落，也有一些杂姓村落，因为历史变迁，有其他姓氏迁入，而形成多姓共居的局面。祠堂是宗族实力的反映，也是聚落中的重要公共建筑。抚河流域地区现存大量明清时期的祠堂，几乎村村都保留了一座或者几座祠堂。祠堂的建筑质量和规模反映了该宗族的经济实力，有好多祠堂建造考究，与抚州商人的大量投资分不开。明清时期该地区的宗族社会结构影响了聚落的形成和聚落内建筑布局。同一家族由多个房派组成，同一房派形成一个居住组团。一个传统聚落由多个居住组团组成。传统聚落的生成与发展深受宗法社会的影响，是当时社会文化的物质载体。随着宗法社会的瓦解，传统聚落内的民居随时间流逝不断进行废弃与重建，现在看来聚落结构中的居住组团已经不再那么明晰。

2.5　抚河流域地区的宏观定位

2.5.1　抚河流域地区移民背景下的文化输出

江西历史上的人口伴随着迁入和迁出经历过几次大的变化（表2-3、表2-4），但总体来说，迁出的移民更多，在特定的历史背景下，江西作为移民输出地人口向外迁徙，并伴随着文化的输出影响周边的地区。

江西历代移民移出情况简表　　　　　　　　　　　　　表 2-3

时期	事件	江西人向外迁移方向	向内陆（东南沿海地区与邻省）	向南洋地区
南宋	地广人稀	向北	淮南（由赣州、吉州迁出）	
		向南	由赣南向梅县成为客家人	
		向西南	石城（宋元，经宁化、上杭入粤东）再到广东	
宋	地广人稀	向北	隆兴府、吉州到潭州、邵州最多	自元代开始移向海外不是很多
		向南	隆兴府到郴州、桂阳军、吴闽军最多	
		向北	九江州到鄂东山区、江汉平原边沿，通山县、红安县	
		向东北	饶州到安徽宿松县	
明初	移民大潮	向西	（大部分）移至湖南	
		向北	湖北、淮南	
		长途向西	云南、贵州及海外	

续表

时期	事件	江西人向外迁移方向	向内陆（东南沿海地区与邻省）	向南洋地区
清前期	江西填湖广湖广填四川	向西	四川	自元代开始移向海外不是很多
		向南	珠江流域、浙江	
清后期民国期	战乱受损	北部几县	无大的移民浪潮	
	城镇化移民		由农村到城镇	

（来源：李国香. 江西传统民居及其区系研究［D］. 南京：东南大学，2001。）

历代移民移入江西情况简表　　　　　　　　表2-4

时期	事件	开发的区域 古代建制
南朝	侯景之乱	总数很多，洪州、吉州、饶州（上饶、永丰、贵溪、至德县）
隋唐	安史之乱、边民内迁少数民族斗争加剧	赣东、赣南，趋向山区，开始形成客家族
两宋	靖康之乱、宋室南迁、隆太后率领官兵南迁	赣南、赣西（兴国府）、赣北、赣中（吉州、信州、洪州、赣州、饶州、江州）以洪州、江州最多
元	元初战乱、政权对峙、水灾饥荒	赣北龙兴府（南昌、进贤、丰城、靖安、修水）有一些回族人
明清	三藩之乱	大量移民，移至山区形成山区棚民，还有来自广东的移入赣南

（来源：李国香. 江西传统民居及其区系研究［D］. 南京：东南大学，2001。）

　　江西境内（古时称豫章）早在南宋时期，随着政治中心南移，北人南迁，已是人口稠密的地区。到元末明初时，江西赣中鄱阳湖地区和赣中丘陵地区（包括抚河流域地区）是江西经济文化发达的地区，这里的人口密度在当时的生产力水平下几近饱和[①]。明清时期江西是一大移民输出地，主要分两种情况，一是政府主导政策层面的移民，另一种是民间自发的商业贸易活动促进人口的流动。影响较为深远的是明朝初年的"江西填湖广"的移民运动，洪武年间政府组织人多地少的江西人迁往两湖地区，移民主要来自于饶州、南昌、吉安、九江、抚州府。据推算，两湖人口中有60%～70%是江西移民的后代。除了湖北、湖南地区，四川、云南、贵州等地也是移民涌入的地区。另外一种情况是民间自发的从事商业活动的商人，远达四方，从事商业活动。嘉靖《江西通志》指出抚州府"土狭民稠，为商贾三之一"。明清时期抚州人为了谋求生存，不得不离开家乡，经商谋生。抚州商人主要的活动范围为湖广和云、贵地区。除了经商，在外地做官宦的人也不在少数，以贵州地区为例，据不完全统计，有以下人员在贵州任职（表2-5）。

---

① 方志远. 明清湘鄂赣地区人口流动与城乡商品经济［M］. 北京：人民出版社. 2001：4.

明清时期抚州籍在黔的官员　　　　　　　　　表 2-5

姓名	祖籍	官职
陈灿	临川县瑶湖乡	布政使
周庸二	临川	千户
邓渼	黎川县日峰镇	—
李绍勋	建昌	龙泉尹

（来源：孙华. 明清江右商帮与贵州区域社会研究［D］. 南昌：南昌大学，2013. ）

移民不仅对移入地的社会和文化产生直接的作用，还影响到沿途各地区，是文化交流和传播的重要方式。反映在建筑文化上，移民在新的居住地建造的聚落和建筑会受原居住地的建筑文化的影响[①]。移民在新建家园时，往往采用的是原乡的建筑技术和建造理念，但与此同时，随着在地化风俗的影响，他们的建造过程也会逐渐吸收当地的建筑技艺，形成具有原移民地特征同时又融合了当地风格的一种建筑或聚落风格。受移民文化的影响，鄂东南、鄂东北地区的建筑风格深受江西建筑风格的影响。在西南四川、云贵地区的建筑文化也在不同程度上受到江西、湖北建筑的影响。以四川的祠堂建筑为例，由于四川的移民分为湖广文化族群和客家文化族群，于是其祠堂建筑的形制也呈现出类似湖北、江西赣派祠堂的天井式和广东客家的围拢屋形式[②]。

2.5.2　临川文化是江右文化的重要支柱

关于江右文化（赣文化）的研究兴起于 20 世纪 90 年代，对于赣文化的界定、特质、区划等方面都有了比较丰富的学术成果。江右文化是在独特的地理环境下，特定的历史背景下，历经先秦的始发期、秦汉南北朝的发展期、宋明兴盛期，衰落于近现代，在历史的长河中形成了区域化的文明体系。赣文化受各种文化的影响，是一个综合型文化系统，具有兼容并蓄、文节俱高、笃学勤奋的特征[③]。关于一定区域的文化区划，划分的主要评价标准还是以民俗、语言等生活习俗能反映区域文化特色的指标为依据，同时也有以古代的行政建制为主要参考依据。由于不同学者对其认知的不同，划分的结果也有不同，赣文化的区划划分主要有以下两种分法：一是根据方言、民居、民俗等三个主要指标，将江西省内的文化区分为赣北—赣西北文化区、赣东北文化区、赣中—赣西文化区、赣东文化区、赣

---

① 李晓峰 谭刚毅. 两湖民居［M］. 北京：中国建筑工业出版社，2009：28.
② 潘熙. 移民背景下的四川宗祠建筑研究［D］. 成都：西南交通大学，2013.
③ 黄南南. 区域主体意识的觉醒，地域特色文化的复兴［J］. 江西社会科学，1997，12：58-63.

南文化区（图2-2）①。图中赣东文化区即和本书研究的抚河流域地区的区域范围大致相同，属临川文化区。根据地域角度将赣文化分为浔阳文化、豫章文化、临川文化、庐陵文化、袁州文化、赣南客家文化等（图2-3）②。对江右文化影响比较深的是赣中地区的庐陵文化和临川文化。历史上庐陵与临川一衣带水，交往频繁，两地的文化有深厚的交流基础。庐陵和临川自古皆盛出名士，欧阳修是庐陵文化的奠基人，晏殊是临川文化的奠基人，人文荟萃，英才辈出，创造了博大精深的文化，是江右文化中辉煌乐章中的重要音符。

图2-2 赣文化区划图

（来源：侯军俊. 赣文化时空演替和区划研究［D］.
南昌：江西师范大学，2009，改绘）

图2-3 赣文化区划图

（来源：根据已有资料自绘）

　　临川文化自古以来以古治临川为中心，形成独具特色的区域性文化，临川区域的人们经过时代发展长期积淀而成的稳定的生产生活方式、审美习惯、风俗信仰，在大的范围来看既有中华民族文化的共同特点，又有其自身的特征，在赣文化的构架中独具一格，是赣文化的重要支柱。临川文化发展史上，第一个高潮是在宋代，产生了大批有影响力的思想家、文学家、政治家等，有开北宋宋令词先河的曾巩、晏殊，杰出的思想家李觏，心学鼻祖陆九渊，锐意改革的政治家王安石等，群英荟萃。宋代江西崇文重教，是书院教育最为发达的地区，书院总数量居全国之首，两宋时期临川先后建有书院多达40余所，在江西乃至全国均居前列。

① 侯军俊. 赣文化时空演替和区划研究［D］. 南昌：江西师范大学，2009.

② 中国华文教育网，http://www.hwjyw.com/zhwh/regional_culture/gwh/g/200707/t20070723_2889.shtml.

明朝是临川文化发展的第二个小高峰,商业手工业的发展促进了商贸经济的繁荣。便利的水利交通北通湖北、湖南,南达福建、广东,是一条重要的商贸经济联系带。由于便利的水运交通,抚河贯通赣东南北,促进了赣东四大名镇(驿前镇、上塘镇、棠阴镇、浒湾镇)的形成与繁荣。临川地区物产富饶,夏布、书籍、陶瓷、茶叶、白莲、蜜橘等远销各地,也是商贸发展的物质基础。明代的戏曲文化的繁荣是临川文化历史长河中的一朵奇葩,诞生了世界级的戏曲大师汤显祖。临川不仅是才子之乡,而且在文学、艺术、科学、思想文化、政治文化等方面成就突出,创造了辉煌灿烂的文明,不但在江右文化内而且在全国的文化系统内都产生了深远的影响。

2.5.3 抚州商帮是江右商帮的重要支撑

江西商人历史上称为"江右商帮",在明清时期是仅次于徽商和晋商的第三大商帮。江右商帮兴起于北宋时期,在两宋时江西成为经济发达区,物产富饶,为江右商帮的兴起奠定了物质基础。元末明初的移民运动中,江西籍的移民到湖广、云南、贵州、四川、广西等地,这些移民中工商人口占很大比重,某种程度上刺激和促进了江右商帮进一步向全国范围内扩散。江右商帮的兴起,推动全国和江西经济的繁荣,反之也造就了江右商帮的辉煌。"瓷都"景德镇名扬万里;樟树无药,却成为"药都",有"药不过樟树不灵"之说;在当时江苏一带,市传"三日不见赣粮船,市上就要闹粮荒"。江右商帮创造的辉煌,对促进江西乃至全国的经济发展作出了巨大贡献。清中后期后,江右商帮逐渐走向了没落。江右商人具有从业人员多,活动范围广,经营行业多,渗透能力强等特点[1]。明人张瀚说:"(江西)地产窄而生齿繁,人无积聚,质俭勤苦而多贫,多设智巧技艺,经营四方,至老死不归。"江西商人大多数是因家境所迫而负贩经商,他们的经商起点多是贩卖当地的土特产品而起家的,资本分散,具有小商小贾的特点。江右商帮的活动范围很广,遍布全国。其中江西商人活动的范围明显的标志是建有"万寿宫"。万寿宫具有双重性质,一是为纪念清正廉洁的乐于助人的道士许真君而建,二是江西商人的会馆,是江右商帮的标志。在明清时期全国各地建造的万寿宫星罗棋布。江右商帮的另外一个特点就是回报乡里的欲望非常强烈,在外发迹后,回乡修桥建路、置办族产、兴建学堂,他们认为彰显文化是光耀门楣最重要的事情。所以我们现今在乡间看到的精致建筑、规划有序的聚落是江右商帮的实力在乡野间的体现。

抚州商帮是江右商帮的一个重要分支。本书所讨论的抚州商帮是一个广义的

---

① 方志远. 赣商与江西商业文化 [J]. 江西社会科学, 2011, 3: 239–247.

概念，即今天抚州地区的历史上的商人组织，包括历史上的抚州商帮和建昌商帮。江右商帮内部也因地域关系分了不少商帮，其中较有势力的有抚州商帮、建昌商帮和南昌商帮。这里的抚州商帮和建昌商帮分别是明清时期抚州府辖区内的商人，建昌府辖区内的商人，地域范围基本是对应今天抚州市的范围，即本书研究的抚河流域地区，说明抚河流域地区明清时期可谓是商贾云集，而且是经商水平高超，是整个江右商帮的中坚力量。明万历年间任云南澜沧兵备副使的王士性曾赴各地巡视，几乎随时随地都能看到江西人，尤以抚州人居多。他在《广志绎》上说："作客莫如江右，江右莫如抚州。余备兵澜沧，视云南全省，抚人居什之五六。"而这些"江右商贾"，又多属"抚州客"即抚州商人。临川四大才子之一的艾南英自豪地说："随阳之雁犹不能至，而吾乡之人都成聚于其所。"明万历年间在云南居住的人口，江西抚州人约有一半以上。抚州商帮的影响力可见一斑。明清时期抚州地区由于地狭民稠，为了谋生，有三分之一的人弃农经商，足迹遍布全国。据记载，明清时期抚州商人在全国范围经商的有 10 万之多，但由于古代商人的地位较低，只有他们的公益行为，受到了褒奖才会有记载，在各县志中留有姓名及相关情况的也仅有 200 人[①]。明清时期抚河流域地区农业和手工业的发达也是促使该地区商业发达的一个大的历史背景，据崇仁县志："清末，每年经崇仁至郡城粮有二三十万石之多"。东乡县"茶、布、砂糖，多市之鬻于外省，余不甚多"。宜黄棠阴"女织麻巢，商通褚布于四方"。临川县"灯心草出县南营山、楼抚，取利甚多，偻抚产尤胜"[②]。建昌帮，源于东晋，兴于宋元、成帮于明清。明清时期建昌府以医药为业，基本垄断了湖北、湖南、江西、福建、广东等地。建昌帮为全国十三大药帮和中药炮制的主要流派，与樟树帮合称江西帮，是中医药业中一个显著的具有地方特色的药帮。由于农业、手工业的发达，明代抚州府地区出现大量墟市，农业市场发达，是抚州商帮繁荣发展的一个物质条件。

2.5.4　抚河流域地区传统聚落是赣派聚落的典型代表

赣派建筑广义上是指江西境内的传统建筑，而狭义上则是指主要受赣文化背景的影响，形成具有浓郁地域特色，且与其他民居流派并列的传统民居类型。"赣派建筑"作为一个专有名词的提出是在 2000 年后，之前一直将赣派建筑归类在徽派建筑中。中国民居研究的前辈孙大章先生 2003 年出版的《中国传统民居》按历史文化背景和历史区域将传统聚落分为八类，其中一类"大家风范的徽派古

　① 陈佳. 明清时期抚州商人与农村社会变迁［D］. 赣州：赣南师范学院，2012.
　② 王根泉. 明清时期一个典型农业地区的墟镇——江西抚州府墟镇试探［J］. 南昌大学学报：人文社会科学版，1990，2：84-88.

村落"分布区域是安徽和江西。此时对江西境内的传统聚落的认知不够深入，将江西的古村落划分到徽派聚落中。由于地缘上的相似性和徽派建筑强大的影响力，赣派建筑独有的特性和整体定位一直未被发掘出来。2001年，关于江西民居的整体定位，李国香指出江西保存有很多完整的赣式古代民居群体，并将其定位为是"豫章民居"①。已经对江西传统民居的认知有一个整体的定位，虽然没有深入地比较与其他流派民居特征的共性和差异性。2004年，方志远先生按建筑风格和文化板块将江西省的传统村落分为赣派古村落、徽派古村落、客家土楼。将在赣文化背景下形成的古村落定义为赣派村落，与江西省境内受其他文化影响而形成的聚落类型分开。2009年，曾群浪在《赣派民居建筑与构成美学》一文中总结了赣派建筑特点，虽不尽全面，但这是较早的对赣派建筑进行定位的学术成果。2011年，江西新闻网发文《赣派建筑特点》，文中指出"以乐安流坑、安义罗田等江西古村落为代表的赣派建筑文化"②。本书中对赣派建筑的特征主要引用了曹群浪先生的观点，并在某些特征上与徽派民居作了对比，指出了赣派民居的独特性与赣派建筑的分布区域在赣抚平原、吉泰盆地，代表性的传统聚落点大多分布在抚河流域地区和赣江流域地区。以上大致梳理了从赣派建筑（或聚落）形成一个流派的发展历程，虽然赣派建筑或赣派聚落的研究正越来越受到重视，但目前的研究深入度还远远不够。截至2015年7月在中国知网上以"赣派建筑"为关键词仅搜到了2篇——《赣派民居建筑与构成美学》《赣派民居特色在色彩风景写生课程中的应用研究》（均是以美学方面为研究目的），而大多却是徽派建筑相关的文章。近年来有越来越多的学者乃至普通的江西民众都开始关注"赣派"建筑（或聚落），主要从两个方面，一是关于赣派建与徽派建筑的差别，二是赣派聚落自身的特征和整体定位。

　　本书研究的抚河流域地区的传统聚落主要是在赣文化的子系统临川文化背景影响下的区域性的、典型的"赣派聚落"。赣派聚落按流域来分主要是赣江流域和抚河流域地区，而在对赣派建筑研究或者整个江西传统聚落的研究中多偏重庐陵文化影响下的赣江流域的传统建筑或聚落。曹群浪在《赣派民居建筑与构成美学》一文中指出：赣派民居建筑现存以乐安的流坑古村，南昌的安义古村，吉安的渼陂古村，丰城的白马寨古村等为代表。这些代表性的古村落均属于赣江流域，而对抚河流域地区的传统聚落有所疏漏。抚河流域地区的传统聚落保存量大，聚落格局完整，建筑精良，区域典型性突出，是赣派聚落的重要构成部分，虽已有学者将典型的聚落如广昌驿前镇、南丰沆湾村、金溪县的聚落群等进行了深入分析，但未能将其纳入到赣派聚落的大的研究视角下。系统研究抚河流域地区传统

<hr />

① 李国香. 江西传统民居及其区系研究［D］. 南京：东南大学，2001.
② 江西新闻网，http://jiangxi.jxnews.com.cn/system/2011/06/28/011700503.shtml.

聚落对挖掘赣派聚落的特征和提高赣派聚落的整体认知具有重要意义。

2.6　本章小结

　　本章主要从自然环境、区位交通条件、历史文化、社会经济四个方面分析了抚河流域地区传统聚落生成发展的人居背景。

　　抚河流域地区水系发达，河网密布，丘陵与河谷盆地相间，中上游地区属山丘地区，下游属平缓冲积平原区，气候温润，复杂的地形条件和适宜的气候是聚落生成的物质条件。抚河流域地区自古土地肥沃、物产富饶，发达的水系作为航运通道贯通南北，赣闽官道连通闽西北和内陆，具有良好的区位交通条件。

　　该地区物华天宝，人杰地灵，人才辈出，培育了王安石、陆九渊、曾巩、汤显祖等世界级的文化名人，人文底蕴深厚，理学思想渊源远流长，在中国古代哲学史上独树一帜；浓厚的兴学之风，科举文化发达，造就了一批为国家社会作出突出贡献的仁人志士。正是由于如此辉煌的文化和深厚的人文孕育了独特的聚落文化。

　　明清时期江右商帮的辉煌为推动江西社会发展作出重要贡献。抚河流域地区土壤肥沃是重要的粮食产区，明清时期农业发达，粮食商品化与经济性作物品种愈渐繁多，为手工业提供大量原材料，进一步刺激了手工业的发展，宜黄夏布、浒湾雕版印刷享誉全国，商品经济较为活跃，贸易发达，属于经济富庶的地区。明清社会结构和宗法制度形成基层的社会组织——宗族组织，是基层社会形态的主要特征。聚落的构建反映了当时的社会组织模式，商业财富的积累为聚落建设提供了物质保障，强大的宗法社会制度深刻地影响了聚落形态的形成。

　　抚河流域地区所处的临川文化圈，是江右文化中浔阳文化、豫章文化、临川文化、庐陵文化、袁州文化、赣南客家文化等重要的了系统之一，缔造了辉煌灿烂的文明，形成了独具特色的区域性文化。在经济层面，江右商帮在明清时期是仅仅次于徽商和晋商的第三大商帮，抚州商帮明清时期可谓是商贾云集，而且经商水平高超，是整个江右商帮的中坚力量。同时不能忽视的一个问题是，抚河流域地区历史上伴随移民运动对外文化的输出，尤其是明清时期在江西填湖广运动中商人自发到云贵地区经商，带去了抚河流域地区的文化，对当地的建筑文化产生了一定影响。综上所述，本书研究的抚河流域地区的传统聚落是在江右文化（赣文化）的子系统临川文化背景影响下产生的区域性的、典型的赣派聚落。

3

抚河流域地区传统聚落分布

　　抚河流域地区的传统聚落由于受地形、水系、道路等因素的影响，在空间分布上呈现一定的规律性；同时该地区在地理文化上虽同处于临川文化圈，但由于地处明清时期的抚州府和建昌府两个辖区，又受到比邻地区文化传播交融的影响，聚落构成和建筑形态上呈现一定的差异性。抚河作为该地区的交通动脉和文化传播廊道对聚落地理类型的形成、聚落发展和聚落文化传播产生了重要影响。

3.1　概述

　　抚河流域地区的历史文化源远流长，缔造了辉煌灿烂的临川文化，历史上农业、商业发达，具有重要的政治经济地位。该地区的历史发展历程如下图 3-1 所示。已发现的史前文化遗址说明在四五千年前江西地区已有人居住。据班固的《汉书·地理志》所述，江西在远古时期属扬州。秦国末期，全国设 40 余郡，今江西境内无郡治，大部分地区属九江郡，东部、西部各有一些地方属会稽、长沙两郡。在西汉初年，江西境内设豫章郡，郡治南昌县。三国时期，江西属吴，今江西之地分别隶属于扬州和荆州。南城县是临川文化的发源地之一，是江西省建县最早的 18 古县之一，于西汉建县，建立之初为军州。据《建昌府志》记载："建昌，古扬州域，列分荒服，春秋为吴。战国为楚，秦始皇二十四年，王翦灭楚，分天下为三十六郡，属九江郡。"[①] 三国时期吴主孙亮，以豫章郡东部都尉为临川郡，领临汝、南城二县，治，临汝、临川作为一郡之名始于此[②]。魏晋南北朝时，在社会动荡中，江西区域的政治地位有所提高。唐朝时，江西和全国一样封建经济文化空前发展，王勃在《滕王阁序》中描述江西具有"襟三江而带五湖，控蛮荆而引瓯越"地理优势。据《旧唐书·地理志》，江西在唐代有 8 州 38 县，其中抚州领临川、南城、宜黄、崇仁、邵武、永城、东兴、将乐八县，临川、南城、宜黄和崇仁属今天的抚河流域地区。

　　宋代江西的经济文化繁荣发展，文化教育居全国之首，农业、商业蓬勃发展，是江右文化发展的一个高峰时期。在经济发展的基础上，增至新县，如抚河流域地区的金溪县、广昌县、新城县（今黎川县）。金溪建县于宋淳化五年（994 年），属抚州管辖。广昌县、新城县建于绍兴八年（1138 年），"人口繁伙、疆界阔远，难以抚宇"遂分南丰县南半部三个乡设立广昌县，分南城县上五乡黎滩镇立

①　夏良胜.《建昌府志序》,《东洲初稿》卷七《郡志略》.《文渊阁四库全书》本.
②　许应嵘，朱澄澜，谢煌.《抚州府志》,《地理志》卷二之二《沿革》. 清光绪二年（1876），刻本，36 册.

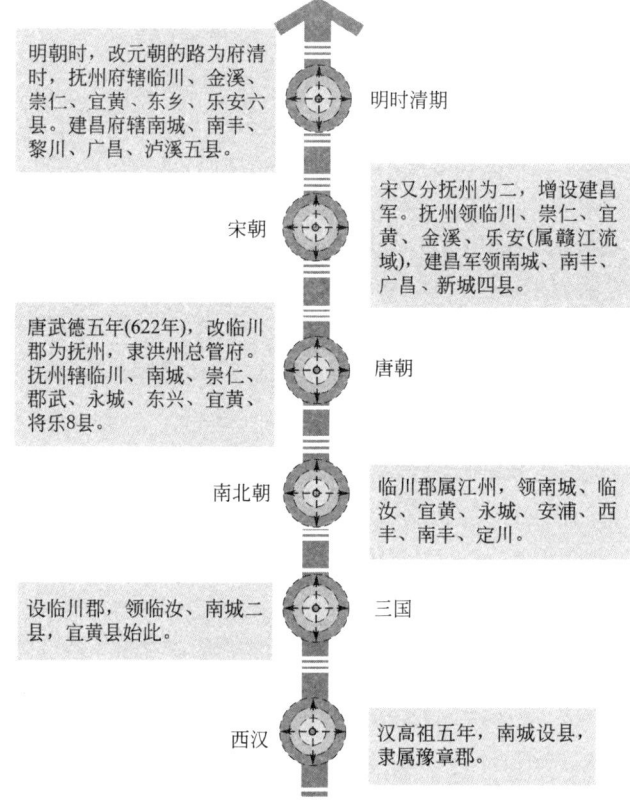

图 3-1　抚河流域地区历史沿革简图

（来源：作者自绘）

新城县。南唐以抚州的南城县为建武军，宋改为建昌军。结合南唐以来，新增的州军县，至南宋绍兴年间，江西境内共有 13 个州军，分别管辖 68 县。抚河流域地区的主要是抚州和建昌军，抚州领临川、崇仁、宜黄、金溪、乐安（属赣江流域），建昌军领南城、南丰、广昌、新城四县。临川之名初为郡，南北朝时分郡立巴山，后改名为抚州，宋又分抚州为二，增设建昌军。抚州地区的繁盛发展情况从人口可以看出，在唐天宝元年（742 年）抚州有户 3 万余。宋代的抚州和建昌军等于唐代抚州的地域。北宋崇宁元年（1102 年）抚州有户 16.1 万余，建昌军有户 11.2 万余，合计有 27.3 万，是唐天宝户数的 9 倍。人口增加的趋势继续发展到南宋，建昌军有住户 40 万余[①]。

元代抚州称之为抚州路，改建昌军为建昌路。明朝时，改元朝的路为府，江西共设 13 府，清朝基本沿袭明制，其中本书的研究区域大致为抚州府和建昌府

---

① 许怀林. 江西史稿［M］. 南昌：江西高校出版社，1998.

的辖区，抚州府辖临川、金溪、崇仁、宜黄、东乡、乐安六县。建昌府的府治在
南城，辖南城、南丰、黎川、广昌、泸溪（今资溪县）五县。

抚河流域地区的地理沿革自建郡伊始所领辖区仅临汝、南城二县开始，至清
代顺治年间抚州六县，建昌五县，共辖十一县为止。2000 年 6 月，抚州设立地级
市，将原分属抚州、建昌两府的区县统为抚州市管辖，纳入临川文化圈的范畴。

3.2　地理环境与传统聚落空间分布

3.2.1　传统聚落的总体空间分布

抚河流域地区素有"文化之邦"的美誉，在这块物华天宝、人杰地灵的土地
上，先人创造了灿烂悠久的文明，一座座风貌古朴、格局完整、建造精良的古村、
古镇犹如一颗颗明珠镶嵌在广袤的大地上，诉说着厚重的历史和辉煌的过去。这
里的传统聚落是一座座文化的宝藏，承载着丰富的历史文化信息、优秀的聚落文
化和传统建筑营建技艺待我们去整理和挖掘。抚河虽无惊涛骇浪之势却也浊流婉
转，随岁月流淌生生不息，为传承文明的基因提供了生命之源，成就了曾几何时
舟楫往来的繁华，缔造了独特的抚河文明。抚河流域地区的传统聚落分布集中，
数量众多，类型独特，是江西乃至全国传统聚落遗存最为丰富的地区之一。抚河
岸边的传统聚落有宋元开基的千烟之厦，也有明清迁徙而来的百年古村，据抚州
市文物部门不完全统计，远至唐宋，近至明清的传统聚落有 200 余座，其格局完
整、质量上乘是赣派传统聚落的典型代表。抚河下游地区的金溪县是中国传统村
落的密集地，至今已有 21 座，从数量来看位居全省第一。目前，广昌县驿前镇、
金溪县浒湾镇、金溪县双塘镇竹桥村、金溪县琉璃乡东源村等 4 个村镇被评为国
家级历史文化名镇名村，东乡县黎圩镇浯溪村、崇仁县相山镇浯漳村、黎川县华
山场洲湖村、金溪县浒湾镇黄坊村、金溪县合市镇全坊村、金溪县合市镇东岗村、
金溪县合市镇游垫村、金溪县陈坊积乡岐山村、金溪县琅琚镇疏口村、东乡县黎
圩镇上池村等 10 个村镇被评为江西省级历史文化名镇名村，广昌县驿前镇驿前
村、南丰县洽湾镇洽湾村、黎川县华山镇洲湖村、南城县天井源乡尧坊村、宜黄
县棠阴镇建设村、宜黄县棠阴镇解放村、宜黄县棠阴镇民主村、金溪县双塘镇竹
桥村、金溪县合市镇东岗村、金溪县合市镇全坊村、金溪县琅琚镇疏口村、金溪
县琉璃乡东源曾家村、金溪县琉璃乡印山村、金溪县浒湾镇浒湾村、金溪县浒湾
镇黄坊村、金溪县合市镇龚家村、金溪县合市镇大耿村、金溪县合市镇戌源村、
金溪县乌墩塘村、金溪县左坊镇后车村、金溪县对桥镇昜田村、金溪县陆坊乡下
李村、金溪县陈坊积乡岐山村、金溪县琉璃乡蒲塘村、金溪县琉璃乡北坑村、金

溪县石门乡石门村、东乡县黎圩镇浯溪村、进贤县文港镇周坊村、进贤县文港镇晏家村、进贤县文港镇曾湾村、进贤县架桥镇艾溪村、进贤县温圳镇杨溪村李家、进贤县罗溪镇旧厦村、进贤县前坊镇西湖李家等36个村落被评为中国传统村落。

在被评为国家级、省级历史文化名镇名村和中国传统村落的基础上，笔者通过参阅大量相关文献资料和实地调研，不完全统计出200多座传统聚落，其具体空间分布如图3-2所示。由于现阶段调查精力有限，难免有疏漏之处，希望在以

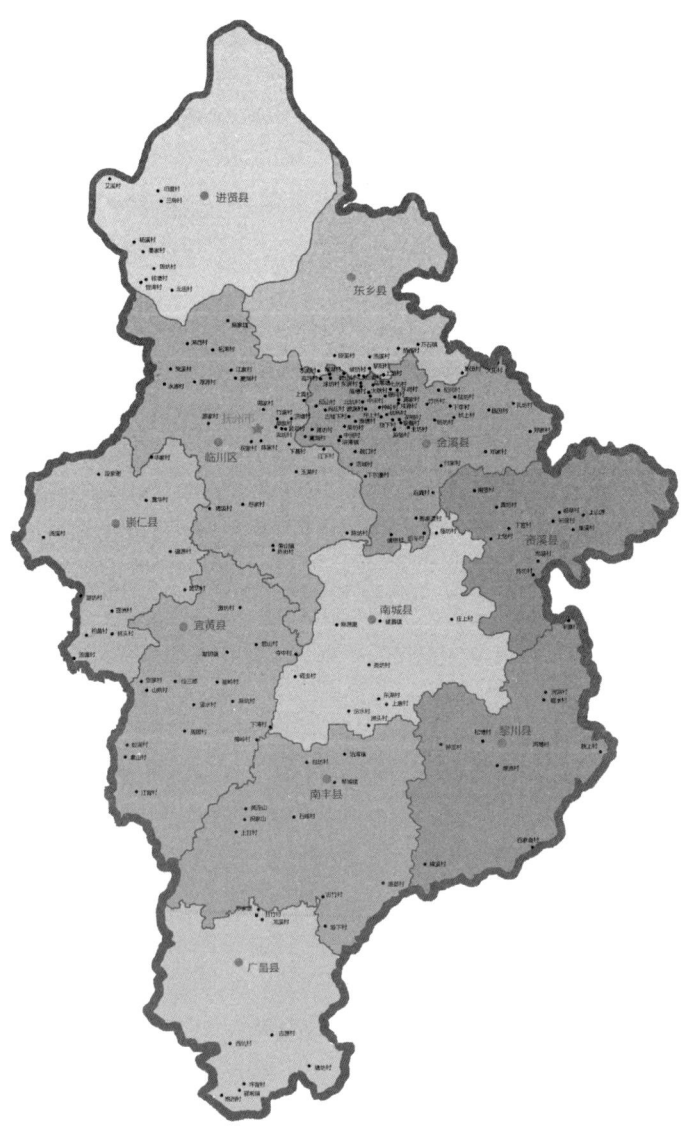

图3-2　抚河流域地区传统聚落县区分布图

（来源：作者自绘）

后的研究中能进一步完善和补充。

传统聚落的数量根据各县、区域的分布，进贤县9个，临川区有31个，东乡县有11个，金溪县有68个，崇仁县11个，宜黄县20个，资溪县10个，南城县12个，南丰县13个，黎川县12个，广昌县13个（图3-3）。由抚河流域地区传统聚落分布图和各县区数量统计图可以看出，临川区和金溪的传统聚落分布较为密集，占总体数量的51%，其次是宜黄县有20个，在中部地区相对数量较多，而其余的县基本每县有10个左右，呈均质化分布。抚河流域地区传统聚落的空间聚集特征总体上呈现北部地区分布密集、集中，其余地区均匀分布的格局。

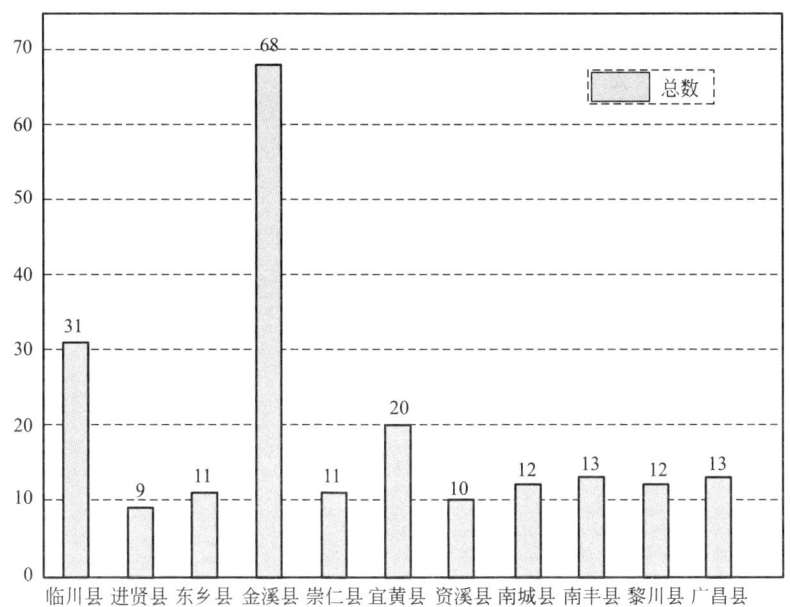

图3-3　抚河流域地区各县区传统聚落数量统计图

（来源：作者自绘）

从总体的聚落分布上看，临川、金溪、东乡一带，处于地丘陵地区向鄱阳湖平原过渡阶段，有相对较多的可耕作土地资源，聚落规模较小分布密集。崇仁、宜黄、资溪、黎川一带多山区，交通不便，可耕种的土地较少，聚落分布相对稀疏。

3.2.2　传统聚落的地形空间分布特征

在高程分布上，抚河流域地区传统聚落多分布在海拔高度100～300m的丘陵岗地，分布在海拔高度300～600m的聚落相对较少。抚河流域地区传统聚落多建于抚河两岸的冲积平原、丘陵之间的岗地上，或四面环山的山坳里，形成平地型和岗地型聚落。平地型聚落地形无起伏，整个村落建在一块平地上。岗地型村落地形稍有起伏，一般是前低后高，水顺势排到村前的水塘或主排水沟中。只有少数传统聚落依山或者岗地的等高线而建，鹅卵石或块石铺路拾级而上，形成山地型聚落。比较典型的山地型聚落有临川茅排乡上山村、宜黄中港镇周陂村、宜黄黄陂镇蛟湖村、南丰三溪乡祝家山、南丰白舍镇古竹村、黎川长南山等。

在坡度分布上，该地区绝大多数的传统聚落分布在坡度 10° 以下，岗地地形的起伏较小，有利于生产生活。即使是沿台地而建的山地聚落，坡度也较缓，建筑坐落在平整的台地上，与贵族苗寨占山型的山地聚落布局大有不同。

在总体的地形分布上，抚河流域地区中部和北部地势较低以岗地和平原为主的地区聚落分布密集，两翼比邻武夷山山脉和雪山山脉的深山腹地，如资溪、黎川、宜黄等地由于交通不便、可耕种土地资源少，聚落分布比较稀疏。

3.2.3 传统聚落沿水系空间分布特征

水有着决定社会存在方式的力量，诱导着聚落和建筑物的排列[①]。在丰富的建构空间中，滨水聚落表现了人居行为与水之间的神秘联系。抚河流域地区水系发达，河网密布，适宜种植水稻，并以河水灌溉为主，所以沿水系聚落相对密集。由于天然的自然地理环境决定，丰富的水资源为保证生活和农耕提供了良好的条件，抚河流域地区一带滨水的传统聚落较多，占总数的 60%。

传统聚落沿主要河流的分布情况如图 3-4 所示。传统聚落的外边缘距离河流的位置在 800m 以内统称为滨水型，距离在 400m 以内为近水型，在 400 ~ 800m 的距离称之为远水型。抚河流域地区的传统聚落 70% 为近水分布，只有少数距离水系稍远。滨水型传统聚落或沿抚河而建，或临抚河的支流而筑，或傍支流的溪沟。水系大概可以分为三个层次：一是抚河、二是抚河的支流如崇仁河、宜黄水、芦河、龙安河、黎滩河等，三是遍布在丘陵间的汇聚成支流的小溪沟。沿抚河两岸分布的典型传统聚落有临川湖南型竹溪村（距离抚河约 200m）、临川湖南乡流坊村（距离抚河约 20m）、临川湖南乡黄邓村（距离抚河约 80m）、临川罗湖镇江家村（距离抚河约 300m）、临川金巢单家村（距离抚河约 600m）、金溪浒湾镇（紧邻抚河）、金溪琅琚镇下东漕（紧邻抚河）、南城建昌镇（距离抚河约 20m）、广昌姚西村（距离抚河约 50m）等。位于抚河支流两岸的传统聚落有临川荣山镇新街村（距离梦港河 600m）、临川秋溪镇博溪村（距离宜黄河 50m）、金溪合市镇大耿（距离齐岗河 160m）、金溪合市镇大耿乌墩塘（距离齐岗河 300m）、金溪左坊镇彭家渡（距离芦河 10m）、崇仁河上镇段家谢（距

---

①　[日]原广司. 世界聚落的教示 100 [M]. 于天祎等译. 北京：中国建筑工业出版社，2012：96.

图 3-4　抚河流域地区传统聚落沿水系分布图

（来源：作者自绘）

离崇仁河 100m）、宜黄凤岗镇谭坊村（距离宜黄河 50m）、宜黄南源乡夺中村（距
离宜黄水 200m）、资溪鹤城镇焦溪村（距离泸溪河 20m）、南城洪门镇庄上村（距
离黎滩河 100m）、黎川县栗塘乡松塘村（距离黎滩河 50m）、黎川中田乡钟贤

村（距离龙安河 50m）。临支流小溪有很多传统聚落，如东乡黎圩镇黎阳村，黎圩镇候桥村、岗上积镇水南村，金溪合市镇邓家、合市镇龚家、琉璃乡尚庄、琉璃乡澳塘、陈坊积乡高坪、陈坊积乡城湖、左坊镇后车村，崇仁县桃源乡游坊村，宜黄中港镇周陂村、中港镇兰水村、黄陂镇拿山村、黄陂镇张家村、圳口乡麻坑村，资溪高阜镇下莒村，南城县株良镇磁圭村、上塘镇上塘村、上塘镇东湖村，南丰县三溪乡祝家山、白舍镇上甘村，黎川县日峰镇燎原村、长南山、潭溪乡河塘村，广昌县塘坊乡塘坊村等。

在抚河流域地区有一部分村落的名称与水相关，以水系的名字来命名或与水的位置关系来命名，如东乡县黎圩镇浯溪村，因村旁有浯溪水流过；东乡县岗上积镇水南村又称溪南村，因村前有一条小溪而得名；临川区桐源乡党溪村，村南有狮山、龟山，村北是虎山、象山，逶迤成后龙山，村前有一条小溪，诸山挡溪水，因此名为挡溪，后更名为党溪①。其余传统村落的村名与水系相关的还有临川竹溪村、博溪村、水源村，宜黄的蓝水村、下湾村，南城的汾水村、源头村和南丰的港下村等。由此可以从另一个侧面反映出水系对传统聚落的影响。

3.3 江右经济与传统聚落分布

3.3.1 商业经济与传统聚落

1. 明清时期抚河下游墟市概况

墟市是农村地区商品交换的定期集市，指东晋、南朝到隋、唐文献记载中的草市，至宋代有了较为广泛的发展，明清则进入繁荣发展时期。除了商品生产及交易外，茶肆酒楼也大量出现，市镇生活的寄生性日渐增大。规模较大且繁荣的市与镇的繁荣程度差不多。江西的一部分地区，自唐宋以来，已成为江南经济核心区，其广大农村的墟市亦得到持续的发展，并于明清时期至极盛。在江西农村市镇增长和发展过程中，众多的墟镇又分处于不同层级的市场，在各种商业活动中承担着不同的角色。通过商品的流通，这些墟镇互为一体，构成了江西农村市场的网络。江西农村市场网络中最核心的部分是省际贸易的场所如金溪浒湾镇、棠阴镇，其次是基层市场构成整个网络的基本要素。这些市场是农产品和手工业品向上流动进入市场体系中较高范围的起点，也是供广大农村消费的输入品向下流动的终点。再者是"乡脚"指墟镇周围的固定村落，承担一定商贸功能，与市

镇共同构成农村基层市场①。

2. 墟市的发展历程

该地区的墟市发展一般经历宋代形成大的村落——宋晚期形成小墟集——明代发展为市、农村市场的层级体系的过程，如宜黄县棠阴。

抚州自明初以来，墟市即较多，农村市场亦较发达。明代抚州府平均每县的墟市数比福建、广东的多，每墟市交易范围和半径又比福建、广东的小，反映明代抚州各县墟市的相对密集。尤其是临川县，其墟市数甚至比珠江三角洲经济较发达地区中的番禺、东莞、增城三县嘉靖时的总数（40 个）还要多。清代，抚州墟市在数量上比明代又有了增加，由明弘治时四邑乡村 109 个墟市上升到清代的 143 个，并新增加了 8 个镇，表明清代抚州农村市场比明代又有了进一步的发展。明清时期墟镇的分布特点：①抚州各县墟市大都沿古道和河流分布；②总体上墟市分布较密，交通便利、地区规模大。而山区规模一般都较小；③各县相邻边界处易形成墟市。随着清代商品经济一定程度的发展，各县之间、各地区之间的交通阻塞开始打破，商品交换逐渐增多；④墟市附近都有起辅助作用的乡脚；⑤抚州各县墟市平原地区比山区要密，以临川、金溪、东乡三县平原地区稍多，而山区较多的崇仁、乐安、宜黄三县有比临川等县墟市分布要疏②。

3.3.2 农耕经济与传统聚落

我国几千年来一直处于农耕社会，农耕文化对我国传统文化的影响形成有巨大的影响。在工业社会以前，农耕经济一直是社会主流的经济形态。聚落形成了与农耕经济相适应的聚落形态。抚河流域地区气候温和、土壤肥沃，适宜耕种，北为赣抚平原，发达的水系为耕作提供了有利条件，一直以来是重要的粮食产区。该地区相对较为发达的农耕经济，对聚落的形态产生了一定影响。

1. 耕地资源决定着聚落分布

抚河流域地区北部为赣抚平原，南部和中部地区多为丘陵岗地，区域内河流遍布，水系发达，气候湿润，一向是农业较为发达的地区。在传统的农业时代，农民靠土地为生，基本是男耕女织，自给自足的模式。耕地资源是人们赖以生存的基本资源和条件。古时聚落择址时，是否有可开垦耕种的土地资源是首要条件。据相关资料记载，明朝初期江西的人口多密度大，湖广地区的人均土地面积是江西的 10 倍。嘉靖年间《江西通志》记载抚州府"土狭民稠"，可见明时抚河流

---

① 张文锋，李平亮. 清中叶江西农村墟市的发展及其内涵 [J]. 农业考古，2006，6：41-43.

② 王根泉. 明清时期一个典型农业地区的墟镇——江西抚州府墟镇试探 [J]. 南昌大学学报：人文社会科学版，1990，2：84-88.

域北部地区已是人口众多，聚落密集分布。抚州府辖区内的临川、金溪、东乡和崇仁一带，多丘陵岗地，土地资源丰富，人口众多，聚落密集。由于是多个不同姓氏家族聚落共同享有一定的自然条件，耕地有限，所以各个家族之间的势力相对均衡，难以发育起规模较大的聚落。聚落与聚落之间的距离约为 500m，如果是家族氏聚落群则距离更近。聚落规模（人工建设环境）约 0.2 ~ 0.5km²，以中小聚落为主。抚河流域地区的东部资溪和西部的宜黄县境内，山峦密布，可耕种的土地较少，加上交通不便，聚落分布相对稀疏，且聚落规模较小，由于有限的耕地资源，一般每个村落只有少则几户多则几十户人家。聚落多呈带状沿山谷或河流分布。抚河流域地区的南部广昌和黎川一带，由于抚河和黎滩河的冲积平原，局部平原岗地地区人口分布密集，而山区则人口稀少。总之，平原岗地可耕种的土地资源较多的区域，人口较多，聚落密集，而山地地区，可耕种的土地少，人口分布少，聚落稀少。抚河流域地区传统聚落总体上呈现规模小，北部密集，东部和西部稀疏，南部局部密集的特点。

2. 农副产品资源积累了聚落发展的物质条件

明代的移民运动和部分农民弃农从商，并没有影响到抚河流域地区农业生产的发展，粮食作物和经济作物的种植成规模化，作为商品出售或转化为经济资源，某种程度上进一步刺激了农业的发展。明清时期抚河流域地区是重要的粮食生产基地，不算临川、金溪等平原岗地地区，以山地较多的崇仁县为例，清末每年经崇仁置郡城的商品粮有二三十万石之多。粮食已经开始进行大宗商品交易。粮食作为经济商品，自然兴起一大批做粮食生意的粮商。一方面，普通民众由于有多余的粮食出售，积累了一定的物质财富，有实力建造质量精良的宅院。对于粮商更是有足够的财力建造奢华精美的宅院。另外一方面，正是做粮食生意需要有存储的空间，粮仓则作为一种附属的建筑类型而存在。在平面布局上，除了正房天井式宅院，在一侧建辅院即粮仓。比较典型的粮仓有临川玉湖村的"资政第"粮仓和金溪下东漕村某一宅院的粮仓。金溪县琉璃乡蒲塘村的秀才徐积善因"时遇饥馑"捐出谷 4500 石，皇帝为了表彰他的慈善义举敕建精美的牌坊一座。粮食作为商品直接或者间接地对聚落形态产生影响。

明清时期棉花、苎麻、蓝靛、烟草等经济作物的广泛种植，也促进了经济的发展，对聚落形态产生了影响。东乡县棉花的种植，棉花的广泛种植、纺织技术的进步，使得万石塘元明时发展成集市，成为棉布的交易集散中心，至今我们都能看到村内严整气派、雕刻精美的宅院。另外一个典型的案例是宜黄棠阴镇，宜黄、临川地区种植苎麻，为夏布的生产提供了原材料。夏布生产的繁盛带来的经济利益又促进了苎麻的大量种植，苎麻种植与夏布生产互为促进。棠阴因生产夏布而成为专业化市镇，铸就"商贾辐辏"的繁荣，反映在聚落格局上是形成了当时"五里长街，十里河埠"聚落格局，至今还保存着古祠堂、古民宅、古牌坊等地域特色浓厚，艺术斑斓多姿的建筑群。

粮食作物和经济作物的种植促进了商品经济和传统手工业的发展，促进了聚落层级体系的分异，形成专业化的市镇，并且为聚落的建设提供了必备的物质基础。

3.4　多元文化与传统聚落形态

3.4.1　临川文化与传统聚落形态

清华大学研究乡土建筑的陈志华教授指出：将把乡土建筑作为乡土文化的一部分去研究，以一个生活圈、一个完整的村落为对象，运用系统的、关联的、动态的、发展的、比较的方法，去揭示乡土建筑和乡土文化之间的关系[①]。将某一区域的文化影响力，划分为核心区和边缘区两大类型。文化核心区文化要素密集，而边缘区随着距离增大，来自于核心区的文化能量和信息因距离衰减而在效能上减低。总体上，文化区的特征从一个范围较小，性质较一致的核心有向着周围地带逐渐减弱的趋势[②]，由此可以得出抚河流域地区下游建筑文化区为临川文化的核心区，而抚河流域地区上游建筑文化区为临川文化的边缘区，受临川文化的影响由于距离越远而越小。

以临川区罗针镇湖西村为例，该村为著名书法家黄鸿图的故里，至今这里还留下了许多他珍贵的书法字迹。黄鸿图字咸和（又字道尔），号榭堂（亦号乃三），又号菜根居士，为我国近代著名的书法家，与李瑞清、曾熙、李健起名，为江西四大书法家之一。湖西村黄家组是一个一千多人口的大村，村里有一座清朝时期的进士第门楼，书法、雕刻精美，气象不凡。这里，明清两朝出了十多位进士，文化底蕴深厚。"进士第"门楼，四柱三楼、三滴水牌坊式，中柱两侧刻有一副楹联："一鉴衡开风吹月影成波影，层峦远眺云护山光接水光"。这副楹联是黄鸿图先生在民国28年（1939年）篆刻的，字迹浑厚饱满，笔力雄健，他的书法水平达到了巅峰。此外，村内的牌坊、古宅、祠堂等多处保留了他的书法墨迹。湖西村人才荟萃，不仅历史上出了十多位进士，有"兄弟登科"的佳绩，建有"进士第"等标榜性建筑，更有近代书法家黄鸿图的书法墨迹增加村落的艺术美感和文化气质。这些珍贵的书法墨迹是先人留给我们的一笔巨大的宝贵财富。

抚河下游建筑文化区由于受临川文化中"儒家"思想的深刻影响，聚落布局

---

①　李秋香，陈志华. 新叶村（中华遗产·乡土建筑）［M］. 北京：清华大学出版社，2011.

②　吴必虎. 中国文化区的形成与划分［J］. 学术月刊，1996，3：10-15.

和建筑造型上都呈现"质朴、规矩"的特征。该地区的聚落布局多呈现"围墙围合、四方设门"的村堡式封闭的格局，街巷多为"一横N纵"式的规整布局。传统民居的建筑造型多外观方正，建筑材质精良，青砖灰瓦，色彩低调素雅，整体上呈现质朴、精致的建筑风格。

3.4.2　多元文化与传统聚落形态

抚河上游建筑文化区受临川文化的影响相对较弱，同时由于地理位置的关系紧邻闽西和赣南客家地区而受闽西文化和客家文化的影响，聚落布局和建筑造型形成"多元、张扬"的特征。聚落布局依山势而建，多呈现自由式布局。建筑造型上，轮廓丰富、建筑整体尺度高耸、开阔，建筑入口门罩着力渲染，施白灰雕塑饰，造型夸张。黎川县与闽西地区接壤，古时是通往闽西的古驿道，所以黎川一带的建筑风格和建筑习俗受闽西的影响，一般称之祠堂的建筑，在黎川一带有的称之为"家庙"。在抚河上游建筑文化区祠堂门厅的匾额上多镌刻"公祠""宗祠"等。福建地区的祠堂多为家庙。黎川中田乡钟贤村保存一座完好的古建筑，是该村鲁姓族人为祀奉始祖鲁佐文公而建的祠堂，匾额上刻"鲁佐文公家庙"，同时在建筑造型上也出现了正脊两端起翘、燕尾脊、屋顶坡缓等闽西的建筑风格。广昌地处赣、闽、客文化的交界处，在赣东文化的基础上，吸纳了周边的闽、客文化，据《广昌县志》记载：广昌始有村落523个，其中闽西移民所建277个，赣东移民所建122个，赣南移民所建89个，另有少数村是浙、豫、湘、粤等省移民所建[①]。由这组数据可以看出，广昌县是一个文化杂糅区，深受闽、客家建筑文化影响。反映在建筑形态上，驿前镇坪背村至今保存着一座半圆形的围屋，是客家文化影响下的客家围屋的一种变体。广昌县的村堡中，只要一户有婚丧大事或困难，村民们都会过来帮忙，他们所具有的这种团结互助的精神，是客家先民在不断迁徙过程中为适应艰苦的生存条件而形成的。

3.5　传统聚落群形态与层级分布

3.5.1　传统聚落群体空间形态发展规律

在地理学学领域，分析空间结构的方法有多种，其中哈格特空间结构模式是从人类活动的角度对空间结构模式和与秩序进行了解读。他将区域抽象成点，识

---

①　江西省广昌县县志编纂委员会编. 广昌县志（卷三）［M］. 上海：上海社会科学出版社，1994：66.

别出六个几何要素：①运动模式，表示事物的空间移动特点；②路径，表示事物运动沿着特定的路线；③节点，表示运动路径的交点，诸多结点控制着整个系统；④节点层次，表示各个节点的重要程度；⑤地面，表示由结点和路径形成的框架；⑥扩散，人类占据地面的模式频繁的时空变化过程（图3-5）[①]。

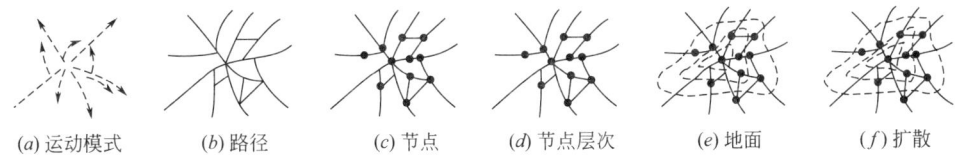

(a) 运动模式　　　(b) 路径　　　(c) 节点　　　(d) 节点层次　　　(e) 地面　　　(f) 扩散

图3-5　哈格特空间体系图解要素

（来源：R.J.约翰斯顿. 地理学与地理学家 [M]. 唐晓峰等译. 北京：商务印书院，2010：12。）

杨定海在《海南岛传统聚落与建筑空间形态研究》（2013）中，根据哈格特空间结构模型将传统聚落从农业性质为主的均质性聚落发展为具有层次性的聚落体系的过程分为三个阶段：点状层次体系阶段—树状体系阶段—网状体系阶段（图3-6）[②]。点状层次体系阶段指一定区域，开始有居民迁入时，以单个家庭或几个家庭组成的小家族形成自给自足的生活，由于信息、交通的不便，基本没有与其他聚落进行交流，处于封闭的"点状"状态。树状体系阶段是随着生产力的发展，农副产品或生活用品需要产生交换，聚落之间存在一定的依附关系，并且产生了政治、婚姻和宗教之间的联系，逐渐产生了中心型聚落，普通聚落以中心型聚落为核心，逐级流动形成树状结构。网状体系阶段，随着聚落之间的交流发展，在树状结构结构的基础上，形成层次更加丰富、更为复杂的网状结构。

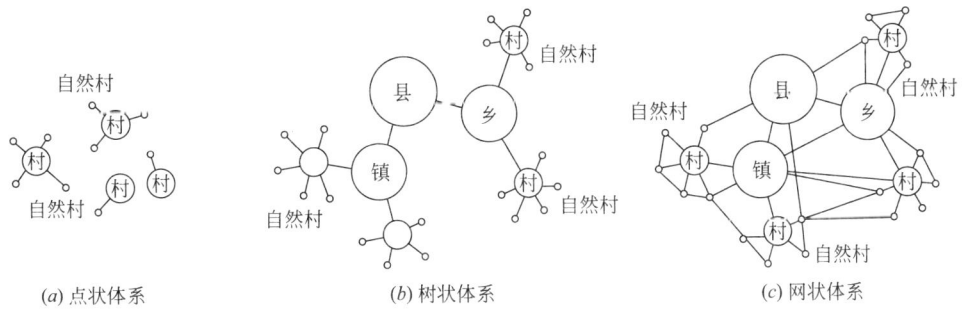

(a) 点状体系　　　　　(b) 树状体系　　　　　(c) 网状体系

图3-6　聚落群体经历的三个层次阶段

（来源：杨定海. 海南岛传统聚落与建筑空间形态研究 [D]. 广州：华南理工大学，2013。）

---

① （英）R·J·约翰斯顿. 地理学与地理学家 [M]. 唐晓峰等译. 北京：商务印书馆，2010.

② 杨定海. 海南岛传统聚落与建筑空间形态研究 [D]. 广州：华南理工大学，2013.

　　本书采用哈格特空间结构模式对合抚河流域地区的聚落形成的发展过程进行分析，将图3-5中运动模式和路径两个要素结合起来，则是指聚落的迁徙定居过程；节点和节点的重要程度结合起来，则是传统在发展过程产生经济、政治的差异性而形成聚落的层级关系；框架和扩散结合起来，并借鉴《海南岛传统聚落与建筑空间形态研究》一文中的观点，则是指聚落在不断完善发展过程中形成的一个动态的网状结构。总体上，根据抚河流域地区的聚落发展的情况可以分为三个阶段：第一阶段为明初以前聚落的迁徙定居动态运动阶段；第二阶段为明清时期聚落繁荣发展阶段，第三阶段为近现代聚落稳定密切联系阶段。

　　第一阶段：（迁徙定居动态运动阶段）：宋代随着政治、文化中心的南迁，两宋时期江西是经济文化发达的地区，抚河流域地区也不例外。此时，人口迁徙或从福建、南昌地区迁入抚河流域地区，或是抚河流域地区内部的人员流动，伴随着聚落的形成。以临川地区为例，由南昌迁入临川的聚落有：宋孝宗时，杨氏从南昌迁至临川高堑；宋绍兴年间，杨氏从南昌迁至临川外杨。由福建迁入抚河流域地区临川的案例有：宋理宗时黄氏从福建的大蒲江迁入临川；宋丁宗时，黄氏又福建禾坪迁入临川黄博等。在抚河流域地区内部的迁移，如从金溪迁入临川的聚落，如临川邓芳洲徐家的徐姓由金溪印山迁入；宋孝宗时，黄氏从金溪黄坊迁入临川黄远山；宋淳祐年间，徐氏从金溪印山入到临川邱坊等。元朝时，由于受战乱的影响和自然灾害的影响，抚河流域地区内聚落扩散发展出现一个低潮期。到明初，社会稳定，生产力恢复后，随着人口迁徙，人口繁衍，聚落数量不断增加，聚落规模不断扩大，完成了抚河流域地区聚落迁徙定居的一个环节，为后面的稳定发展奠定基础（图3-7）。

　　第二阶段（繁荣发展形成层级体系阶段）：明朝时整个江西经济发展是继宋之后的第二个小高峰，社会经济在宋元基础上获得新的进步，经济作物的普遍种植、手工业全面繁荣，市镇发达，商品贸易空前活跃[①]。抚河流域地区自明初以来，粮食作物产量的增加和经济作物的种植、专业手工业的发展、弃农经商的商业人口的增加，使得该地区的农村市场较为活跃。耕种技术的提高和耕作条件的改善，粮食作物的产量不断增加，使

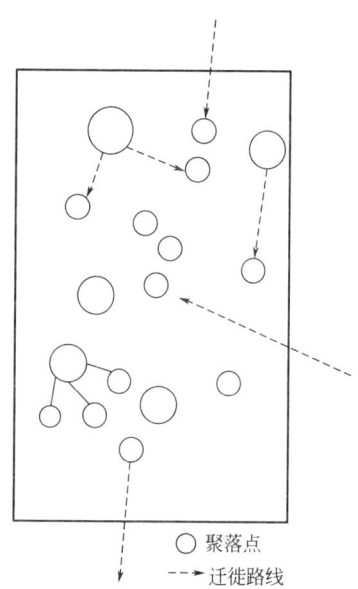

○ 聚落点
--→ 迁徙路线

图3-7　第一阶段：迁徙定居动态
　　　　运动阶段示意图

（来源：作者自绘）

① 许怀林. 江西史稿［M］. 南昌：江西高校出版社. 1998.

得米谷成为大宗的商品，除了自给外，大部分销往省外。苎麻、蓝靛、烟草等经济作物的种植，提高了经济效益，还带动了农业手工业的发展，促进墟镇的兴起与发展。如"宜黄境内四面环山，县城如一溢地，产苎麻甚盛"[①]；东乡县"东北源里多蓝靛，比户皆种"[②]；另一经济作物烟草的种植，在高额利润的驱使下，种植成风，南丰县"利倍于谷，不费功，惰农之所贪也"[③]等。明清时期抚河流域地区手工业的进一步发展，促进了商品经济的发展和专业化墟镇的繁荣。宜黄县棠阴因盛产夏布而著名，史载"棠阴为大市镇，街衢通达，商贾辐辏"。宜黄镇旁边的宜水是漂染夏布的天然场所，加上苎麻的种植与夏布盛产相互促进。金溪的浒湾镇因刻书业而闻名全国，有籍著中华三百年的美誉，刻书业的发展带动了其他产业的发展，使得浒湾成为农副产品的集散和转运的中心。由于农业、手工业的发展，带动了产品的生产、加工和销售，促进了地区的商贸发展，农村市场活跃，直接促进了墟镇的繁荣。抚州自明朝初期以来，农村市场亦较发达，存在大量墟市，直至明中期，其数远超过同一时期的沿海地区。

据《大明一统志》载，福建全省有 51 个州县，平均每州县仅有墟市 3.6 个，不及抚州府平均数的 1/5。乾隆时期福建每县的平均墟市数仅 1.2个，只及明代抚州平均数的 66%[④]。这一情况直接反映了抚州府地区的墟市数量多，交易半径小，分布密集。这一阶段发达的农村市场体系中，形成了不同层次的聚落，由低到高依次是普通的聚落、墟市和市镇。墟市则是在相对不发达的地区，几个固定的聚落围绕一个墟市为中心，墟市是农民消费品供应的起点，又是销售的终点，满足该区域的自给自足。市镇不但能满足销售本地的农副产品、手工业品还将外地的商品运进来以及将本地的商品运往外地，层级较高与外界联系紧密。在明清时也一直伴随着聚落点的增加和移动，在商品经济的刺激下形成聚落之间的层级差异性是这个阶段的主要规律（图 3-8）。

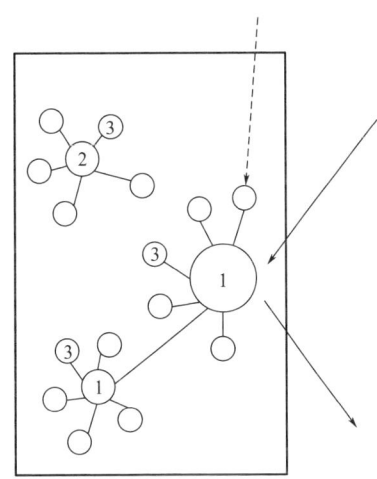

→　商品流线　①巾镇
--→　迁徙路线　②墟市
　　　　　　　③普通聚落点

图 3-8　第二阶段：繁荣发展形成
　　　　层级体系阶段示意图

（来源：作者自绘）

① 周炳文.江西旧抚州府田献之研究（卷二）［M］.上海：上海古籍书店影印，1980：24.
② 《风上志·土产》，同治《东乡县志》卷8.
③ 《物产》，同治《南丰县志》卷9，第235页.
④ 王根泉.明清时期一个典型农业地区的墟镇——江西抚州府墟镇试探［J］.南昌大学学报：人文社会科学版，1990，2：84-88.

第三阶段（形成稳定密切联系阶段）：近现代这一阶段的规律主要有两点，一是根据清代以来的形成聚落层级体系，划分行政区划，形成乡、镇等的政治、经济中心；二是随着生产力的发展，城镇化水平的提高，交通的便利、网络的发展，聚落之间和聚落的对外联系越来越紧密。与此同时，传统聚落在现阶段面临着"空心化"、破坏严重这一社会问题。

3.5.2　传统聚落群体形态形成模式及分布特征

聚落不是孤立的个体，在形成之初便与周围的自然环境发生着物质关系，随着生产力的发展，与周围的聚落产生一定的社会关系。在一定的区域内，由于地缘、血缘或业缘的关系，形成一个稳定的聚落共同体，即聚落群。聚落群的形态在某种程度上是一定社会关系的反映，其布局有一定的规律性。传统聚落群呈现丰富的形式，根据其相关之间的关系可以分为裂变型、附属型和组合型三种类型（图3-9）[①]。裂变型像生物从单细胞分解成多细胞一样，指随着聚落规模的扩大人口繁衍到一定程度，其中一支脉迁到附近的地点再逐步形成一个聚落点，裂变型聚落的典型特征是具有血缘关系。由于江西地区的聚落往往聚族而居，一个家族随着人口繁衍，向附近衍生出几个同宗族的聚落点是非常普遍的现象。附属型聚落是封建社会受宗法制度影响，一些大户人家迁徙至某处形成规模大、建筑质量的聚落，而所带的奴仆则居住于附近形成简陋规模的小聚落，在聚落关系上如人的社会关系一样属主从关系。组合型是指多个大宗族之间在一定的区域内，形成多个空间中心，由交通或水系串联在一起的和谐共生的聚落群体。

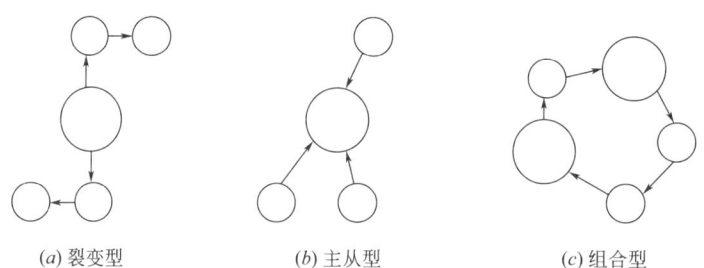

(a) 裂变型　　　　　(b) 主从型　　　　　(c) 组合型

图3-9　传统聚落群的三种基本类型

（来源：龚恺. 关于传统村落群布局的思考［J］. 小城镇建设，2004，3：53–55.）

抚河流域地区的传统聚落群的类型以裂变型和组合型为主，目前还没发现有主从型。由于江西宗族社会影响下聚族而居的居住习惯，在深入调研和有关资料

---

① 　龚恺. 关于传统村落群布局的思考［J］. 小城镇建设，2004，3：53–55.

中分析中发现，裂变型不仅仅是从一个"母体"裂变出几个聚落点，还有其他比较复杂的关系，大概分为三种模式：母体裂变式、复合裂变式和裂变后共居式。

　　母体裂变式是从一个比较成熟的聚落，在发展过程中有几个支脉先后迁出，在附近形成一个聚落群，或者是来此定居的先祖的几个儿子，其中的一个或几个儿子外迁择近居住，分别形成单独的聚落点，这几个点之间形成一个家族聚落群（图3-10）。母体裂变式的案例有崇仁县河上镇的戴氏聚落群，其基本情况见表3-1。戴氏聚落群的裂变方式是从母体聚落随时间先后关系依次裂变出子聚落山背村、赤岗村和东来村。戴氏聚落群的空间关系是母体聚落塘仁村位于聚落群的西侧，其子聚落位于其东侧3.5km的范围内（图3-11）。

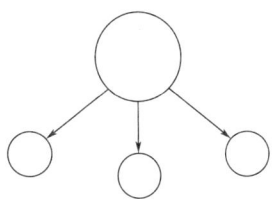

图3-10　传统聚落群母体
裂变式示意图

（来源：作者自绘）

崇仁县河上镇戴氏聚落群基本情况表   表3-1

类型	姓氏	名称	位置	概况
母体聚落	戴	塘仁村	以此聚落为基准点	原名塘塍，戴氏由江苏分基而来，至今已有40代
子聚落	戴	山背村	位于塘仁东侧3.5km	唐代中期戴氏由附近塘塍上戴迁此建村
	戴	赤岗村	位于塘仁东南0.8km	立村时赤地一片，荒如山冈，故名。戴氏迁自附近塘仁村，时已17代
	戴	东来村	位于塘仁东北0.5km	建村者戴氏迁自附近塘塍，初时在此设店经商，后发展成村。历经10代，村落塘塍以东，"东来开圩"故名

（作者自制）

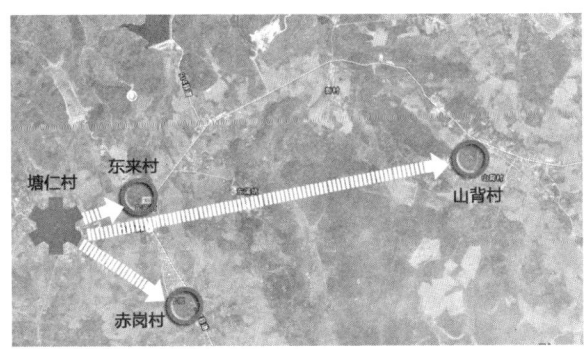

图3-11　戴氏聚落群空间关系图

（来源：根据谷歌截图绘制）

　　母体裂变式的分布特征往往以母体为中心并在一定范围（半径约3km）内，形成一个家族式聚落群。

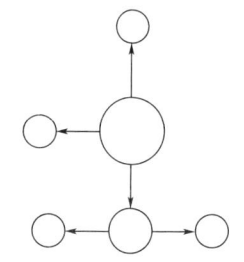

图 3-12　传统聚落群复合
裂变式示意图

（来源：作者自绘）

复合裂变式是指母体聚落裂变成几个子聚落后，其中的一个或几个子聚落再继续裂变成下一级的次子聚落（图 3-12）。这样的聚落通常是人丁兴旺，家族势力较大，有的大族聚落在附近区域派衍出十多个子聚落形成庞大的家族聚落群。其中典型的案例有广昌县甘竹镇的魏氏聚落群和驿前镇的赖氏聚落群。魏氏聚落群的母体聚落为洙溪下堡，其祖上于宋朝为逃避兵乱迁至此处，明洪武十八年（1385 年）出了进士魏卓，清康熙二十三（1684 年）出了解元、礼部侍郎魏方泰。随着村庄规模扩大，在其上方建村称为洙溪上堡。随后几百年里，不断有魏氏从洙溪村迁出，据《广昌县地名志》记载，洙溪村迁到附近的聚落点有 12 个，其中一个龙陂岗是其子聚落，坳上村是从龙陂岗分居出来，形成次子聚落。赖氏聚落群是一个更庞大的家族群，从母体聚落驿前赖氏聚落中裂变出 20 多个子聚落。以崇仁县白露乡邹氏聚落来具体解读复合裂变式聚落群，其基本情况见表 3-2 所列，其空间关系如图 3-13 所示。

崇仁县白露乡邹氏聚落群基本情况表　　　　　　　　　表 3-2

类型	姓氏	名称	位置	概况
母体聚落	邹	楼下	以此聚落为基准点	唐末邹姓迁自山东艾州府
子聚落	邹	花门楼	在楼下村上方，紧邻	宋初邹姓由楼下村迁来定居，村中建有一座花板门楼，故名
	邹	前店	在楼下村下方 0.4km	楼下村邹姓于唐末在此开店定居。因旧时村前建有店铺而得名
次子聚落	邹	下邹	在楼下村右上方 0.6km	宋末邹姓从前店迁来建基。因位居原籍下游，故称下邹

（来源：作者自制）

复合裂变式聚落群在空间分布上，以最初裂变的母体聚落为中心，其他子裂变的聚落，在一定相对集中的范围内，相互呼应。也不排除有其中的某支脉从母体聚落或从子聚落上迁移至较远的地域（5km 以外），则不属于本研究范畴。

裂变后共居式指一个家族的兄弟同时从远处的母体聚落裂变出来，迁徙到某处，分开定居，同时形成两个或多个聚落点（图 3-14）。裂变后共居式的典型特点是同一家族的兄弟同时定居到附近的区域，形成家族聚落群。裂变后共居的典型聚落群有金溪县的林坊林氏聚落群和七坊吴氏聚落群（图 3-15）。林氏聚落群是南宋景炎年间（1276—1278 年），兄弟林大节和林大显由福建莆田迁来，分别定居于村岭前和村岭后，所以命名为前林坊和后林坊。吴氏聚落群是吴氏兄弟由南城金斗寨徙此，李氏擅制生漆和作油漆工艺而得名漆坊，因分别居于村处

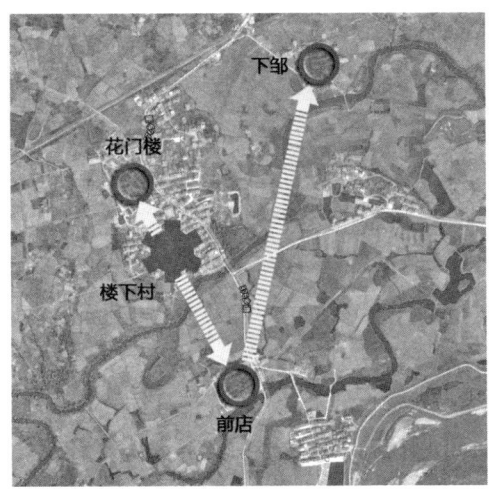

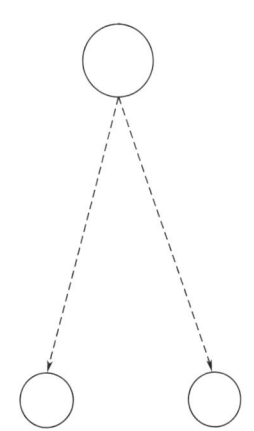

图 3-13　邹氏聚落群空间关系图

（来源：根据谷歌截图绘制）

图 3-14　传统聚落裂变后共居式示意图

（来源：作者自绘）

小山包之前和之后，后简写为前七坊和后七坊。

在聚落空间分布形态上，裂变后共居式的聚落一般聚族而居距离较近，但又彼此隔离，形成彼此呼应若即若离的家族共同体。

组合式聚落群是一定区域内多姓共居的聚落群，不同姓氏聚落群共同占用耕地、水源等物质资源，彼此之间存在约定俗成的乡俗民约，共同维护一方的和谐形成和谐共处的生活圈。组合式内部的聚落点可能是不同时间点先后迁至此的不同姓氏聚落，也可能是裂变后的家族群与其他姓氏聚落共同居住。组合聚落群中可能包括裂变式、复合裂变式、裂变后共居式的一种或几种与其他姓氏聚落共同居住（图 3-16）。本书选取金溪县合市镇和琉璃乡传统聚落密集的区域，来分

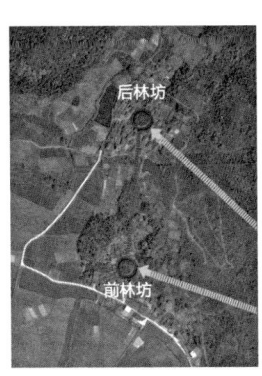

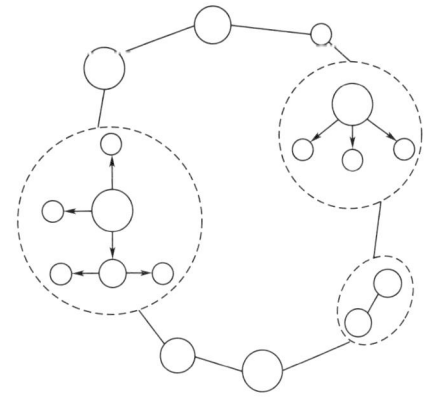

图 3-15　林氏和吴氏聚落群空间关系图

（来源：根据谷歌截图绘制）

图 3-16　传统聚落群组合示意图

（来源：作者自绘）

析组合式的聚落群的形态（表3-3和图3-17）。

琉璃乡和合市镇局部聚落群的基本情况表　　　　　　　表3-3

乡镇	姓氏	名称	概况
琉璃乡	曾	东源村	宋景炎丙子年（1276年）曾子实由南丰慈门曾家徙此
	徐	蒲塘村	后唐清泰乙未年（935年），徐慕贞辞去广东寿州长史之职隐居至此。因村前有九塘盛长菖蒲，而得名
	谢	北坑	南唐初年（937年），谢氏由南城迁此。因村处土岭北坡下小山凹里，故名
	宋氏聚落	中宋	元至正年间（1341—1368年），宋氏由福建瓦子阁徙此。因村处下宋和上宋之中，故名。清乾隆年间（1736—1795年），曾氏由南丰慈门曾家迁来合居
		下宋	元惠宗（1333—1368年）末年，宋运达由福建瓦子阁迁此。因该地有联村上、中、下三宋之称，本村地势居下，故名
合市镇	耿氏聚落	小耿	宋熙宁年间（1068—1077年），徐氏由本地耿桥分迁而来。因该村是耿桥徐耿阳之幼子居住，故名小耿
		大耿	北宋志平四年（1067年），徐柏轩由临江府清华县迁来建村，长子分居定于此，以始祖名命名
		耿桥	北宋治平四年（1067年），徐柏轩（字耿阳）由福建临江府清华县徙此。因村处桥边，以始祖耿阳命名，后简称耿桥
	林氏聚落	前林坊	南宋景炎元年（1276年），林大节由福建莆田迁此。因村处岭前，故名
		后林坊	南宋景炎年间（1276—1278年），林大显由福建莆田迁来。因建村于岭后，故名
	李氏聚落	前斛塘	明成化年间（1465—1487年），李氏由后斛塘分居而来。因村处一口形似禾斛的常年不枯的水塘前边，故名
		中斛塘	宋淳化年间（990—994年），李氏由南城凤林（常山）迁此。因建村于一口形似禾斛的常年不枯的水塘后，故名
		后斛塘	宋淳化年间（990—994年），李氏由南城凤林（常山）迁此。因建村于一口形似禾斛的常年不枯的水塘后，故名
	吴氏聚落	前七坊	南宋祥兴年间（12784—1279年），吴氏由南城金斗窠徙此。因村处小山包之前，李氏擅制生漆和作油漆工艺而得名前漆坊，后简写为前七坊
		后七坊	南宋祥兴年间（1278—1279年），吴氏由南城金斗窠徙此。因建村小山包之后，建村时该村居民以制生漆和作油漆工艺而得名后漆坊，后简称后七坊
	李、傅共居	珊珂	唐时（937—975年），李氏由南城徙此。因建村于山窝里而得名山窠，后雅名珊珂。傅氏后来迁此共居
琉璃乡	周氏聚落	云雾岭	周氏从抚州沙井巷迁来，至今24代。因村处云雾岭下，故名

续表

乡镇	姓氏	名称	概况
合市镇	周氏聚落	下周坊	宋建隆年间（960—963年），周氏由抚州沙井巷迁此。因建村东岭下，故名
		上周坊	唐时（937—975年），周城由抚州沙井巷徙此。因建村下周坊之上，故名
		池源	清顺治年间（1644—1661年），周氏由本地上周坊迁此。因建村原池姓废基上，故名
		戍源	南唐时（937—975年），周氏由抚州沙井巷徙此。因建村于山沟水源处，故名水源，后雅称戍源
		栎树下	清顺治年间（1644—1661年），周氏由本地戍源迁来。因村处栎树林下，而命名
	王氏聚落	上洋	南宋嘉定年间（1208—1224年），王朝让从景德镇饶川迁此。始祖迁来时姓羊，因人口不发。将"羊"砍头去尾改姓王，后来子孙多了，分一部分在乌墩塘建村，所以至今乌墩塘叫下羊，此村叫上羊，后雅称上洋
		乌墩塘	南宋绍定初年（1228年），王氏从本地上洋迁此。不久李氏由本地李家迁来合居。此村原名下洋，因从上洋分居而来建村，得名。又因建村于乌黑色石山墩下的塘边而名乌墩塘。民国时期有王、李、傅三姓共居
	龚家	龚	宋开宝年间（968—976年），龚氏由资溪茶坑龚家徙此。因建村东岭东簏，故名。明正德年间（1506—1521年），钦赐"医林状元"的龚廷贤是此村人氏

（来源：根据各县地名志的相关资料绘制。）

图 3-17　金溪县琉璃乡和合市镇局部传统聚落群分布图

（来源：作者自绘）

在抚河流域地区传统聚落的命名中有一个值得注意的现象，许多聚落的名称前面加"上""中""下"或"前""后"等贯以方位的名词，如金溪县的上东漕和下东漕，金溪县的前龚和后龚，南丰县的上甘村和下甘村，南城县的上官家和下官家，宜黄县的上北坑和下北坑，黎川县的上港、中港和下港，广昌县的上湖村和下湖村等等。这样的聚落一般位置上距离较近，有的是同姓氏家族聚落裂变形成，有的则是不同姓氏聚落的位置因为处于河流的上下游、山岭的前后或者方位上的上下（北方一般为上，南为下）在起名时用以区分。家族氏聚落以东乡县邓家乡的上杨、中杨、下杨和愉怡乡的前周、后周为例。据《东乡县地名志》明洪武年间，杨氏先从余千县石灰岭移至该地，居于水溪的下游故名"下杨"，上杨村因比下杨村地势高，故名"上杨"，中杨村因居于上杨、下杨两村之间，故名中杨。东乡县愉怡乡的后周和前周，祖先周德高由弋阳县来此立村，迄今37代。初名周家，后分出一户在村南建村，因改名后周。前周周氏由本地后周迁此，居32代。可推测出迁至此第五代时迁出，因此属于裂变型，有共同的血缘关系。非家族氏聚落如崇仁县巴山镇的上湖田、下湖田和广昌甘竹镇的上礁和下礁。上湖田为潘氏聚落，从丰城县迁徙至此，而下湖田为罗氏聚落，清乾隆年间居于此，因位于上湖田的下游而得名。甘竹镇的上礁为李氏聚落，下礁为赖氏聚居。

组合式聚落群的整体空间分布，呈现以裂变的家族式聚落为组团的显著特征，各个组团之间，有散点的其他姓氏聚落分布，在一定的范围内，形成以道路交通为联系纽带，拥有自然资源为共同物质基础的区域聚落共同体。

3.6 抚河水系对传统聚落形成发展的影响

3.6.1 水系对传统聚落社会发展的影响

1. 水系与聚落择址

传统聚落的选址模式以"负阴抱阳，冲气以为和"为指导思想，采用背山面水的基本格局，注重风水学对聚落营造的影响。江西是风水学起源的重要地区，形成赣派"形法"理论，这一理论更注重实质的自然环境，为古人在生产生活中累积的与自然协调发展的经验。江西境内丘陵密布、河网发达的自然地理环境是"形法"理论形成的客观物质基础[①]。聚落择址与水系的关系最根本的原则是"近水利而避水患"。水是人类生产生活的必要资源，在抚河流域地区水系发达的区

---

① 潘莹. 江西传统聚落建筑文化研究［D］. 广州：华南理工大学，2004.

域，聚落择址多靠近有稳定的水源补给处。根据本书 3.1 抚河流域地区传统聚落分布规律得知有 60% 的聚落属于滨水型，离水系的距离在 800m 以内。聚落如果离水系太近则会有面临洪涝灾害的危险，是人居环境选择之初就必须先解决的安全问题。据《金溪县志》记载，琅琚河属季节河，每逢春夏丰水季，河水泛滥，造成两岸农田大片内涝，所以琅琚河两岸的聚落分布较稀少。河流是否在丰水季发生洪灾根据河流本身的特性和当时的、当年的气候条件决定，大多数水系的水流平稳，处于相对安全的环境，滨水聚落中有 70% 的距离水系在 400m 以内，属于近水型聚落。

2．水系与聚落交通

水系在古时不但是引水灌溉、生活用水的重要来源，也是重要的交通命脉，是人们交通出行的通道，也是运输货物的贸易通道。崇仁县河上镇段家谢村，是一座文化底蕴深厚的古村，该村的谢廷恩由于捐资修建黄洲桥而名垂青史。段家谢位于河上镇东南 12km 处的崇仁河西岸，距离县城的直线距离 4km，目前有陆路和水路两条路进村。原来人们要靠水路划船进城，现今依然有渡口渡船，村里上了岁数的村民依然喜欢摆渡进城①。古时资溪县境内的山货运输主要靠境内的两大水系泸溪（信江水系）和欧溪（抚河水系），在丰水季时将山货和农产品放排顺水而下，沿泸溪河可抵达九江，沿欧溪可到达抚州。水系作为交通通道加强了区域交流，促进了经济发展。

3．水系与聚落经济

水作为生命之源滋养了抚河流域地区这片广袤的土地，同时也是交通命脉，对区域内和区域间的交流发挥了重要作用。"水运兴则业望"，便利的交通条件，刺激了商贸发展，江西明清时期的四大古镇景德镇、樟树镇、河口镇、吴城镇，皆因便利的水运条件而商贾云集，成为商货流通中心。位于四大古镇之首的瓷都景德镇，水运主要依于昌江，历史上曾是全球最繁忙的水运路段。樟树镇为著名的药都，明清属临江府清江县，位于江西中部赣江中游，扼赣江与袁江交汇之处。吴城镇号称"八省码头"地处江西北部，鄱阳湖西岸，当赣江和修河二水入湖之处。河口镇位于赣东北，明清为广信府铅山县所辖，地处信江中游居信江与铅山河的合流之处，以转运业为主的商贸重镇。明清时期抚河流域地区即赣东地区四大名镇——广昌驿前镇、金溪浒湾镇、宜黄棠阴镇、原临川今进贤李渡镇，同样因航运发达，盛极一时。

水系不但作为水运通道同时作为宝贵的物质资源促进了传统聚落经济的发展，其中比较典型的案例是宜黄棠阴镇。棠阴镇因生产夏布而著名，是一座手工业市镇，素有"小小宜黄县，大大棠阴镇"之说。《棠阴镇志》记载：江西的著

---

① 黄初晨. 岁月无痕——抚州一百古村落行摄记 [M]. 香港：灵兰阁图书国际公司. 2012.

名特产，宜黄、万载的夏布最负盛名，而宜黄的夏布实出自棠阴。明中叶以后，棠阴的夏布业已相当发达，夏布制造业兴盛，以致形成了"商贾往来不息"的盛况。棠阴夏布业之所以繁荣，其中一个重要原因是宜水清澈透底，水底为皎洁的卵石，含硫磺等矿物质，每斤水要比一般水重两钱，尤宜于夏布的漂白[1]。曾经珍贵的宜水资源使得棠阴成为夏布业生产和加工的中心，促进了棠阴经济的发展。金溪县石门乡靖思村位于与芦河西岸，听村中老人说，过去这一带水运发达，村西有泊船的码头，过往商贾云集，常到村落里歇脚投宿，因此村里有街坊店铺，颇为繁华。

3.6.2 水系对传统聚落生态环境的影响

传统聚落受"天人合一"观念的影响，顺应地形地貌，体现了对自然环境的适应，聚落形态反映了人与环境的相互作用，使得天、地及自然万物的和谐，达到了趋吉避凶的目的。在传统聚落发展的过程，是一个秩序化的过程，营造适宜人生产生活的空间[2]。水系是聚落景观中最具魅力的景观要素，优美的自然环境和良好的水源条件，使得传统聚落具有幽静宜人的自然环境。临抚河而建的村落如临川的黄灯村、崇仁的华家村、金溪的下东漕等，拥有宽阔的视野，整个村落空间形态具有大气磅礴之感，正值夜幕时分，站在村口向抚河远眺，不禁让人感觉到"日暮相关何处是，烟波江上使人愁"的苍凉。依傍着潺潺的清溪流水而建的古村，却拥有了几分灵动和婉约。如临川太平桥村村前后两溪汇流，东乡水南村村前小溪蜿蜒，金溪歧山村，村前平静的奔流不息的齐岗河，给村庄增添了几分动感。

古时的文人墨客为了赞美家乡的自然风景，总结出村中的"八景"或"十景"。这些经典景色无不和水有关，金溪合市镇东岗村的"东岗八景"中，其中一景为"黄陂春涨"，即东岗村西南有溪发源于崇峰，春夏水发，渺无岸际。琅琚镇疏口村的"疏溪十景"中的"马桥春涨"。关于这处景点的描述有诗云："百尺长虹跨碧波，晴云浩荡涌银河。乘时已有鱼龙化，竟日宁无驷马过？烟岸绿萦垂柳密，石栏红漾落花多。何如此际渔翁乐，独倚偏舟发浩歌。"水系在村落景观营造中给人美的体验和生理感受，在生态环境的构建中提供了不可或缺的自然条件。

另外学者黄浩先生认为风水学理论中赣派的"形法"理论更注重自然科学，

---

① 王根泉，魏佐国.明清时期江西一个典型的手工业市镇——宜黄棠阴镇经济结构分析[J].抚州师专学报，1992，2：79-85.

② 李宁，李林.传统聚落构成与特征分析［J］.建筑学报，2008，11：52-55.

择基选址的山水格局在很大程度上能满足居住环境对通风、纳阳、防潮、防洪等的基本要求，同时也使人们在心理上产生稳定、舒适的感觉。

3.7　本章小结

本章基于宏观层面对传统聚落空间形态的解读，首先从地理环境的角度，对抚河流域地区传统聚落空间分布进行了分析。其次，从江右经济和多元文化两个方面阐述了对聚落形态的影响。然后，从时空的角度针对聚落群体探讨了其发展和形成模式。最后，以抚河为轴线，重点分析了这一水系对传统聚落形成发展的影响。

在传统聚落空间分布方面，根据目前的调研情况得知抚河流域地区 11 个县区传统聚落的分布情况：进贤县 9 个，临川区有 31 个，东乡县有 11 个，金溪县有 68 个，崇仁县 11 个，宜黄县 20 个，资溪县 10 个，南城县 12 个，南丰县 13 个，黎川县 12 个，广昌县 13 个。在空间的聚集性方面，呈现抚河流域地区北部地区分布密集、集中，其余地区均匀分布的格局。临川、金溪、东乡一带，聚落规模以中小型为主，分布密集。崇仁、宜黄、资溪、黎川一带多山区，聚落分布相对稀疏。在传统聚落的地形空间分布上，抚河流域地区传统聚落多分布在海拔高度 100 ～ 300m 的丘陵岗地，绝大多数的传统聚落分布在坡度 10° 以下。沿水系的空间分布上，抚河流域地区一带滨水的传统聚落占总数的 60%，其中 70% 为近水分布，距离水系 400m 以内。

在社会经济层面，由于抚河流域地区属于富庶地区，商业经济发达，所以墟市分布密集，大都分布在大路和河流沿线或各县相邻的边界处，平原地区的墟镇规模较山区的一般规模要大。在以农耕经济为主的时代，耕地资源的多寡决定着聚落分布密集程度，抚河流域地区北部属赣抚平原地区，地势平坦，聚落分布密集，根据地形和耕地资源总量，聚落分布总体上呈现规模小，北部密集，东部和西部稀疏，南部局部密集的特点。此外，粮食作物和经济作物的种植促进了商品经济和传统手工业的发展，促进了聚落层级体系的分异，形成专业化的市镇，并且为聚落的建设提供了必备的物质基础。

在建筑文化区域分布方面，根据文化传播规律、行政区划和建筑本体特征等因素综合考量，抚河下游地区为临川文化的核心区，而抚河流域上游地区为临川文化边缘区。抚河下游地区由于地处临川文化中心，受临川文化特质和理学文化的影响，传统聚落和建筑呈现"质朴、规矩"特征，而抚河上游地区受临川文化的影响力减弱，由于地缘关系，靠近闽西和赣南，受闽、客多元文化的影响，聚落布局和建筑造型呈现"多元、张扬"的特征。

　　从聚落群体的层面，抚河流域地区传统聚落群的发展在时间维度里可以分为三个阶段：明初以前聚落的迁徙定居动态运动阶段，明清时期聚落繁荣发展阶段，近现代聚落稳定密切联系阶段。在聚落群形成模式和空间分布上，抚河流域地区的传统聚落群的类型以裂变型和组合型为主，裂变型聚落群往往以母体为中心，在相对集中的范围内形成家族式聚落群。组合式聚落群的整体空间分布，呈现以裂变的家族式聚落为组团的显著特征，各个组团之间，有散点的其他姓氏聚落分布，在一定的范围内，形成以道路交通为联系纽带，拥有自然资源为共同物质基础的区域聚落共同体。同时，一定区域内在经济因素的刺激下完成了普通聚落、乡脚、市、墟镇等网状层级体系。

　　抚河对聚落社会发展、生态环境具有重要影响。水系对聚落社会发展主要包括选址和交通上。聚落择址要"近水利而避水害"。水系作为交通要道对人们出行和商贸经济的发展产生重要作用，促进传统聚落的经济发展。在生态环境方面，水系是聚落景观中最具魅力的景观要素，优美的自然环境和良好的水源条件，使得传统聚落具有幽静宜人的自然环境。

4

抚河流域地区传统聚落空间形态解析

聚落在漫长的形成过程中，常被解释为是自发形成的，而实际上聚落的诸要素（居住和公共设施等）及其排列所决定的基本状态，使人觉得不是偶发形成的细枝末节，而是经过周密设计的结果①。聚落的结构通常是指聚落的总体骨架组合，表现为路网形式和各部分的功能关系。聚落的形态指的是聚居的外观形象，主要表现为聚落的平面形式和其在高度上的形态②。观察聚落空间形态是一个从整体到局部，由外及里的过程，本书从整体上分析聚落与周围自然环境的契合及整体形状特征，从外及里，分析聚落空间形态的结构和街巷组织，再从局部重要的节点特征及微观层面建筑形态分析传统聚落的空间形态特征。

4.1　传统聚落空间形态理论构建

传统聚落的空间形态是自然环境和社会文化长期积淀的外在表征，通过空间构形来传递文化和社会本性，空间为人们的社会活动提供了可能实现的物质基础，并且为社会文化关系的创造提供了前提条件，对于其空间形态的梳理，可以全方位、多角度地理解传统聚落。目前对传统聚落空间形态的研究趋势倾向于区域整体性和视角多元化，从以往注重单个聚落的研究扩大到在一个民系的范围或一个地区，力求将聚落与地理环境和社会环境的关系有一个系统的联系，注重区域特色的整体性；同时从多元化的视角，历史学、社会学、文化学、经济学、地理学等视野对传统聚落进行多层次的解读。传统聚落空间形态在图式中体现在空间形态的属性形状、秩序、尺度等，并且可以通过这些属性反映传统聚落的凝聚性、防御性等特征。

传统聚落空间形态目前的研究大致可以分为两种方法体系，其一是利用一定的相对成熟的方法引用到不同的案例研究中，如利用美学构图中的点—线—面理论；城市意象中的五要素法；城市空间研究的三种理论图——底理论、连接理论和场所理论；结构主义中"族""群"和"拓扑"等的方法引入传统聚落空间的研究中。其二是将传统聚落的空间根据其地域特色分为几个层次或组成部分，分别对每一部分进行研究。如陆元鼎教授将传统聚落的主要空间表现为村周、村边、村中和民居建筑四个层次；王昀根据远景、中景、近景的层次将传统聚落空间形态分为宏观——聚落整体空间形态，中观——村落外部空间形态，微观——民居内部空间形态三个层次；陈顺祥将贵州屯堡聚落空间按形状和其组合形式分为三个层次：外部空间（聚落环境空间）、结构空间（人工环境空间）、宅院空间（民

①　[日]藤井明. 聚落探访[M]. 北京：中国建筑工业出版社，2003.
②　潘莹. 江西传统聚落建筑文化研究[D]. 广州：华南理工大学，2004.

居建筑及其内部空间）[①]；杨定海将海南岛传统聚落空间形态构成分为村落边界、村口、村落核心、村落防御体系、街巷格局、公共元素等组成部分；祝文明将贵州安顺屯堡的聚落空间形态分为空间轮廓、节点（碉楼、村口）、门墙（寨门、巷门、寨墙）、街巷、宅院、公共空间（场坝、戏台）、寺庙宗祠、水系水口等要素[②]；蔡英杰将陕北丘陵地区的原生态聚落空间要素分为自然环境、空间边界、道路交通、公共设施（祠堂、庙、戏台、古井等）、建筑与院落等[③]。这2种方法体系在传统聚落的研究中都体现出了各自的特色，第一种将成熟的其他学科的理论引入聚落空间形态的研究中，将其他学科的研究理论引入传统聚落空间形态的研究时，可能某种程度上并不是一一对应关系，要根据研究对象进行微调，这些方法在不同的角度可以使传统聚落空间的研究取得很好的研究成果，但由于这些方法的程式化，对空间形态的研究结果难以凸显出聚落的地域特色。第二种是根据各个地区的聚落空间形态特色分成不同的构成要素进行研究，其优势是可以明显反映出聚落空间的区域特色，但是由于聚落始终是一个整体，容易造成对各个部分之间的关联关注不够，难以系统掌握各个部分的组合关系，对聚落整体空间形态的研究不够深入。

以上不管是引入成熟理论还是将传统聚落空间分为若干组成部分的研究方法均已取得了丰厚的研究成果，本书在以往研究成果的基础上，立足于形态学和图形学的研究方法，对抚河流域地区传统聚落空间形态从六个方面进行分析和探讨：聚落环境匹配、聚落整体形状、聚落空间结构、聚落的街巷组织、聚落节点布置、传统建筑形态（图4-1）。这六方面反映了传统聚落空间形态从外到内，由整体到局部的逻辑关系。本章主要讨论中观层面的五个方面，下一章主要分析微观层面的传统建筑形态。

1. 聚落环境匹配

聚落环境匹配是聚落空间形态的重要属性之一。聚落不是孤立存在的，必须依托于特定的环境，聚落与环境的契合及匹配关系不仅是生成形态的原因，也是形态作用的结果，表现为一种与天地环境结合的大地景观，这种关系是描述和理解聚落形态的方式之一。它把聚落的空间形态延伸到外围，是聚落形态的重要构成，有利于更完整地把握聚落。

从传统聚落与自然环境的关系入手，分析传统聚落与自然环境的契合关系并探讨了基址对聚落形态的影响。由于抚河流域地区地形地貌复杂，每个传统聚落

---

① 陈顺祥. 贵州屯堡聚落社会及空间形态研究［D］. 天津：天津大学，2005.

② 祝文明. 安顺屯堡聚落空间形态与保护策略研究［D］. 广州：华中科技大学，2010.

③ 蔡英杰. 陕北黄土丘陵沟壑区"原生态"聚落空间形态演化研究［D］. 西安：西安建筑科技大学，2012.

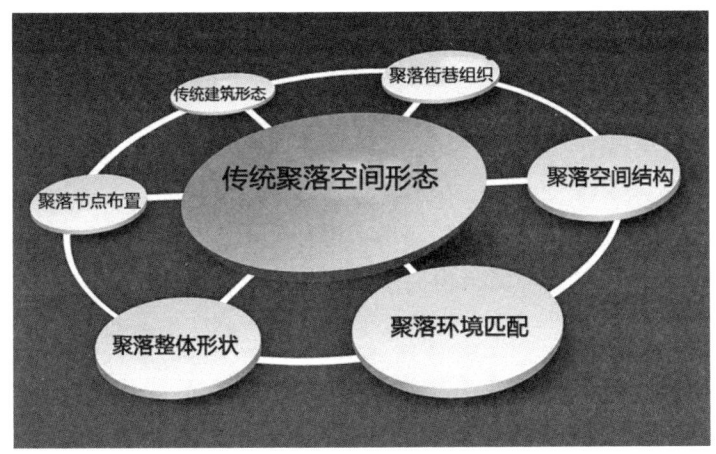

图4-1　聚落空间形态分析示意

（来源：作者自绘）

因契合特定的地理环境而呈现出不同的聚落形态。从聚落环境匹配的特征一方面可以看出自然条件对聚落形态的约束，另一方面又表现出由于地理环境的差异而形成聚落形态的丰富性。

2.　聚落整体形状

聚落整体形状是聚落形态的重要属性之一。它的轮廓、形状都不是偶然的，而是聚落内外力量的结果，甚至成为一种形态符号，成为一种地域性固有的习俗化的事物，它们表达出一个地方典型的人工形象。在同一地域相似地形情况下，看似没有规律的聚落形状其实有着本质的相似性。因此聚落整体形状是我们透过形态把握对象的重要且直观的途径。

聚落的整体形状是聚落自然环境空间向内部人工空间过渡的一个层面，是整体人工环境的一种图示表达，从人工环境的建成轮廓和平面形态上的图形肌理两个方面进行解读。从聚落的整体形状可以反映出三个方面：其一是聚落人工环境与自然环境的关系，如边界轮廓是否清晰，是自由分散型还是严整紧凑型布局等；其二可以表现出文化上的传承性和习惯性，下文将要分析的村堡式和里外堡式，无论地形如何变化，依旧体现出其布局形态的传承性与延续性；其三是反映出传统聚落在发展变迁过程的发展趋势。

3.　聚落空间结构

聚落空间结构是聚落空间形态的内在逻辑和本质属性之一。通过明确聚落内在形态构成元素的组织线索，对各种位置、大小对比，对中心和边缘领域的把握，进一步厘清形态的组织秩序和空间内在引力的主次、均衡、对比关系，使我们更深入地认识这种形态现象表达出的特征和意义，从而进一步把握聚落形态生成和生长的方向与机制。

聚落空间结构是聚落内部各个空间之间的组合关系，首先是功能构成，分析抚河流域传统聚落功能分区及各分区的结构示意；其次是空间的秩序，通过轴线、节点序列、宅院空间韵律等，体现空间组合的秩序感。

4. 聚落街巷组织

街巷是传统聚落空间形态的骨架，是聚落空间形态的重要组成部分。在聚落的图底关系中，街巷空间与建筑实体形成对比，可以反映出聚落空间的虚实关系。由于地形和人为因素的影响呈现出复杂的网络结构，街巷自身的组织方式直接制约和影响整体形态的布局。它是一条流动的线索，将空间的各个部分串联，对空间的组织起到明确的方向引导性。通过对街巷空间的认知有助于把握聚落空间形态虚实对比和对整体空间的方向感知。

街巷空间是传统聚落中最有活力的空间之一。街巷的空间形态受营建习俗和自然地形因素的影响，呈现出主次分明、层次丰富、开合有度的特征。抚河流域传统聚落的空间尺度较小，空间处理灵活多变，一方面是体现出对南方湿热环境的气候适宜性和对地形环境的地理适应性，另一方面是聚落规划营建时精心设计的结果。与此同时，街巷界面的材质也反映出当地的物产资源和聚落营建时的经济状况。

5. 聚落节点布置

聚落中的节点空间类似聚落空间的"场"，在内部的求心力中发挥着重要作用。在聚落内部可以称之为"中心"的场所，有祠堂、坛庙、古桥、水井、古树、水塘等空间。这个"中心"场所不一定是在聚落的几何中心，也可在聚落中其他位置，但它会产生一种内部的力量，使得聚落成为一个共同体。有的聚落中心场的作用比较突出，产生对整个聚落空间强大的凝聚力和辐射力，形成重点突出、层次分明的聚落空间形态，而有的聚落中其中心性的影响力较弱，聚落空间形态呈均质化分布。对于聚落节点空间的把握有助于进一步厘清聚落空间结构中是否具有中心和求心力的问题。

聚落节点空间不但承担着重要的社会职能，同时也是丰富聚落空间形态不可少的景观元素。本书将节点空间分为祠堂、坛庙、古井、古桥、古树，这五种类型的元素往往相互组合，形成丰富的空间形态。针对这五种类型的节点空间，先对其构成元素进行梳理，其次是分析节点位置对整个聚落空间形态的影响。

6. 传统建筑形态

传统建筑是组成聚落的单元细胞，不同风格的建筑组合成的空间形态呈现出不同的气质。传统聚落的空间形态的轮廓、界面、秩序等都是由建筑与其他元素组合后的结果，所以传统建筑形态对整体聚落空间影响产生一定的影响。

总体上，聚落空间形态的六个方面相互依存，相互影响，共同组织出聚落空间，但各个方面所展示的内容又各有侧重。聚落环境匹配主要表达聚落在地理环境间的位置与关系；聚落整体形状表达聚落本体边缘轮廓特征；聚落空间结构表达聚落内部空间组合的秩序；聚落街巷组织表达聚落形态空间呈现的组织肌理，图底虚实度的对比，可以辨识聚落内部空间组织的方向性；聚落的节点空间布置表达聚落重要节点空间对整体空间形态的影响力和意义；传统建筑是组成聚落空间形态的细胞，其单体和组合形态是组成聚落必不可少的部分。

4.2 聚落环境匹配特征

4.2.1 选址与环境

自然环境是聚落选址、营建、赖以发展的物质基础。聚落作为一种物质空间载体，是人们对自然进行利用和改造后的结果。自然地理环境是聚落的背景，是聚落生态景观的重要组成部分，对聚落整体形态、建筑布局、景观组成等方面起着影响和制约作用。从聚落的选址来看，一方面从精神层面，聚落选址离不开中国传统文化中的风水思想求得"天人合一""负阴抱阳"，另一方面从物质实用性，需要选择有满足实际生产生活的水源、耕地，避水患近水利等相对安全可持续发展的基址。

1. 风水与选址

在讨论传统聚落的建筑文化，尤其是传统聚落选址时，在江西这样一个风水学起源的重要地区，不能回避的一个问题就是风水。中国传统文化中"天人合一"的思想观念占有重要地位，人们崇尚自然，追求人与自然关系的和谐。在"天人合一"的指导思想下，聚落的选址与营建如何尊重自然的地理环境，巧妙借鉴自然山水的形与势，古人在不断的实践探索中总结出一套"风水理论"。风水又称"堪舆"，起源于远古时期的占卜和巫术，历经发展，到晋代郭璞著《葬书》时对风水一词有了定义："气，乘风则散，界水则止；古人聚之使不散，行之使有止，故谓之风水。"《易经》曰"一阴一阳谓之道。"《老子》："万物负阴而抱阳，冲气以为和。"[①]。这些都是古代风水发展的理论基础。风水学应用的一个重要方面就是古人以有机自然观为基础将天文、气候、水文等自然要素引进城址、村址和宅地选择和营建中（图4-2）。

风水理论的基本理念是要"天人合一"和"乘生气"，建筑环境、自然环境和人的气场中的气要和谐，控制对人和生物有利的气，所以表现在人工环境上要"藏风聚气，得水为上"。风水理论中对于"气"的控制手法不同，分为两派，

① 老子. 老子［M］. 北京：中国社会科学出版社，2003.

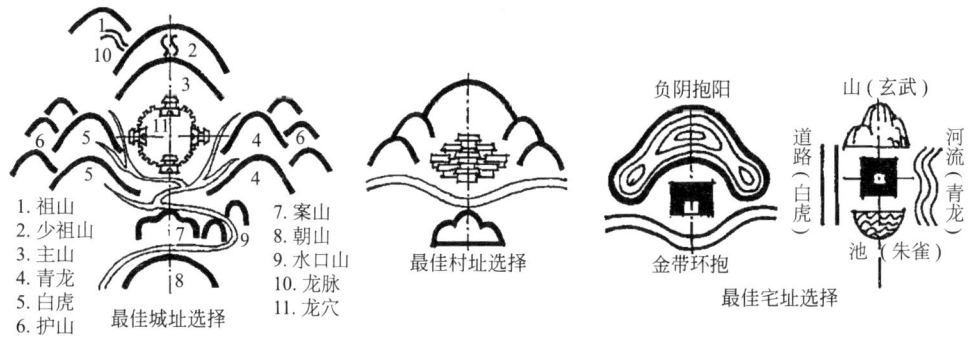

1. 祖山
2. 少祖山
3. 主山
4. 青龙
5. 白虎
6. 护山
7. 案山
8. 朝山
9. 水口山
10. 龙脉
11. 龙穴

最佳城址选择　　　最佳村址选择　　　最佳宅址选择

图 4-2　风水理论中聚落选址

（来源：郭谦. 湘赣民系民居建筑与文化研究［M］. 北京：中国建筑工业出版社，2005：126. ）

一派是以江西为代表的"形势派"（又称理形派），另一派是以福建为代表的"理气派"。"形势派"主要以地形论风水，而"理气派"则强调以方位朝向论风水。由于江西地区的地形地貌复杂，聚落选址时，如何做到利用自然环境，渗透天人合一的思想观，这是形势派发展的基础。江西的风水学理论在风水文化中占有重要的地位，其发展的风水学理论与其所处的自然地理环境相适应，形成了风水界影响深远的江西派。在中国风水文化的发展过程中，产生了几位关键性的人物，唐代的杨筠松为江西形势派的师祖及曾文迪、赖大有、谢世南等，奠定了形势派风水理论与实践体系。形势派主要是根据地形观察来龙去脉，把山、岗、河川等诸要素归纳为"龙、穴、砂、水"，以"觅龙、察砂、观水、点穴"为主要内容，专注山川形势及其构成要素的配合。古人对山川形势的重视程度甚至超过了对阳光和通风的要求，在江西传统聚落中大量的实例说明，聚落选址服从了地势而放弃了朝向[1]。赣式的风水形法理论相对更注重自然科学的成分，择基选址的山水格局在很大程度上能满足居住环境对通风、纳凉、防潮、防洪等的基本需求，同时也使人们在心理上产生稳定、舒适的感觉[2]。江西地区传统聚落的选址无一不透露着强烈的风水意向，朝向、选址、布局，顺应地理环境中的山形、地势，并赋予人文和景观上的含义，达到天、地、人和谐共居的状态。可以说，风水理论对聚落的营建产生了深刻的影响。在风水理念中，人们往往将山形、地势赋予一种美好的意向，承载人们的精神寄托。

金溪县大耿村位于合市镇西南，徐姓聚落，为明代天顺元年（1475 年）的榜眼徐琼故里。北宋年间始祖徐柏轩由临江府清华县迁于此，因其基址爽垲阳明，故名耿阳。到清乾隆年间，已发展成千烟之厦的大聚落。大耿村位于双陈河南岸

---

① 郭谦. 湘赣民系民居建筑与文化研究［M］. 北京：中国建筑工业出版社，2005：126.
② 黄浩. 江西民居［M］. 北京：中国建筑工业出版社，2008：41.

小山下，四周山环水绕，风水绝佳。地势由北向南，地势逐渐升高，村北的释揭山为村之镇山（靠山），村北的屏障。村中的龙脉发自崇岭，自云雾峰降势而下，有南方的樟狐岭分为两脉，向东为东边山、曹家边和付家岭为村之左护，向西为双峰岭，绕过耿桥，后为马岭墩与释揭山相距百步之遥，形成曲尺形山冈，为村落右护。村南远对朝案山，远处的社案山犹如一台古琴放案上，称横琴案。正脉与云雾峰中直下一冈，与释揭山相连，即古人所说的印字基。纵观全村的村落选址，三源之水绕其前，大港之水萦其后，南案朝冠峰，北屏释揭山，左右护卫，充分了利用地形特点，综合风水学的理论，营造了一个藏风聚气的小气候环境（图4-3）。

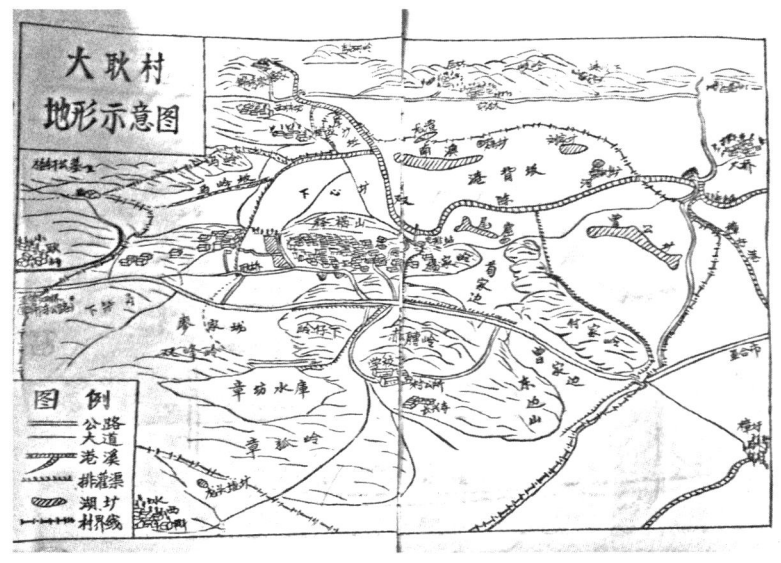

图4-3　大耿村地形示意图

（来源：来自大耿村族谱）

2. 山水环境

大自然是人居环境的基础，人的生产活动以及具体的人居环境建设活动都离不开更为广阔的自然背景[1]。聚落最初生长点即聚落的起源，其位置往往与周围自然环境有着密切的联系。聚落选址的最基本需求，不外乎是从生活、生产的需要或安全的角度来考虑，或靠近田土、水源，或便于捕鱼狩猎、交通运输或隐匿防御，只有在满足了这些基本需求之后，人们才会开始考虑周围是否有浓郁的山林环绕，甚至山川风水意向，以满足精神信仰的需求[2]。传统聚落所处的地理环

①　吴良镛. 人居环境科学导论［M］. 北京：中国建筑工业出版社，2001.

②　田莹. 自然环境因素影响下的传统聚落形态演变探析［D］. 北京：北京林业大学，2007.

境是影响聚落形态的关键性因素，在古人"天人合一"营建理念的指导下，聚落在选址、适应和发展的过程中，是一个不断与自然环境相互融合的过程。抚河流域地区水系丰富，多岗地、山地，在特定的地理环境下，传统聚落的营建因地制宜，与周围的自然环境融合形成了不同类型的山水契合关系。这一带的传统村落除了临近水源（水系），背靠山体，形成大体上的背山面水的格局外，村前后围绕的水塘或岗地庇护山林也是村落的自然环境的重要构成要素。传统村落与水系、水塘、山林、岗地、山体等自然环境的契合大体可以分为以下几种模式。

1）水塘环绕、山林庇护

抚河流域地区的传统聚落与水系发生密切的关系，水塘是村中重要的景观元素，多数传统聚落前有水塘，形成面水而居的格局。山林是村中的防护林或是风水林，往往是背后的靠山上种植树木，形成郁郁葱葱的风水景观林。背后有靠山，村前有水塘，是抚河流域地区传统聚落山水契合中的一种典型模式（图4-4）。金溪县合市镇珊珂村由村东的总门楼入村，眼前豁然开朗，有一口面积较大的水塘，村落的北面和西面为翠绿的山林，远处屋宇檐牙隐在山林中，建筑的倒影投射在水面，犹如一幅丹青水墨画。水塘西北岸为主要建筑群，东岸和北岸有零星的建筑分布。建筑沿着绕塘的小路走近西北方建筑群，有三条石板路，顺势而建，通向每家每户。珊珂村规模较小，建筑环塘而建，石板巷弯曲迂回，呈现自由开阔之势。聚落装饰可有可无，而在大自然的风景中，聚落自身就是一种装饰[1]，可以这样说珊珂村就是大的景观装饰。珊珂村是集水塘开阔的水面、环塘而筑的建筑群、山林掩映的景观元素完美融合的典范。

图4-4　水塘环绕 山林庇护 山水环境图

（来源：作者自绘）

2）滨水而立、山林护卫

抚河流域地区水系发达，除了抚河主要水系，还有大大小小的支流，河网密

---

① ［日］原广司. 世界聚落的教示100［M］. 于天祎等译. 北京：中国建筑工业出版社，2012：188.

布。沿河而建的村落数量众多，或紧邻岸边，或离水系有几百米的距离，滨河而立是这里聚落的一大格局特色。聚落选址有利的地形是前低后高，背后有靠山，也就是所谓的龙山，从实用性角度，为了确保安全，利于排水，从风水学角度，村后为靠山，村前为水面，枕山面水，符合风水学上的藏风聚气的要求，这是较为理想的聚落基址模式（图4-5）。岐山村据考证为王安石的外婆家，建于南宋前中期，人文底蕴深厚。村前一条大港（双陈河）淙淙流过，河面宽阔，河水静静地流淌，给古村增添了灵动之感。这条大港又名双陈河，是金溪县的主要支流，注入抚河。村后是绵延五六公里的后龙山，山林苍翠，是村子的后山，形成山林拱卫的格局。村前面水，村后靠山，藏风聚气，形成中国传统的背山面水的格局。横亘在港上的五孔石桥，是进村的必经之路，建成于道光三十年（1850年），至今结构牢固，发挥重要的交通作用。据说村中原有9座古桥，民谚云："九桥十八巷，巷巷通山上。"穿过五孔古桥，便来到村前的主街，有数条石板路小巷绵延通往后山。古村高宅大院，小巷纵横，传统风貌保存完好。村前流水潺潺，良田千顷，村后山林护卫，四周远山逶迤，一派怡人的田园风光。

图4-5　滨水而立，山林护卫 聚落山水环境

（来源：作者自绘）

3）三面环水、岗地建村

抚河流域地区的传统聚落多临水而建，又由于地形所限，山间多平地或岗地。河流冲刷成的平缓地带，为建村提供了良好的地形条件。洽湾村位于南丰县洽湾镇，沧浪水北岸，属于在水流冲积区岗地建村的类型（图4-6）。由洽湾胡氏宗谱考证，洽湾最早名为"洽阳"。其中，"洽"取"合"意，表盱江、沧浪水、桨坑水三水于此汇聚；"阳"表方位，指洽湾镇址坐落于沧浪河湾南向凸岸处[①]。洽湾村与水关系密切，三面环水，沧浪河如一飘玉带蜿蜒而过，在流经洽

---

① 赵殷英. 宗族文化视角下江西洽湾古镇传统建筑研究［D］. 武汉：武汉理工大学，2013.

湾村 2km 处汇入盱江。洽湾村建在沧浪水环绕的冲积区北高南低的岗地上，基地为一个大的斜坡，屋基下为坚硬的岩石。沧浪水系盱江较大支流之一，河宽水深，潺潺长流。由于有便利的水运条件，这里商贸发达，因水而兴，沿河形成一条商贸街，成为码头街。码头街原为骑楼式的石板古街，遗憾的是在前几年拆除，现为水泥堤台，破坏了原来沿河的风貌。

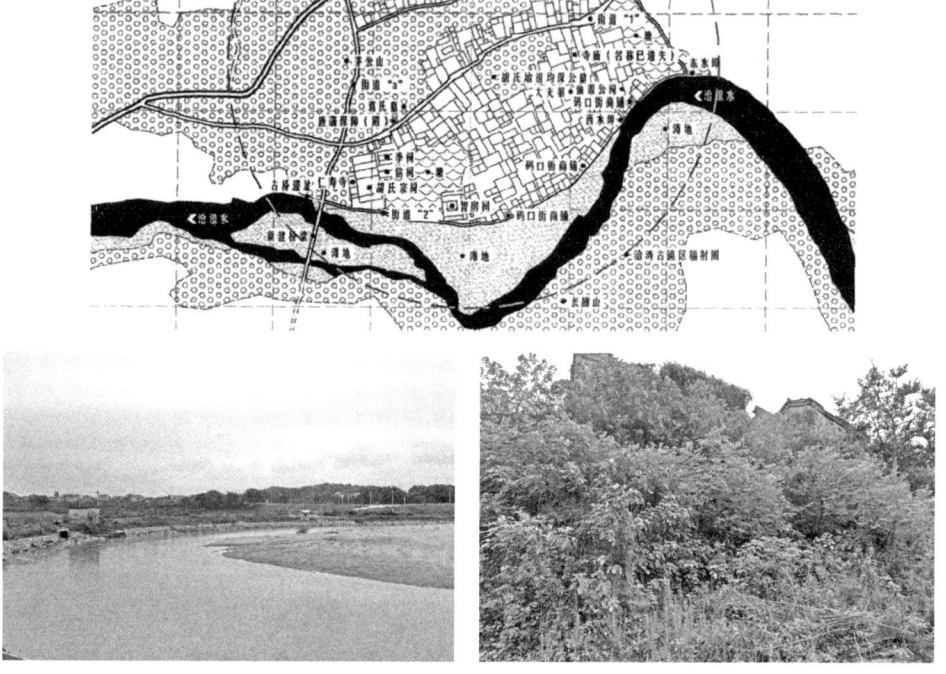

图 4-6　洽湾村山水环境

（来源：上图，赵殷英. 宗族文化视角下江西洽湾古镇传统建筑研究［D］. 武汉：武汉理工大学，2013；下图，作者自摄）

4）背后靠山、溪水穿村

抚河流域地区局部崇山峻岭，有的古村隐逸在大山深处，依山而建，形成山地聚落，在南丰、宜黄偏远的山区，山地聚落分布广泛。南丰县三溪乡的黄连山、祝家山脚下，坐落着两座古村，黄连山村和祝家山村。黄连山为唐氏聚居，在这里繁衍发展已有几百年，据说祖先从四川迁来此定居。祝家山村离黄连山村不远，吴氏聚落，村口建有"吴氏家庙"。这两座古村是典型的山地村落，坐落在山脚下，几乎是三面环山的山坳里，建筑依照地形，形成多级台地，逐渐升高。从山上流下的溪水，从村中穿过，房屋跨溪或沿溪而建。村落布局合理利用水系，建筑与水系交融，时而穿过石板路，时而从屋下流过，为村中的一条流动的轴线（图 4-7）。村四周梯田遍布，不远处便是高山起伏，在山坳里灰瓦土墙的民居像深山里的明珠诉说着历史的沧桑，世代先民在这条件艰苦交通不发达的大山深处繁衍生息，至今延续着古朴的乡土文明。

图 4-7 黄连山山水环境

（来源：作者自绘）

5）靠山而建、面塘而依

中国传统村落大多靠山而建，一是遵循古代"负阴抱阳"的风水理念，同时背后有靠山，满足人们需要安全的心理需求。村前临水而依，背山面水是最为理想的地理环境。当没有自然的河流水系时，还有另一种处理办法就是人工挖一口水塘，形成背山、面塘的模式。广昌县驿前镇的凉伞树下和西外村（图4-8）都属于背山、面塘的山水模式。凉伞树下大体上坐东朝西，建在山脚下，村落沿山体等高线而建，成带状，村中的核心建筑"厅堂"前，有一口圆形的水塘，水塘四周为村中较大的建筑组团。厅堂前有宽阔的场地，并临塘。厅堂属祠堂类建筑，大多祠堂前都会有人工挖一口水塘，尽量背靠山，门前有水，形成藏风聚气的小气候。同样在离凉伞树下不远的西外村，紧邻山体，在山脚下背山而建，村中心建厅堂，房屋布局紧凑，厅堂前是一汪面积较大的水塘，形成背后山林护卫，前有水塘理气的模式。

以上几种形态是从丰富的山水形态中总结出的几种模式，并非所有的聚落环境都是理想的背山面水的格局，还有其他一些靠山没面水，或面水但没靠山的传统聚落。平地型的聚落，四周为田野，距离稍远处有远山，或是背后的靠山不明显，是象征意义上的远山，四周山脉围合，在更大范围内，形成围合之势。位于山脚下的聚落，只是靠山，有的沿河谷，前有水，有的仅是山谷，并没有水流。

(a) 凉伞树下   (b) 西外村

(c) 凉伞树下

图 4-8　聚落山水环境：靠山而建，面塘而依

（来源：作者自摄、自绘）

4.2.2　形态类型

　　由于传统聚落的形态往往反映出传统聚落和自然环境的密切关系，按聚落所处的地形地貌分类更有利于探索出传统聚落与自然环境之间应遵循的客观规律，体现聚落与自然环境之间一种制约关系[①]。聚落是大地的轮廓，传统聚落的形态是古人"天人合一"思想的体现，是"因地制宜"的建造理念的表达，形成了不同地形、地貌下不同的适应形态。抚河流域地区高山、丘陵、岗地、平原、河谷相间，水系密布，形成多样化的地形地貌特征。总体上，丘陵和山地占80%，岗地和平原仅有20%。抚河流域地区的传统聚落主要分布在抚河两侧的冲积平原、岗地之间和山地的山脚河谷地带。多样的地理环境条件使得该地区的人们适应自

① 田莹. 自然环境因素影响下的传统聚落形态演变探析［D］. 北京：北京林业大学，2007.

然环境的选择下，产生了较华北平原和江南水乡相对单一的地理条件下更为丰富的聚落形态。聚落的选址都是古人根据自然环境、行为方式和人们的活动进行的精心选择，呈现出一定的特征和规律。关于聚落形态的分类，不同的视角下有多种分法，根据疏密程度可以将聚落形态分为聚集型、松散团聚型、散居型[①]，或根据疏密和外轮廓形态分为线型、向心型、离散型、复合型[②]，还有比较复杂的分法同时结合交通、疏密、外轮廓形态的分法，本书因主要突出地形的复杂性对聚落的形态影响，并且下一节中会详细分析聚落的肌理（疏密），所以根据丰富的地形和聚落垂直方向上的形态变化，将传统聚落分为：平地舒展型、岗地起伏型、山地跌落型。

1. 平地舒展型

抚河从南向北两岸形成了冲积平原及抚河下游临川、东乡等地，为赣抚平原的一部分，在这些区域分布着大量的平地聚落。还有一些山坳间的平地，由于地势平坦，往往聚落分布也较密集。这些聚落四周多为广袤的田畴，视野较为开阔。由于平地聚落建设制约较少，一般为团块状。在平原地区水系也较为发达，由于生活需要，聚落也多选择临水而居。抚河流域地区北部地区的平原地带的平地村落有临川区的洪塘游家村、临川区流坊村、东乡段溪村、东乡水南村、崇仁华家村、金溪蒲塘村、金溪澳塘村、金溪戌源村、金溪石门等为代表的平地地聚落点缀在广袤的大地上。在山坳平地上的聚落则以南丰石邮村为代表。图4-9为石邮村、洪塘村、石门和戌源的聚落平面图。石邮村坐落在山坳间的平地，聚落形态舒展，建筑密集分布，东西视野开阔，南北在500m外有山冈分布，村前溪水流过。洪塘游家村位于临川湖南乡，是著名国学大师游国恩故里。村落大体上坐北朝南，村前一口带状的水塘，村后为灵谷峰的小溪蜿蜒而过，村前村后为平整的良田千顷。南部的古宅沿水塘驳岸顺势分布，形成自由蜿蜒的边界线。石门村位于抚河岸边的冲积平原上，坐北朝南，因水运交通便利，舟楫往来，历史上曾是繁华的商贸集镇。戌源村大体上坐北朝南，背后靠山，村前主街贯通东西，布局严整，肌理清晰。

2. 岗地起伏型

抚河流域地区由于多山间岗地，聚落因地制宜，多岗地村，背后依靠山包或凸起的岗地，一般地势前低后高，村前有水塘或沿水系，村内的排水由后往前排入水塘或河流中。建筑顺势而建，向后基址升高，但前后高差不是很大，一般一两米左右，交通上的垂直高差通过巷道中砌筑台阶来解决。岗地起伏型的聚落，垂直方向产生了形态上的变化，巷道空间里产生丰富的变化，建筑布局随势升高，

---

① 刘伟. 城固县：元观古镇聚落形态演变初探［D］. 西安：西安建筑科技大学，2006.

② 成旭华. 聚落式校园形态研究［D］. 上海：同济大学，2006.

整体的聚落形态前低向后逐渐稍升高1～2m，从远处看，会形成一个斜面，但比起山地跌落型来高差要小（图4-10）。从整体分布来看，金溪县、东乡县和崇仁县的岗地聚落相对分布集中，大部分聚落皆为岗地起伏型，其他地区还有南城县临坊村和汾水村、资溪县上堡村和陈坊村、南丰的包坊村和港下村等都是岗地聚落的典型代表。临坊村坐西北朝东南，村前有几口水塘，村后为葱茏的山林，地势前低后高，村南为古道贯通，村中的石板小巷拾级而上通往后山林，古宅则因地势而建，顺势升高，但前后高差不大。

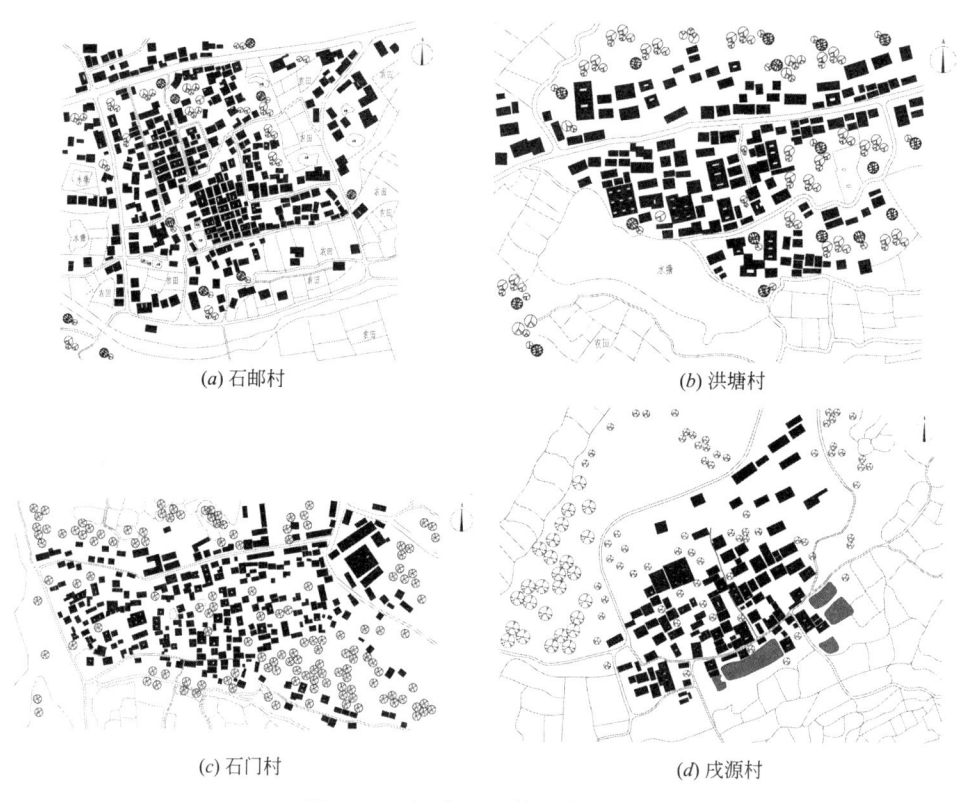

(a) 石邮村　　　　　　　　　　　　　(b) 洪塘村

(c) 石门村　　　　　　　　　　　　　(d) 戍源村

图4-9　平地舒展型传聚落平面图

（来源：作者自绘）

3. 山地跌落型

抚河流域地区中部腹地宜黄、资溪、南城、南丰的局部为崇山峻岭的山区，山区由于交通不便和耕地资源稀疏，聚落分布较为稀疏。分布在山区的聚落多沿河谷地带的山脚下分布为山地聚落，呈带状，建筑依等高线分布，逐级跌落（图4-11），道路自由设置，建筑随机布局，肌理稀疏，形成依山而建的跌落型聚落形态。山地聚落往往也会分布于山间河系，背后群山环绕，村前溪水流淌，为较好的风水选址。山地跌落型聚落的高差较大，建筑依次跌落，掩映在群山之

(a) 岗地起伏型聚落剖面示意图

(b) 涂坊村石板巷　　　　　　　　　　(c) 临坊村石板巷

图4-10　岗地型传统聚落形态

（来源：作者自绘、自摄）

(a) 山地跌落型聚落剖面示意图

(b) 周陂村　　　　　　　　　　　　(c) 周陂村

图4-11　山地跌落型传统聚落形态

（来源：作者自绘、自摄）

中，生态环境良好。其中典型的山地跌落型聚落有临川上山村、黎川长南山村、宜黄中港镇周陂村、南城磁圭村等。宜黄县中港镇的周陂村，为山地村落，背后靠山，山林密布，村落布局依山势而布，建筑台次之间由台阶拾级而上。村前一条大港（兰水）流过，形成背山面水的格局。村南和村北各有一条小溪从山涧中流出，汇入兰水，村居布置在两溪的夹汇处。

4.3　聚落整体形状特征

4.3.1　建成轮廓

聚落轮廓广义上包括自然环境要素围合而成的轮廓、人工环境要素的轮廓或者是人工环境和自然环境共同组成的大尺度上的复合轮廓线。自然环境要素轮廓包括山体、水系，人工环境要素的轮廓包括建筑、村墙或其他构筑物，风水林、水口等。复合轮廓线是当我们远观一个聚落时，既可以看到人工环境的外立面也可以看到水体和其背后依山而建的山体轮廓线，显现在我们视野的往往是聚落的复合轮廓线。

由于复合轮廓线不同的视角会呈现不同的形态，情况复杂，此外，聚落与山体、水体的距离范围不好界定，存在难以确定的边界，所以本书主要研究人工建成环境的轮廓。在抚河流域地区，临川、金溪、东乡一带的传统聚落存在明确的聚落边界，人工建成环境轮廓也是聚落形态的重要识别要素。轮廓包括平面轮廓和立面轮廓（空间上的轮廓），有简单轮廓和复杂轮廓，简单轮廓明确清晰，而复杂轮廓在平面上有进退，空间上的虚实、层次都有一定的复杂性，与浦欣成老师研究的传统聚落中的"简单边界和复杂边界"的性质一致[1]。传统聚落的轮廓同建筑复合界面一样，同样具有空间和界面的共同特性，并包含了围护实体、空间、人文活动三种要素[2]。

抚河流域地区传统聚落的轮廓可以分为三种类型：①四周建村墙有明确的村落轮廓；②一面建有明确轮廓，其余三面不规整；③四周轮廓不规整。

1. 四周建村墙有明确的村落轮廓

临川、金溪、东乡一带的传统聚落，部分四周建有村墙，形成边界明确、封闭型的聚落形态。四周建有围墙的村落形态一般为集中布局，规划有序的聚落形态。这一类传统聚落轮廓相对简单，平面类似饼形，在立面上除进出口的门楼处

---

①　浦欣成. 传统乡村聚落二维平面整体形态的量化方法研究［D］. 杭州：浙江大学，2012.

②　魏春雨. 地域界面类型实践［J］. 建筑学报，2010，2：62–67.

会有空间虚实的转换，其余部分空间层次简单。

据《东乡县志》记载："中华人民共和国成立前，多数村庄，四周筑围墙，建门楼。村前有池塘、溪流，村后有修竹茂林，俗称后龙山。"村墙环村而建，为聚落人工环境和自然环境的一道屏障，聚落内外严格区别开来。四周设门楼，当地也称之为关，作为聚落内外联系的出入口。村墙一般高约2m多，有石块砌筑和夯土筑成的2种形式。随着村庄规模的发展，好多传统聚落的围墙已倒塌，村落建设已突出原来村墙的位置，形成无序的轮廓。目前村落围墙保存较好的村落有金溪县东源村，该村2014年被评为国家历史文化名村。村四周的围墙基本保存完好，只有在西北部局部坍塌。另外一个建有围墙的村落是竹桥村，除村南水口到总门楼一段保存完好，村东现存明显的村墙基址。通过我们实地探访村中的老人，大致推测了村北和村西围墙原来的走向（图4-12），但随着近年来的建设发展，尤其是竹桥村已突破原有边界，现在的轮廓边界不再像以前那么明确。

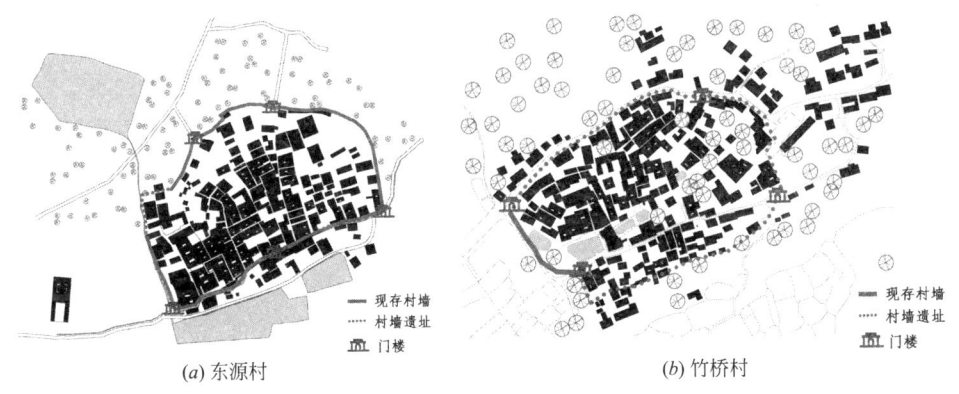

(a) 东源村　　　　　　　　　　　　　　　(b) 竹桥村

图4-12　四周建村墙轮廓明确的传统聚落

（来源：作者自绘）

2. 一面建有明确轮廓，其余三面不规整

传统聚落因地形而建，背靠岗地时，前低后高，通常村前设有水塘，或村前为贯通全村的主街，沿水塘或古道的一面通常为村落的主立面，由连续的房屋和进入巷道的巷门组成，形成虚实有度，轮廓丰富的界面，而另外三面由于地形因素的限制，房屋多参差不齐，形成较为自由的轮廓（图4-13）。

这一类聚落多为岗地建村，形成前低后高的起伏型聚落形态。抚河流域地区的传统村落沿街或者环湖呈现出连续完整的界面，俨然是经过精心设计和经时间打磨的建筑精品。界面组合富于变化，虚实相间，富有韵律感，形成优美的天际轮廓线。学习和研究传统建筑界面的组合对现代建筑的设计有很好的借鉴意义。具有规整轮廓的界面是村落整体对外的"脸面"，不同的处理手法，呈现不同的空间特质和审美感受。金溪的北坑村的严整封闭的外界面使人产生即将走进一座

(a) 北坑村   (b) 城湖村

图4-13   一面规整三面不规整的传统聚落平面图

（来源：作者自绘）

古寨堡的感觉。金溪的城湖村沿湖的界面，虚实相映，轮廓起伏变换，建筑投进水中的倒影，呈现一幅动感的画面。宜黄的周陂村，前为田园碧野，后为翠绿山林，村落的外界面是一道地上生长起来的一道人工屏障，质朴的色调融入了自然的气息里。村前主轮廓界面分2种，一种是对内封闭型的，一种则是对外开敞型的。对外开敞型的界面又分为轮廓平直型，平面为直线形和轮廓为弧形的两种。对内封闭型的聚落主立面轮廓以北坑村为代表，对外开敞的直线形以城湖村为代表，全坊村是轮廓为弧形的典型代表（图4-14）。

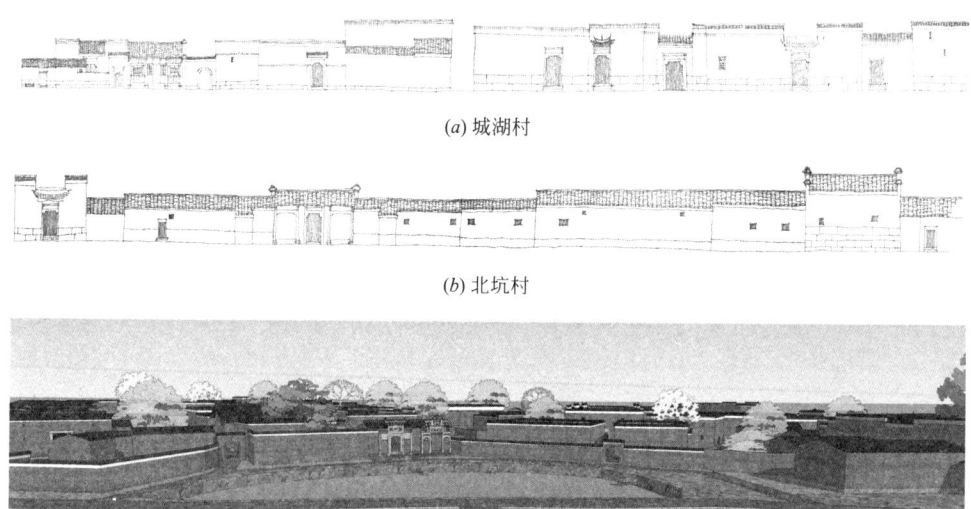

(a) 城湖村

(b) 北坑村

(c) 全坊村

图4-14   传统聚落典型主界面

（来源：工作室成员绘）

1）北坑村——封闭严整，防御性强

金溪县琉璃乡北坑村留给人的第一印象是严整封闭。顺着公路走进它的时候，一个完整的界面呈现在眼前，里面的房屋被包裹得严严实实，一个城堡式的村庄。其东侧面为一个完整的对外界面，沿塘展开，为村落的主立面，由建筑的后檐墙连续组合，墙上仅开小窗洞，除总门楼外，别无开口。此界面可以分为三段，底层为青石墙裙，中间青砖墙面，上段蝶瓦屋面，界起了一道坚实的屏障。

2）城湖村——虚实相映，轮廓丰富

金溪县陈坊积乡城湖村村南沿塘而立的建筑前檐墙组合成村落外界面，是一道美丽的风景。站在水塘南岸望去，屋檐高低起伏，墙头高高低低，时而有硬山顶对外，时而高墙耸立。界面材质以青砖墙为主，西段的一栋房屋，则门窗、木柱、木枋朝外，木质界面对外。所有的院落、房屋都向外开门。支巷入口有的设立过街门坊，有的没有，呈现虚空间。界面虚实相间，有极强的韵律感。整个界面长约120m，一幅连续不断的画面映在塘中，形成天水一色的景观。

3）全坊村——封闭，弧形界面

全坊村背靠青山，面塘而依，地处岗地，坐北朝南，形成背山面水的聚落格局。全坊村整体布局形成"扇形"，以村前的水塘为中心，6条小巷向后成放射状延展。主界面则顺水塘的驳岸而建，成弧形，弧线夹角约70°。弧形界面与水塘的边界，人工建筑环境与自然环境统一协调，达到天人合一的境界。界面组成元素丰富，设三门，东侧为东门楼，中间为科甲第总门楼，西侧为西门楼。整个界面除了门洞外，全部为实墙封护，高约3m，具有较强的封闭性。科家第门楼为牌坊式，四柱三门红石牌坊，高高突出的主楼屋顶，高约6m，突出了总门楼的中心地位。全坊村弧形界面的造型，顺应自然地理环境的同时，又有一定的文化寓意，整个界面设计像燕子形，科第总门楼为燕子头，左右东西门楼为燕子两翅，别出心裁的巧妙设计是古人营建智慧的结晶。

4）华家村——有序组织，进退有度

崇仁县白露乡华家村，濒临崇仁河，大体上坐北朝南，三面环水，平面肌理布局紧凑，街巷典型的一横N纵式格局，从崇仁河的大桥上走过，径直走到村中的主街，主街南侧为一口长条形水塘，主街北侧为并排鳞次栉比的古宅，形成村落的外界面。入口处八字门楼的大夫第，围墙围合，紧邻"大夫第"的是"华氏宗祠"，方正严整的立面，整个界面的点睛之笔为两座巷道入口的门楼，村西为"江州衍庆"门楼，村东为"平原旧家"门楼。门楼八字形向内退，形成开敞的入口公共空间。门楼的左右两侧都立了旗杆石，昭示着华氏先人科举上的荣耀。整个界面大部分保存完好，集中了大夫第、华氏宗祠、门楼等重点建筑，又穿插了部分普通民宅，立面层次丰富。像华家村这样，沿村前古道的界面是外界面的一种类型，其他村前古道的界面保存相对完好的村落还有游垫、谢坊、芳河村等。

5）周陂村——与自然融合，层次丰富

宜黄县中港镇的周陂村，大山深处一个静谧的田园式村庄，黄氏聚居，面朝兰水，背靠青山，生态环境较好。村前为层层跌落的梯田，背后为隐逸的山林，或为青砖墙或为土坯墙的老屋像从地上生长出来一样，融入大自然里。村前的界面，以梯田为底座，以青山为背景，北侧为一座建筑人字形山墙朝外，然后一座大院的围墙，中间高高耸立八字形的门坊，为整个界面突出的重点，南侧部分为松散自由式布局的一字形建筑的界面有机错落。整个界面有机地融入自然里，为村落筑起一条生长的防线，不过遗憾的是大院北侧的部分围墙现改建成一座二层小楼，破坏了其完整性。

与村落外界面相对的是村落内部形成的界面。内界面形成基本是因为建筑绕塘而布，形成开敞或者尺度适宜的滨水景观，主要有以下两种形式：

1）三面环塘，空间开阔

金溪县蒲塘南部的蒲池岸边建筑林立，三面环塘，形成一个环形界面。蒲池西岸界面最长，南端是"南熏门"，中间是点睛之笔的旌义坊，旌义坊北侧还有一个清代的门坊保存完好，界面虽局部被改建，不十分严整，但整体上空间退让有序。塘北岸"世宦祠"和至成书舍连成一片，形成一个严整的界面。东岸只有寥寥几栋房屋，界面不是很清晰。塘边的界面节点丰富，门楼锁边，精美的牌坊伫立，森严的祠堂墙头高耸，天际线错落有致。珊珂村沿塘的建筑界面规模较小，其巧妙之处在于随着塘边的驳岸顺势蜿蜒。建筑的轮廓线与驳岸的轮廓线平行推进。站在水塘东南岸，看到建筑的界面在山林中若隐若现，一旁是绿树浓荫相伴，建筑与自然如此亲近，此刻觉得建筑是自然里天然生长出来的，少了些许坚硬，多了几分柔美。界面是建筑连续组合的立面呈现，展示村落景观的重要组成部分。内界面景观风貌较好的村落还有北坑村，中心水塘四周的界面，精致有序。

2）四周环塘，尺度宜人

古竹村位于南丰县白舍镇，是一座千年文化古村，位于深山的台地上，海拔较高。村庄山环水绕，水塘众多，里堡的建筑布局集中紧凑，建筑环塘而布，形成向心大格局，有机布置。里堡内部有三口规模较小的水塘并排呈弯月形布置。建筑随水塘的驳岸线顺势排列，形成面塘的一个封闭型的聚落内部空间。沿塘的界面层次丰富，错落有致，有天井式宅院的围墙和八字门楼入口，有两侧厢房山墙朝外中间为入口门楼的天井住宅的立面，有高耸的二层硬山顶砖墙的门厅，有内凹型的悬山顶朝外的建筑组合，有一层悬山顶小体量的建筑，建筑高低错落，檐牙高琢，时而有纵深的小巷入口形成虚体空间，界面虚实相映，远处可见山林翠绿为塘前界面的背景色，形成水面、建筑立面、山林由近及远的空间层次。

3. 四面轮廓均不规整

这类聚落往往是山地聚落，随机布局，自由生长，建筑朝向不同，聚落四周无明晰的轮廓（图4-15）。根据聚落形态为两种类型：一种是形成两个组团，每个组团的边界轮廓较为模糊；另一种是聚落整体是一个大的组团，中心布局紧凑，外围的建筑分散，形成不规则的轮廓。

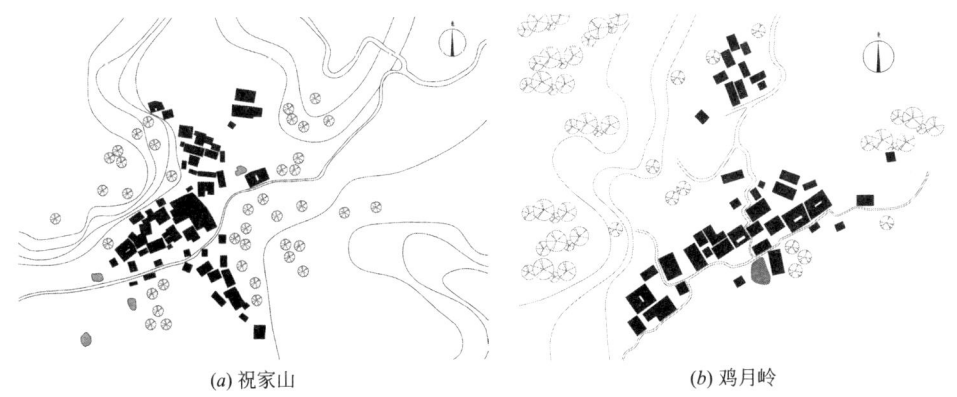

(a) 祝家山　　　　　　　　　　　　　　(b) 鸡月岭

图4-15　四面轮廓均不规整的传统聚落平面图

（来源：作者自绘）

4.3.2　图形特性

1. 平面形状

聚落形态最初源于人文地理学概念，1953年科登·威利（CordonR. Willey）在《维鲁河谷聚落形态之研究》中指出："人类将他们自己在他们所居住的地面上处理起来的方式。它包括房屋及房屋的安排方式，聚落反映自然环境、建造者所使用的技术水平以及所反映的社会文化制度。"建筑学概念上的聚落形态指聚落的平面形状与其功能的组合，是生态、自然、社会、文化和风俗等因素对聚落规模、景观、组织方式的形态构成的综合反映。建筑学界已从多种视角将聚落形态分为多种类型。通过疏密程度可以将聚落形态分为聚集型、松散团聚型、散居型[1]。传统聚落由于地形、气候、水文等自然条件的不同，结合地理位置和外轮廓形态呈现簇团式布局、带状布局、沿河布局、自由布局等形式[2]。结合疏密、外轮廓形态、空间组织模式将聚落分为线型、向心型、散点型和簇群型[3]。综合

①　刘伟. 城固县上元观古镇聚落形态演变初探［D］. 西安：西安建筑科技大学，2006.

②　安玉源. 传统聚落的演变·聚落传统的传承——甘南藏区聚落研究［D］. 北京：清华大学，2004.

③　成旭华. 聚落式校园形态研究［D］. 上海：同济大学，2006.

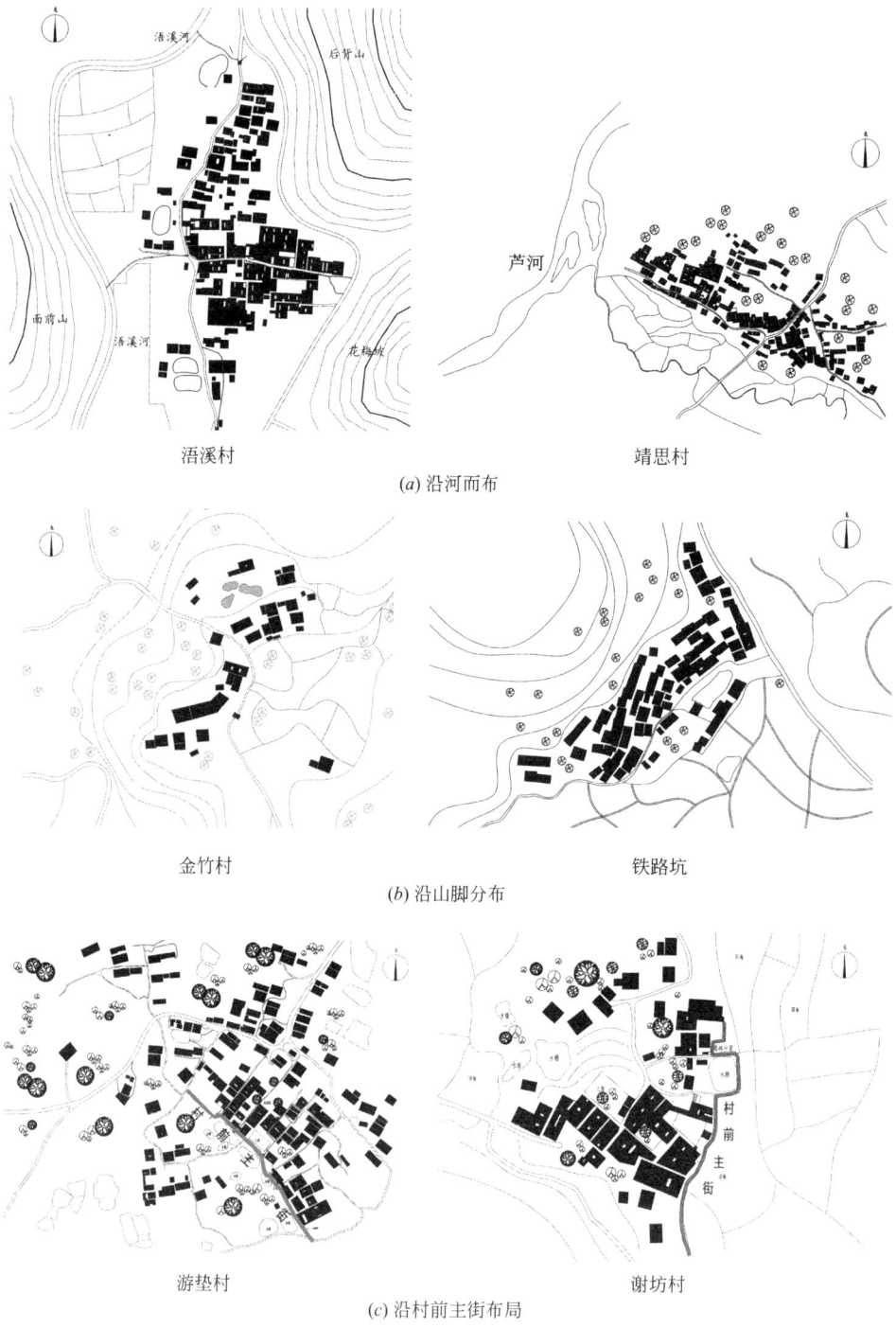

(a) 沿河而布

(b) 沿山脚分布

(c) 沿村前主街布局

图 4-16   带型传统聚落平面图

（来源：作者自绘）

建筑分布秩序和交通系统将聚落分为散点随机型、线性分布型和面状网络型[①]。便于二维平面特征识别，本书注重平面上形态特征的呈现，结合抚河流域地区聚落传统聚落平面布局形式，从边界形状、建筑布局秩序等因素将聚落的平面形态分为带型、向心型、团型、团簇型。

　　1）带型
　　带型聚落村落平面形成带状，大概有三种类型：沿河而布，沿山脚下舒展，或是沿村前的主街方向延伸（图4-16）。抚河流域地区河流众多，水系密布，水系作为地形要素是聚落布局的重要影响因素。沿河分布的带型村落有2种类型：一种是顺河分布，一种是村落方向与河流方向呈一定夹角，但同样都是在水系岸边。沿山脚下舒展的聚落，通常是沿等高线布置房屋，形成带状。另一类带状的古村，通常以村前的主街为轴，纵巷位于主街一侧垂直布局，建筑面向主街呈带状分布。抚河流域地区传统聚落中带型聚落的部分案例见表4-1。

带型传统村落部分案例表（作者自制）　　　　表4-1

名称	位置	类型	长宽比	备注
下东漕村	金溪县琅琚镇	沿河而布	3.2：1	抚河
邓芳洲徐家	临川湖南乡	沿河而布	1.5：1	抚河
靖思村	金溪县石门乡	带状与河流方向垂直	2.3：1	芦河
汪家村	金溪县石门乡	沿河而布	2.9：1	芦河
浯溪村	东乡县黎圩镇	沿河而布	2.0：1	浯溪河
下甘村	南丰县白舍镇	沿河而布	3.5：1	密港水
枧源村	黎川县湖坊乡	沿河而布	3.8：1	黎滩河支流
姚西村	广昌县驿前镇	带状与河流方向垂直	2.7：1	抚河（盱江）
周陂村	宜黄县中岗镇	沿山脚分布	1.5：1	背靠青山
金竹村	资溪县石峡乡	沿山脚分布	2.1：1	背靠青山前有河谷
中堡	资溪县石峡乡	沿山脚分布	2.9：1	背靠青山
铁路坑	崇仁县桃源乡	沿山脚分布	3.0：1	山脚下，开阔地带
游垫村	金溪县合市镇	沿村前主街布局	2.0：1	村前水塘
谢坊村	金溪县琅琚镇	沿村前主街布局	1.5：1	村前水塘
吴坊华家村	崇仁县白露乡	沿村前主街布局	1.8：1	村前小溪
候桥村	东乡黎圩镇	沿村前主街布局	1.6：1	村前水塘

---

　　① 赵冶. 广西壮族传统聚落及民居研究［D］. 广州：华南理工大学，2012.

2）向心型

向心型聚落以村前水塘为明确的中心，村前的主街环塘而布，纵巷呈放射状，村落平面形态为扇形，呈现典型的向心型（图4-17）。金溪县的合市镇杭桥村和全坊村是向心型聚落的代表。杭桥村村前有一半月形水塘，入村总门楼邻塘而立，进入总门楼后有一开场的空地，纵向以水塘为中性呈放射性布局，建筑的布局整体形态呈扇面形状。全坊村村前一口椭圆形水塘，村前古道（主街）环塘而建，纵巷垂直于主街呈放射状布局。这两个古村规模不大，但都以水塘为中心、放射性的街巷格局，扇面形状，是聚落平面形态中的一类典型。

(a) 杭桥村   (b) 全坊村

图4-17   杭桥村和全坊村平面

（来源：谷歌地图截图）

3）团型

这种类型的聚落位于平地或岗地上，依自然地形而建，建筑分布紧凑，形成一个组团，集中式分布，村落规模大小不等，平面形状多为不规则的片状（图4-18）。这种类型的聚落占多数，分布在平地或山间岗地之间，有利于向四周延展，聚落规模相对较大，如临川东馆镇玉湖村、临川彭田乡陈坊村、东乡县岗上积镇水南村、东乡县黎圩镇后畬村、临川湖南乡洪塘村、金溪陈坊积乡城湖村、金溪陈坊乡陆坊村、金溪县浒湾镇黄坊村、金溪县琉璃县尚庄村、崇仁县河上镇塅家车村、崇仁县相山镇苔洲村、宜黄县黄陂镇拿山村、南城县上唐镇上唐村、南丰县三溪乡石邮村等。

4）团簇型

在平面上表现为由多个建筑组团形成，组团之间通过道路联系，或者是组团之间有一些房屋，有弱联系，一般整体呈现葫芦状，两端组团呈团型，中间连接的部位呈狭长型（图4-19）。团簇型的聚落有三种类型，一类是南丰山区的里外堡模式的聚落，里堡和外堡各为一个组团。另外一种可能是两个聚落组团有血

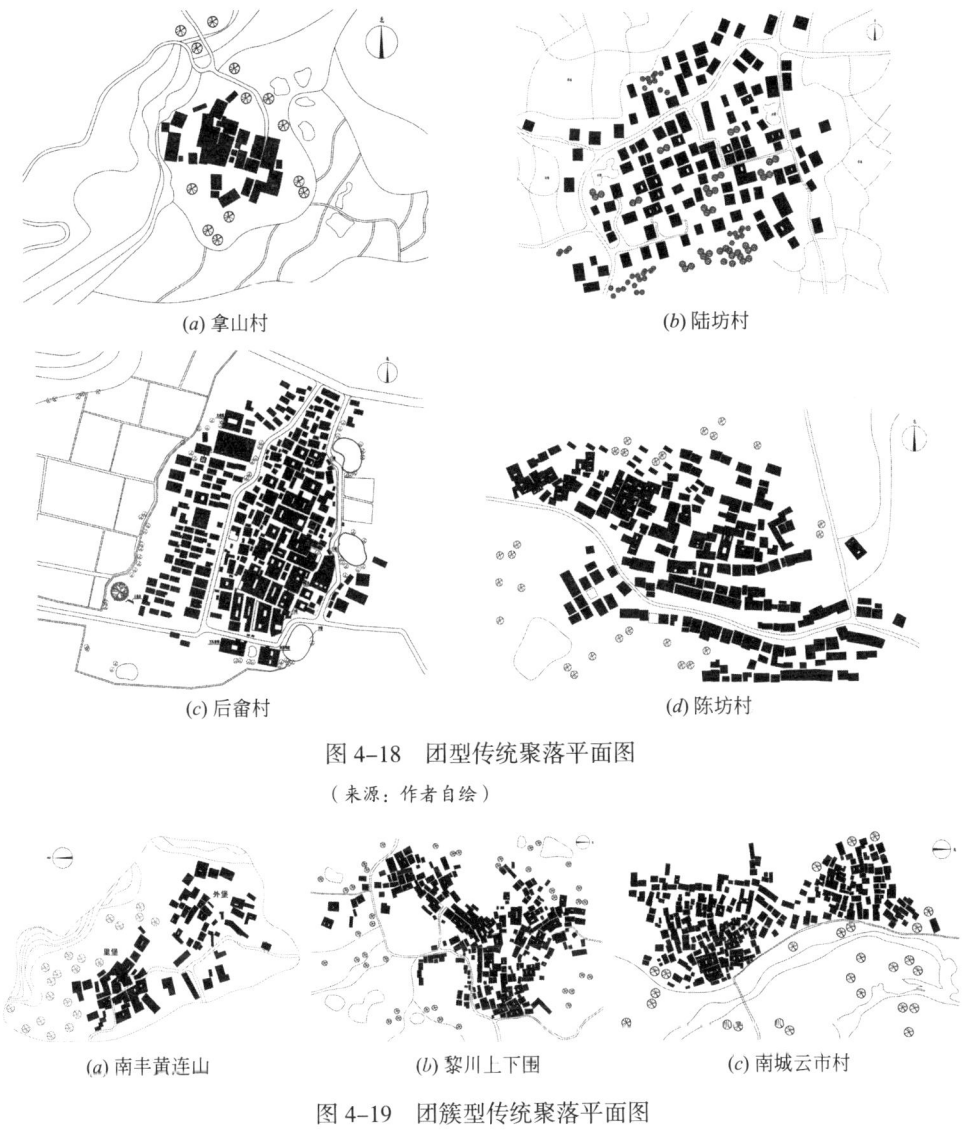

(a) 拿山村 　　　　　　　　　　　　　　　(b) 陆坊村

(c) 后畲村 　　　　　　　　　　　　　　　(d) 陈坊村

图 4-18　团型传统聚落平面图

（来源：作者自绘）

(a) 南丰黄连山 　　　　(b) 黎川上下围 　　　　(c) 南城云市村

图 4-19　团簇型传统聚落平面图

（来源：作者自绘）

缘关系，可能为兄弟两个在此辟基，各占一定的地盘，逐步发展成两个建筑组团，但由于是同宗同族，距离较近。第三类是聚落发展过程中，由于地势或其他方面的原因，自然发展成团簇型。

2. 布局形式

1）自由分散型

自由分散型聚落由于受地形、水塘等因素的影响，村落内建筑布局分散，街巷顺势蜿蜒分布，整体村落平面开合有度，村内外没有明显边界，这一类村落与自然景观结合密切，空间富于变化，可以使人获得较好的自然田园风光的审美体验（图4-20）。这一类型的传统聚落肌理较为疏松，建筑随机布局，位于平地或岗地时，通常由于聚落内部水塘数量较多，建筑较为分散。在山地地区，建筑自由布局，彼此之间有一定的距离，整体形态较为松散，如金溪县琉璃乡蒲塘村是前者的代表和宜黄县中港镇周陂村是后者的代表。蒲塘村在明朝时有"千烟之厦"，村落规模较大，三面环山，村中独特之处，原有99口塘，其中位于村东南的蒲池是众塘之首，水面十几亩，建筑环西北而建，由于村内外嵌入水塘，建筑布局相对松散，巷道蜿蜒在建筑群中，呈现自由式布局。周陂村位于山脚下，建筑沿山体等高线而建，坐落在层层梯田之上。

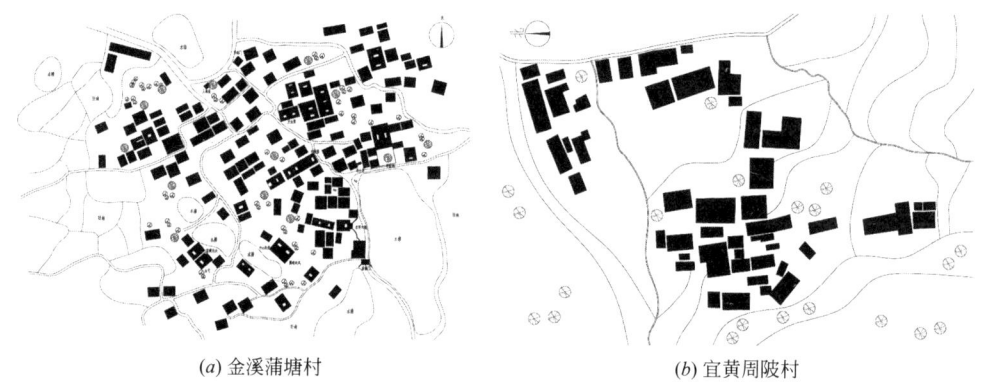

(a) 金溪蒲塘村　　　　　　　　　　　　(b) 宜黄周陂村

图4-20　自由分散型传统聚落平面图

（来源：作者自绘）

2）严整紧凑型

这一类聚落呈现较强的封闭性，村落内外有明显的边界，四周围墙围合，村落内部规划严整有机，建筑布局紧凑，街巷肌理为赣东地区典型的一横N纵式"梳式"格局。金溪县琉璃乡东源村为这一类聚落的典型代表，该村大体上坐北朝南，背山面塘，村四周有一人多高的用砖砌成的围墙，并在四面设有村门，形成村堡式聚落。村前一条石板街，宽约3m，长600m，贯通西门和东门，是村内主要的东西向交通要道。9条青石纵巷与主街相连，是南北方向的交通支路，纵巷之间又有小巷横向连接，构成发达便捷的交通系统。建筑鳞次栉比，排列有序，沿巷道分布，至今有174栋明清时期的古建筑保存完好。在临川一带的金溪、东乡等地，古时聚落四面建村墙，一方面利用集中规划建设，另一方面用于防御外敌，典型的案例有金溪后林村。崇仁华家村临抚河而建，建筑密集布置，肌理清晰，也是严整紧凑型聚落的代表（图4-21）。

除了上述几种平面形态外，有的聚落同时呈现2种形态特征，可以称之为复合型。北坑村基址在山脚平地，背靠后山，整体坐西南朝东北，有几个建筑组团

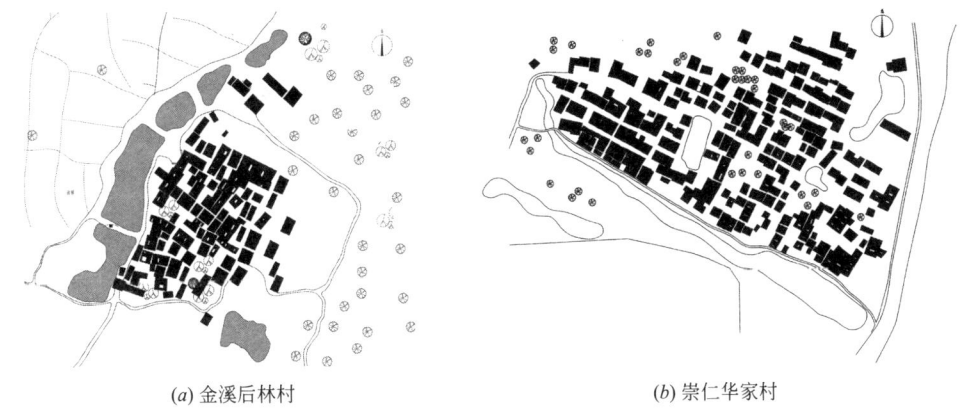

(a) 金溪后林村　　　　　　　　　　　(b) 崇仁华家村

图 4-21　严整紧凑型传统聚落平面图

（来源：作者自绘）

组合而成，整体呈团簇型。其东侧面为一个完整的对内界面，沿公路展开，墙体连绵，为村落的主立面，仅开小窗洞，除总门楼外，别无开口，整体对外呈封闭形态。北坑村具有很强的封闭防御性，一是村落的布局规划上，原来村中各个方向都设门楼作关卡，把所有门都关上，外人就无法进入村内。二是村落内部高宅深巷，建筑多为 2 层，大多表现出封闭性很强的气质。村中共有 4 口水塘，1 处是总门楼前的水塘，另外 3 处水塘分别在村落中心部位、三省斋前和村落的正后方，正好将村落民居分为 3 个组团，建筑布局自由，以村落内部的水塘为中心展开，整体具有向心性。中心部位水塘北侧一组建筑，坐北朝南，面向水塘，立面整齐又有节奏变化，并和水塘东西两侧建筑形成环形格局，街巷则随机布置，或平直或环塘，呈现不规则变化。北坑村是一个具有封闭性、向心性同时是自由布局式的典型案例。

4.4　聚落空间结构特征

4.4.1　功能构成

传统聚落的空间从属性上分为公共空间和私密空间，由于聚落的公共空间形态的复杂性，从不同的角度分析，会有不同的分类。从人工空间还是自然的属性，将聚落公共空间分为建筑公共空间和自然公共空间[1]；从空间形态的角度可

---

①　田伟丽，宫定宇. 小店河公共空间与聚落结构［J］. 山西建筑，2009，7：20-22.

以分为向心型空间、分散型空间、线型空间等①；从空间层次的角度，将聚落空间划分为外部空间、聚落空间（入口、广场、街道、水系、山林和树木）和宅院空间②；从功能分区的角度，可以分为农田耕地区、居住生活区、中心交往区、商业集贸区③。耕种劳作区、居住生活、世俗交流区等是传统聚落中基本的组成部分，而商业集贸区只有个别村落才会有。针对抚河流域地区传统聚落中的实际情况，本书按空间的功能构成分为安全防御区、交往娱乐区、祭祀礼制区、商业集贸区、居住生活区和农耕劳作区六个分区（图4-22）。

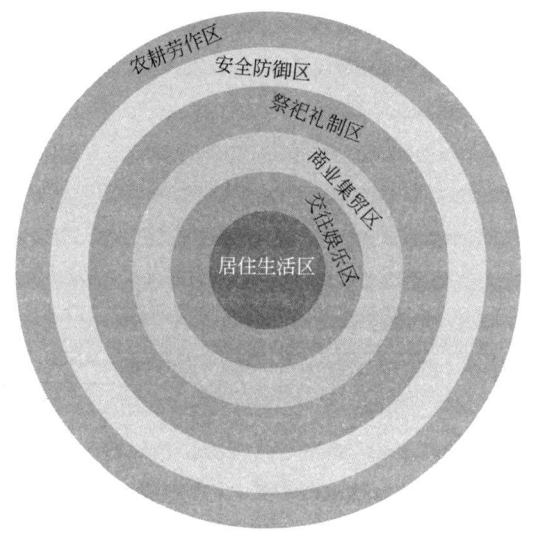

图4-22　传统聚落功能分区结构示意图

（来源：作者自绘）

在这六个功能分区中，农耕劳作区以农田为主，属于自然环境的一部分；安全防御区是对聚落人工环境的一道屏障，位于聚落外围；其他四个区居住生活区、交往娱乐区、商业集贸区和祭祀礼制区往往是交叉布置；商业集贸区是一个集中的分区，交往娱乐区和祭祀礼制区是"线状"或"点状"空间联系居住区的各个部分或位于居住区中。具有商业集贸区的传统聚落，一般是有一条商业街，集中分布在一个区域内，而祭祀礼制区则是点状的空间散布在居住区中或位于聚落的外边缘，总体说来，抚河流域的传统聚落中的祠堂、庙宇空间相对位于聚落的外缘区，如金溪琉璃乡波源村的文华阁、将军庙，南丰白舍镇古竹村的三帝宫、万龙古寺，南城汾水村的吴氏祠堂等均位于聚落外缘。抚河流域传统聚落的功能分

① 王制. 生态视野下的聚落形态和美学特征研究［D］. 天津：天津大学，2006.

② 杨庆光. 楚雄彝族传统民居及其聚落研究［D］. 昆明：昆明理工大学，2008.

③ 田莹. 自然环境因素影响下的传统聚落形态演变探析［D］. 北京：北京林业大学，2007.

区，总体上的布局结构是以居住区为主，且处于聚落核心的地位，交往娱乐区联系居住区的各个部分，商业集贸区位于居住区的一侧，祭祀礼制位于外缘区，安全防御区位于聚落边缘，农耕劳作区位于聚落外围，形成一个抽象的从内到外的结构关系。

1. 农耕劳作区

农耕劳作区属于生产性空间，包括农田、晒谷场、水磨坊和手工劳作的作坊、仓储空间等场所。

在传统农耕型的社会，农田是乡民生存的基本资源，所以传统聚落一般择址在相对平坦，易于开垦良田的地方。在抚河流域地区的下游丘陵间的地势平坦的土地资源较多，聚落分布相密集，而高山丘陵密集区，山间可耕作的土地较少，聚落分布相对稀疏，这是由于自然条件所决定。山间的平地多开垦为良田，所以临川一带的传统聚落村前良田千顷，远处才是群山起伏，形成较好的聚落景观。而南丰、宜黄地区的山区，则多顺势跌落的梯田。

手工作坊则是聚落中多有业态支撑的村落特有的建筑类型。如竹桥村历史上刻书业发达，至今留存当年刻书的宅院"养正山房"。崇仁县桃源乡游坊村至今传承着草纸生产工艺，所以在港旁留存了不同时期建造的造纸作坊。

竹桥是一个以刻书买书为主的商业发达的聚落，金溪县地方志对于竹桥村与印刷术的关联，有着这样的记载：明清之际，金溪是赣版书籍印刷中心，素有"临川才子金溪书"的美誉，而竹桥古村是"金溪书"的发祥地和主要承印地。其中"养正山房"是古代雕版印书的作坊，位于"仲和公祠"的右侧，坐北朝南，三进两天井，进门后为一个大的庭院，上堂和后堂为印书之所，后堂北侧还有一个梯形的辅院。

作为仓储空间的粮仓在抚河流域地区较为常见，比较典型的是临川玉湖村的"资政第"。合市镇的粮仓，为民国时期所建，圆形。华家村的一处规模宏大的宅院，其侧院的门额上刻有"稻香深处"，推测此处也是一座粮仓。

2. 安全防御区

村落在择址和建设过程中，不管是实际生活上的安全还是追求心理上的安全感，始终将安全放在第一位。所以对于村落的安全防御，一是偷盗等人的行为，二是防灾泄洪等自然灾害。

在传统聚落中，人们追求心理的安全感，主要是择址时，通过自然环境的优势，选择群山环卫的山凹，形成众山拱卫的格局，或是背山而建，满足背后有靠山的一种心理需求，同时也是满足风水理论中背山面水的基本需要。在解决实际安全问题上，传统聚落中的安全问题通常也是有通过自然环境和人工设施两个层面防御。在自然环境防御的层面中，则通常择址时近水利而避水害，同时避免有山体滑坡等地质灾害。在人工设施方面则是建村墙、门楼、望楼等防御性设施，在村中规划排水沟等排水系统。

正如许多古村落一样，万石塘的建筑规划也十分有序，村内老街长半里许，宽约 1 丈，为青石板铺就。两旁保存着众多明清古民居，鳞次栉比，均为青砖灰瓦印斗防火墙，气宇轩昂。与其他古村的老街不同的是，万石塘老街的一侧是一条宽 3 尺的排水明沟，紧挨着每家每户的墙边，终年流水不断，生活污水、雨水等都是通过这条明沟排放。同时，明沟与古民居中的天井又相互联系，构成了村内终年不涝的水利系统。万石塘村最初是依当地溪流而建的，先人在规划村落格局时，首先考虑到了村落的水系。村中水系由溪流、暗渠、明沟三个层面立体交叉构成，各自独立，又相互联系，充分调控着地面和地下水资源，将饮用水、生活水和污水分开处理，并始终让水保持流动状态。这种设计反映了古人对水资源利用的环保意识，并且很好地解决了溪流洪水和地下水泛滥对村庄造成的危害问题。古村的水系由两个层次构成：一是村落外围天然形成的溪流；二是通过自然与人工结合营造的内部水系。村落外围的水系——溪流，一直以来都保持着原始自然的状态，畅通无阻；老街的一端紧邻溪流，因此终年流水不断，明沟同时又起着排洪、泄洪的作用。明沟把溪水引进老街，穿过整个街巷，流经各家各户，用于洗涤、饮用、防火等；各家各户的天井排水又连接着暗渠，将屋内水引入明沟。这项水利工程的设计科学合理，堪称地下水建筑奇观。

3. 祭祀礼制区

祭祀礼制区是聚落中的精神空间，也是体现聚落多元文化的文化空间。祭祀礼制空间包括三部分：一是接受教育的礼制空间，包括书院、私塾、学校等，是人们增长知识、提高文化修养的空间；二是祭祀祖先的祠堂类空间，包括宗祠、公祠、家庙、厅堂、家祠等；三是精神信仰寄托的庙宇空间，包括佛寺、道教、三仙庙等其他种类众多的庙宇。

1）教育礼制空间——书院

书院古时是传播儒学的阵地，在文化发达的村落甚至建有多座书院。

2）祭祀敬祖空间——祠堂

祠堂是聚落中重要的公共建筑类型。祠堂空间是公共空间的重要组成部分。

3）祭拜神灵——庙宇空间

中国传统文化观念中的"神"在民间，它有人格，其举动行为与人无异，神是古"圣人"，是自己的祖先，神在民间，任何人都可以直接与之接触。中国传统的民间信仰有泛神论的特征，见庙就叩头，见神都供上，"凡百神灵，尽须顶礼"，"礼多神不怪"等，是百姓的信条与宗旨[1]。抚河流域地区传统聚落中，几乎村村有庙，甚至一村建多庙。该地区老百姓的精神信仰丰富，庙宇类型多样，

---

① 张苒. 沁河中游古村镇空间构成解析［D］. 武汉：华中科技大学，2007.

常见的有佛寺、道观、土地庙（里社）、三仙庙、傩神庙等十分普遍，还有特殊的相对数量较少，只有个别村会有独特的信仰，建有泰山庙（印山村）、文昌阁（波源村）、将军庙（波源村）、文华阁（波源村）、锡福庙（竹桥村）、五圣殿（月塘村）、仙师殿（东源村）、大公庙（宜黄县中港镇上坪村）、太子庙（宜黄圳口乡麻坑村，太子庙又名汉清宫，供奉的汉高祖刘邦和他的四个儿子的塑像）等。最为典型的是"万寿宫"，万寿宫供奉的许逊，是江西人的保护神，具有很强的地方性，通常万寿宫也是江西商人的会馆。下文将举例几座对聚落的空间形态有重要影响的典型庙宇见表4-2。

典型庙宇概况（作者自制）   表4-2

名称	位置	概况
仙师殿	合市镇东源村	大体上坐北朝南，入口门额上刻"豢灵护应"，"豢"是指家养牲畜，灵指道长仙灵，护应是指守护保育牲畜平安的意思，由此可知这是一座为保佑庇护牲畜平安而设立的道观。"豢灵护应"四个大字两侧阴刻"崇祯元年 孟春吉立"字样，该庙始建于明末，经历代修葺，至今保存完好。入口门厅八字形，整体布局为三进两天井，殿内供奉仙师、禅师二位兄弟。仙师殿是稀有的庙宇类型，由于其建筑规模较大，位于东门处，主街旁，是东源村的重要空间节点
锡福庙	双塘镇竹桥村	位于进村的村口，原来供奉的是伏魔帝君，中国江南的道教信仰，伏魔大帝关圣帝君、荡魔天尊真武帝君、与驱魔真君钟馗帝君，合称为三伏魔帝君，为降妖伏魔的三大神祇）、锡福庙旁立一株古树，一庙一古树为进村的标志
玉泉行宫	琉璃乡下宋村	"玉泉行宫"是该村一宋姓盐商建造，盐商之子宋某承父业，一次扬帆远航外藩做生意，行前在"玉泉行宫"立下心愿：此行如能一帆风顺，定出金重修"玉泉行宫"
白符社	黎圩镇黎阳村	该庙是祭祀土地神的庙宇，为一间硬山顶小庙。门额上刻"白符社"三个大字，仔细一看"社"字的右上角多一点，可能是有什么其他寓意吧。门仪石左右两侧的墙上砌筑两块乾隆三十五年（1770年）三月立的石碑，左侧为"合族来龙禁碑"，右侧为"王氏祖山禁碑"，是为到龙脉、祖山上禁止伐木、采石而立的契约
万寿宫	合市镇邱家	为纪念江西的地方保护神，俗称"福主"的许真君而建。许真君，原名许逊，字敬元。东汉末，其父许萧从中原避乱来南昌。万寿宫始建是为了纪念东晋著名水利专家、道教大师许逊，后来演变为商人聚会的场所，亦可称江西会馆。在琉璃乡的邱家发现一座万寿宫，在这乡野之间，实属罕见。沿着村中一条石板路，走到尽端，有一座石拱桥，万寿宫就坐落在古桥的西北，坐南朝北，面向开阔的田野。从村中的石板路出来，走到桥边，石板路继续向东延伸去，可见这里原来是一条繁华的商道。万寿宫大门紧锁，透过门缝望去，院内已是杂草丛生

金溪古俗有村必有水口，水口一般有大树、小庙、社公殿（又称社令祠），村人凡是宰杀牲畜，必到此祭祀，以示不敢自享，祈求地方神祇保佑，六畜平安，

地方清吉。金溪下宋村西南，距村子约百米的道路岔口有一株古树旁立一座土地庙（门额上刻着"里社"二字），此处为水口。

4．交往娱乐区

交往娱乐区分为三种空间类型：交通空间、交流空间和娱乐空间。

传统聚落中的公共交流娱乐空间是人们公共活动的重要场所，包括井台周围、门楼前的小广场、广场、戏台和祠堂前的公共空间。这些公共空间嵌入居住空间中，是最具有活力的场所。平时日常生活中，大家三五成群聚集在门楼前或村中小广场乘凉、聊天，在节庆等特殊的节日里，则聚集在戏台前看戏，或在祠堂前举行公共活动。这些交流的公共空间多整体呈开敞性，便于集会、交流，容纳相对较多的人。另外，娱乐区则指聚落中的戏台空间。抚河流域地区戏曲文化发达，尤其是不同地区流行不同的戏种，如傩戏、宜黄戏、广昌戏等。抚河流域地区的戏台一部分位于祠堂内部，形成戏、祠合一的空间，或邻近某座庙而建，形成庙、戏合一的空间，还有一部分戏台独立存在。戏台前大多都有开敞空间，提供众多乡民的看戏空间。南城临坊的戏台建于村外，王氏宗祠的东侧，戏台后为面阔三间的关帝庙，歇山顶戏台紧邻关帝庙而建，形成一个组合建筑。戏台前为开敞的空地。

5．商业集贸区

传统聚落中具有商业区的村落相对是少数，古时传统农耕型的社会对贸易的需求较小。但随着商品经济的发展，某些村落发展了专门的贸易场所，这些村落往往规模较大，处于交通便利的位置，有规模性的业态支撑或仅仅是满足人们日常生活用品而交易的场所。商业街的分布一是位于村中繁华的主街，或是非中心但交通便利的位置，或者是独立于村外，形成单独的商业街。抚河流域地区的传统聚落中典型的商业街有广昌甘竹村的商业街、金溪黄源的商业老街、南城磁圭的商业街、东乡黎阳村的商业街、金溪畛田村老街、彭家渡老街等。

金溪黄源村商业街：孤独的立于村外，长约五六百米。由于在不远处重新建了一条新街，所以这条老街就荒废了。现在还依稀可以见到当年各种店铺的广告牌，可见这里曾是一个重要的商贸场所。店铺多为二层，一层用木板门封护，二层为阁楼，一般是悬挑出来阁窗，和乐平老街的构造颇为相似。其中一栋是面阔三间的商铺，体现了这里木构架典型的构造特点，一层悬挑的格窗上有垂柱，檐口下梁头处也设置了装饰性的垂柱，与下面一层形成呼应关系，层层出挑，丰富了立面层次。

东乡黎阳村老街：宋末王氏由安仁溅溪迁入。北宋初年，黎姓建树于平岗的北坡，古称山北为阳，故村名黎阳、黎家岭。明代发展为市集，改名黎坪市、黎圩积，简称黎圩。在黎阳村南部，有一条黑色石块铺砌的古道，这条石板路原是通往县城的重要交通干道。古道一侧现存一排商铺，可能建于清末民国时期，约有四五家。此处是因交通而兴起的商业建筑，下为板门，上有阁窗，局部有斜撑支撑挑檐檩，主体梁架保存完好，阁窗大部分缺失，屋外乱搭的电线存在火灾隐患。

6. 居住生活区

居住生活区是聚落的主要功能区，传统聚落中大部分的宅院都属于居住生活区，是在各个功能分区中占有比重最大的。居中空间往往集中布局，成团成簇的形态。从宏观层面是指某个传统聚落中整个居住片区，往往是一个组团或几个组团组合而成。微观层面的居住空间指某一个民宅的空间，包括天井、室内空间和入口的门厅空间等，属于一宅一户的私密空间。

在传统聚落中，古时受社会秩序的影响，有着清晰的居住结构，单姓聚落中，大房、二房、三房等支派各自有自己的领地，通过巷道、坊门等界定，内部的空间有清晰的界定。如东源村的"南丰世第"里门楼和蒲塘村的"旌义坊"门楼都是其中一支派的里门楼。在宅院空间中，普通的民宅整体上都是由房屋围合成天井组成一进或两进式布局，但由于入口方式设置不同，天井内部处理不同，整体空间的布局有细微的差别。另外一类就是商人的府第，多规模较大，功能齐全，空间层次丰富，雕刻精美，会有财富堆积后的奢华之感。

4.4.2 秩序

秩序一词的含义为："事物之间有条理、相关联、不混乱的状态"，反映在聚落空间形态上，空间秩序是指聚落空间要素之间的相互联系，在时间和空间上呈现的一种状态，单一空间或者复合空间按照一定的规律进行组合，形成的有条理、重复性、连续性的空间组合形式。聚落空间就像建筑空间一样有秩序而无变化，结果是单调的，有变化而无秩序则是杂乱无章，统一之中富于变化，才能达到一种和谐的空间形态[①]。聚落常被解释为是自发形成的，而实际上大部分聚落的各要素（聚落的各个空间部分）及其组合的形态，使人觉得不是杂乱无章，而是统一中有变化，形成了有章法的空间组合，不得不说聚落的空间形态是经过规划和设计的结果。传统聚落在选址、发展过程中虽然没有职业的建筑师，但是有一些有名望、有文化的乡绅士族对聚落的规划、设计发挥了重要作用。我们在抚河流域地区考察的部分传统聚落，在建筑空间的组合上、建筑材质的运用上和建筑细部的处理上等方面，都给人强烈的设计感，其设计手法的运用对我们做建筑设计都有很好的启发。该地区的聚落在空间的组合上运用了表达秩序的原理，通过轴线组织、节点序列，宅院空间韵律、不同类型的建筑体现出来的等级体现了强烈空间的秩序感，各个空间的组合达到了一种统一的、和谐的美感。

① 程大锦. 建筑：形式空间和秩序［M］. 第3版. 天津：天津大学出版社，2008.

1. 轴线

传统聚落空间的轴线是组织各部分要素的线索，是构成聚落空间秩序的主要元素，对认知空间结构起着至关重要的作用。将组织传统聚落空间的轴线分为空间轴和生长轴（时间轴），空间轴体现的是静态组织上的空间结构，生长轴是空间形态发展的方向，决定着形态的主要走向。

1）空间轴

讲究中规中矩，强调秩序的理性精神是中国传统文化的一大特色，对称安排、秩序井然的具有浓郁精神的轴线意识反映在大到古代城市的建设，小到建筑空间的组合。明清时期的北京城以紫禁城建筑群作为整个城市的中轴线，以此轴线来控制城市的规模和布局。在建筑组合上，中国传统建筑中的坛庙和民居遵守礼法、中轴对称，秩序性表现整体的空间组合。在传统聚落中，分为2种类型，一类是随地形自由式的布局，并没有清晰轴线，另外一类则是具有一条隐形的空间轴，将重要的节点空间通过轴线串联，左右建筑组团大体上对称布置，形成均衡的形态布局，如金溪合市镇大耿村。抚河流域地区大部分传统聚落的空间轴不明确。

大耿村是通过轴线来组织各空间要素的一个典型案例（图4-23）。该村坐北朝南，坐落在岗地上，建筑布局规划严整有序，原有村墙围合，四周设门楼，

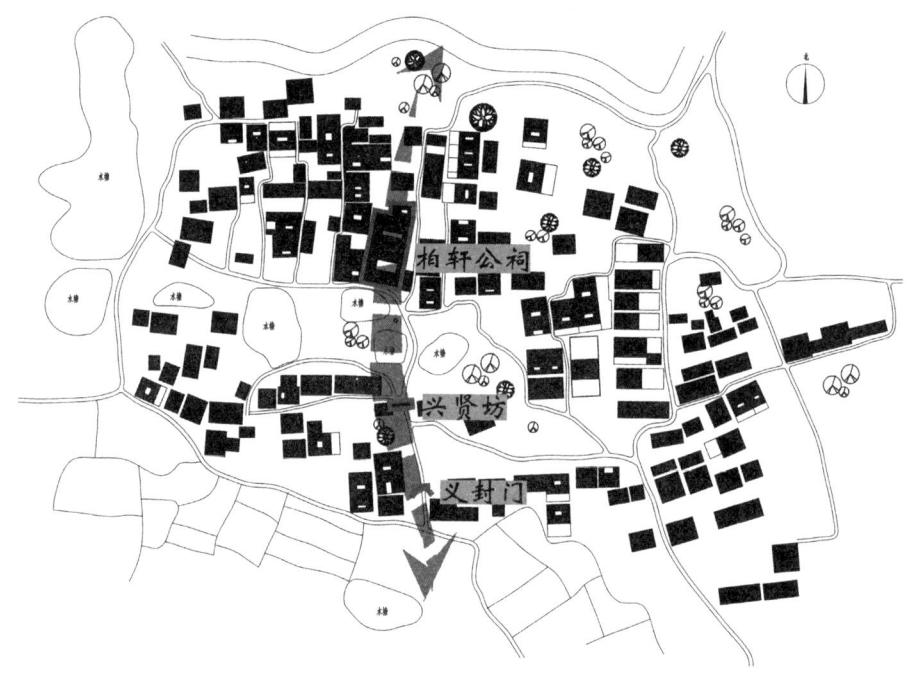

图4-23　大耿村空间结构分析图

（来源：作者自绘）

祠堂前一条主街纵贯东西，六条小巷联系南北。聚落内部的空间组织序列清晰、开合丰富，中心明确，其整体的组织有一小隐形的轴线，将各要素有序组合。整体规模不大，村落总体布局为"外形印字基、南北一里许、大祠定中心、东西为两翼"，古说为"丹凤展翅"形①。祠堂（柏轩公祠又称"麟阁世家"）位于村落的中心位置，左右为两大建筑组团。从入口门楼（义封门）到兴贤坊（榜眼牌坊）到祠堂，基本处于同一直线上，这个序列组成了村落的轴线，左右两侧的建筑组团对称分布。

义封门位于村南，为村中的总门楼。之所以称为"义封门"，是因为其是慈善义举的见证。明正统六年（1441年），十一世祖让三公捐粮1100石用以赈灾，朝廷为了褒奖其功德，敕建门楼。进入义封门后，前行约50m，到达村中第二处有纪念意义的节点处——兴贤坊，此门楼为徐琼而建，徐琼为明代天顺元年（1457年）进士，且为廷试一甲第二名，俗称榜眼。在朝为官44年，历经天顺英宗、成化宪宗、弘治孝宗三朝皇帝，弘治十三年（1500年）徐琼加太子太保，敕建牌坊，又名"榜眼牌坊"。兴贤坊原为一座气势雄伟，高约20m，底层八字形，共有三层的阁楼建筑，歇山顶，二层上悬挂的匾额上镌刻"榜眼"，三层挂竖匾"太保"。现上面的两层已毁，只剩下底层。从兴贤坊的门框中可以望到对面气势雄伟的祠堂。该祠堂规模宏大，当年徐琼选的基址，具有典型的明代建筑特征。

2）生长轴

传统聚落空间的发展演化的过程，一般是先有几栋民居定基于此，然后由"点"到"线"再到"面"生长②。这一发展过程与交通的发展是分不开的，所以一般聚落的发展先沿主街方向形成主轴，称为主要的生长轴，然后再由"线"到"面"，发展次生长轴，当然这种关系不一定是绝对的时间关系，而是呈现一个由"线"展开到"面"的过程。当然也有另一种生长模式，是没有主要的生长轴，始终是散点的民居向外扩散，形成由点到面的关系，这种生长模式在地形不平坦的山地聚落较为常见。但这种生长发展的模式目前很难考证到最初宅基址的位置。在抚河流域地区平地和岗地聚落中，经过规划建设的聚落，可以分析出其生长发展的方向，以靖思村和全坊村为例（图4-24）。

2. 中心与领域

空间的各个部分是相同的、均质的，仅凭感知，我们无法感知和辨识。为了认知空间，在空间中植入一个坐标系，空间便出现中心和边缘的非质性③。在聚

① 吴定安. 乡草集：金溪历史文化研究［M］. 南昌：江西人民出版社，2012.

② 段进，季松，王海宁. 城镇空间解析——太湖流域古镇空间结构与形态［M］. 北京：中国建筑工业出版社，2002：50.

③ 王昀. 传统聚落结构中的空间概念［M］. 北京：中国建筑工业出版社，2009：11.

(a) 靖思村   (b) 全坊村

图 4-24   传统聚落空间形态发展演变

（来源：作者自绘）

落中，我们能感知到一定的空间领域，这是因为聚落的人工环境无形中限定了聚落的内外空间，在有限的空间中，空间质的差异性便体现出来"中心"和"周边"，其中心性的存在是理解聚落空间结构的一个重要支撑点。

抚河流域传统聚落中整体的空间构成体现出均质化的特征，其中心性的场所凝聚力不尽突出，但依然可以通过感知判别中心节点空间的存在。中心节点空间包括祠堂、庙宇，甚至是水塘空间，这种中心体现的是一种向心力，而非其在位置上的几何中心性。通过对中心和领域关系的判断来解读抚河流域地区的传统聚落的空间结构，由以下几种形式：从位置上分为中心位于聚落内部和外部两种类型，从节点类型上分为水塘、祠堂和庙宇等类型（图 4-25）。

3. 序列

空间中的序列是空间按一定的顺序进行排列，形成一定的秩序性。门楼是抚河流域地区的传统聚落中一个重要的公共建筑节点，形制丰富、类型多样，其中典型的有一种雕刻精美的集建筑艺术和装饰艺术为一体的牌坊式门楼。门楼有旌表和纪念的精神功能，还承担着组织交通、构建防御、空间转换等物质功能，是村中重要的交通节点，同时也是组织空间序列的空间节点。门楼界定聚落内外、组织街巷的过渡，引导水塘、广场和街巷空间的转换，使得空间丰富性和序列性大大提高。

竹桥村是通过门楼引导空间组合，使得空间组织有序、层层推进。竹桥村的村落组织按照门楼递进的方式依次推进，整个村落空间随着门楼引导富有节奏变化。首先沿着村前的古道顺着村墙先来到总门楼，总门楼为全村进出的主要关口，面阔三间，硬山顶，始建于明初，太平天国时被毁，后族人按原样修建。进入总门楼后为一口古塘，沿古塘边的石板路向西，到"光禄世第"门（下门楼），为村中的下门楼，从下门楼到村中的总祠"文隆公祠"，沿水塘走到第三进门楼（中

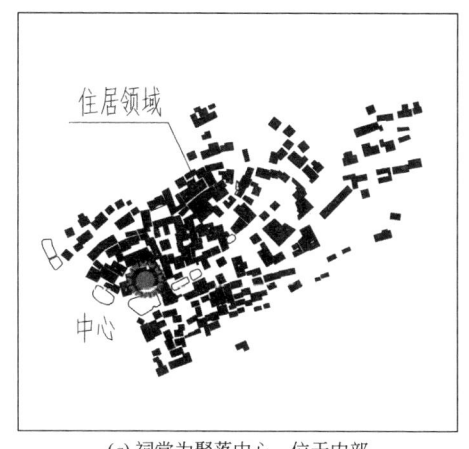

(a) 祠堂为聚落中心，位于内部　　　　　　　(b) 祠堂为聚落中心，位于外部

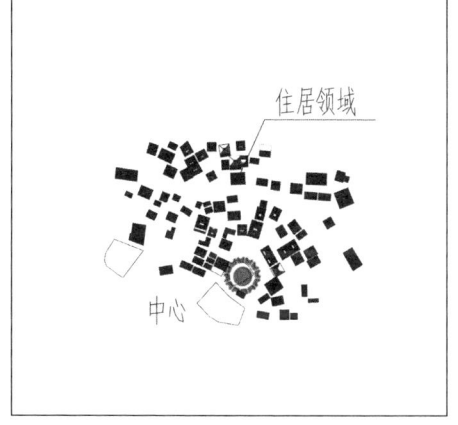

(c) 庙宇为聚落中心，位于内部　　　　　　　(d) 水塘为聚落中心，位于内部

图 4-25　传统聚落中心与领域

（来源：作者自绘）

门楼），单开间，门前置拴马石，古代官员至此需下马。门前铺地，卵石间用石板铺砌一个"本"字，寓意先祖告诫竹桥人做人要本分。进入第三进门楼，石板路右侧有两口长方形水塘。正对北侧的水塘为第四进门楼"谏草传芳"（上门楼），建于乾隆年间是为了纪念宋代中进士做官向皇帝写谏书的余氏先祖余昌言。该门楼前檐墙影砌三滴水牌坊，为牌坊楼，牌坊的立柱和额枋均采用红石，字板上镌刻"谏草传芳"四个鎏金大字，其左右两侧雕刻文武官图案。穿过拱门后正对通向深处的石板小巷，到达十家弄、八家弄及仓岚山房等区域。竹桥村由门楼引导层层递进的空间序列，在村落布局中具有典型性。

4. 韵律

韵律指同一个形式或者某一个变化形式的要素或主题图案重复或交替出现。

传统村落大部分的建筑为居住建筑，同一地区的民宅，除了规模和装饰特征上稍不同，建筑形制基本相同。在整个村落布局中，我们将一座天井式的民居作为母体单元，民宅沿街巷的组合排列具有一定的顺序，整体聚落状态呈现韵律性（图4-26）。民宅建筑的排列组合构成了传统聚落中建筑群的主体。其排列方式，有横向和纵向2种方式，当沿纵巷布置时，民宅由侧门而入，巷道两侧前后布局一定数量的宅院，当沿横街布置时，民宅开前门，宅院左右并列组合成一个建筑群。

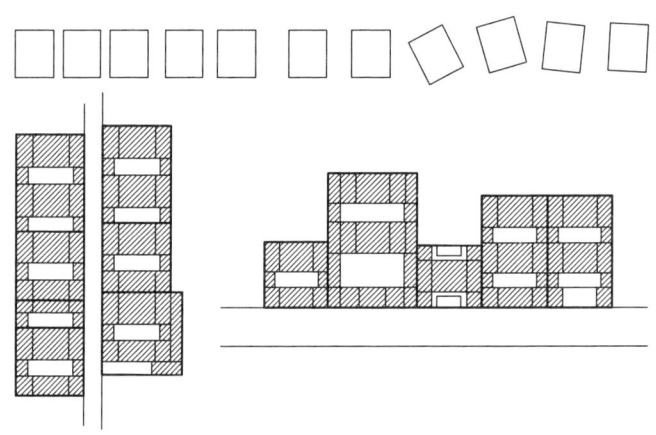

图4-26　民宅排列的韵律

（来源：作者自绘）

5. 等级

在传统聚落中，建筑类型体现了等级性。尤其是祠堂和普通民宅之间对比，等级差异较为明显（图4-27）。

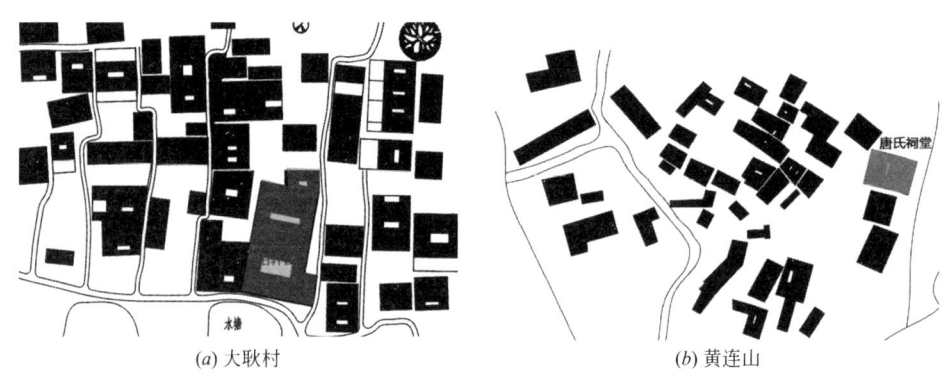

(a) 大耿村　　　　　　　　　　　　　(b) 黄连山

图4-27　祠堂与民宅对比图

（来源：作者自绘）

祠堂是村中等级较高的建筑，作为村中核心建筑，是族人的"脸面"，往往是举全族之力而建。祠堂的等级性主要体现在两方面，一方面是所处位置的重要性，另一方面是建筑形制上的独特性。

在位置上：祠堂往往处在村中风水较好的位置，有的位于村中心，其他民宅围绕祠堂而建，有的即使不是几何中心，也是其中一支脉的组团中心。或者是祠堂不在村落内部，而是出于进村的重要节点位置。

在建筑形制上：在建筑规模上比普通民宅要大，有的甚至占地达千余平方米，普通民宅的平面型制多为一进一天井式，祠堂则两进两天井式，在开间和高度上祠堂一般都比民宅尺度要大。祠堂的建筑工艺考究，用材粗大，有的柱径甚至高达 60cm，梁架结构为了扩大室内空间，明间多为插梁式构造，普通民宅基本都为穿斗式结构。祠堂规模宏大，空间高敞，材质精良，体现了公共建筑的特质和其地位的重要性。

4.4.3　尺度

古希腊的哲学家普罗泰戈拉提出"人是万物的尺度"经典名言，从某种层面上可以来理解建筑或聚落空间尺度与人的关系。人们塑造了空间，同时也是空间的使用者。尺度是人类自身（包括肢体、视觉和思维）衡量客观世界与主观世界相互关系的一种准则[1]。在一个特定的空间，人是活动的主体，只有通过人的感知才能体现空间的尺度感。空间是一个特定的物质存在。空间尺度，是人处在某一空间时，对时空维度上一种感知。在建筑理论界，许多学者对建筑空间尺度都有着自己的见解。美国建筑师查尔斯·摩尔《建筑度量论》认为"尺度是相对大小，是局部相对于整体，相对于其他部分，相对于人的大小"，彭一刚《建筑空间组合论》认为"尺度所研究的是事物整体或局部给人感觉上的大小印象和真实大小之间的关系"。程大锦在《建筑：形式、空间和秩序》中写道："尺度是某物比照参照标准或其他物体大小时的尺寸。"由此可以得出，尺度首先是在比较视角下的一个概念，其次尺度是以人的视觉感知的一种体验。

空间一般不是单独存在，而是多个空间按一定的方式组合成一个复合的空间系统，空间可以分为单视场空间和整体空间（空间序列），所以在尺度上，空间尺度分为单视场空间尺度和空间序列尺度。单视场空间尺度是对单一空间的大小、远近、范围以及人对构成空间的实体感知。空间序列尺度（即复合空间尺度）指一定空间范围内，各个空间的组织方式、规模及空间转换的频率，空间形式的转换通常是空间构成界面的改变和空间尺度的变化。空间的序列是使人感知空间丰

---

① 段汉明. 建筑的尺度与时空特征［J］. 新建筑，2000，5：19–20.

富变化的一个手段。

在传统聚落中，人们从远处感受到聚落的整体，再到入口，进入街巷、广场、宅院空间，人的尺度与环境尺度的关系存在不一致性，视觉信息的层次变化引起了感受的变化，于是人对聚落的整体与局部、空间体量上对比所产生的尺度体验也是变化的。空间尺度的变化带给人的心理体验的变化。传统聚落中的空间不仅仅是一个物质性的空间，更是一个为人们提供生活、交往并反映了人们的思想文化和风俗信仰的社会性的功能场所。

1. 单视场空间

根据聚落空间层次构成，从宏观、中观和微观三个层次将聚落空间解构成聚落整体空间、公共空间和宅院空间，从这三个层次来分析聚落的空间尺度。整体空间主要针对聚落的规模大小，公共空间按照不同的要素构成分为街巷空间、场地空间、门楼前、滨水空间和坛庙节点空间。尤其是村落内的公共空间之间的组合关系复杂，空间形态丰富。下面主要介绍公共空间中的街巷空间、场地空间、门楼前空间和滨水空间，这几种空间是传统聚落中邻里交往的活动场所，人气较旺，是自发性活动的空间，承载了人们鲜活的生活场景。

（1）街巷空间：传统村落中的巷道，被定义为模糊的空间，它由于承载了太多的生活细节而被认为是古村中最具活力的发生装置。日本建筑师黑川纪章对街巷空间的定位："在私有空间和公共空间之间，居中空间和城市空间之间的一个空间存在，它不仅就有交通功能，还兼有广场和生活功能，是一个不明确的空间领域。"[①] 街巷是传统聚落中重要的交通组织系统，街巷四通八达，由"线型"连接成"网状"，成为组织和疏导人流的重要公共空间，同时也是由进入村落内的公共空间通向各家各户私密空间的过渡性空间。抚河流域地区下游地区的街巷肌理一般"一横 N 纵"式，主街的尺度相对宽阔，而连接主街的支巷尺度则相对较小。两侧高墙大院界定成狭长幽深型的小巷。从线型的形状来看有笔直的，也有顺势蜿蜒曲折型的，不管是直线型还是折线型，皆与建筑浑然一体，设计天衣无缝，让人很难知道到底是先设计了路后有了房屋，还是先有房屋再有石板路。巷道空间中并非一成不变的宽度，或有大宅院形成八字形入口，或随建筑的退让，巷道空间也会进退有度，时而狭长，时而略有开阔之感。在街巷中，空间的界定使得空间有强烈的秩序感，或用门坊界定入口，或用门券界定前后，使得空间既有连续性又有隔离性。街巷除了随建筑退让，还随地势起伏，沿着石板台阶拾级而上，或到达一个新的台次或通向后山的山林。在街巷的顶部，在宅院入口凸出的木门罩、在侧入口处架设的檐楼，或者专门设置的过街楼，都丰富了街巷内部的空间形态。在街巷转角处通常有高约 2m 的转角石，避免过车或过人会有磕碰，

---

① 马国馨. 日本建筑论稿［M］. 北京：中国建筑工业出版社，1999.

刻意把突出的棱角削掉，转角的正对面通常会设置"泰山石敢当"的条石。如此细节的处理，不得不使人相信聚落的每一个角落都是精心设计的结果。在山地聚落中的街巷空间通常比较自由随机，没有严整规划的痕迹，却多了几分自由和随性，窄处或仅可一人通过，或者一侧是高台，一侧是流水潺潺，建筑与街巷之间的关系，可以紧密联系，也可自由分离，随机的可能性较大。

（2）场地空间：场地空间在传统村落中使人感到亲切愿意停留，一方面是由于宜人的尺度，另一方面是村落中存在专门交流的场所。这样的场所可以拉近人与人的距离，是形成熟人社会的一个必备要素。在村中由建筑围合形成的不规则场地或祠堂门前长方形的空地，都是聚落中开敞的空地。杭桥村入口门楼后有一开阔场地。南丰三溪乡的黄连山，在山脚下用地极其紧张的情况，房屋之间的空地形成了村中的广场。厅堂是村中的核心建筑，也是重要的公共建筑类型。一般厅堂前都会有一片开阔的空地，这里也是村中交流的场所（图4-28），广昌坪背村的厅堂前惬意交谈的人们。这些交流空间一般具有半围合半开敞的性质，是村中人流集中，最容易使人驻足停留的空间。

（3）门楼前：村中在门楼前的小广场是人们乘凉、交流的公共空间，常见在屋后三五成群聚在这里聊天，这里一般是人气最旺的场所，偶尔也有孩童在这里嬉闹（图4-29）。门楼前的小广场，一般是重要的交通节点，是人们出行必经之路。仅创造出供人们进出的空间是不够的，还必须为人们在空间中活动、流连、并参与广泛的社会及娱乐性的活动创造适宜的条件[1]。一般是八字形两侧摆放板凳，一边是半围合，一边是开敞，形成易于交流的场所，是一个自得的，不那么规整，使人放松的空间形态。金溪县陈坊积乡的城湖村，村前水塘，进入巷道的门楼前，形成一个交流中心。琉璃乡的小耿村"南州高第"门楼前，是村民闲来无事，聊天的场所。村中其他的聚集场所，一块空地或一个平台，便是村中的交流小广场，有几个石凳，或者是随意摆放在这里的石块，便可随便坐坐，在此歇歇脚，三五成群来这里侃一会儿。

（4）滨水空间：在抚河流域地区水系发达的地区，滨水空间是村落中空间的重要组成部分。滨水空间也是按一定的要素组成，自然因素是指江、河、湖、溪、田、山、树、林等，人文因素包括宅院、院落、沿街街道、巷道、广场、桥、水埠、码头等，它们共同构成了滨水空间的整体形态[2]。从水系类型上分，有滨河（港）空间、滨塘空间等。一般临河而居的聚落，视与水系的远近和水面的大小形成不同的空间体验。如与水系距离较近，则聚落与水系就会发生比较密切的空间关系。金溪县岐山村临双陈河，河面宽阔，紧邻河堤就是村落的主街，村前的滨水空间

---

① （丹麦）杨·盖尔. 交往与空间［M］. 何人可译. 北京：中国建筑工业出版社，2002.

② 何川. 湖南滨水村镇空间形态研究［D］. 长沙：湖南大学，2004.

(a) 杭桥村场地

(b) 黄连山村场地

(c) 坪背村厅堂前场地

图 4-28　村中广场空间

（来源：作者自摄）

(a) 城湖村门楼前　　　　　　　　　　　　　(b) 小耿村门楼前

图 4-29　村中门楼前空间

（来源：作者自摄）

较为开阔，有石台阶深入河岸下，至今还时常有村妇在此浣洗，人们的生产生活与水的关系密切。东乡县的水南村，村前一条小港蜿蜒流过，入村村口一座古桥，旁立古树，营造了小桥流水人家的一幅惬意的乡村景象。抚河岸边的古村如金溪的琅琚镇下东漕村，村落整体朝向抚河，村前便是无比开阔的水面，视野开阔。滨塘空间的一般构成模式是建筑界面、道路、水塘。水塘或位大片集中位于村前，或零星散布在古村中。古人布局村落时，有意将水塘与古村的形态联想成"七星伴月"，水塘如七星，村落如月，交相辉映，如南城县的临坊村、金溪的竹桥村的布局都呈"七星伴月"之势。水塘是聚落内部的透气孔，聚气池，依塘面面积大小，小尺度的水塘形成尺度宜人、小巧的空间感受。面积较大的水塘，水面开阔，四周视野较好，有豁然开朗之势。水塘如果处于聚落内部，一般建筑环塘布局，形成向心形的空间。如果水塘在村前，与田野融合，形成开阔的尺度，构成建筑、街道、水塘、田野的组合模式，由实体向虚体空间过渡。临川的洪塘村，村前一方面积较大的带型水塘，建筑依水塘的驳岸建造，石板路顺水塘的岸边蜿蜒，水塘北侧大院林立，水塘三面为一望无垠的田畈，形成极为开阔的村前空间。建筑、街巷和水面形成虚实辉映、尺度开阔的滨水空间。

抚河流域地区传统聚落中各空间尺度的大概范围见表4-3。

传统聚落中各空间尺度表　　　　　　　　　　　　　表4-3

空间层次			空间尺度	空间形态	备注
整体空间		规模	以中小型聚落为主，面积在0.1～0.3km²	聚落各要素共同组成整体空间意向	规模小巧，尺度宜人
		高差	平地聚落几乎无高差，岗地和山聚落起伏高差在1～8m		
公共空间	街巷	高宽	街巷宽度在0.8～4m之间，界面高度在4～6m之间	街巷有转折、退让和界定，本身是有一定序列的空间组	主街相对宽敞，次巷相对狭窄
		长度	街巷长度是聚落规模大小而定，短则几十米，长则大几百米		
	场地		由于场地形状的不规整型，所以平面边长较难界定，但整体的场地面积一般不大，在50m²左右，也有个别场地较为空旷的地方形成三四百平方米的尺度较大的空间	在传统聚落中的祠堂前公共活动的场地，或建筑自由围合而成一定的开敞尺度的空间形态	具有一定的内聚功能，空间相对开敞，使人们公共活动的场所
	门楼前	宽度	一般和门楼同宽3～5m	一侧为门楼，另一侧通常与街道相连，公共交通节点	半封闭半开敞的空间，人气较旺
		长度	2.5～4m		
	滨水		滨河的带状空间宽度在2m左右，长度不定	与水系紧密结合的开敞性景观节点空间	空间开敞性好
			环塘的局部块状空间形状具有不确定性，面积有大有小，一般为几十平方米		

续表

空间层次		空间尺度	空间形态	备注
	坛庙	建筑单体的庙规模较小一般十几到几十平方米，高度4m左右。天井式坛庙占地面积多300～1000m²，一层高度在6～8m左右，二层则约10m	祠堂位置重要、空间高敞，形成天井宅院空间。其他尺度较小，布局紧凑塑造神性空间	祠堂前有水塘和空地。土地庙规模较小、其他佛寺道观等规模较大
宅院空间	民宅	一字形民宅长度在10m左右，进深8m左右，高度6m左右	一字形民居为建筑本身的体量，天井式民居包含天井和建筑共同形成的空间	个人生活空间，私密性好
		天井式民宅规模大小不一，一般面积在80～300m²，一层高度在5～8m，二层则12m左右		

（作者自制）

2. 空间序列

传统聚落的空间是人文历史、生活习俗、行为心理等多种要素层次叠加在一起的效果，每个到过这里的人都会经过复杂的心理体验[①]。传统村落中，看似不经刻意设计的空间，却是经过时间打磨的精品。抚河流域地区的传统聚落除了与自然山水的契合，营造出良好的生态环境外，在空间处理上，同样层次丰富、开合有度，给人十分丰富的空间体验。聚落空间中体现理性与感性、有序与无序、连续与间隔、封闭与开敞等多种空间属性，尤其是公共空间如街巷空间、水塘边环塘空间、门楼前空间、坛庙空间等处理手法多样，形成多重空间序列，与聚落的整体空间形态有机协调在一起，形成组合多变的空间体验，其中有几种典型的空间组合模式：

1）水塘—门楼—场地—街巷—宅院（杭桥村）

抚河流域地区传统聚落一般村前挖塘，进村前，先看到开阔的水塘空间，由门楼入内，是一个宽敞的场地，沿场地一侧则是多条垂直幽深的小巷，通过巷道空间进入宅院，人的感知则经历了开敞—半封闭—开阔—幽深的体验。

2）街巷—祠堂—门楼—场地—门楼—街巷—宅院（润湖王家）

由村前的主街先经过村中的祠堂，一般祠堂位于进村的公共交通方便的节点位置上，经过祠堂后，沿主街继续走进到村中的总门楼，进入总门楼是一个四周由建筑围合的封闭但相对开敞的空间，到达第二进门楼，通过门楼后进入街巷，进入宅院空间。一般入村的主街视野开阔，人的整体感知则经历了开阔—重要节点的中心性—半封闭—开阔—幽深的体验。

3）门楼—街巷—门楼—水塘—祠堂街巷—宅院（大耿村）

先到村中的总门楼进入到两侧开敞的主街，然后到达第二进门楼，穿过门楼后，是相对开阔的水塘空间，沿塘而立则是村中的重要节点祠堂，通过街巷空间

---

① 陈晶. 徽州地区传统聚落外部空间的研究与借鉴［D］. 北京：清华大学，2005。

到达宅院。

　　这几种模式远远不能涵盖传统聚落中空间组合模式，由于地形、建筑布局、节点位置不同，形成的空间形态千差万别，其组织序列空间转换的方式不同，带给人丰富的空间体验。

　　上文从街巷空间、滨水空间、广场空间等村中重要的公共空间及其典型的组合模式介绍了抚河流域地区传统聚落中的空间层次的丰富性，下文将针对一个实际案例，来介绍空间的组合、序列、串联、连续的开合形态。金溪县双塘镇的竹桥村，是一个建筑保存完好、村落布局独特、建筑分布疏密有致的古村（图4-30）。整体坐西北朝东南，水塘嵌入古村中，村落由上、中、下三门楼层层递进，引导空间序列。村口入口的西侧一株古樟，旁立锡福古庙。沿着石板路，顺着围墙向东，走到了村中的总门楼，门楼前，品字三井，是村中重要的景观元素。进入总门楼后，一方面积约600m² 的水塘，四周古宅林立，水塘对面便是"文林第"和村中的总祠"文隆公祠"。总祠"文隆公祠"的北侧则是一条狭长幽深的石板小巷。穿过水塘，便来到村中的第二道关卡，本字门楼（中门楼），沿门楼前为村中尺度较为宽阔的主街，一路向北可以走到"步云公祠""养正山房"等重要的公共建筑。本字门楼内侧则为两个并排的水塘，形成一个向心型空间。水塘的斜对面则是"谏草传芳"门楼（上门楼），"谏草传芳"门楼内部转角向右则为一条石板路，一直

图4-30　竹桥村平面分析图

（来源：作者自绘）

到村中的十家弄和八家弄，街巷空间的退让分割达到了建筑材质与石板浑然一体。

一个具有品质的空间，张合有度，或豁然开朗，或狭长幽深，或是隐藏在转角里的趣味，是让人产生愉悦的心理感受，愿意驻足停留下来的空间。在抚河流域地区古村中穿行，或许转过弯去一条悠长的小巷，或者穿过门楼是一汪平静的水塘，不远处的古树和房屋一角的古井，村前开阔的田畈和屋后的翠绿山林，空间转换看似无序之中，却有着自由的变换，漫步其中，时不时使人驻足沉思或欣喜雀跃。传统聚落的空间是经过漫长的岁月，不停地进行建设与打磨，最终呈现出看似"偶然状态"的空间。没有建筑师的建筑——这些传统聚落中丰富的空间设计可以带给我们很多借鉴和启示。

4.5　聚落街巷组织特征

简·雅各布斯在《美国大城市的死与生》中说："当我们想到一个城市，首先出现在脑海里的就是街。街道有生气，城市也就有生气。"由此可以看出，街巷对聚落的重要影响。

关于街巷空间的研究日本学者芦原义信著的《街道的美学》是街巷研究的经典之作，应用格式塔心理学理论从人的活动角度，对街道、广场等外部空间进行了深入分析。街巷是聚落形态的骨架和支撑，街为干，巷为支，多呈树枝状布局①，街巷空间是聚落空间形态的重要组成部分。街巷空间作为聚落公共空间的线性空间，因地形随行就势，随建筑的进退，随场地空间的开合，表现出自由丰富，多样化的特征。传统聚落中的街巷不仅仅是联系聚落各要素发挥交通组织功能，而且蕴含着地方特色、人文景观，承载着聚落中人们日常生活，建立起聚落中建筑布局、空间形态与人们日常生活的一个联系场所，是聚落较有活力的空间之一。

抚河流域地区的传统聚落由于受地域性聚落营建习俗的人文因素和地形复杂多变的自然因素，街巷空间形态统一中有变化，整体上具有宜人的尺度、丰富的空间层次、素雅的界面和色调等特征。

4.5.1　平面肌理

1. 布局

街巷空间体系的形成主要有三个方面的因素起作用，包括功能要求因素、客观环境因素和主观意识因素，功能要求因素有交通、导向和排水，客观环境因素

---

① 梁雪. 传统村镇实体环境设计［M］. 天津：天津科学技术出版社，2001.

有地形、日照、风向和防灾，主观意识因素包括风水观念、营建习俗和审美情趣等[1]。街巷的设置往往是这三方面的要求同时起作用，功能要求是基本要实现的前提，当主观意识占到优势时，街巷的空间形态呈现出人工规划的痕迹较为强烈，当客观环境因素起到决定作用时，则呈现较为随机的不规则状态。用规划中的图底理论分析，在街巷空间中，肌理由实体和空间组成，实体指建筑的宅院构成"图"，其余的街巷等空间作为"底"。在理性规划意识较强的聚落，街巷是聚落的主角，房屋的走向多服从街巷，建筑紧密相连为实体，余下的是街巷空间为底，建筑与街巷互为图底。在自发形成的聚落中，房屋与房屋之间还有大片空地，街巷空间和建筑不能完全互为图底。

抚河流域地区传统聚落中街巷的类型大概可以分为两类：一类是街巷肌理明晰，建筑布局紧密，街巷与建筑可以互为图底，聚落建设经过了精心规划，村落布局有利于排水、道路由石板路铺设，材质精良；另外一类是道路设置自由，顺应地势，多随着聚落发展自发形成，没有经过统一规划，聚落整体形态较为疏松。第一类多见于平地型和岗地型聚落，第二类则多在由地形占主要影响因素的山地聚落。总体上根据街巷的整体布局，可以分为规划严整型和自由随机型。

1）规划严整型

这类型的传统聚落营建经过了人为规划，街巷空间处理退让有度，层次丰富，入口设巷门，进宅院时设檐楼，街巷铺条石，一侧设排水沟，道路和建筑之间的设计浑然天成。规划严整型的街巷空间，根据其布局方式又分为一横N纵型、放射型、横纵交错型。

（1）一横N纵型：在广东广府地区存在一种"梳式布局"传统村落的类型，建筑布局严谨，像梳子一样排列成行，陆元鼎先生将其称为"梳式"聚落，这种布局形式是广府地区最为典型的村落布局[2]。"梳式"聚落是指整体的村落布局形态，金溪地区传统村落中的街巷肌理呈"梳式"布局。金溪一带的村落街巷格局大多呈一横N纵的"梳式布局"，村前一条土街贯穿，与主街垂直的方向由N条小巷与主街连接（图4-31）。游垫村整体坐西北朝东南，村前一条东南西北走向的石板铺砌主街贯通全村，并延伸到原来通往县城的古驿道上。与主街垂直连通分布有5条巷道，从西至东依次是进士巷、总宪巷、尚书巷、方伯巷和大夫巷。陈坊积乡城湖村坐北朝南，村前水塘，村前一条由条石和石块砌筑的主干道贯通东西，有6条与主街垂直并连通的巷道。梳式的街巷布局的总体特征是整体上街巷横向联系较弱，基本的横向交通是靠村前的主街解决，偶尔有连接巷道之间的辅助横向交通的支巷。此外关于具有明显梳式街巷布局特征的还有陈坊积乡

① 胡月萍. 传统城镇街巷空间探析——以云南传统城镇为例［D］. 昆明：昆明理工大学，2002。
② 李超. 文昌十八行"梳式"聚落的成因及形态特征研究［D］. 武汉：武汉华中科技大学，2011。

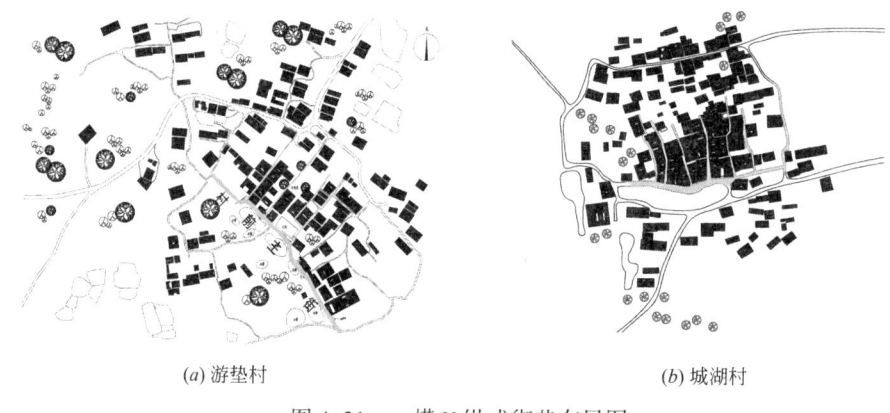

(a) 游垫村   (b) 城湖村

图 4-31　一横 N 纵式街巷布局图

（来源：作者自绘）

的岐山村、合市镇东源村、琅琚镇疏口村等。梳式街巷格局的聚落在整体的空间形态上呈现较强的封闭性。传统聚落中梳式街巷的建筑布局有较好的秩序性，整齐划一，布局紧凑，每家都有独立的围墙，封闭性强。巷内的院落入口门厅朝向与正屋垂直，面向巷道空间。

（2）放射型：聚落整体形态呈扇形，以村前的水塘或场地为中心，前聚后开呈发散型。村中的小巷以村前的场地为中心，顺应聚落形态呈放射状分布（图4-32）。条条小巷，由前往后扇状排列。这类型的传统聚落中心比较明确，街巷肌理清晰，纵向联系强，横向联系较弱，有的村前设一条贯通的主街，作为主要的横向交干线，或者是没有横向联系的主街时，前面是一片空地，以由空地进入到纵深的条条小巷。

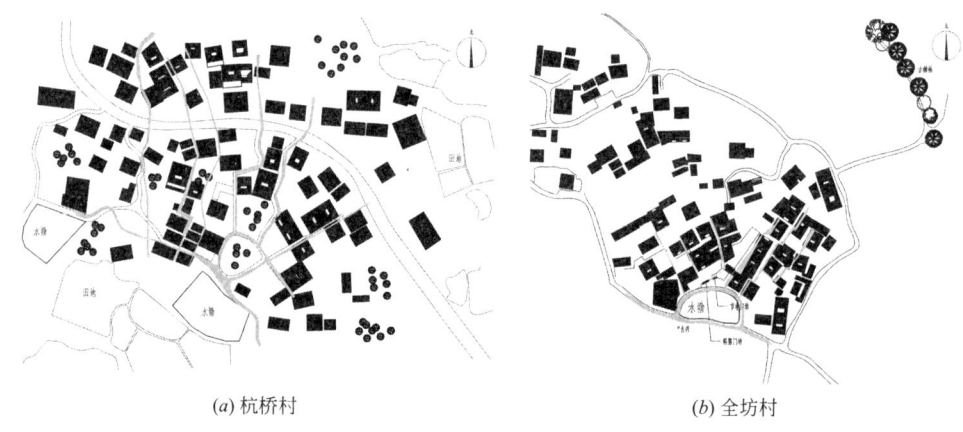

(a) 杭桥村   (b) 全坊村

图 4-32　放射型街巷布局

（来源：作者自绘）

（3）横纵交错型：这种类型的聚落街巷由横、纵向的街巷垂直交叉形成，形成布局紧凑、规划性强的聚落形态（图4-33）。这类聚落中的街巷主次关系，不是很明确，不像一横N纵式的布局，主街为横，支巷为纵，街巷之间的层级较大。一横N纵式布局的建筑宅院基本朝向同一个方向，建筑院落依次从前往后形成一列一列的布局，而横纵交错型的布局建筑朝向或朝向同一个方向，或是垂直于门前的街巷，朝向不同。此类型的街巷布局，聚落内部的横向和纵向交通都较发达，整体的建筑布局则形成棋盘式布局。

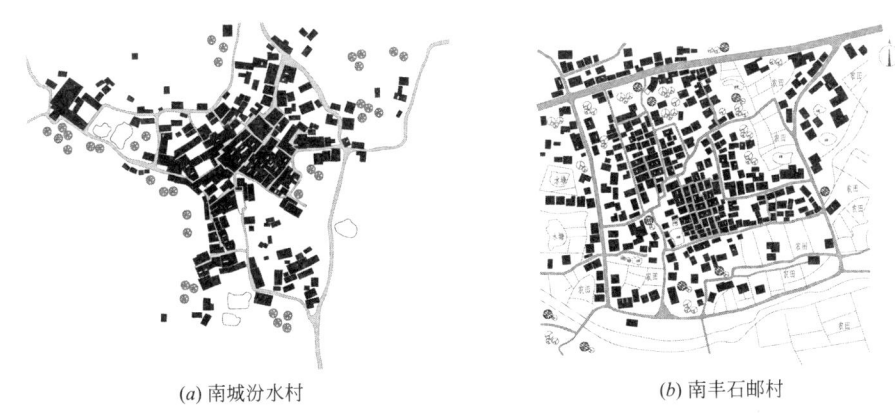

(a) 南城汾水村   (b) 南丰石邮村

图 4-33 横纵交错型街巷布局

（来源：作者自绘）

将街巷空间作为"图"，其他元素作为"底"可以更清晰地反映出街巷的肌理（图4-34），并且横纵交错式的肌理其通达性较好。用空间句法分析街巷的平均深度，其平均深度越小，便捷度越高。

图 4-34 横纵式街巷肌理

（来源：工作室成员绘）

以上三种类型的街巷肌理都较为清晰，规划严整，空间形态的秩序感较强。

2）自由随机型

自由随机型的街巷布局，多位于山地聚落，随地势而建，建筑布局稀疏，随等高线布置，朝向不一，道路则自由顺地形蜿蜒，道路设置具有随意性，呈不规则形态。大多数的山地聚落由于地形所限，耕地较少，往往规模较小，道路设置随机。偶尔规模较大的聚落街巷的设置虽经过了一定的规划，但整体的形态由地形和建筑布置所限，也呈现出相对无序自由的状态。

2. 节点

街巷空间作为线性空间，节点空间往往是街巷的一个连接点或者焦点，建筑边界退后，局部空间放大，形成一个相对开敞的空间形态。街巷节点空间的存在，一方面改变了街巷的结构，另一方面产生了空间开合形态上的变化。节点空间中有2种功能形态，一是作为连接点，位于街巷的交叉路口或转折点；另一种作为焦点，通常是宅院的入口，或井台空间，形成一个具有中心性和辐射力的空间。

作为街巷空间中的交叉点或者转折点，有多种连接方式，形成丁字路口节点，十字交叉的节点。在抚河流域地区的传统街巷中，十字交叉的节点较为为少见。作为巷道的转折点，建筑的墙体通常做退让处理，做成斜面，或者转角条石的棱线也会削成斜面，以方便行人通过。该地区的在巷子的尽端墙上通常会放置一块"泰山石敢当"的条石，起到传说中的辟邪作用。

在巷道空间中，某一区域空间作为聚集点，除了交通功能外，还承载着一定的物质功能。在巷道中，某些宅院的入口空间向内凹进，形成八字形或一个阴角的凹型空间，为院落入口，以强调院落的入口空间。其他还有街巷中的井台空间和古树空间，四周会相对开敞，成为街巷中的焦点型节点空间。

4.5.2　构成

1. 界面

街巷空间由端界面、底界面、侧界面和顶界面组成丰富的空间形态，界面的材质肌理和空间的虚实，给人带来不同的视觉感受。

1）端界面

端界面是街巷入口处、中部用以分割空间或是街巷尽端结束时而设置的门坊等构筑物，作为街巷空间中标志物而存在。街巷形态构成中，端界面可有可无。无端界面则直接进入巷道空间，如有，则界面上开门，往往形成从门框中则形成对巷道景深的框景效果。抚河流域地区的传统聚落，一般"一横N纵"式街巷中，巷道与主街交叉的入口会设立巷门，中部分割空间的门坊则有两种情况，一是在街道长度过长时丰富空间层次而设,另外一种情况则是或是界定空间领域感而设,例如大户人间的并排宅院、祠堂的门前通道进口和出口设门坊。在街巷结束时,设立一个封闭的标志,通常是聚落内外的关卡,从某种程度上也是进入聚落的端界面。

在沿主街方向的巷道入口通常设巷门,作为主街和巷道空间的分隔。其中较为典型的是游垫村五条巷道中每一条巷道入口都设立了巷门(又称之为门楼),而且这五个巷门的建筑形制各异,并且门楣上分别刻有"进士第""侍郎坊""尚书府""方伯巷""大夫第"。"进士第"门楼为八字形,"侍郎坊"门楼为红石牌坊门,"尚书府"门楼前后两坡,墙上搁檩。"方伯巷"门楼八字形,门上方一滴水门罩式,"大夫第"门楼为三滴水门罩式。一般的巷门形制为正立面墙上开门洞,墙后为单坡顶屋面,或者是设一个入口门券如下图中陈坊积巷城湖村、高坪村、涂坊村的巷门(图4-35)。

(a) 游垫村　"侍郎坊"巷门　　(b) 游垫村　"尚书府"巷门　　(c) 游垫村　"方佰巷"巷门

(d) 城湖村　巷门　　　　　(e) 高坪村　巷门　　　　　(f) 涂坊村　巷门

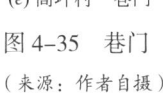

图4-35　巷门

(来源:作者自摄)

设置在巷道中的门坊，其中一类界定空间领域的端界面，属于空间领域界定的标志，另一类则起到装饰作用（图4-36）。乌墩塘的王氏祠堂前的南北两侧的门券是界定祠堂空间的标志，蒲塘村大夫第宅院前巷道空间的前后两侧的门坊是界定宅院空间的标志。另一类起到丰富空间层次的装饰性作用，由于巷道空间过长，设置门坊分割空间。

(a) 乌墩塘祠堂前的门坊   (b) 蒲塘村宅院前门坊   (c) 某巷道中的门坊

图4-36　端界面中的门坊

（来源：作者自摄）

2）底界面

人是视觉特点是在垂直方向视区中人眼的最佳视区在视平线以下10°，底界面是人眼关注最多，引起视觉刺激比较强烈和人体接触最多的一个界面形式。抚河流域地区传统聚落中街巷空间的底界面从材质上有条石、卵石、碎石块等，材质的形式直接反映了聚落的综合实力，众多街巷是明清时期当时的商人为回报乡里而修建的，采用考究的条石铺地，另外是就地取材，用卵石铺地，或较为随意的碎石块，或者是踩踏而成，没有刻意修整的小路。

街巷地面铺砌的材质有石板、石块和鹅卵石等，或者是石板和石块、石板和鹅卵石混合砌筑（图4-37）。石板砌筑的街巷在铺砌方式上有横铺和竖铺2种，或者采用横铺和竖铺结合的方式。石板一般宽约40cm，长度不等。当条石横铺时，会产生宽阔之感，当条石纵铺时，会有较强的方向导向感。当石板和石块、石板和鹅卵石混合砌筑时，通常中间一条为竖砌的石板两侧为石块或鹅卵石。

鹅卵石铺地的方式，相对成本较低，工艺简单，一般是在鹅卵石资源丰富的地区，就地取材。

图4-37　街巷地面的铺砌材质与方式图

（来源：作者自摄）

　　底界面中，除了道路，还有顺路而设的排水沟，在抚河下游地区排水沟通常沿道路的一侧设置，在抚河上游的广昌地区排水沟则设置在巷道中间。排水沟设置在一侧时往往是屋檐为硬山顶，或墙檐外不是主要的排水方向，而排水沟设置在巷道中间时，两侧的屋顶为悬山顶，排水沟的位置正对屋顶之间的间隙。传统聚落的排水系统通常是沿路铺设，随行就势，沿主街布置的排水沟通常是村中的主沟，有的深达1m，沟宽约0.5m，而巷道中的支排水沟则尺度相对较小，有明沟和暗沟（图4-38）。整个排水系统形成主次分明的结构。村民的生活污水从天井内经过暗沟流到院外的支排水沟中，再汇入村前的主排水沟，最后流到水塘或是村边的水系中。由于排水系统明暗结合，结构完善，巧于布局，从而保证村中免受洪涝灾害。

图 4-38　沿路布置的排水沟

（来源：作者自摄）

　　底界面除了在材质上的不同，还有在竖向高差的变化，街巷往往随地势而建，高差一般是用台阶处理。巷道在平面上顺建筑基址进退，在垂直方向，依地势而建，通常传统聚落背靠山冈而建，形成前低后高的地势，巷道则从前往后顺势升高，砌筑成台阶状或处理成坡道（图 4-39）。

图 4-39　街巷中底地面高差的处理

（来源：作者自摄）

　　3）侧界面

　　芦原义信在《街道的美学》中讲道："当多幢建筑紧密相连，形成的街道空间，单纯地看作建筑物的外部空间，不如看作是建筑之间的'图形空间'，它是具有内部特征的外部空间，反映的是建筑的一个'面'的形象，多个面连连续展开，则形成了街巷中的侧立面。侧立面是展现街巷形象的关键因素，建筑的轮廓形象、界面的材质、线型走向，进退处理，反映街巷空间的意向。

　　侧界面由于道路的等级不同存在一定的差异，一般主街两侧都有界面围合，或者是一侧是建筑墙体，另一侧则为开敞的空间，如沿河的主街或者是村前的主街。

　　街巷的侧界面为房屋的墙体或围墙，营建考究的聚落，房屋墙基为石质墙裙，石质墙裙分为青石和红石，墙裙上为眠砌，眠砌一段之上为一眠一斗青砖砌筑，质量细腻精良。侧界面的砖墙砌法不同，形成了不同的肌理。一般的山地聚落侧界面为房屋的黄色土坯墙体，呈现粗犷、不加雕饰的原生态之感。

　　侧界面的上宅院空间的入口、层次的退让和线型的改变，形成了虚实、开合、蜿蜒有情趣丰富的形态。

　　侧界面中的元素有虚实之分，形成了对比关系，一是作为建筑背景的空间被处理成积极的空间，沿街界面与节点空间、宅院入口空间，形成了空间的虚实关系，二是墙体上的镂空雕石窗、木窗、门窗上的戗檐、屋檐画、墙檐等装饰细节与墙的实体组合成虚实层次（图4-40）。门窗上的戗檐为了保护门窗不被雨淋起到保护作用，同时具有装饰性的效果。屋檐或墙檐下的白色屋檐线，有的施彩绘，为界面一道醒目的装饰带。叠涩丰富的屋檐或墙檐也是侧界面的整个界面展开，连续、协调，局部有重点装饰，形成统一中有变化的丰富的空间形态，给人良好的视觉效果和方向的导向性。

图4-40　街巷侧立面上的装饰

（来源：作者自摄）

4）顶界面

　　顶界面一般以天空为背景，形成狭长的天际线。高低起伏的建筑轮廓线则是界面的边沿。在巷道中，在民居的入口处架设过街檐楼，一是突出了宅院的入口空间，二是丰富了巷道空间的层次。图4-41为抚河流域地区传统聚落中典型的街巷顶界面形式。

(a) 檐楼　　　　　　　　　(b) 天际线　　　　　　　　　(c) 天际线

图 4-41　街巷顶界面

(来源：作者自摄)

2. 尺度

传统聚落中的线型街巷空间及其尺度反映了特定区域内人们的生活方式，聚落营建的习俗，在某种程度上还反映了当地的经济状况。传统街巷空间尺度的形成有多方面的影响因素，首先是其功能性质决定，古时村落中人们的交通主要靠步行，运载货物时也是使用的约 1m 宽的独轮车，所以较小的尺度就可以满足人们的日常生活需求。另外气候条件，由于南方地区的湿热，通常都是两侧高墙林立，一方面可以避免日晒隔热，另一方面可以促进风的流动，形成风道，组成聚落中无形的通风隔热系统。其二是，街巷空间满足人的视觉和情感需求。抚河流域地区中传统街巷一般是高耸，宽度较小，整体上给人，阡陌交通，小巷深深、曲径通幽的视觉感觉。相比现代的街巷尺度宽阔、笔直，局部缺乏细部的处理，使人产生单调、枯燥的感觉。最后，街巷尺度的设计体现了一定的等级性。在古代都城的设计，"环涂以为诸侯经涂，野涂以为都经涂"[①]，都城的等级不同，其道路设置的宽度也不同。在传统聚落中街巷宽度也反映一定的尺度等级，当然不是带有政治色彩，而是由其功能决定，主街由于交通量大，通常比支巷的尺度要宽阔。

以功能导向不同的街巷产生了完全不同的规模和尺度，在现代都市以汽车通行为主的道路，在满足大流量和高速度的前提下，街道不得营造出非人的宽阔尺度。在古时街巷中，以人的步行为主，人流量小、速度慢则对应的是宜人的尺度和精细的建筑细部[②]。传统街巷不但发挥聚落中组织交通的基本功能，还是人们进行生活交流的重要交往空间，是和它适宜的尺度密不可分。不同的尺度对人的

---

① 夏祖华黄伟康. 城市空间设计［M］. 南京：东南大学出版社，1992：32.

② 孙华伟. 云南省村镇"类"传统街巷空间的整合研究［D］. 昆明：昆明理工大学，2008.

视觉和心理上产生不同的感受，影响人的心理和视觉感受最重要的一个因素是街道的宽度和侧界面墙体高度的比例，将街道的宽度设为 D，两侧建筑的高度为 H，当 D/H=1 时，高度和宽度匀称，是空间形制的转折点；$D/H<1$ 时，会产生亲近之感，但随着比值变小，会有压抑、紧迫之感；$D/H>1$ 时，会产生开敞的感觉，随比值增大，空间的离散感增强，当比值大于 3 时，封闭感消失，建筑侧立面仅作为空间的边界[①]。街巷空间中不同的 D/H，产生不同的心理感受（图 4-42）。据大量的调查，当 D/H 在 0.5~2 时，会产生亲切、安静、稳定，愿意停留的心理需求。

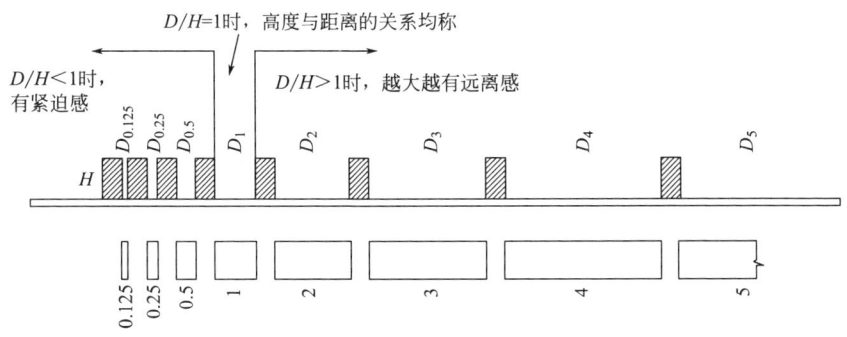

图 4-42　街巷空间尺度 D/H 的关系

（来源：芦原义信. 街道的美学［M］. 尹培桐译. 天津：百花文艺出版社，2006:47。）

抚河流域地区传统聚落的街巷尺度，多具有宜人的空间，当穿行在其中时，会有一种亲切之感，给人静谧的感觉，产生深巷斜晖之古韵。传统街巷中按宽度一般可以分为主街、普通巷道和一些狭窄的小巷，多数都是属于生活性空间。除了生活性为主的街巷外，有的聚落中存在商业街，如南城县株良镇云市村、广昌甘竹镇甘竹村、东乡黎圩镇黎阳村等。

主街有开阔之感，一般宽 2.5 ~ 4.5m，因为其功能是街巷中的交通动脉，所以多视野开阔，给人轻松愉悦之情。普通巷道通往各家宅院的主要巷道，是邻里交往和交通频率较高的空间，一般宽为 2 ~ 3.5m，适宜生活，增加交往的可能性。小巷虽有幽深狭长之感，宽度在 0.5 ~ 1m，但界面蜿蜒，空间变化趣味性强。传统聚落中有商业性街道，则多舒适开阔 3 ~ 5m，满足人们通行购物的需求。抚河流域地区的传统街巷的尺度上整体以小尺度，满足人们的日常生活为目的，总体上有亲切、舒适的感觉，局部的狭巷会有压抑之感。不同类型的街道尺度示意如表 4-4 所示。

---

① 芦原义信著，街道的美学［M］. 尹培桐译. 天津：百花文艺出版社，2006：46.

不同类型的街道空间尺度示意   表 4-4

类型	街巷尺度示意图	*H*（m）	*D/H*	空间感受
主街		5 ~ 8	0.9 ~ 1.5	有开阔之感，身心放松，愿意交流、驻足，人与人之间交往的可能性大
普通巷道		4 ~ 7	0.5 ~ 0.9	静谧、安逸，强烈的围合感，使人产生心理安定感，适宜漫步穿行
狭巷		4 ~ 7	0.3 ~ 0.5	产生狭窄、压抑，有紧迫感，使人会有迅速穿越的紧张感
商业街		4.5 ~ 6	0.5 ~ 1.2	产生舒适、亲切之感，满足人们购物和通行的心理需求

（来源：作者自制）

　　总体上，抚河流域地区传统聚落街巷空间尺度主次分明，空间层次丰富，开合有度，材质精良，与建筑浑然天成（图 4-43）。主街作为全村的重要交通干道，较为宽敞，小巷的尺度较小，多为 1m 左右，最窄处仅容一人通过。街巷尺度与肌理主次分明，在空间的处理上开合有度，与建筑的退让浑然一体，巷陌深深，空间处理却不乏趣味。主街一般空间开敞，视野开阔，当一侧为高耸的墙体林立，一侧为开阔的水塘或田陌风光，或两侧都有建筑时，相对尺度也较大。巷道的尺度相对较小，空间的处理灵活多变，平面有直线形或有顺势蜿蜒曲尺形，转角出现弧形，随着建筑退让时窄时宽，空间收放自如。双塘镇竹桥村的十家弄，北端一座大宅门前空间开敞立一座照壁，由这座大宅依次向南，建筑逐步向前凸出，巷道则随建筑向内收进，空间富于变化，在上弄和下弄之间隔一道券门，起到了分隔空间的作用。

(a) 城湖村主街　　　　　　(b) 竹桥村十家弄　　　　　(c) 尚庄巷道

图 4-43　丰富的街巷空间形态

（来源：作者自摄）

4.6　聚落节点布置特征

在抚河流域地区传统聚落中，存在着类型丰富，数量众多的公共性质的建筑物或构筑物，例如古井、古桥、古庙、古树等。这些景观元素不但发挥着重要的社会职能，为人们提供生活、交通、交往和寄托精神信仰的场所，是传统村落中不可或缺的要素，还丰富了聚落的空间形态，成为重要的节点空间。这几种元素往往相互组合，形成更富有意境的空间形态。本书主要从祠堂、村庙、古井、古桥、古树等几种构成要素及各要素所处的位置对聚落空间形态的影响方面进行分析。

4.6.1　祠堂

祠堂为族人的兴旺发达的标志，祠堂建设的越奢华，表明该族的经济势力和名望越高。在宗法社会时期，族人热衷于祠堂的建设，往往是举全族之力而建，或是经商的商人发迹之后捐建，所以祠堂建筑工艺代表了当时较高的建筑技术水平。

作为传统聚落中等级最高的建筑，建筑规模宏大，甚至高达五开间四进式，有的占地面积有 1000 多平方米。建筑尺度相对也较大，明间开间一般在 6m 左右，进深较大，天井高敞，一般祠堂前会有空地，作为公共活动的场所，门前一般都有水塘，起到藏风聚气的作用。

建筑的工艺考究，用材较大，尤其是柱梁粗硕，气势恢宏，有的柱径高达67cm，如东源村的曾氏宗祠和棠阴镇的八府君祠。祠堂的梁架明间正贴一般采用插梁式构造，扩大室内的空间。建筑装饰方面，雕刻精雕细琢，图案丰富多样，以高坪村的乐氏宗祠为代表，具有较高的艺术价值。整体上，明代祠堂的建筑梁架恢宏，用材粗大，清代祠堂的雕饰更精美，呈现不同时期的建筑风格。

祠堂是传统聚落中最为重要、等级最高的建筑，是公共活动中心，也是体现族权的精神空间。在宗法社会时期，人们在敬祖收宗的理念影响下，祠堂是全族的精神空间和联系家族的核心纽带。作为传统聚落中重要的核心空间，祠堂影响着聚落的结构和布局。在宗法社会时期，聚落的建设布局直接反映了社会组织结构。

祠堂是聚落布局的关键节点，是联系社会结构形态的线索，在聚落空间中呈现核心化和层级化的特点。核心化是祠堂为聚落空间形态中的核心要素，是一个家族或支派中标志性建筑物，位于风水最好的位置，村落布局以祠堂为中心展开，在祠堂的控制力下，聚落形态形成内聚性和有一定的向心力。层级化是指在血缘型的聚落中，一个家族在发展繁衍过程中，形成一个大的宗族下不同的房派，反映在聚落营建上，则是宗祠作为全族的核心，每一房派建有公祠（支祠），不同房派之间围绕公祠（支祠）建设，形成一个建筑组团。有的大的宅院中设有家祠，为祠宅一体的建筑群，形成宗祠—支祠（公祠）—家祠的层级关系，对应聚落的形态则是村落—组团—宅院的布局关系[①]。

祠堂所处的位置是祠堂重要性的体现，尤其是宗祠或全村的总祠在聚落中的布局。宗祠是一个村落中或是附近几个村落中具有血缘关系的一个姓氏的族人共同祭祖的地方。抚河流域地区纪念某一历史人物而建的祠堂称之为总祠或公祠。通常是为了纪念本村的开基祖而建的祠堂，称之为总祠；而支祠（公祠）其中一支派为了纪念本房派历史人物而建立的祠堂，在抚河流域地区通常称之为公祠。公祠是某一房派建筑组团的核心。本书所讨论的抚河流域地区聚落中祠堂的位置尤其是指宗祠或是总祠。祠堂是传统聚落的核心节点空间，其位置的分布通常是两种情况：一是在聚落中的几何中心性，位于村落的几何中心，具有一定的向心力；二是聚落中地位核心性，通常位于村口，或村中一侧地势较高，风水好的位置。

1. 祠堂位置的几何中心性

聚落的中心性是人为秩序中最突出的一点。在聚落形态上往往出现了宗祠为核心而形成的节点式的公共活动中心。徽派传统聚落、岭南传统聚落中有以祠堂

---

① 李晓峰，谭刚毅. 两湖民居［M］. 北京：中国建筑工业出版社，2009：238.

为中心进行布局的案例，是在宗法时期体现聚落核心性的重要标志。皖南黟县西递村，较大的规模使其按照血缘关系划分为九个支系，以祠堂为中心进行布局，各据一片领地，每一支系又分别以支祠为副中心布置于村落周围。总祠称为"敬爱堂"规模宏大，位于全村中心，属于全村的祭祀、礼仪活动均在这里进行[1]。广东地区的潮汕传统聚落中，祠堂往往是聚落的中心。《潮州府志》记载：潮人"营宫室必先祠堂，明宗法，继绝嗣，崇配食，重祀田"。以德安里的民居组团为例，中路祠堂为中心，向左右和后方拓展，形成以祠堂为中心的大型民居群[2]。

抚河流域地区部分传统聚落的总祠位于聚落的中心，使得聚落的空间形态具有明显的向心性。总祠在建造的时间上，一般是聚落在开基一段时间后，当族人发展繁衍至一定的规模，有相当实力时才会为纪念开基祖建造祠堂。祠堂一般面塘而建，总祠定好后，各个支祠围绕总祠向外拓展，形成组团式的围绕总祠建设的格局，其中典型的案例是竹桥村和大耿村（图 4-44）。竹桥村的文隆公祠是村中的总祠，是为了纪念开基祖文隆公而建。余氏在此开基是在元代中期，祠堂建于明代初期。文隆公祠位于竹桥村的中心，进入总门楼后，前有一方水塘，文隆公祠面塘而立，其他的公祠则分别位于其四周。大耿村的"麟阁世家"祠堂为村中总祠，是为了纪念柏轩公在此开基立业而建。早在族谱上就记载，关于总祠的选址，族长写信请在京为官的徐琼，徐琼回复："祠堂何处可为基？南有盘回

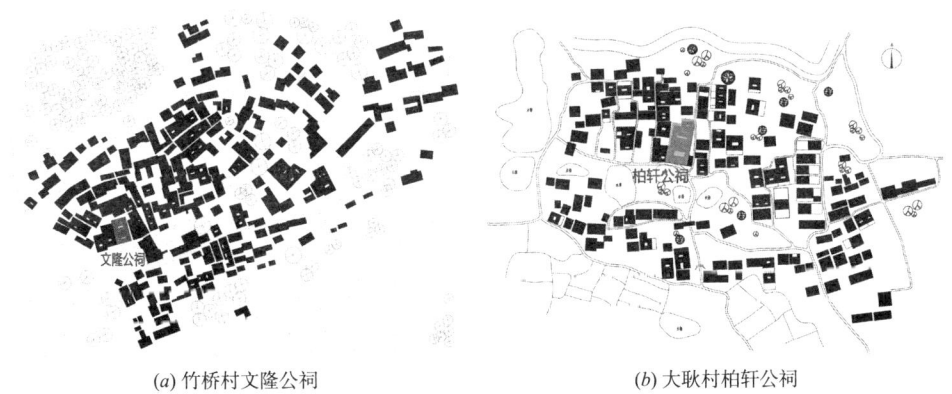

(a) 竹桥村文隆公祠   (b) 大耿村柏轩公祠

图 4-44   总祠在聚落中的位置

（来源：作者自绘）

洗马池，在外冈陵重迭秀，当中形势十分奇。"大耿始建于北宋年间，祠堂修建于明弘治年间。祠堂在大耿村的位置，族谱有"大祠定中心"的记载，位于村落的中心，左右两个建筑组团分布。

① 彭一刚. 传统村镇聚落景观分析［M］. 北京：中国建筑工业出版社. 1994.
② 潘莹，卓晓岚. 广府传统聚落与潮汕传统聚落形态比较研究［J］. 南方建筑，2014，3：79-85.

另外，在抚河流域地区的南部邻近闽西地区的广昌县，类似于祠堂功能的建筑类型，称之为厅堂。广昌县曾是客家南迁顺抚河而下到达南部的一个驿站，是客家人分布的地方，习惯将村称之为堡，并且在村中始迁祖最早建房屋的地方，为厅堂。过年过节，或婚丧嫁娶则在厅堂中举行祭拜仪式，具有祠堂的功能。厅堂与总祠有类似之处，都是本村同一血缘的族人祭祀的地方。不同之处在于厅堂是最初的营建点，而总祠则可以选择在合适的地方建设。厅堂往往是聚落的中心，其他民宅则围绕厅堂建设，形成明显的标志性和向心性（图4-45）。

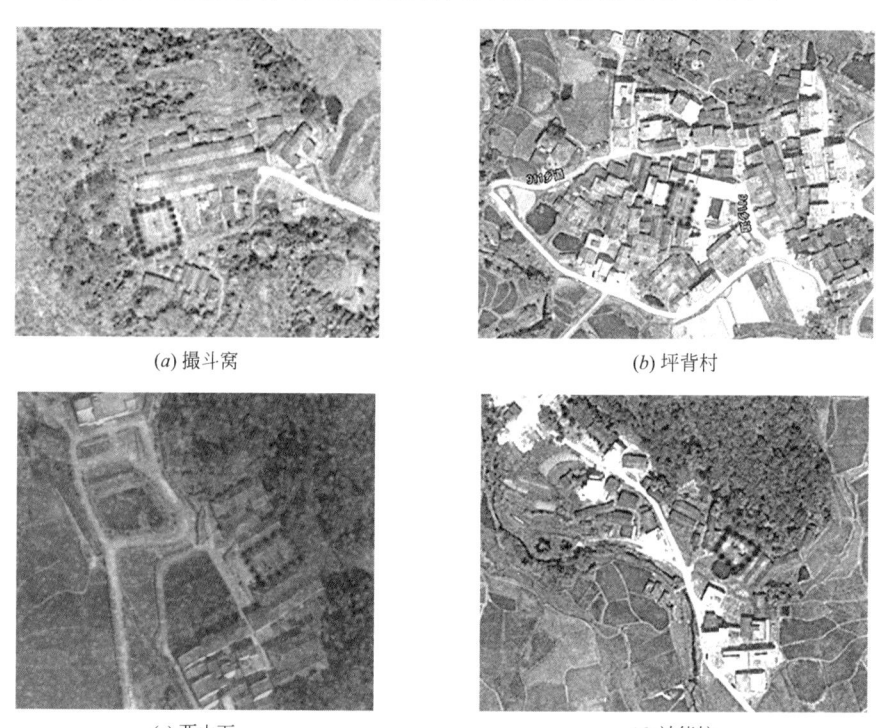

(a) 撮斗窝　　　　　　　　　　　　(b) 坪背村

(c) 西山下　　　　　　　　　　　　(d) 神能坑

图4-45　厅堂在聚落中的位置示意图

（来源：根据谷歌图绘制）

2. 祠堂位置的地位核心性

祠堂并不在聚落的几何中心，而是位于聚落中的一个核心地位，仍然对聚落的整体形态起到一个控制力的作用。对于祠堂不在中心布置在聚落一端的情况，两湖地区也有类似的布局，尤其是鄂东南地区。宗祠其布局仍然分两种情况：一是位于聚落入口的显要位置，祠堂是族人的"脸面"，位于村口起到标志性作用（图4-46）；二是占据聚落中地势较高或风水较好的位置，与其他的民宅有一定的距离，形成主次分明、重点突出的聚落形态（图4-47）。祠堂是家族中最为神圣的地方，其选址在风水上非常讲究，一般是背山面水，占尽村中的龙脉生气。

(a) 东源村　　　　　　　　　　　　(b) 全坊村

(c) 上池村　　　　　　　　　　　　(d) 沿湾村

图 4-46　村口祠堂的位置图

(来源：沿湾村改绘，其余作者自绘)

(a) 祝家山　　　　　　(b) 黄连山　　　　　　(c) 汾水村

图 4-47　位于聚落一端的祠堂的位置图

(来源：作者自绘)

4.6.2　村庙

村庙的建筑形制与当地的建筑风格基本一致，但在内部的陈设和局部的细节设计上会有较大的差别，以突出宗教建筑的典型特征。抚河流域地区的十一县区，由于各地的传统民居在细部上有地域特色，所以反映在村庙上也会有造型、材质上的差别。从平面布局和建筑规模上，抚河流域地区传统聚落中的村庙可以分为天井围合式规模较大的一类和只有一栋建筑单体的规模较小的一类。

　　天井式村庙有一进天井或三开间两进天井，与一般传统民居的规模大小差不多。主殿前有一个跨院空间的村庙规模不大，也较为常见，如下宋村的土地庙（里社）。带有天井式的典型村庙有东源村的仙师殿，分前后两殿，中间设一天井，主殿的进深都较大（图4-48）。瑶浦村的三仙行宫是村落中的重要道观，三开间一天井式，其布局较为独特之处是天井内设风雨亭，两根中柱落在天井内，两个翼角的重量由前后殿的屋顶承担，构造独特。正立面明间屋顶高起，两侧有耳

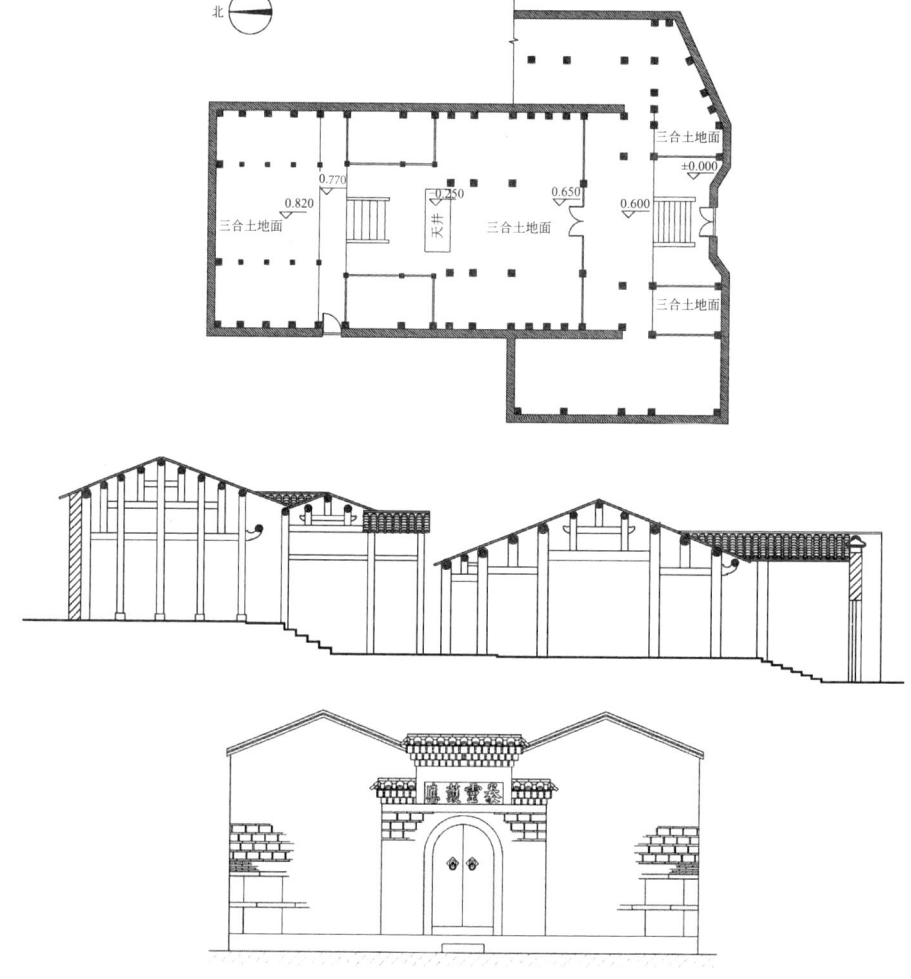

图4-48　东源仙师殿测绘图

（来源：平面、剖面为工作室成员绘制，立面为江西师大绘制）

房，正脊两端为高高翘起的龙尾脊。山墙为人字墙，道观和佛寺往往沿中轴对称，由几进建筑沿中轴布置，形成一个建筑群。

　　规模较小的一类庙宇中，通常面阔一间或者是面阔三间，进深一间，占地面积十几平方米（图4-49）。其中，土地庙的数量较多，土地庙又称为"里社"或"社公祠"等。屋顶形式有硬山顶、悬山顶和歇山顶等。建筑立面有牌坊式、三滴水门罩式，或普通的墙上开门洞，门口上方一般都有石匾额，刻村庙的名称。石邮村的傩神庙正立面入口为八字牌坊门，山墙为人字形，筒瓦屋面，造型端庄。波源村的将军庙，马头山墙，三滴水门罩，青砖灰瓦，颜色素雅，反映了临川一带的建筑风格特色。在南丰地区的一些庙宇墙体被涂成红色，屋顶为歇山顶，规模较小。

(a) 竹桥村锡福庙　　　　　　(b) 鸡月岭三仙庙和佛寺　　　　　(c) 黎阳村白符社

(d) 石邮村傩神庙　　　　　　(e) 波源村将军庙　　　　　　(f) 瑶浦村社公祠

图4-49　规模较小的村庙

（来源：作者自摄）

　　村庙是民间信仰性质的公共性庙宇，是当地百姓精神寄托、祈福纳祥的精神空间。抚河流域地区的传统聚落中，庙宇类型众多，村村皆有庙，几乎是无庙不成村。村庙是人们的公共活动中心，是聚落空间中的重要节点。村庙在聚落中的位置对聚落的整体形态产生了重要作用，按其位置可以分为三种：一是位于水口，起到标志性作用；二是位于聚落内部或是核心位置，或某一角落，位置相对随机，在内部形成一个公共空间节点；三是位于聚落的外围，独立于聚落，其选址在风水上的需要，形成对聚落整体护卫的格局。

　　该地域的传统聚落重视水口的营建，水口立庙，作为标志，庙旁通常会有一棵古树掩映。水口的庙宇一般规模不大，多立土地庙。位于水口的庙宇典型的案例有祝家山的三仙庙、中宋村的土地庙（门额上刻有"里社"）、龚家村的土地庙（图4-50）。

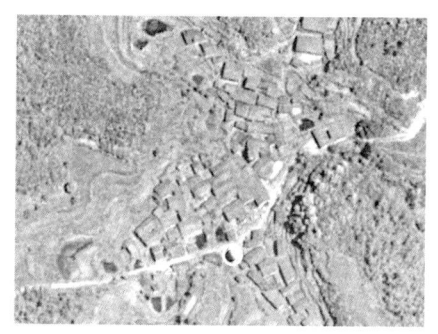

(a) 祝家山三仙庙

(b) 中宋村土地庙

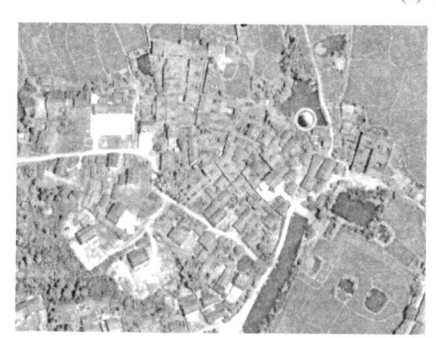

(c) 龚家土地庙

图4-50　位于村口位置的村庙

（来源：根据谷歌地图绘制、自摄）

　　有的聚落是以庙宇作为组织村落形态的核心要素，村庙位于聚落靠近中心位置，（图4-51），前有开敞的空间，是全村人公共活动的地方。由此足以反映全村人对该庙的重视程度，这一精神信仰对他们的生产生活有着举足轻重的作用。

瑶浦村的"三仙行宫"位于村落中心，前有开阔的广场，一侧是20世纪七八十年代修建的瑶浦影剧院，是公共聚集活动的中心，也是人们日常聊天、休息的场所，村庙空间是世俗化生活空间的一种体现。石邮村的傩神庙，位于村落入口处显要位置，基本处于村落的核心，前有小广场，每逢过年过节便在此表演傩戏。位于村落内部的某一随机位置的庙宇，对整体的空间形态影响力较弱，但在一定的范围内形成一个公共空间节点，如东源的仙师殿、黎阳村的社令祠、汾水村的福神祠等。

(a) 瑶浦村三仙行宫的位置

(b) 石邮村傩神庙的位置

图 4-51 位于聚落核心位置的村庙

（来源：根据谷歌地图绘制、自绘）

一些庙宇位于聚落的外围，独立于聚落整体，形成一个重要的风水节点，产生对护卫聚落的心理安全需求。波源村出门楼，东北离村子300余米处建有"将军庙"和"文华阁"（俗称李家庙），村外的两座庙宇节点的设置是波源村聚落布局的典型特征。比较典型的案例是古竹村的一系列庙宇节点，文昌阁、三帝宫和福主殿位于村落外围，形成众庙护卫的聚落格局。在鸡月岭村落的西侧，有两处庙宇，一个是三仙庙，一个是佛庙，坐落于村外的高地上（图4-52）。

(a) 古竹村三帝宫的位置

(b) 鸡月岭三仙庙的位置

图 4-52 位于聚落外围的村庙

（来源：作者自绘）

4.6.3 古井

古井的大小不一，造型各有千秋，有圆形、方形、双圆形或双方形并列的鸳鸯井。水井周围通常会有用石板围护，如甘竹村的一口古井井壁由高约 40cm 的石板做成圆形，上刻有"雍正五年春月重修"的字样。古竹村共有五口古井，其中比较有特色的是一口方形水井，面积较大，井壁用层层条石砌筑，高 1m 多，三面围合，正对面的条石上刻着水井的修建年代等信息。图 4-53 中选取了在空间处理和造型上比较有代表性的古井。

(a) 金溪茅埠村外古井   *(b)* 广昌甘竹村街边古井   *(c)* 东乡段溪村巷中古井

(d) 广昌甘竹村街边古井   *(e)* 南丰黄连山村中古井   *(f)* 南丰古竹村中古井

图 4-53　典型的古井

（来源：作者自摄）

水井是传统聚落中人们生活用水的水源之一，通常几户共用一口井，水井的设置在古代同时具有户籍统计的作用，户数与水井的数量有一定的联系。水井周围的空间也是邻里交流的公共交往场所，清晨井台周围湿漉漉的石板伴着挑水的声音、聊天的声音，大家开始了一天忙碌的生活。古井的历史悠久，有的古井历史长达千年，有的四五百年，在村落发展的过程中，不断开挖新井，历史短的也有一两百年。古井作为村民世代生活的印记，是重要的历史环境要素。古井的位置、井台的造型及空间处理手法不同对聚落的整体空间形态产生不同的影响。

古井的位置是根据人们生活的便利性和周围建筑、道路的关系择址，或处于村外，或处于村内的石板巷中间、巷道一侧、房屋的一个角落、水塘边等，位置随机较为灵活。大体上分为 2 类：一类是村口井，位于村落入口；另一类是街巷井，位于聚落内部某一巷道。

建在村口两个典型例子，一个是金溪的竹桥村，另一个是金溪的茅埠村。竹桥的"品字三井"位于总门楼外，成品字形分布，均为清代所建，四方禾斛井，能同时供几个人打水。茅埠的水井在村外几十米，有一条石板路专门通向水井，水井旁立一棵古树，村前一望无垠的田畈，古井与古树相衬成为该村的一个重要的节点空间，站在古井古树旁遥望对面的村庄，便顿时使人感觉寻找到乡愁的意境。

大多数古井为街巷井，位于村落内部，住宅较为集中，交通便利的地方。东乡县段溪村的一口古井位于三条石板巷的交汇处，水井成为巷子空间的主角，四周空间开敞，与幽深狭长的巷道空间形成丰富的空间开合的对比，古井、街巷和周围建筑的有机契合，不得不使人相信古人在建村时对每一处空间都进行了周密的规划设计。位于街巷一侧的古井，如甘竹村的一口建于清代的古井位于老街的街道一侧，另外一口名为"雯峰井"则位于街道一侧的房屋内退的一个凹形空间里。此外位于水塘边的古井，形成井、塘共存的空间，如姚西村观下围屋半圆形水塘旁的水井，是全族人共同生活用水的来源。此外，金溪蒲塘村蒲池（水塘）岸边有一口古井，曾经是周围人家用水的主要来源。古井所处的空间有大致可以分为 2 种，一种是处在较为开阔宽敞的空间，古井是空间里的主角，另一种是处于半包围，半封闭的空间，周围的建筑和街道退让，形成一定的井台空间，不管是开敞还是半封闭的空间，都为聚落的空间形态增加了层次和趣味性。

4.6.4　古桥

古桥横跨在山水之间，人工环境与自然环境沟通的纽带，在功能上引导交通组织，在聚落景观上营造空间序列发挥了重要作用。古桥的造型多种多样，有拱形桥、平板桥等（图 4-54）。不管是尺度较大的古桥还是尺度较小的古桥，都会聚落的形态带来不同的空间体验。尺度较大的古桥颇有一桥飞架南北之气势，尺度较小的古桥则呈现出小桥流水的意境。

在力学不发达的古代，中国的桥梁建筑艺术是古代劳动人民智慧的结晶。古桥作为传统聚落中重要的构筑类型，其营建技术反映了古人高超的建筑技艺水平。由于抚河流域地区的水系发达，多数传统聚落临水而居，跨河必须建桥通过，古桥是村中的重要交通通道，同时也是村中着重营造的水上景观。

古桥的位置位于进村跨河的交通要道上，主要由水系和进村道路所决定。有的古桥位于村中的水口处，古桥、古树成为村落入口的景观标志，如东乡水南村的古桥。其他的古桥位于村前的港上，或村后的河面上，跨水而建。

(a) 金溪岐山古桥

(b) 东乡水南村古桥

(c) 金溪青田村古桥

(d) 东乡候桥村古桥

图 4-54   典型的古桥

(来源：作者自摄)

4.6.5   古树

古树的种类繁多，数量较多的古樟树，还有一些名贵的品种如红豆杉、罗汉松等。古树的形态或挺拔高耸，或是婀娜多姿，郁郁葱葱，本身就是村中的一道亮丽的风景（图 4-55）。村后靠山上古树成林，是护卫全村的风水林，如东源村、珊珂村等。广昌县姚西村的西里在村前有数棵古树树影婆娑，遮天蔽日，夏日走进村前便有一丝凉意。广昌坪背村的西林寺旁的罗汉松与古庙相依，营造了浓浓的历史沧桑感和文化厚重感，该罗汉松栽植于明永乐年间，至今枝繁叶茂，四季常青，为珍贵的树木品种，为国家一级保护名木。总体上，传统聚落中的古树或单独伫立，或古树成林，或与其他的景观元素搭配，都为聚落整体空间形态的塑造发挥了不可替代的作用。

历史悠久的传统聚落中有众多古树，不但有丰富景观的作用，还有精神祭祀功能，当地百姓把古树当作神灵祭拜，充当村中的保护神。古树的位置相对较为随机，但一般在水口处、村后的山林，门楼一侧，或开敞的空地上，形成古树空间。

村落的水口处多会有古树，起到作为标志性作用。参天的古树通常与古庙、古井、古桥等景观元素结合，打造村中的景观节点。村后的山林一般是村中的风水林，参天古木成林，是村中的风水林也是景观林。门楼或街巷中的古树，四周开敞的空间，形成古树空间节点，成为人们纳凉聊天的较有活力的场所。

(a) 南丰古竹村村庙旁的古树　　(b) 广昌西里村前古树林　　(c) 广昌坪背村西林寺旁的罗汉松

图 4-55　典型的古树

（来源：作者自摄）

4.7　空间组织典型模式

聚落是人类居住生活空间的载体。由于自然地理、社会人文等综合因素的影响，聚落的构成要素及组织方式千差万别，呈现较强的区域性。例如皖南的传统村落由于受风水理念的影响，特别注重上下水口的营建；苗寨占山而居，寨中的铜鼓坪是人们活动的中心场所；河北、山西一带的建有堡门、堡墙规划布局严整的堡寨聚落等。在北方长城沿线由于军事需要产生了大量规划严整防御性的堡寨聚落，明清时期徽州发达的徽商文化和重视风水理念，营建工艺繁杂的气派的徽派乡土建筑，而武陵山区的土家族、苗族，受地理环境条件和民族信仰多重因素的影响，其传统建筑——吊脚楼展示了其特有的少数民族风情。

抚河流域地区的传统聚落呈现了两种典型的聚落组织模式，一种是村堡式，另外一种是里外堡式，这两种模式的表现尤其以金溪地区和南丰地区最为典型。金溪一带的传统村落周围有明显的边界，四周村墙围护，形成类似北方的堡寨型聚落，因而称之为"村堡式"。而南丰地区的传统聚落则表现为内外两个组团，当地分别称之为"里堡"和"外堡"，所以称之为"里外堡式"。村堡式聚落的空间组织呈现类型化、防御性强的特征。里外堡模式则村落空间开敞，其明显特征是分团而居。

4.7.1　村堡式

金溪地区大部分村落的空间组织模式建有村墙，入口设门楼，村内外人工开挖一口或几口水塘，契合地形将村中各种元素，形成村墙围合、门楼引导、水塘嵌绕、梳式街巷的空间组织模式。

1. 村墙围合

几乎村村都建围墙，村内外形成明显的村落边界。现在大多数的村墙只保留了局部一段，大多地段的村墙由于人为建设因素毁坏或自然因素坍塌。现在还能清晰看到村墙的村落有东源、竹桥、后林、涂坊、杭桥、龚家、润湖、北坑、茅埠等。

（1）村墙的2种形式，一是独立的围墙，二是利用房子的檐墙组合成连续的界面。

大多数的村墙是为独立的一道围墙，高约2～3m，与能起到相对良好的御敌效果的城墙比起来，它的相对高度并不高。东源的村墙现存南面和东面保存完好，东面的村墙高约3m，红石墙基，青砖砌筑，高耸结实，向北方蜿蜒而去。墙头上枯萎的藤状茎叶，在风中摇曳，增加了其沧桑感。一般公共建筑如宗祠通常独立于村外，如东源村村西的曾氏宗祠离村子的西门大约有一两百米的距离。涂坊村东的总门楼南侧还残留一段长约200m的村墙，与总门楼衔接形成一个封闭的空间，残高约1m，顺道而建，原来将整个村子紧紧包裹起来（图4-56a）。润湖王家从王氏祠堂到总门楼一段的村墙保存完好，高2m多，红石墙基，青砖砌筑规整，从围墙外可以望到里面民宅门额，三滴水门罩，形成半遮半掩、犹有琵琶半遮面的效果。

利用建筑的檐墙形成一个封闭的界面，如北坑（图4-56b）和茅埠村。北坑村的东北对外界面由建筑的后檐墙组成，高高低低，墙上开很小的高窗来满足室内的采光。双坡顶屋面裸露在外，并不像其他的天井院落后檐墙高于屋檐，外观看不到坡屋顶。总门楼与后檐墙连接，为进入村中的主要通道。茅埠村同样用建筑的檐墙连接作为对外的界面，但局部开门，并不像北坑序列那么完整。

（2）村墙与建筑的空间关系，一是与村墙与建筑或街道之间紧密衔接，二是村墙与村落内部空间有一个过渡地带。

村墙内往往就是主街道或者紧邻建筑，这种情况较普遍，与村落实体空间的距离很近。东源村前的村墙后为东西向的主干道，涂坊同样是村墙的内侧就是村中的主街。龚家村前的村墙沿湖展开，顺街而建，内侧为天井院落。润湖王家的村墙内侧紧邻天井院落。另一种是用外围的围墙与村中实体建筑还有一段距离，从门楼进入村内，有一个开敞空间，如后林。后林的村墙将水塘包含在内，村前为开阔的水塘，水塘的外侧建村墙。

(*a*) 涂坊村村墙　　　　　　　　　　　　　　　(*b*) 北坑村村墙

图 4-56　村墙

(来源：作者自摄)

2. 门楼引导

1）门楼引导方式

金溪一带的村子整体呈现较强的封闭性，外有村墙围合，门楼作为进入村内的入口，俗称为"关"。门楼作为重要的公共建筑，几乎村村必有门楼。门楼的设置方式及其引导的空间序列或布局形态对聚落的整体空间具有很大的影响。村落的总体布局一般为村落的四个方向各设一个村门（边门楼），再在一个主要的入口方向设置总门楼，为进村的主要通道。门楼引导的入口空间是聚落中重要的节点空间，或悠长或逼仄或开敞，给人丰富的空间体验。

（1）门楼的设置方式

A. 边门式。边门式可以分为四周包围式和主线串联式。四周包围式即村四周设村门，类似中国古代城池的布局，东、南、西、北各有一门，呈均质化分布。通常连接村前主干道的门为两个主门，其他两个为次门。现存格局清晰，村门保存完好的四周边门式的典型案例有东源村、尚庄村、全坊村。东源村村内街巷纵横，布局紧凑，房屋排列有序。四周有一人多高的用砖砌成的围墙，四面设村门，形成村堡式村落。东、南、西、北四个村门，除西门为不久前重建外，其余三门均建于清康熙庚辰年（1700 年），门楼上镶嵌的石匾分别镌刻着"龙先发祥""阳德含晖""东源西门""旋星共极"四个大字。南门"阳德含晖"与东门"龙先发祥"位于村前主干道的两端，为两个主要的出入口。西门"东源西门"和北门"旋星共极"为村后通往后山林的出口。尚庄整体坐北朝南，基址为南低北高的田间岗地。村落形态呈组团状，规划有序，在四个方向分别设有门楼，称为"关"，东关（"凤林起秀"），东南关（"五马昌符"），东北关（"古陇名家"），南关（"科甲传芳"），这四座门楼分别通向村外的古道。全坊村坐北朝南，选址体现了中国古代"枕山、面水、环屏"的风水理念，环村原建有 3m 高的围墙，设四门（南门、东门、西门、北门），南门"科第"门，为村中的主门，东门和西门位于环塘界面的东西两侧，北门在村后通往后山。

以上几个案例为边门四周包围式，还有另一种情况为沿主街设置门楼，形成主线串联式，典型的代表为印山村、崇麓村。印山村中东西向的古道串联四座门坊，分成南北两个片区，东端入口门楼"科甲联芳"昭示着印山徐氏科举的荣耀；过了徐氏宗祠之后有一座门坊，门额上的字迹已无法辨认；西端出口门楼"南州世第"表达了徐姓郡望；尽端是进入"翰林第"建筑组团的"翰林第"门坊。主线上门楼逐步推进，形成完整的空间序列，具有很强的方向导向性。崇麓村村前东西石板主街串联两座门楼，东门入口为"旭日迎恩"门楼，西端的门楼为"云□□□"，其后几个字迹模糊不清。

B. 总门楼式。总门楼即进入村内的主要入口，与其他的门楼有明显的主次关系。总门楼通常位于村落正前方，其形制多为三开间硬山顶。其他的门楼如无屋顶则确切地应称其为门坊，边楼式多为单坡顶或门坊。比较典型的总门楼式有中宋、下宋、北坑。中宋村总门楼面阔三间，硬山顶，保留典型明代梁架，由总门楼进入村落内部，进入左右组团。下宋村总门楼位于古村正南，与中宋门楼形制大体相同，略有不同的是中宋的总门楼由拱门进入后直接正对出口，而下宋的总门楼由中间门券进入后，分别左右拐，从两侧山墙上的拱门出去。北坑村的门楼是东界面进入村内的主要通道，同样面阔三间，硬山顶，门额上刻字"南邦伟望"，进入总门楼后右转进入村内的石板巷。其他的总门楼式布局的村落还有杭桥、珊珂、苏坊源等。

（2）门楼设置的空间序列

A. 入口门楼—总门楼式的序列。进入村内时设置双重门楼引导，先经过第一进门楼，再到总门楼，形成入口门楼—总门楼式，第一进门楼到总门楼之间约有几十米的距离。第一进门楼通常只有一间，单坡顶，规模较小。涂坊村原来沿古道进村时先到村东的"云林起秀"入口门楼，继续沿石板古道到朝东的总门楼进入村中的主街。小耿村的入口门楼为村南"三贤门"，进入"三贤门"沿塘步行至村中的总门楼"南州高第"门楼。进入古楼下村时，要先经过村东的"千尺龙门"入口门楼，沿东西向石板主街到村南中部的总门楼进入村内。这种由入口门楼—总门楼的引导方式，使得村落的入口空间更有秩序感（图4-57）。

B. 总门楼—门楼式的序列。上一种入口门楼—总门楼式引导的进入村内之前的外部序列空间，而总门楼—门楼式引导的是进入村落内部的序列空间。进入总门楼后，存在一个过渡空间，设置第二进门楼界定空间，起到强调作用，使得空间组织富于变化，并达到高潮。这种布局模式典型的村落有大耿村和润湖王家。润湖王家村落整体坐西北朝东南，村前界面村墙围合，总门楼位于村南古道的正中，为进村的主要通道。总门楼面阔三间，硬山顶，门额上石刻"槐林启秀"，由此可知是王氏聚居。此门楼独特之处有两点：其一是柱子用拼贴柱，下段用石

涂坊村"云林起秀"　　　　　小耿村"三贤门"　　　　　古楼下"千尺龙门"

图 4-57　入口门楼

（来源：作者自摄）

柱，上段与梁架铆合的用木柱。其二是两侧还有两个拱形门，其门额上分别刻"旋吉"和"展祥"。进入总门楼后，有一片开阔的场地，左右有两个门坊分别进入两个组团，与前面总门楼两侧的门坊相连。正对总门楼，距总门楼有二三十米的距离坐落着第二进门楼，双柱、悬山顶，类似是土家族的朝门。可惜的是木柱两侧起支撑作用的石倚柱被盗，现只能用砖垒砌墩台来稳固。从第二进的门框里可看到一棵被大火烧得只剩下树干却还在拼命发芽的古樟树，已有 1100 年树龄，通过第二进门楼形成极好的框景效果。总门楼和第二进门楼之间，形成一个方正的空间，为进入左右两组团的过渡空间，清晰地界定了王氏家族两个支脉不同的家族领地。

2）门楼引导的空间形态

（1）开敞型

门楼作为村落的主要入口，其引导的入口空间元素间的组织方式不同，具有不同的空间形态，产生不同的空间体验。进入门楼后的开敞空间，有池塘或空地与村落主体隔开一定的距离，使人产生豁然开朗舒展的感觉。珊珂村由村东的总门楼进入，视野开阔，一片湖光山色，远处连绵的古宅倒影在水中，左侧为静谧的树林，俨然一幅乡村水墨画。后林村进入总门楼后对应的石板主街，西侧为一方面积较大的水塘，东侧古宅林立，空间虚实相生，塘中群鸭嬉戏，动静交融。大耿村进入第二进门楼"兴贤坊"，石板路东西两侧为古塘，西侧祠堂对面为宏大的明代祠堂—柏轩公祠。"兴贤坊"与建筑主体界面之间尺度适宜，从"兴贤坊"的门框中可以看到柏轩公祠，形成较好的框景效果。以上的珊珂、后林、大耿入口空间由于进入门楼后为水塘，形成开敞空间，另一种进入门楼为开阔的空地，典型案例为杭桥村。杭桥村村南总门楼独立存在，进入总门楼即为一片开敞空地，空地的北侧为一方水塘，总门楼与村落实体界面之间尺度开阔。入口空间开敞型其他的村落还有竹桥村。

（2）狭长型

进入总门楼后正对石板巷，这条巷子通向村落内部，这样的布局进入总门楼后人首先面对的是一狭长的空间。北坑村进入村东的"南邦伟望"总门楼后右转，正对一石板小巷，两侧高墙林立，留下狭长得天际线。全坊村进入"科第"总门楼后，正对直弄，幽巷深如许，这小小巷宽不到1m，石板竖铺，一侧为排水沟，墙基下已长满杂草。对于边楼式空间设置，一般进入主要的村门时，其前方是一条主街延展，东源就是这样的代表。村东的"阳德含晖"门是进入村前进村的主要关口，进入门内就是村前的主干道，形成蜿蜒的狭长型空间。

（3）封闭型

总门楼之后为一相对封闭的围合空间，这种布局方式的典型案例是润湖王家。进入总门楼后一近似方形空间，左右设立围墙，对面引导空间序列的第二进门楼。两侧的围墙南部各有券门进入东西两个组团，卷门的门额上分别镌刻"乌衣门""青湘第"。这个空间为向东、西、北三个方向的过渡空间。

（4）逼仄型

进入总门楼后为正对一堵墙，这种空间城址为逼仄型。涂坊村进入村的总门楼后，正对一面影壁，其上嵌着大幅石匾"腾蛟起凤"四个大字，苍劲有力，其左侧书"嘉庆丙寅冬月"，右侧书"裔孙金璨重修"。"腾蛟起凤"即像蛟龙和凤凰那样腾空飞起，比喻才华洋溢。村中有这样的匾额题字彰显其厚重的文化气息。进入门楼左转后为进入村内的主干道。

总门楼与村门（边门楼）在位置和形制上有一些差异。总门楼一般指进入村的重要通道也是总关卡，多为硬山顶建筑。村门则是从四方进入村内的关口，通常位于村子的东、南、西、北四个方向。如东源村的总门楼位于正南，东南西北各有村门。其他东南西北各一村门外，还设有总门楼的村落有珊珂村、竹桥村、大耿村等。"关"和总门楼在村落规划上有一定区别。南城县新丰街镇南部汾水村的总体格局是以石基头为中心，分别向东南西北延伸，称为东关、南关、西关、北关。石基头有四条大巷，通往四关。每关又有若干小巷，如西关就有七条小巷，纵横交错。与金溪尚庄村东、南、西、北四个关口的规划布局相像。东乡黎阳村建造了"东作""南图""西成""北越"四个村门，且按地理位置修建了多处门楼，还建有6个望风亭。

3. 水塘嵌绕

水塘是金溪一带村落构成必不可少的元素。水塘的巧妙布置不但使得聚落空间形态富于变化，或小巧精致或宏大开阔，给人带来美的享受，是村中重要的景观资源。同时，水塘可以方便村民的日常生活，很多水塘至今水质清冽，塘边设置板石，老乡在塘边浣洗。村民可在塘中发展养殖，有的水塘中时不时出现野鸭嬉戏，鱼儿跳跃的画面，增加古村美的动感。此外，水塘还有一个非常重要的功能——排洪蓄水,古人在规划设计村庄时,遵照地形,设计一套完善的排水系统。下雨时,雨水顺势从墙基下的排水沟留到水塘,所以水塘是排水系统中重要的组成部分。根据水塘在村中的位置,可以分为前塘后村式和水塘嵌入式。

1)前塘后村式

水塘集中布置在村落前方,前为开阔的塘面,后为村庄的界面,虚实分开。这种布局方式一般水塘面积较大,村中的建筑布局紧凑。村前面塘不论从选址的风水学意义上还是从村落防洪排水实际功能上具有双重意义。一方面,村前面水体现了中国传统聚落中选址的背山面水中的"面水"的原则,形成藏风聚气的微气候环境。另一方面,传统村落选址一般前低后高,村中排水沟的雨水和生活污水可以顺势排到前方的水塘中。城湖村前的石板主街以南为水塘,以北为深宅大院。村前的带状水塘长约120m。水塘波光粼粼,沿街建筑界面映在塘中的倒影,形成一幅清新淡雅的水墨画。人们在水塘边晒太阳、浣洗、聊天,俨然一幅惬意的生活场景。正是这口大水塘呈现了鲜明的景观特色,营造了诗情画意的传统村落空间。沿塘的石板街为横街,沿街依次向北形成五条支巷。水塘空间的开敞性和巷道空间的封闭性形成鲜明对比,村落整体空间有开有合,形成丰富的空间体验。村西南也有一口小塘,村西有一小溪,整体的水系都在村外围。东源村大体坐北朝南,村南有两口水塘,西侧的水塘面积较大,东水塘面积相对较小,村前田园平沃,村东流水潺潺,村后树林茂密,有几口小塘点缀,村庄外围水系丰富,水塘与田埂交融,村内建筑规划严整有序。全坊村村前一口半月形水塘,村前古道顺塘边呈弧形,街巷肌理以塘为中心呈放射状。村后有两口近似方形的小塘,村内无水系。其他外塘内村式布局的村落还有杭桥、游垫、苏坊源、洪湖村、龚家等。杭桥与全坊的布局肌理相似,村前有一口半月形水塘。游垫村村南并排几口长方形水塘。苏坊源的水塘不在村落前方,而是位于村东。洪湖村的水塘面积较大,位于村前,街巷布局并未正对水塘而是与水塘的成一定角度。

2)水塘嵌入式

水塘镶嵌在村内外,村落肌理形成自由式的布局,建筑、街巷等顺塘或环塘而布,村落内部的空间开合有度,肌理自然流畅。一般重要建筑如祠堂、门楼等门前设水塘。蒲塘村东南北三面环山,西边是一望无垠的大田畈,村落整体坐北朝南。该村最可观处在蒲池及其周边有99口塘,可谓水塘之村,而众塘之首为蒲池,水面十几亩,池水清冽。塘岸东北、西北角上各有方、圆两眼古井,称为龙凤井。塘北岸世宦祠和至成书舍环塘而建连成一片,形成一个环形的界面。塘西矗立雕刻精美的明代牌坊旌义坊及南熏门。蒲塘之美在于其开阔的尺度,波光粼粼的塘面,环塘而建的鳞次栉比的建筑界面。珊珂村规模不大,进入总门楼一方大塘映入眼帘,远处山林叠翠,建筑掩映在山林之中,沿塘的界面高低跌落,顺塘婉转。北坑村入口总门楼、村内水塘和村落正后方面积较大的水塘在一条直线上。整个聚落形态以此轴线对称。村中共有四口水塘,一处是总门楼前的水塘,另外三处水塘分别在村落中心部位、三省斋前和村落的正后方,将村落民居分为三个组团。民居以村落内部的水塘为中心展开,整体具有向心性。中心部位水塘北侧一组建筑,坐北朝南,面向水塘,立面整齐又有节奏变化,并和水塘东西两侧建筑形成环形格局,景观风貌较好。水塘嵌入村内外的布局还有竹桥、大耿等。竹桥有七口水塘,呈七星伴月之势。大耿村柏轩公祠前和村东都有水塘,村落肌理有疏有密。

4. 梳式街巷

村堡式聚落形成梳式布局,村前有主街,支巷与主街垂直,形成一横 N 纵式。梳式布局能很好地引导风向,将风引入巷道和室内,带走热量,适合夏季湿热的环境。

本节以上部分通过不同元素的组合方式对村堡式的空间形态进行了深入分析,以下将通过一个典型案例对村堡式的聚落在一个维度上的多方面的集成进行系统分析。金溪县琉璃乡的东源村,因其聚落格局完整,建筑风貌古朴,建筑布局紧凑,街巷保存完好,历史文化底蕴深厚,在聚落构成、建筑营造、民风民俗方面具有鲜明的地域性,在 2014 年被评为第六批中国历史文化名村。东源村为曾氏聚居,是金溪西北部一大望族。据《曾氏宗谱》载:孔子学生,被人们尊为"宗圣"的曾子是他们的先祖。曾子的 43 世孙由南丰迁至金溪中宋村,46 世孙曾元龙双从中宋村迁模桥村。49 世孙曾子实从模桥村迁至东阳书院。为纪念南丰先祖曾洪立葬于南丰东源,而改名为东源村,至今建村已有八百多年的历史。东源村在聚落形态的构成上是体现村堡式的典型案例,村内街巷纵横,布局紧凑,房屋排列有序(图 4-52)。

村墙围合:村四周有一人多高的由砖砌成的村墙围合,并在四面设有村门,形成村堡式村落。如今围墙大多数已经倒塌,只有村南和村东的村墙基本完好。村东的围墙高 2m 多,墙基用碎石,墙基上的青砖底部用眠砌。其上一眠一斗砌筑,坚实高耸,绵延通向北门。村前(南)的围墙残存的高度不到 2m,局部损坏,围墙内侧是宽约 0.5m 的排水沟。

门楼引导:沿村墙共有五个门,出村南正中的总门楼外,其余东、南、西、北各设一个村门。除西门为不久前重建外,其余三门均建于清康熙庚辰年(1700年)。门楼上镶嵌的石匾分别镌刻着"龙先发祥"(东门)、"阳德含晖"(南门)、"东源西门"(现在门额上写"东源西门",原来写的是"长庚耀彩")、"旋星共极"(北门)四个大字。村前还建有两座里门楼,门额上镶嵌"南丰世第"和"隆平旧家"的石匾。通过门楼有效的组织交通,村正中设硬山顶面阔三间的总门楼,其余村门则多为半坡顶,面阔一间,体量较小,一方面突出总门楼的重要地位,另一方面小型的村门起到易守难攻的作用。

水塘嵌绕：东源村整体上坐北朝南，村前有两口长方形的水塘，背后为山林，形成背山面水的格局。村落内部布局严整，规划有序，建筑集中，无内水塘。

梳式街巷：村前主街从东门仙师殿到村南的南门，横向贯通全村，是村中的主要交通要道，长约500m，宽约3m。石板街顺建筑的外轮廓顺势蜿蜒，尺度较大。原有9条青石小巷纵向从主街向北延伸，现保存较好的有6条，分别是奉政巷、六房弄、中井弄、沂水巷、下井弄、青云路。街巷总体的肌理形成一横六纵式。

东源村有74幢保存完好的明清古建筑，其中明代建筑约有6 ~ 7处。重点建筑有4座门楼和2座里门、曾氏宗祠、官厅、仙师殿、关帝庙、清霭轩等。整体格局完整，为典型的村堡式形态。村中传统建筑保存较好，重要建筑如曾氏宗祠、官厅等具有很高的文物价值。街巷肌理明晰、全部为石板铺就、严整有序。村内门额题匾数量之多，内涵丰富，文化底蕴深厚。该村的格局完整，布局典型，建筑精美，传承有序，有很高的文物价值和聚落文化代表性（图4-58）。

村堡式村落整体形态呈现较强的封闭性，防御性强，体现在村落外围村墙围合，村落内部的宅院高墙耸立，外立面很少开窗等方面。

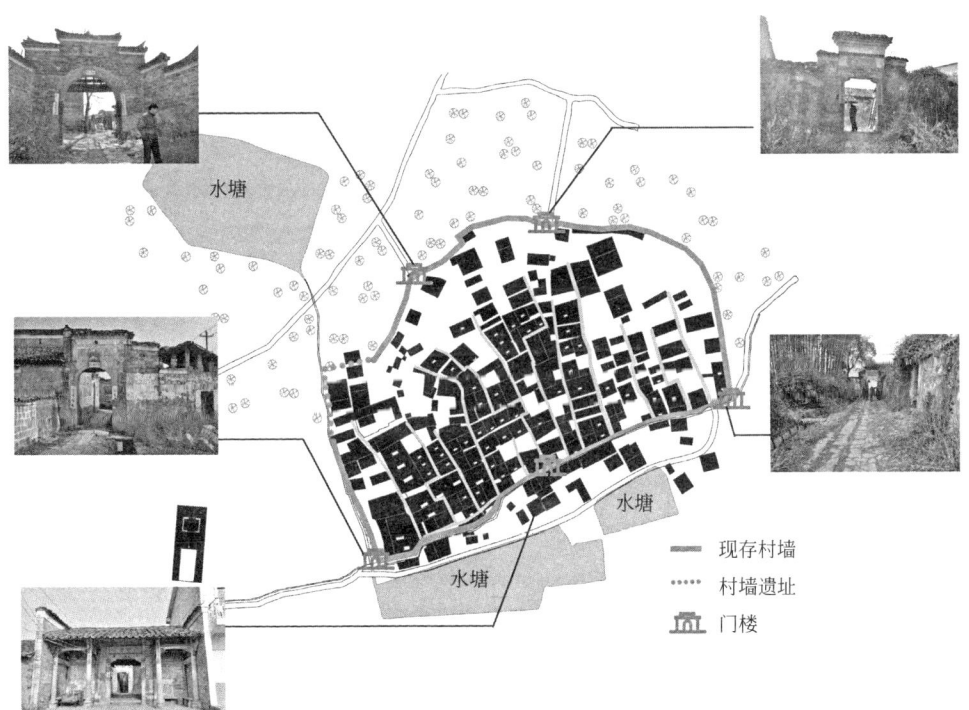

图 4-58 东源村聚落格局分析图

（来源：作者自绘）

4.7.2　里外堡式

广昌客家的村庄多以姓氏命名，一个村庄就是一个姓氏，许多自然村均以"堡"相称，如刘家堡、罗家堡、饶家堡、黎家堡以及陈家堡、李家堡、危家堡、谢家堡、杜家堡、徐家堡等，在一个自然村庄即使有若干姓氏人家，同姓同族人也都相对集中居住连片。南丰地区虽村落名称上虽没有直接以"堡"命名，但通常村落的内部分为里堡和外堡。据1994年版的《广昌县志》记述："据广昌地名普查和姓氏谱牒资料统计，广昌人口中，已没有土著先民的后裔存在，先秦以来世居广昌的氏族，溯其本源，均为外籍移民，其中中原氏族辗转迁居广昌者尤多。他们在广昌土地上披荆斩棘，破土建村523个，是迄今为止有资料记载的广昌聚落起源鼻祖。在始建村落中……他们均为中原客家氏族。"这就明确地阐述了广昌现有人口中的大多数都是中原客家人的后裔。据相关资料，抚州市的黎川县、广昌县、南丰县有客家后裔的零星分布。

"堡"字而言，《辞海》的解释是"土筑的小城，泛指军事上的防御建筑"，所以说广昌客家村堡，在理论上也和客家围屋的作用异曲同工。南丰地区的"堡"虽没有在集中的聚落形态上呈现像土楼、围屋和四周建村墙的村堡式建筑的很强的封闭性，但它仍然在名称上习惯称之为"堡"，而且这种聚落的防御也有其鲜明的特征。

1. 里外堡模式的平面形态

南丰地区部分聚落形成里外堡模式，这种模式通常是一个村落整体形成两个组团，一个组团称之为"里堡"，另一个组团称之为"外堡"。这两个组团各有自己的布置中心，其距离约有六七十米，两个组团之间因村庄不断发展，便有零星的建筑将两个组团进行了弱联系。里外模式典型的案例有白舍镇的古竹村和三溪乡的黄连山（图4-59）、三溪乡的鸡月岭等。

古竹村距离白舍镇有14km，处在大山深处，为刘氏聚落，其祖先为刘孟三的后裔在公元1109年为躲避战乱，从福建迁徙至此，择址辟基，繁衍至今，已有千年历史。村庄建于高山台地上，自古有"盱江在东南，古竹在天上"之说，形容其海拔之高，四周山水形胜，自然环境优美。该村古建筑保存完好，有一系列的祠堂、书院、坛庙，集儒家文化、道家文化、佛教文化等多元文化融合，具有深厚的历史文化底蕴。村庄的布局南北呈带型，整体形态为"哑铃状"，北部的组团为外堡，围绕村中的水塘形成向心型布局，南部的组团为里堡，建筑布局相对自由。两个堡之间有主路相连，沿路旁建了两排房屋。总体上这两个组团形成即分离又有联系的关系，并且建筑布局、规模大小相对比较均衡。

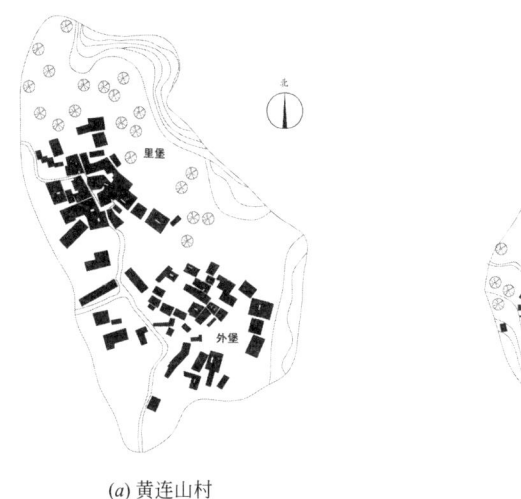 

(a) 黄连山村　　　　　　　　　　　　(b) 古竹村

图 4-59　里外堡式聚落平面形态

（来源：作者自摄）

　　黄连山村处于三溪乡群山环抱之中的黄连山下，唐氏聚居，四周山环水绕，郁郁葱葱，生态环境极好，位于山脚下属山地型聚落。黄连山的平面形态形成东南西北走向上的带型，分成两个组团布局，西北部的组团为里堡，图 4-60 为当地的门牌号，东南部的组团为外堡。里堡的建筑多朝向东南方向，而外堡的建筑则多朝向西南方，两个组团遥相呼应。两个组团的中间有一开敞空地，建有一带型的很长的悬山顶建筑，原为村中的小学。外堡的东北角有一座保存完好的天井式建筑，为该村的祠堂。里堡西南方向有一棵古树，旁立一小庙，为"三仙庙"，村中 3 处公共建筑均衡的分布在 2 个堡中。村前一条进村的主路将 2 个组团串联成一个整体。

图 4-60　黄连山里堡的门牌号

（来源：作者自摄）

　　此外，在离三溪乡不远处的鸡月岭村，呈现了明显的两个组团，也形成里外堡模式。这两个组团不同于古竹和黄连山的特征是，一个组团较大，另一个较小，2个组团发展相对不均衡。不过这2个组团之间也通过道路相连。从远处看鸡月岭呈现了明显的里外堡形态（图4-61）。

图4-61　远观鸡月岭

（来源：作者自摄）

2. 里外堡模式的防御特征

　　上一节中分析了村堡式聚落，其村墙紧邻村落而建，形成一种包裹着坚实的力量。而里外堡式的防御设施则与村堡大有不同，首先是与村落的距离较远；其次是防御建筑的形制不同，不是一般普通的村墙，而是利用山势用石头筑起像长城一样的寨墙。

　　古竹村的寨墙顺山势而建，在距村落几里开外的山上，村后有一高山，形如笔架，亦称"笔架山"。山中有近千米寨墙，依山而建，分外墙和内墙，有3个隘口，防御3个方向，呈倒梯形，宽处不过1m，大有"一夫当关万夫莫开"之势。山顶有一"万龙寺"，古寺与古寨墙内外围抱，山中曾经人丁兴旺，还驻扎过军队，当地人称之为"万龙古寨"。隘口处还建有哨亭，放哨的人可以在里面日夜看守。

　　黄连山的防御设施建在距离村子2.5km的祝家山旁，有一条古道从此经过，石板路上爬满了苔藓，平整光滑石阶似乎诉说着这条古道昔日的繁华。寨墙依山而建，在地势较高的地方，石头垒砌。古道从隘口中穿过。通过隘口后则是一路下坡，隘口建于地势较高的地方，易守难攻。寨墙用大石块垒砌而成，厚2～3m，形成一道坚固的防线。图4-62为村堡式聚落和里外堡式聚落的防御格局的对比。

(a) 东源村的村墙

(b) 黄连山的隘口

图 4-62　村堡式和里外堡式聚落防御设施

（来源：作者自摄）

4.8　本章小结

　　本章先从总体的角度构建了传统聚落空间形态的研究方法，然后从形态学和图形学的角度从聚落环境匹配特征、整体形状特征、空间结构特征、街巷组织特征和节点布置特征这几个方面对聚落空间形态进行了详细阐述，最后总结 2 种典型聚落模式的空间特征。

　　从聚落环境匹配方面分析聚落选址与形态特征。江西是风水学理论中"理形"派的发源地，形成了风水界影响深远的江西派。抚河流域地区传统聚落的在选址和营建过程中，无不受风水学的影响，营造出藏风聚气的微气候环境。抚河流域地区地形地貌复杂，传统聚落的营造多顺应自然，因地制宜，产生了丰富的聚落形态。根据丰富的地形和聚落垂直方向上的形态变化分为平地舒展型、岗地起伏型、山地跌落型 3 种类型。

　　从建成轮廓和图形肌理分析传统聚落的整体形状特征。抚河流域地区传统聚落的轮廓可以分为 3 种类型：一是四周建村墙有明确的村落轮廓；二是一面建有明确轮廓，其余三面不规整；三是四周轮廓均不规整。此外，在有明确轮廓的聚落中，通常有总门楼的一侧或者是有主入口的一侧是聚落的主立面，有平直型和弧形 2 种形式。抚河流域地区聚落传统聚落平面布局形式，从边界形状、建筑布局秩序等因素将聚落的平面形态分为带型、向心型、团型、团簇型。从布局形式上，分为自由分散型和严整紧凑型。

在聚落的空间结构方面，本书按空间的功能构成分为安全防御区、交往娱乐区、祭祀礼制区、商业集贸区、居住生活区和耕种劳作区 6 个分区。聚落空间统一中有变化，形成了有章法的空间组合，通过轴线、空间序列、宅院组合韵律、等级等方面体现了聚落空间形态的秩序感。在尺度方面，分为单视场空间尺度和空间序列尺度，总体上抚河流域地区传统聚落中的空间以人为本，形成亲切宜人的尺度感。

街巷的类型大概可以分为 2 类，一类是经过了精心规划，街巷肌理明晰，道路由石板路铺设，材质精良。另外一类是道路设置自由，顺应地势，多随着聚落发展自发形成。前者多见于平地型和岗地型聚落，后者则多在由地形占主要影响因素的山地聚落。总体上根据街巷的整体布局，可以分为规划严整型和自由随机型。在界面的构成上，总体上呈现材质精良、铺砌工艺讲究的特征。

在节点设置上，祠堂（宗祠）、坛庙等重要的建筑节点多位于聚落的外围，对整体的聚落空间所构成的场所凝聚力不强。而其他古树、古桥、古井等景观节点，则按需布局，对丰富聚落空间形态产生了重要作用。

最后，总结了抚河流域地区传统聚落的 2 种典型的空间形态，村堡式和里外堡式。这 2 种聚落字面上都有"堡"字，但空间形态特征相差较大。前者位于抚河流域地区北部地区，外观封闭围合，布局严谨具有较强的防御性，后者位于南部山区，里外两个组团，通常形成分散自由式布局。

抚河流域地区传统建筑形态分析

传统建筑，广义上的传统民居，是构成传统聚落形态的细胞。传统建筑风格迥异，地域特色显著，尤其是北方的四合院、苗寨的吊脚楼、徽派的天井屋，建筑风格千差万别，由多个细胞组成的聚落整体，在形态的气质上或恢宏大气，或是小巧婉约，呈现不同的气质。建筑单体组合而成整体的聚落空间形态，其界面、空间组合、肌理都是建筑单体组合后的结果。

本书的研究范围抚河流域地区基本上是明清的抚州府和建昌府的管辖范围，再加北部的进贤县，抚州府包括临川、金溪、崇仁、宜黄、东乡、乐安六县。建昌府包括南城、资溪县、黎川、南丰、广昌共 5 县。建昌府地区位于抚河上游地区，抚州府和进贤县位于下游地区。本书传统建筑形态研究结合地理环境和古时的行政区划，将抚河流域地区划分为上游地区和下游地区，下游地区对应抚州府辖区，抚州府的治所在临川，为临川文化中心区。上游地区对应建昌府辖区，建昌府靠近赣州、福建，属于临川文化的边缘区，呈现多元文化交融的现象，反映在建筑文化上，两个片区的建筑特征虽都属于赣派的天井式建筑，但在细节上有一定的差别。

5.1   抚河下游地区传统建筑形态特征

抚河下游地区的传统建筑形态以金溪县和宜黄县为代表，金溪县的传统建筑形态为天井印斗式民居，外观方正，轮廓平直，山墙高于檐口，厢房和门厅多为单坡顶，向内排水。整体宅院的建筑尺度明间面阔4m左右，檐口高度在4.5m左右，山墙高度在 6～7m 左右，尺度较为适宜。建筑整体形态，造型上追求低调、内敛，材质和工艺上追求精致。宜黄县的传统建筑形态，造型上要比金溪县夸张，门楼高耸，马头山墙。梁架结构上喜着色，多装饰，上堂多设阁楼，开天门，形成双层顶。建筑细部上，墙檐上多叠涩，层次丰富。建筑尺度上，整体更为高敞，比金溪县地区的尺度要开阔一些。整体上，宜黄传统建筑造型更丰富，更追求人工雕饰的结果。

5.1.1   金溪县

金溪民居整体呈现封闭性强的特质，它的构架被坚实的外墙包裹，俗称"金包银"，高耸的外墙将屋顶和天井包裹得严严实实，外观呈现方盒子造型，入口处理和梁架的出檐结构是装饰的重点，给厚重的体量感增加了精致的细节，其细腻的青砖外墙和石质墙裙浑然一体，外立面的精良和精致体现了建筑本身儒雅的品质。

1. 祠堂

明嘉靖年间民间才开始大规模修建祠堂,抚州地区现存的祠堂大多是明嘉靖年之后修建的。清时,江西各地兴建祠堂风气浓厚,据统计,乾隆二十九年(1764年)江西全省由一个族姓合建的宗祠有 89 处,各姓所建的分祠则多达 8994 处[①]。

祠堂是传统村落中重要的公共建筑,是一个宗族或者家族的精神中心,族人非常重视祠堂的营建,被认为是一族的实力象征。在村落布局中,祠堂通常位于村口,或者村中风水较好的地理位置,不一定是村落几何中心,但是村落布局的重要节点。金溪地区按照祠堂的等级分为宗祠、公祠(总祠)、公祠(支祠)、家祠。单独存在的公共祠堂建筑以宗祠和公祠居多,家祠一般位于各家住宅最后一进的堂屋,面向天井供奉祖上的牌位。宗祠为本村或附近血缘村落同一姓氏合族祭祖的地方,是这一宗族荣誉的象征,通常建筑规模较大,建筑形制较高,如高坪村乐氏宗祠,为附近乐氏宗祠共同祭祖的地方,规模宏大,雕刻精美,是乐氏一族曾经兴旺发达的象征。公祠分为 2 种,一种是村落中的总祠,为纪念该村的始迁祖而建,如双塘镇竹桥村的"文隆公祠"是为了纪念开基祖余文隆而建,为全村的总祠,村内的重大活动都在此举行。另一种是家族的某一支派为纪念这一房中有名望的人物而建,也称支祠,所以在村内总祠只有一座,而公祠可以有多座。在竹桥村除了总祠"文隆公祠"外,还有"仲和公祠""步云公祠""镇川公祠"等多座公祠。

1)典型案例分析

曾氏宗祠(也称东源总祠),建于明万历间。万历三十二年,甲辰(1604年),江西按察司副使李开芳、布政司参政龚道立、都司张澍共同署名颜额曰:"宗圣清源"。内祀东源始迁祖考子实公与妣刘孺人,配飨十四世人英公、十五世伯用公及其孺人等。道光乙未(1835年)修总祠前堂,丁未(1847年)建总祠中亭。两廊楼房为 1942 年预备办小学而建。总体布局五开间两进式格局,中轴线上布置中堂(享堂)和上堂。入口没设门厅,由大门进入后,第一进院落左右为 1942 年改建的 2 层砖房,院内种植 2 棵巨桂,人称"夫妻桂"。第一进"中堂"和第二进上堂之间设置风雨亭,将天井分割成 2 个"凹"字形。

入口外墙上开门,一滴水门罩,门口两侧置长方形门枕石头,红色石质墙裙,墙体后来被刷成白色。正立面檐口无起伏,为一条平直的直线。中堂硬山顶,因前些年做过小学,前后檐下用砖墙封护,室内空间开敞,明间木柱粗壮。中堂面阔五间,进深四间,明间面阔 5.7m,通面阔 21.16m,通进深 10.65m。梁架考究,尤其是明间木柱用材较大,前檐金柱直径高达 63cm,上小下大有明显收分现象,柱础的为典型的明代形制。明间梁架(正贴)采用插梁式构架,四柱九檩,三架

---

① 辅德.《复奏查办江西祠堂疏》,《皇清奏议》卷 55.

梁上立童柱，前后檐下施单步月梁。月梁均为琴面，背部有一条高约5cm的薄壁，以便童柱的根部开槽插入，起到固定童柱的作用。次贴和边贴为穿斗式构架，中柱落地，穿枋为普通形制无月梁式。月梁两端做卷杀，刻卷云纹。月梁与柱的节点下施雀替。童柱两端为了起到固定作用置张扬的异形角背。风雨亭与上堂连接处处理成八字形，屋顶与正堂屋顶十字相连，插梁式构造，两柱七檩，构造奇特，前后檐坡长不等，前檐下悬挂垂柱。一层穿枋置童柱。风雨亭六架月梁上置的童柱，童柱底部雕刻成南瓜状。二层和三层穿枋为月梁式，如一弯新月，高高拱起，矢高较大。月梁式穿枋与柱的节点下施雀替。后堂硬山式，小青瓦屋面，为供奉牌位祭祖的地方。面阔五间，明间面阔5.7m，通面阔21.16m，通进深9.81m。正贴梁架跨度较大用于与风雨亭交接，四柱十檩，三架梁和五架梁上置两童柱。次贴和边贴梁架穿斗式，用材较小，梁架简洁。后堂五架月梁两端卷杀，刻云卷纹，与柱的节点施雀替。三架梁梁头做成向上翘的优美的弧线。

东源祠堂气势恢宏，气象古朴，是明代祠堂的典型代表，最大特点为中堂的木柱粗硕，直径高达63cm，是明代气象的凝结（图5-1）。

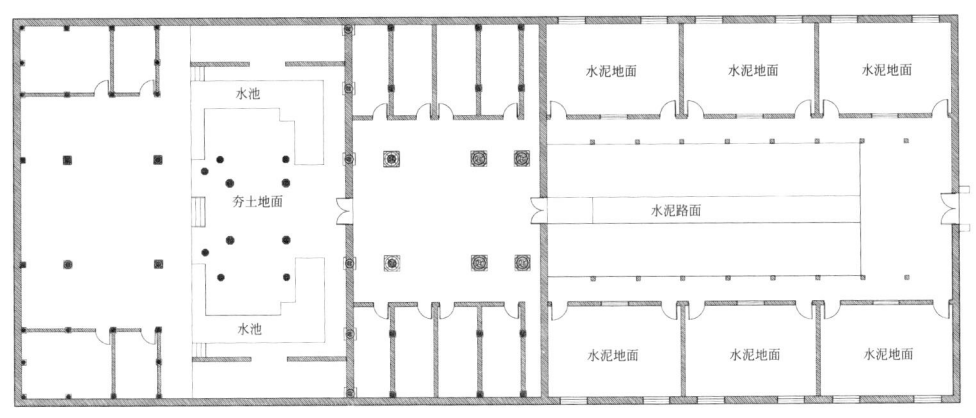

(a) 曾氏宗祠平面图

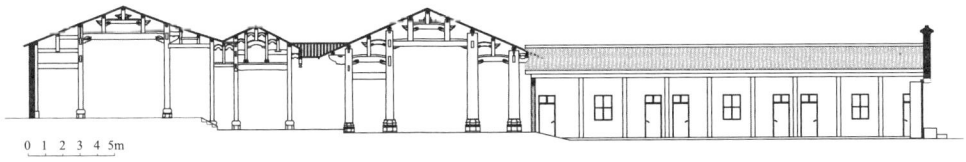

(b) 曾氏宗祠剖面图

图5-1 东源曾氏宗祠（一）

（来源：工作室成员绘，作者自摄）

祠堂立面　　　　　　　　　　中堂立柱　　　　　　　　　　上堂梁架

图 5-1　东源曾氏宗祠（二）

（来源：工作室成员绘，作者自摄）

2）平面布局

江南传统民居中大多采用天井式格局，以天井为中心组合成一进的单元平面布局，是江西民居的基本构成法则。天井式建筑与北方的合院建筑的不同在于，天井是四面或者三面房屋围合，屋屋相连，形成建筑的内部空间或者称之为灰色空间，北方的院落空间是不同的房屋围合形成的外部空间，房屋之间的屋顶是分开的①。"进"是天井式民居的基本构成单元，以天井为中心围绕它布局下堂、正堂、左右厢房等形成的一个单元称之为"一进"。抚河流域地区的祠堂类建筑主要是天井式布局。祠堂是传统村落中建筑等级较高的建筑，其平面格局有三开间一进式、三开间两进式、三开间三进式、五开间两进式、五开间三进式，其中多数布局为三开间两进、五开间两进式（图 5-2）。五开间三进式和五开间四进式规模相对较大，也比较少见。金溪合市镇东岗村的"傅氏祠堂"，占地面积1200 多平方米，五开间四进式，其规模之大较为罕见，同时也体现了东岗傅氏强大的宗族实力。以上是基本的布局模式，其中还有一些特殊的平面在中堂和上堂或者在门厅和中堂之间用风雨亭相连，将天井隔开成两个小天井。游垫村的胡氏祠堂和东源村的曾氏宗祠（图 5-3）在中堂和上堂之间建风雨亭，作为连通两座厅堂的通道。浒湾镇的许氏祠堂则是门厅与中堂之间设风雨亭。

3）梁架结构

祠堂建筑作为传统村落中重要的公共建筑，建筑等级比普通的民宅要高。建筑结构上通常明间梁架（正贴）采用插梁式构架。这种构架特点介于穿斗式和抬梁式之间，在中国南方赣、闽、浙、粤等地民间一些重要的建筑或一座建筑中主

① 黄浩. 江西民居［M］. 北京：中国建筑工业出版社，2008：48.

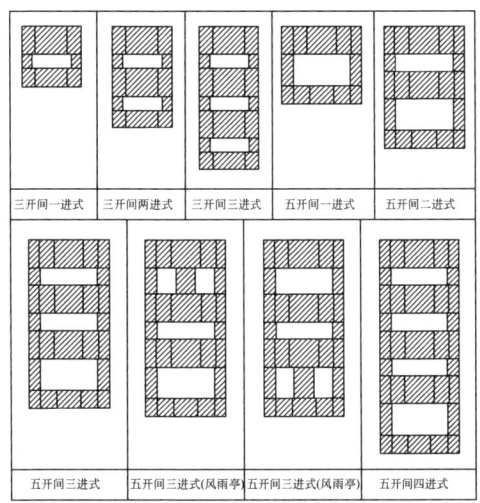

图 5-2　祠堂平面布局模式图

（来源：作者自绘）

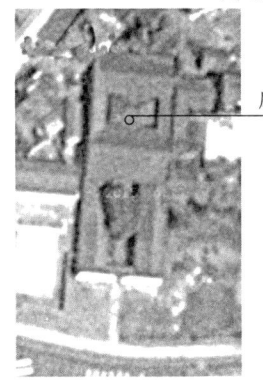

风雨亭

图 5-3　东源村风雨亭

（来源：左图截自谷歌地图，右图作者自摄）

要的构架，常使用这种介于抬梁式与穿斗式构架之间的混合构架，因为它的梁尤其是最下面一根大梁插入柱中，称之为"插梁式构架"①。插梁式构架兼有抬梁与穿斗的特点，它主要以承重梁传递应力，这是抬梁的原则；而檩条直接压在柱头上，童柱骑在下面的梁上，又有穿斗式的特点。插梁式构架的特点是承重梁的两端插入柱身（两端或一端插入），与抬梁式构架的承重梁压在柱头上不同，与穿斗式构架的以柱直接承檩，柱间无承重梁，仅有拉接用的穿枋形式也不同。组成屋面的每根檩条下皆有一柱（前后檐柱、金柱、瓜柱或中柱），每一瓜柱骑在下面的梁上，而梁端则插入临近两端童柱柱身，依此类推，最下端（外端）的两

① 孙大章. 中国民居研究［M］. 北京：中国建筑工业出版社，2004.

童柱骑在最下面的大梁上，大梁两端必定插入前后金柱柱身①。金溪地区的祠堂建筑通常明间两侧的正贴采用的是插梁式，用材较大，做工考究，而次贴或者边贴往往还是采用穿斗式构架，尤其是山面的排架（边贴）往往用墙体墙体辅助承重，用材较小，甚至有的直接墙体承重，减去山面的排架。正贴、次贴和边贴梁架之间用除了檩作为横向联系构件外，还有随檩枋、走檐梁和关口梁加强横向的联系。

祠堂的中堂（享堂）明间的梁架（正贴）一般为插梁式构造，主要有三柱十一檩、四柱九檩、四柱十一檩、四柱十檩、四柱十一檩、四柱十二檩、四柱十三檩、四柱十四檩等构造方式，使用较多的是四柱十一檩的构造方式。总体上的构造是梁插入前后两根柱内，柱上置童柱，童柱之间再由梁连接，梁上置童柱，依次叠加，形成横向联系的一榀屋架。檩子数量为单数时，通常前后构造相同，檩数为双数时，前后的构造有些差别。如图5-4中，四柱九檩的构造从下到上依次为五架梁和三架梁，前后两侧为单步梁挑出支撑挑檐檩。四柱十一檩则使用七架梁插入前后金柱内并穿过金柱联系两侧的童柱，七架梁上置童柱，童柱之间插入三架梁，前后檐下的单步梁联系檐柱和金柱同样穿出檐柱支撑挑檐檩，但梁上置童柱。四柱十二檩的构造，前后构造略有差别，最下面使用七架梁，上面依次叠加五架梁和三架梁。前檐下用双步梁联系前檐柱和金柱并出挑支撑挑檐檩，后檐下则联系前檐柱和金柱。浒湾镇许家祠堂的中堂结构独特，前后两檐柱用十架梁贯通，上面依次为七架梁和三架梁上置童柱，极大地扩大了室内空间。中堂的边贴和边贴梁架通常采用穿斗式，有五柱五骑十檩、五柱六骑十一檩、六柱六骑十二檩等形式。

后堂的正贴梁架大多和中堂的正贴构造形式一样，采用插梁式构造，但也有部分祠堂的后堂明间梁架采用的是穿斗式，中柱（栋柱）落地，毕竟后堂明间主要以祭拜为主，不像中堂是议事的场所需要扩大室内的空间。

(a) 四柱九檩　　　　　　　　(b) 四柱十一檩　　　　　　　(c) 四柱十二檩

图5-4　正贴典型梁架结构示意图

（来源：作者自绘）

金溪一带的祠堂，梁与柱的构造节点富有艺术性，尤其是明代祠堂的梁柱节

---

① 曹春平. 闽南传统建筑中的五架坐梁式构架［J］. 华中建筑，2010，8：157-160.

点极富装饰性，达到理学与美学的统一，构造浑然一体。梁与柱交接点施雀替，雀替造型优美有浅浮雕和镂空雕，上面雕刻动植物图案。另外节点构造中，比较注重装饰的是出檐部位，通常是檐下的联系檐柱和金柱的梁穿出檐柱，梁头做成弧形及其他各种造型优美的轮廓，通常会施雕刻，以突出装饰性。

在建筑结构上，明代和清代祠堂的时代差别不如住宅建筑明显，因为它的明间正贴梁架采用插梁式，一般用材较大，梁多采用月梁，柱和梁的节点处一般施雀替。

4）建筑造型

（1）建筑立面轮廓

金溪的建筑通常被高大厚实的青砖砌筑的清水砖墙包围，四面或者三面为实体砖墙，墙基为石质墙裙，砖、石精良，质感细腻。耸立的砖墙、内凹的天井屋面，整体给人方正的感觉，但院落四周的围墙轮廓的或平直，或高低起伏，或者呈现人字形山墙，给简洁的建筑体块增加了富于变化的韵律感。正立面的墙体轮廓可以分为平直型、高低型，建筑的侧立面有平直型、跌落型、人字山墙与直线的组合型（图5-5、图5-6）等。平直型虽偶有跌落，但整体上以直线为主。

(a) 平直型

(b) 高低型

图5-5　正立面轮廓类型图

（来源：江西师大测绘图）

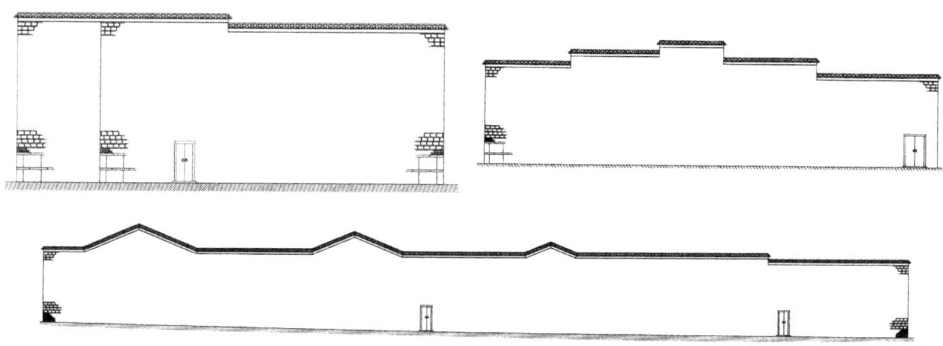

图 5-6   侧立面轮廓类型图

（来源：江西师大测绘图）

（2）入口方式

祠堂的入口丰富多样，可以分为门洞式、门廊式、门罩式、牌坊式等。

门洞式：门厅正立面为砖墙砌筑，正中开门，门楣上方无装饰，如合市镇东岗村的傅氏祠堂和岐山小宗祠。

门廊式：祠堂的门厅一般为硬山顶建筑，前檐不封护，设廊，门开在中柱上。有局部门廊式，和门厅的立面檐廊全部开敞式。局部门廊式的有印山的徐氏宗祠，中间三开间门廊，稍间两侧用墙体封护。全部敞开式有大耿的徐氏宗祠和黄坊的车大宗祠。

门罩式：门罩式可分为两种，一种是门楣上方有砖砌类似屋顶的一滴水门罩、三滴水门罩，另外一种是木门罩，门楣上方木构件搭接，采用垂柱形式，形成小型屋顶空间，如浒湾的许氏祠堂。

牌坊式：祠堂立面影刻一面精美的石牌坊作为装饰，也称之为牌坊门，如游垫村胡氏祠堂、高坪村颜辉公祠（图 5-7）。

(a) 游垫村胡氏祠堂

(b) 高坪村颜辉公祠

图 5-7   牌坊门

（来源：作者自摄）

　　祠堂是传统村中重要的公共建筑节点，也是最高级别的建筑，具有多种功能属性。通常建筑规模宏大，空间开敞，雕刻精美，用材较大，呈现庄重浑厚的建筑风格。

　　（1）在平面布局上，单栋多进纵深排列的格局，开间上有三开间和五开间2种形制，进数多达四进，规模较大占地有1000余平方米，平面布局制式严谨，呈现一定的规律性。建筑规模及其形体远大于普通民宅。

　　（2）在梁架结构上，中堂正贴梁架多为插梁式，形成开敞的室内空间，后堂的梁架多为穿斗式。在建筑用材上，粗柱硕梁，坚固牢实，比较突出的是粗壮的柱子是祠堂建筑的典型特征。在梁架装饰上，梁柱节点处多施雀替。

　　（3）在建筑造型上，建筑入口立面形式丰富，轮廓起伏多变，给原本体量厚重的形体增加了美学观感。

　　2. 官厅

　　官厅是传统村落中比较特殊的一种类型，通常是达官贵人（封建社会时期的政府官员）在家乡建的府第，由于主人特殊的身份和地位，带有官府衙署的性质，具有官式建筑风格，与普通的民宅在建筑布局和梁架结构上有一定的区别。

　　1）典型案例分析

　　摆脚官厅位于江西省历史文化名村游垫村，系村中主干道东北第一条"进士第"门楼所在的小巷内北侧第一栋宅子，因其梁架中的一个名为"凤尾挑"木构件，引起了学界的广泛关注。其整体布局为三开间一进式，前带跨院，房屋主体布局紧凑，整体规模相对较小。入口位于跨院临街一侧，与正屋的方向垂直。跨院的入口向内推进形成一个凹形空间。

　　入口为普通的门洞式，门楣上无匾额、装饰等，入口极为朴素。跨院内西侧有一个陪房，现塌毁严重。门厅的入口也为门洞式。门厅单坡顶，面阔三间，进深二柱四檩，插梁式构架。入口一侧开一个小的侧门，可直接从厢廊处进出跨院。天井两侧为面阔一开间的一层厢廊，天井的尺度较小。正堂为硬山顶，前坡长后坡短，屋顶坡度较缓。平面布局为"假五间"，明三暗二的格局，正贴梁架为减柱法插梁式构架，三柱九檩，次贴和边贴用穿斗式（图5-8）。用料粗大的关口梁横向联系边贴梁架，其上置短柱（即前檐金柱不落地），扩大了室内空间。正中两根檐柱内侧施凤尾挑（异形栱）层层出挑支撑月梁的梁头，梁头上置下金檩。五架梁伸入后檐金柱和前檐的短柱内。边贴和次贴梁架采用穿斗式构架。正堂梁架的梁头做成向上翘起的卷草纹状。梁柱节点处施雀替。出檐方式利用插栱和挑手木组合方式，插栱支撑挑手木，挑手木上放带有斗栱状的替木，替木上置挑檐檩。正中檐柱后的凤尾挑的两翼造型做成蝴蝶装，其雕刻图案是花卉图案，两侧各不相同，一侧是盛开的花朵，一侧则雕刻成含苞未放的花骨朵，整体造型优美，设计巧妙。

"摆脚官厅"的平面布局小巧紧凑，尤其是正堂的"假五间"的布局方式具有一定的典型性。凤尾挑设计巧妙，造型优美，是明间抚州地区木结构的孤例。

(a) 正贴梁架   (b) 次贴梁架

图 5-8　摆脚官厅

（来源：作者自摄）

2）平面布局

从总体上，官厅的平面布局较为灵活，按规模大小通常可以分为普通主体天井式、主体天井式前带跨院或者一侧带辅院（陪屋）、复合式（多进横向并排式）（图 5-9）。普通主体天井式是以进为单元的平面布局，不带辅院和跨院。官厅的主体建筑一般为三开间一进式，三开间一进式加半天井，三开间两进式，五开间一进式、五开间二进式等的格局。

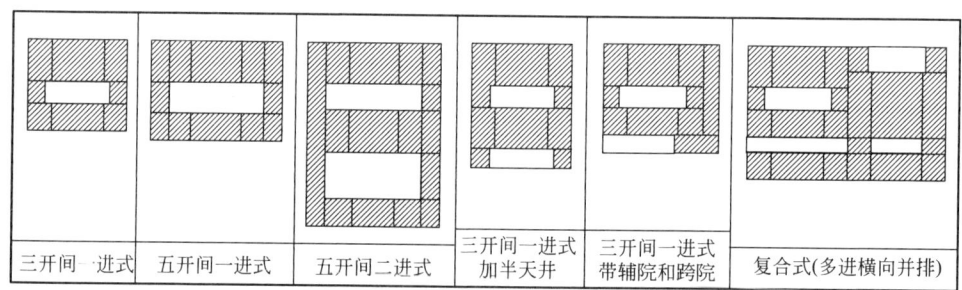

| 三开间一进式 | 五开间一进式 | 五开间二进式 | 三开间一进式加半天井 | 三开间一进式带辅院和跨院 | 复合式(多进横向并排) |

图 5-9　官厅平面布局模式

（来源：作者自绘）

官厅平面布局比较独特的是厅堂布局呈"假五间"形式。假五间是指该官厅的门厅和后堂部分均为三间，正堂部分明间加柱和梁架，形成五间的现象，一般是明三暗二的格局。假五间的显著特征是次间较小，比梢间的面阔还小。如金溪县县城的周家官厅，整体格局为三开间一进式加半天井，后堂面阔三间，明间面阔 4.75m，次间面阔分别为 3.21m 和 3.98m，通面阔 11.94m。正堂为假五间形式，明间面阔 3.18m，明间采用减柱法，前檐金柱变为短柱置于关口梁上，正贴梁架只有 3 根柱落地，次间面阔 1.6m，稍间分别是 3.15m 和 2.41m。次间的开间要小于稍间。明间和次间开敞，稍间用壁板封护，形成明三暗二的格局（图 5-10）。此外，合市镇游垫村的摆脚官厅三开间一进式带跨院的格局，入口门厅为三间，正堂同样采用了减柱法形成了假五间的平面布局。

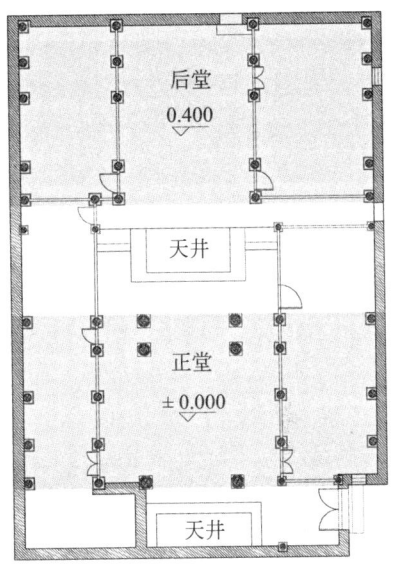

图 5-10 周家官厅平面图

（来源：工作室成员绘制）

3）梁架结构

官厅正堂的功能是会客的场所，所以带有一定的公共空间的性质，所以不管是从扩大室内空间的角度还是从美观的角度，正堂对梁架结构的要求较高。正贴梁架结构主要有穿斗式、插梁式、减柱法插梁式构造三种。穿斗式是相对比较普通的构架形式，有五柱十檩的做法，柱与柱之间的穿枋做成月梁式起到横向联系并支撑其上骑柱的作用。插梁式构造与祠堂梁架中的构造做法一样，三架梁、五架梁或者七架梁深入柱身，其上支撑童柱，层层叠上，有三柱八檩、四柱九檩等形式。官厅建筑中比较特殊的做法是减柱法插梁式，这种做法是为了进一步扩大明间的室内空间采用插梁式构造的同时采用减柱法，前檐次贴梁架的金柱之间横向联系一根粗壮的关口梁，梁上置短柱，支撑构架。短柱即不落地的明间前檐金柱。典型的插梁式（三柱八檩）和减柱法插梁式木构架（二柱九檩、三柱十檩）如图 5-11 所示。这种做法最显著的特征是一根比较大的关口梁横亘在前檐下支撑着正贴梁架。减柱法插梁式构造有二柱八檩、三柱九檩、三柱十檩等形式。次贴和边贴的梁架主要为穿斗式结构。

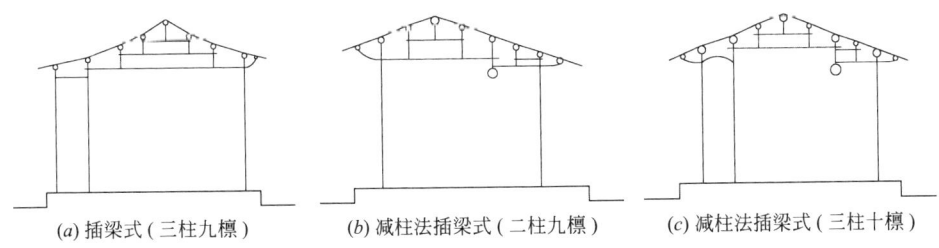

(a) 插梁式（三柱九檩）　　(b) 减柱法插梁式（二柱九檩）　　(c) 减柱法插梁式（三柱十檩）

图 5-11 正贴典型梁架结构示意图

（来源：作者自绘）

后堂建筑结构多为居住空间，采用普通的穿斗式，所以梁架结构的要求不如正堂高。门厅的梁架结构分为插梁式和穿斗式，由于进深相对较小，所以一般有三柱五檩、二柱六檩的形式。对金溪县目前保存的典型官厅建筑的梁架结构作如下分析：

（1）东岗"逊志斋"官厅：并排的两栋正堂均采用勾连搭的形式，使得正堂的进深扩大，其中一栋前檐采用轩顶，界内采用插梁式，三架梁插入前后金柱内，四柱十一檩的结构。另外一栋的正堂为穿斗式结构，七柱十五檩，前厅采用插梁式构造，九架梁贯通前后檐柱。该官厅的梁架做法比较独特，虽为两栋并排，但在平面布局和梁架结构上都别具一格，呈现不同的建筑造型处理手法。

（2）岐山"中宪第"：正堂的明间采用插梁式构造，六柱十二檩，明间檐柱和金柱呈八字形，扩大了明间入口的空间，并且丰富了空间层次。三架梁、五架梁及纵向联系的厢廊的栌梁都雕刻成扇面形，施精美的鎏金雕刻。

（3）游垫"总宪第"：正厅明间正贴梁架为穿斗式，五柱十檩，穿枋做成浑厚饱满的月梁式，两端施卷草纹，穿枋与柱的节点施雀替。出檐为单步梁挑出，支撑月梁式的挑手木，单步梁与柱节点处用丁头栱承托。门厅的梁架为插梁式构造，二柱六檩。

（4）游垫摆脚官厅：明间正贴梁架采用了减柱法插梁式结构，三柱九檩，边贴和次贴采用穿斗式结构，五柱九檩。该建筑梁架上另外一个独特之处是采用了凤尾挑，从檐柱中伸出的斗栱层层出挑支撑月梁梁头，梁头上搁置下金檩。斗栱前檐出挑支撑挑手木，后尾做成异形栱，雕刻精美两翼雕刻成蝴蝶状。

（5）大耿徐氏明代官厅：正堂明间正贴梁架采用插梁式构造，四柱九檩，正堂前檐采用了五踩斜栱，柱头科直接从柱中伸出来，无坐斗，平身科坐斗上两侧施精美的雕刻，其上置斜栱如一朵盛开的花，结构与造型完美统一，是斗栱中的精品。檩下的驼墩也雕刻出花篮搬精美的造型。斗栱是体现官厅建筑等级的标志，象征了主人的社会地位。

（6）金溪县城明代卢氏官厅：正堂明间正贴采用减柱法插梁式构造，二柱八檩，三架梁下使用雕刻精美的花篮状的驼墩。边贴和次贴采用穿斗式，四柱八檩。后堂采用穿斗式结构，五柱七檩，门厅采用了插梁式构造，二柱六檩。

（7）金溪县城周氏官厅：正堂明间正贴采用减柱法插梁式构造，三柱十檩，挑檐方式为层层出挑的插栱支撑单步梁的梁头，梁头上置挑檐檩。后堂为穿斗式木构架，五柱七檩，屋顶前坡长后坡短。

（8）王廷垣官厅：位于东乡县浯溪村，正堂明间正贴采用插梁式构造，三柱八檩，后堂为穿斗式，五柱九檩。门厅为穿斗式，三柱五檩。

在建筑构造节点中，装饰性和典型性比较突出的部位是梁柱节点和出檐方式。

官厅建筑梁柱的节点施镂空雕或浅浮雕的图案精美的雀替或者是尺度较小并带有雕刻的丁栱，达到了力学和美学统一的结构和装饰上的效果（图5-12）。支撑挑檐檩的构造方式有多种，第一种比较普通的方式一种单步梁或者是穿枋伸出檐柱柱身支撑挑檐檩（图5-13a）。第二种是用挑手木或者增加一层成为连二挑手木作为挑檐檩的支撑构件（图5-13b）[①]。第三种是利用一层或者两层出挑的插栱上支撑挑手木，挑手上置挑檐檩（图5-13c）。第四种是利用檐下的斗栱出挑支撑挑檐檩（图5-13d）。其中第四种较为少见，这源于受当时的社会背景制约，本身民间带斗栱的建筑比较少。

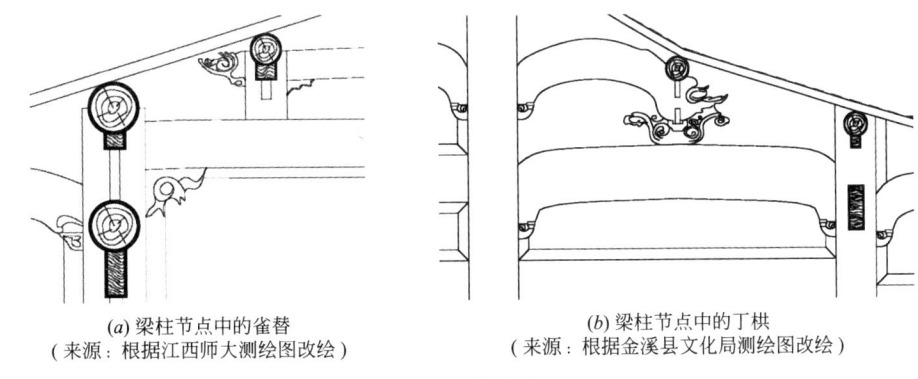

(a) 梁柱节点中的雀替　　　　　　　　　　(b) 梁柱节点中的丁栱
（来源：根据江西师大测绘图改绘）　　　（来源：根据金溪县文化局测绘图改绘）

图5-12　梁柱节点

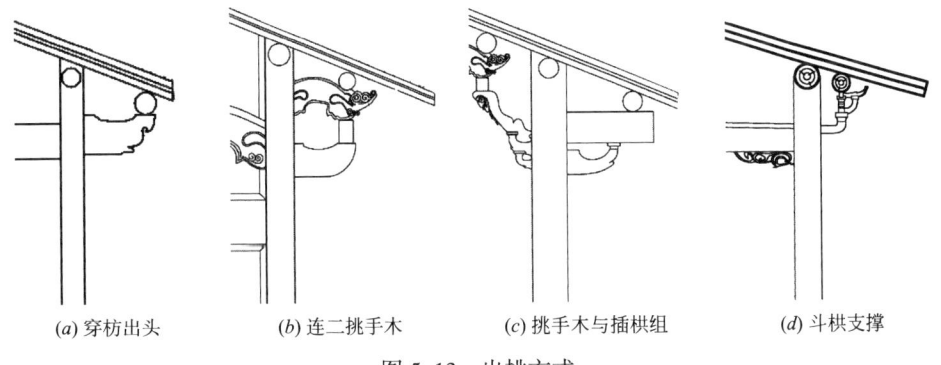

(a) 穿枋出头　　(b) 连二挑手木　　(c) 挑手木与插栱组　　(d) 斗栱支撑

图5-13　出挑方式

　　官厅建筑还有一个重要的构件是斗栱，象征着建筑的级别和主人的身份地位。在金溪地区目前发现使用斗栱的是合市镇大耿村的徐氏官厅，前檐下采用了五踩斜栱。合市镇游垫村的摆脚官厅，明间前檐柱内侧使用了异形栱，将斗栱后尾插入柱身，利用杠杆原理的斜撑支撑穿枋，民间称这一构造做法为"凤尾挑"（图5-14）。

①　黄浩. 江西民居［M］. 北京：中国建筑工业出版社，2008：102.

(a) 五踩斗栱   (b) 凤尾挑

图 5-14 官厅建筑中的斗栱

（来源：作者自摄）

4）建筑造型

（1）建筑立面轮廓

建筑的立面轮廓同样可以分为平直型、高低型和跌落型。当官厅前带跨院时，其立面层次丰富，一般跨院的围墙要比房屋的墙体高度要矮，所以在立面上表现出两条屋檐线，通常为了设计时围墙的轮廓线与房屋的轮廓线采用不同的形式，如围墙为高低型，房屋为平直型，则丰富了立面的层次，形成高低错落的轮廓造型。

（2）入口方式

整栋宅子的入口位置可以分为以下几种方式，一是入口门厅与正屋在同一条轴线上。二是入口位置（门厅或门楼）和正屋的方向垂直时，进入门厅后正对一天井，总门位于整栋宅子山墙上的。三是当官厅前带有跨院时，入口通常位于跨院围墙的一侧，与正屋的朝向相同或垂直。不论入口与正屋的方向是垂直还是在同一轴线上，其入口方式大概有以下几种：

牌坊式：入口门厅正立面影砌一座石牌坊，起到装饰作用，如游垫村的"总宪第"入口处一座雕刻精美的红石牌坊。此外还有金溪县城明代卢氏官厅，入口砌"四柱三楼式"牌坊。

门洞式：墙上开门，无装饰，如游垫村的摆脚官厅，入口在跨院一侧，与正屋方向垂直采用门洞式。

门罩式：一滴水门罩或者三滴水门罩如岐山"中宪第"为一滴水门罩。另外，还有一种八字形门罩，入口向内凹进，做成八字形，门楣上雕刻精美的石雕。

门廊式：入口为木质板壁界面，柱间设门。

官厅建筑因为其带有官式建筑的特质，由于受到官方制度的制约，整体规模都不是很大，但在平面布局上的灵活多变和梁架结构上呈现出了与普通民宅不同的特质。

（1）在平面布局上，多采用三开间一进式，或五开间一进式，或者由于功能需要，建多栋并排的复合式。其中一个显著的特点是正堂平面形成"假五间"的布局，这可能是一方面，由于在森严的等级制度下为了显示官员的身份但同时又不"僭越"的一种权宜的设计结果，另外一方面由于实际的功能空间的需要，采用了减柱法扩大了室内空间。

（2）在梁架结构上，明间正堂正贴梁架多采用插梁式和减柱法插梁式，减柱法插梁式是官厅建筑梁架的一个显著特点，同时满足了扩大室内空间和平面布局上形成假五间的需求。官厅建筑梁架用材更为浑厚饱满，做工更为考究。

（3）在梁架装饰上，在梁柱节点处使用雀替和丁头栱，在出檐时采用不同的构造处理方式。最重要的是有的官厅建筑使用了表示建筑等级的构件——斗栱，这是传统村落中判断是否是官厅建筑的一个重要标准。斗栱是官厅建筑的一种标志，其造型或为斜栱，或为异形栱（栱），或雕刻有斗栱形状的装饰性构件都是斗栱这种构件的变形体。

整体上官厅建筑总体规模不大，但在布局和梁架上别具一格的布置和处理手法，能够体会出主人当年是经过了一番别出心裁精心的设计，建筑装饰和建筑构造节点上比普通民居更胜一筹，用材上更为考究，不在建筑规模上取胜，却在建筑的气质上让人深深感受到官厅独有的建筑格调。

3. 民宅

民宅是传统聚落中分布最为广泛，数量最多的建筑类型，其建筑形制也是最富于变化，时代特征表现最为明显的类型。由于受到个人喜好和家庭经济实力的影响，民宅的建造规模和建筑造型上浓重的体现了个人色彩。比如商人的府第通常规模较大，雕刻奢华，带有花园绣花楼等，功能完备。

1）平面布局

明朝等级制度森严，建造住所的规模有明确具体的规定，《明会典》（卷三六十一部）记载："庶民所居房舍，不过三间五架。"[①] 明代的普通民宅一般都规模较小，严格恪守规定，正屋平面均为"一明两暗"三开间，即明间开敞，次间一般封护作为卧式或者杂物间等。到清代时，对民居建造的限定有所放松，局部出现了五开间的形式。但金溪地区整体上正屋还是以三开间为主，五开间的格局较为少见，其中典型的合市镇东岗村的"大善堂"，为清代富商的妻子所建，平面五开间。

整体的平面布局分为一般普通较为规矩的三开间一进式、三开间两进式、三开间一进式加半天井等普通的布局或者在这些规矩的布局上加跨院和辅院，辅院

---

① 黄浩. 江西民居［M］. 北京：中国建筑工业出版社，2008：57.

中带虎眼天井。民宅的布局较为灵活，还有几种布局较为独特的平面，第一种是正堂处于中间，前后各有半个天井。第二种是改变传统的布局模式，天井不在中轴线上，由多进侧天井纵向排列。第三种是呈L形，入口门厅和正屋的轴线垂直，这样的布局避免了在进深的轴线上有僭越的可能（图5-15）。

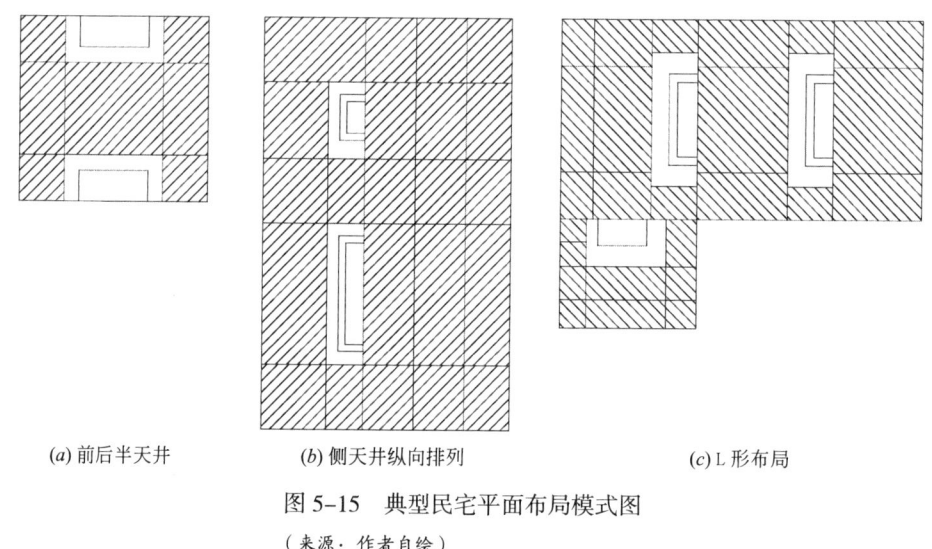

(a) 前后半天井　　　　　　(b) 侧天井纵向排列　　　　　　(c) L形布局

图5-15　典型民宅平面布局模式图

（来源：作者自绘）

除此以外，还有一些规模宏大的大宅，平面布局为复合型，以"进"为单位通过纵横组合，形成一个复杂的平面整体，或是多栋大宅通过廊道或院落相连，形成分开又连通的不规则的平面。这种复合型大宅通常是商人的府第，不但规模大而且处处精雕细琢，带有粮仓、花园和绣花楼等，生活设施齐全，是实力和财富的象征。较为典型的是陈坊积乡岐山村的"大夫第"，为商人的府第，共有三幢宅子和一个绣花楼组成并带有花园，是典型的复合型平面。总体上，不管是普通规矩式布局还是复合型的宅院，其中一栋的布局多为三开间一进式、三开间两进式或前后再加半天井，三开间三进式的布局就比较少见了。

在建筑的规模上，一般布局较为规矩的三开间一天井式的占地面积约120m²，有的半天井的天井布局紧凑，还不到100m²，三开间两天井式的建筑规模约200m²，复合型的大宅占地面积高达500～600m²，有的甚至更大。

由于金溪地区的聚落布局多为梳式布局，所以民宅入口方向分为直进和侧进2种方式（图5-17）。一般直进是门厅和正屋朝向同一方向，而侧进式则是门厅入口方向与正屋的朝向垂直。正立面临街巷的通常采用直进式，而宅院山面临巷道的多采用侧进式。侧进式的其中一种是原来厢房的位置改为门厅，进入门厅后正对天井，另一种是先从侧门进入到一个跨院，再由跨院转到正门。

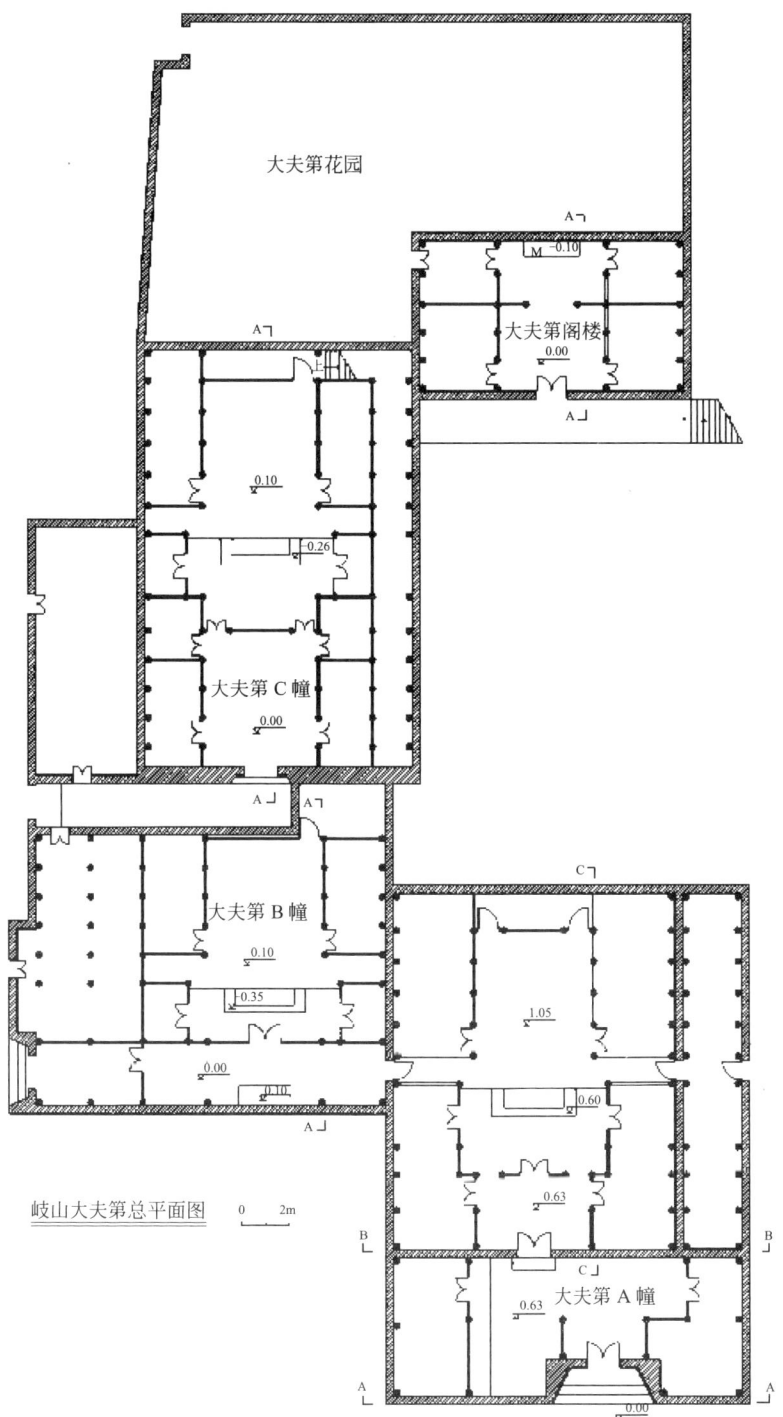

大夫第花园

大夫第阁楼

大夫第 C 幢

大夫第 B 幢

大夫第 A 幢

岐山大夫第总平面图

0 2m

图 5-16 岐山大夫第平面图

（来源：江西师大测绘图）

(a) 直入式　　　　　　　　　　(b) 侧入式　　　　　　　　　(c) 侧入式 (前带跨院)

图 5–17　民宅入口方式图

（来源：作者自绘）

2）梁架结构

民宅所用梁架基本都是穿斗式，正堂（除门厅以外的正屋）梁架有四柱前带垂柱八檩、五柱十檩、五柱十一檩、六柱十一檩、六柱十二檩、进深较大的民宅有七柱十二檩、七柱（加一个短柱）十四檩，甚至是七柱十四檩等跨度较大的结构。

门厅由单坡顶形式，梁架较为简单的二柱三檩，三柱五檩，或者是从内看是双坡顶，但为了便于排水整体还是单坡顶，做成二柱四檩、三柱六檩的形式。门厅做成双坡顶，梁架结构为插梁式，有二柱六檩的形式，穿斗式结构则有三柱六檩、四柱八檩等形式。

大部分的民宅都为一层，少量民宅有二层结构，尤其是清代的民宅为了扩大室内使用面积，在上堂或者下堂设置二层，一层在穿枋上与檩对位的地方架设圆木或方木（楼桁），其上搁置约 3cm 的木楼板。一层层高约 3m。二层的房屋通常屋顶处的梁架结构就制作得相对比较简陋。

3）建筑造型

（1）建筑立面轮廓

金溪县民宅整体呈现较强的封闭性，外部轮廓以直线组合的平直型、高低型为主。建筑四周的轮廓或是一条直线，或是直线偶有跌落，与祠堂和官厅的轮廓大体相同。其中比较典型的有三类：①规模较小的民居如一进一天井式的民居，建筑轮廓为四条直线围合，外观为典型的方盒子。②除大部分的平直型和高低型轮廓外，还有少量的民宅为正堂为硬山顶人字形山墙，其整体轮廓为人字形和平直型组合（图 5–18）。③民宅的造型除了外观方正和有人字形山墙的还有一类具有明显的时代特征，通过建筑立面的轮廓可以基本判读出建筑的建造年代，在正立面上两侧的厢廊山面为人字形山墙，两侧对称，形成比肩式，正立面入口的檐口稍低（图 5-19）。通常如果建筑立面为此造型时，基本可以判断其为明代建筑，里面的梁架结构多为粗梁大柱，构造浑厚饱满，其梁架上表现出来的明代特征进一步佐证了其为明代建筑。

(a) 外观方正型

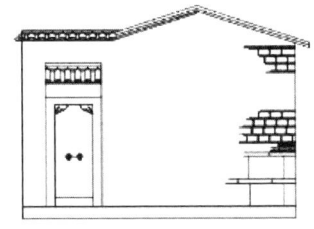

(b) 人字山墙与直线组合型

图 5-18　立面轮廓

（来源：左图为作者自摄，右图为江西师大测绘图）

(a) 合市镇茅埠村

(b) 双塘镇水南村

(c) 合市镇斛塘村

(d) 东乡县黎圩水南村

图 5-19　明代建筑正立面

（来源：作者自摄）

（2）入口方式

民宅的立面一般处理得较为简单朴素，有门洞式、门罩式、牌坊式等（图 5-20）。门洞式较为常见，即门额上无装饰，门罩式分为一滴水门罩和三滴水门罩，此外还有门口上方悬挑木门罩，作为入口的标志。还有的入口向内推进，做成八字形，上面雕刻三滴水门罩，形成八字形三滴水门罩。牌坊式入口在祠堂和门楼中较为常见，在名宅建筑中立面建有牌坊的通常是节孝坊，如疏口村的某民宅入口的为"旌表太学生吴锦华之妻唐氏"的节孝坊。

此外还有一些建筑在建筑立面造型上呈现欧式风格，尤其是以浒湾镇黄坊村的民宅建筑为突出，"黄岩别墅"两侧，高耸的外墙上开长条形窗，窗上装饰以拱形的雕塑饰。另外一栋"服膺别墅"的入口上方以拱形装饰。

(a) 一滴水门罩　　　　　　(b) 三滴水门罩　　　　　　(c) 木门罩

(d) 门洞式　　　　　　　　　　(e) 牌坊式

图 5-20　民宅入口方式

(来源：作者自摄)

民宅是传统聚落中分布最为广泛，数量最多的建筑类型，其建筑形制也是最富于变化，时代特征表现最为明显的类型。由于受到个人喜好和家庭经济实力的影响，民宅的建造规模和建筑造型上体现了浓重的个人色彩。比如商人的府第通常规模较大，雕刻奢华，带有花园绣花楼等，功能完备。总体上，金溪县的传统民宅呈现以下特征：

A. 在平面布局上，金溪地区的民宅总体上规模较小，布局灵活多变。正屋平面多为"一明两暗"三开间，五开间格局的较为少见。整体的平面布局分为一般普通较为规矩的三开间一天井、三开间两天井、三开间一天井加半天井等普通的布局或者在这些规矩的布局上加跨院和辅院，辅院中带虎眼天井。除此以外，还有一些规模宏大的大宅，平面布局为复合型，以"进"为单位通过纵横组合，形成一个复杂的平面整体，或是多栋大宅通过廊道或院落相连，形成分开又连通的不规则的平面。这种复合型大宅通常是商人的府第，不但规模大而且处处精雕细琢，带有粮仓、花园和绣花楼等，生活设施齐全，是实力和财富的象征。

　　B．在梁架特征上，梁架基本上都是穿斗式，明代和清代梁架构造有明显的时代差别。明代梁架多饱满浑厚，用材较大，穿枋为月梁制式，注重梁柱的构造节点，而清代的梁架则用材较小，构造节点简单，穿枋一般为直的长条状。有的民宅在正堂和后堂采用梁架构造略有差别，正堂穿枋为月梁式，而后堂的穿枋则为长条状，这种民宅可能建于明末清初。普通的民宅一般较为朴素，而商人的府第则雕刻奢华，处处精雕细琢。

　　4．其他建筑

　　金溪地区除了祠堂、官厅和民宅建筑外，比较典型的具有浓郁地域特色的建筑还有门楼、牌坊。门楼多位于村落入口和巷道入口，是传统聚落中重要的节点建筑。牌坊或位于门楼、祠堂和宅第的立面，或独立存在雕刻精美、内涵丰富。

　　1）门楼

　　作为抚河流域地区传统村落中的典型建筑，门楼不仅具有组织交通、构建防御、空间转换等多种功能，而且承载了丰富的文化内涵，是该地区传统村落中十分重要的建筑类型。门楼具有组织交通、构建防御、空间转换等物质功能和旌表家族、赞扬科第等精神功能。首先，门楼具有组织交通的功能，位于进出村落的关口或为村内联系街巷的节点，是交通要道上的公共建筑。总门楼一般位于进村的交通干道上，是界定村内外的空间节点。边门楼是村中各个方向的关口，是进出村的交通建筑同时又是标志性建筑。其次，门楼可以承担一定的防御功能，如合市镇后林村的入村门楼是一座典型的防御性建筑，主体两层，面阔三间，硬山顶。其显著特点是二层正面开四个方形洞口，背面开两个，这些洞口可以瞭望并射击，以御敌之用。再次，门楼可作为内外空间界定的景观节点，具有空间转换作用。进入门楼后，空间层次或豁然开朗，或狭长幽深，或空间逼仄。合市镇大耿村经过"榜眼"门楼后，左前方为规模宏大的徐氏祠堂，祠堂正前方为一口水塘。从门楼内望对面的祠堂，空间开阔，形成较好的框景效果。一般边门楼进入后形成狭长的空间，因其位于街巷的入口，两侧高墙林立，如琉璃乡东源村的"阳德含晖"门楼。还有一种类型的门楼穿过后正对高墙，形成逼仄的空间，需要向左或向右拐进入街巷空间。最后，门楼还有表示方位的作用，琉璃乡蒲塘村有"东作门""西成门""北钥门"和"南薰门"，具有明确的方位指示。门楼除了承载重要的物质功能外，还具有深厚的文化内涵，如旌表家族、赞扬举业、表彰功勋等纪念功能。

（1）屋顶形式多样

抚河流域地区门楼屋顶形式可分为硬山顶、悬山顶和单坡顶（图5-21）。总门楼多为硬山顶，如北坑村总门楼、中宋村总门楼、竹桥村总门楼等。硬山顶屋面两坡交界的地方以瓦片铺砌成单脊，两侧山墙与屋面齐平，屋面无举折，由青色板瓦铺设，俯仰交错相扣。该地区雨水相对沿海地区较少，所以屋顶出檐较小。悬山顶形式的门楼相对较少其屋檐悬伸在山墙以外，正脊是瓦片脊，采用小青瓦堆砌，脊的两端不做装饰无起翘，也有的悬山顶门楼正脊两端微微起翘，线条流畅柔和，典型案例有琉璃乡东源村"隆平旧家"门楼。单坡顶门楼数量较多，大多边门楼属于这一类型，形式也较为多样，按照平面形式可分为梯形平面，矩形平面和矩形平面外加八字墙三类。这种屋顶的门楼多数正面墙体高于屋面，形成马头山墙形式。

(a) 竹桥村门楼（硬山顶）   *(b)* 东源村门楼（悬山顶）   *(c)* 古楼下村门楼（单坡顶）

图5-21　门楼屋顶形式

（来源：作者自摄）

（2）墙体轮廓丰富

门楼外形质朴大方，坡顶灰瓦，青砖山墙，不同的屋顶及山墙形式组合在一起，高低叠落勾画出丰富的立面轮廓（图5-22）。墙体正立面有矩形，凸字形，梯形三种形式，侧立面有人字，单坡面，垛子山墙等形式。人字山墙走势完全依前后屋檐坡度的变化，好似屋檐在房屋侧立面的正投影，仅考虑防火、防风功能，不作任何艺术修饰；垛子山墙顺应屋檐坡度，形成各式阶梯状，每级阶梯称一个"垛子"[①]。不同形制的门楼正立面和侧立面可以组合成十余种墙体轮廓形式。

门楼作为传统村落中重要的组成部分，具有鲜明的地域性和文化性，对形成村落格局和丰富村落空间形态产生了重要影响。门楼是中国乡土社会传统文化的物质载体，记录了特定区域某一历史时期的重要事件，同时也反映了该地区古人的思想道德观念和对美好生活的愿景。

---

① 施瑛，简析江西传统民居的外墙艺术［J］．农业考古，2009，3：201．

(a) 后林村门楼　　　　(b) 蒲塘村门楼　　　　(c) 苏坊源村门楼

图 5-22　墙体轮廓

（来源：作者自摄）

2）牌坊

牌坊作为中国古代建筑的一种类型，造型独特，历史源远流长，不仅具有门的功能，与雕刻、书法艺术结合为一体，同时富有纪念性、标志性，其作为一种建筑形式，承载多种社会功能，表达深厚的文化内涵，是石头的史书、艺术的瑰宝。金溪县石牌坊数量众多，保存完好，尤其是 8 座明代石牌坊有较高的研究价值。金溪县明代牌坊疑为 16 座，其中有 8 座具有明确纪年，证据确凿。本书选取这 8 座具有明确纪年的牌坊作为研究对象，分别是"名荐天朝"坊、"南州高第"坊、"忠义世家"坊、"圣裔"坊、"儒门甲第"坊、"大夫坊"、"总宪第"坊、"后车世家"坊。这八座牌坊建造技艺高超，呈现鲜明的时代性和地域性，尤其是这些牌坊上大部分记载了建造年代及相关信息，具有很高的历史价值。

（1）分布

在地理分布上，这八座牌坊主要集中在金溪县的北部，琉璃乡有 3 座，合市镇有 2 座，何源镇、黄通乡、左坊镇各 1 座（图 5-23）。琉璃乡的 3 座分别是

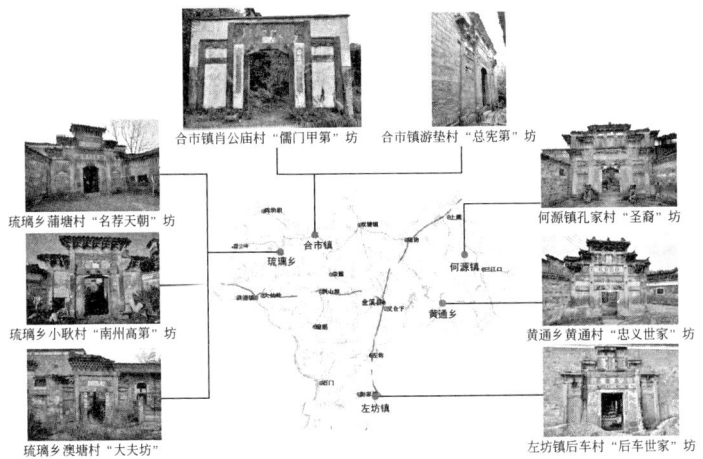

图 5-23　牌坊地理分布图

（来源：作者自绘）

蒲塘村"名荐天朝"坊、小耿村"南州高第"坊、澳塘村"大夫坊",合市镇的2座分别是肖公庙村的"儒门甲第"坊和游垫村的"总宪第"坊,"圣裔"坊位于何源镇孔家村,"忠义世家"坊位于黄通乡黄通村;"后车世家"坊位于左坊镇后车村。

在时间分布上,8座牌坊的建造时间贯穿于整个明代,从明早期到明晚期,具有时间的连续性,展示了明代建筑技艺的发展过程,也从侧面反映了当时的社会经济状况(表5-1)。8座牌坊的建造年代其中有6座在字板及题记的落款处均有确切记载,"忠义世家"坊的建造时间该村的族谱上有明确记载,"后车世家"坊虽未有明确记载,但通过落款的人名和相关信息可间接推算其建造时间在1622~1636年间。按建造时期分,明早期的有1座,明中期2座,大多数是明晚期有5座。其中建造年代最早的是1425年建的"名荐天朝"坊,最晚的是1637年建的"儒门甲第"坊,其时间跨度长达200年之久。

牌坊建造年代表

表 5-1

序号	名称	记载年份	公历纪年	时期	地址	备注
1	"名荐天朝"坊	洪熙元年	1425 年	明初期	琉璃乡蒲塘村	
2	"大夫坊"	嘉靖壬寅年	1542 年	明中期	琉璃乡澳塘村	
3	"忠义世家"坊	隆庆元年	1567 年	明中期	黄通乡邓家村	
4	"南州高第"坊	万历乙未年	1595 年	明晚期	琉璃乡小耿村	
5	"总宪第"坊	万历三十年	1602 年	明晚期	合市镇游垫村	
6	"圣裔"坊	万历己酉年	1609 年	明晚期	何源镇孔家村	
7	"后车世家"坊	不明确	1622 ~ 1636 年间	明晚期	左坊镇后车村	间接推算建造年代
8	"儒门甲第"坊	崇祯丁丑年	1637 年	明晚期	合市镇肖公庙村	

(来源:作者自制)

(2)建筑形制

牌坊依据建筑形制分为牌坊和牌楼。在立柱和横板之上有屋顶结构的称为牌楼,无屋顶结构的称为牌坊。依据建筑形式和大小,牌坊有一间两柱、三间四柱、五间六柱等。牌楼可以分为两柱一间一楼、两柱一间三楼、四柱三间三楼、四柱三间五楼、六柱五间五楼、六柱五间七楼等,常见的有四柱三间三楼和四柱三间五楼[1]。有一种牌坊称为牌坊门或牌楼门,多见于祠堂、庙宇、宅第和门楼等建筑的大门门面,从墙上"影砌"出一座清晰的牌坊来,它作为建筑的一部分,没

---

[1] 梁峥. 牌坊探究——以皖、赣、鄂地区为例 [D]. 武汉:华中科技大学,2007.

有独立性，主要起象征性和装饰性作用①。这种牌坊位于中国长江流域以南，在金溪县地区较为常见。

"大夫坊"作为独立的牌楼，六柱三间五楼。"名荐天朝"坊作为门楼的前檐墙，带有屋顶结构，为牌楼门，其形制为六柱三间五楼；与"名荐天朝"坊形制相同的有"南州高第"坊、"忠义世家"坊和"圣裔"坊，兼作村中门楼的立面，均为牌楼门，其大小形制依次为四柱三间三楼、四柱三间五楼、四柱三间五楼（图5-24）。"总宪第"坊位于民居的门厅正面，为四柱三楼牌楼门。"后车世家"坊位于祠堂的门厅正面，为四柱三间五楼。"儒门甲第"坊位于门楼前檐墙，无楼，为四柱三间牌坊门。

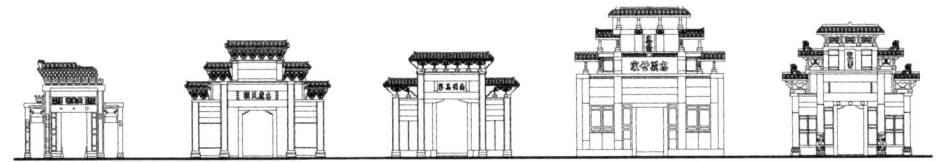

图5-24 牌坊立面

（来源：作者自绘）

（3）文物价值

在历史价值方面，本书研究的8座明代牌坊，距今已有四五百年的时间，年代久远，整体保存状况较好，且具有明确的年号记载，具有较高的历史价值。尤其典型的是"名荐天朝"坊明确刻录了圣旨全文，具有重要的历史文献价值。"名荐天朝"坊是洪熙朝留存至今的稀少实物之一，由于所处的特殊历史背景，使得该牌坊的考古价值大增。洪熙是明代特殊的一朝，朱高炽在1424年继位，改次年1425年为洪熙元年，他在位不到一年，于洪熙元年五月（即下圣旨立牌坊当月）就病逝了。由于其在位时间较短，洪熙朝的遗物比较罕见，因此该牌坊的文物价值较高②。"名荐天朝"坊弘扬了中国传统文化中的仁义慈善精神；"忠义世家"坊表达了忠义文化和家族文化；"南州高第"坊和"后车世家"坊代表了中国的家族文化；"大夫坊""总宪第"坊和"儒门甲第"坊反映了中国明朝时期的科举及第而做官的时代背景；"圣裔"坊昭示了皇帝对建立功绩的人的褒奖。这8座牌坊从不同的方面表达了丰富的思想文化内涵，体现了当时的社会文化背景。

在艺术价值方面，牌坊作为精美的石作建筑艺术品，除"儒家门第"坊，造型简单、雕饰朴素外，其余的牌坊立柱、额枋、花板、斗栱等每个构件都经过了

---

① 李德喜. 湖北的牌坊［J］. 华中建筑，2007，1：180-184.

② 吴定安. 乡草集：金溪历史文化研究［M］. 南昌：江西人民出版社，2012.

精雕细琢，建筑的精美程度尤以"名荐天朝"坊和"南州高第"坊为杰出代表。明石牌坊规模较大，比例协调，构图饱满、造型端庄，雄大浑厚，反映出明初国力的殷实和气魄的博大，显示了其特有的堂皇高雅之感和肃穆大气的风度。雕刻技艺精湛，每个构件雕刻都采用写实的手法，工艺之精细，线条之凝练，呈现娴熟而明快洗练的风格。雕刻内容有花卉图案的静物雕刻，又有"一鹭莲科""鲤鱼跃水"等动感图案的刻画，动静结合，使整个牌坊的幅面既有静谧之美，又呈现灵动之感。古代的能工巧匠在其中倾注了无限的热忱，用高超的技艺刻出精美的图案表达着精湛的工艺水平和执着的审美追求。8座石牌坊精美的图案、丰富的题材，高超的技艺表达，蕴含着独特的审美意趣，具有很高的艺术价值。

在科学价值方面，8座石牌坊整体结构严谨，尺度适宜，构件制作考究，榫卯节点科学，基座稳固，体现了匠师的营建智慧和当时的建造工艺水平，为研究明代的建造工艺及雕刻水平提供了翔实的资料。"名荐天朝"坊和"南州高第"坊用材精良，采用产自当地的优质印山石，质地细腻，耐风化，柔韧性强，历经近500年风雨洗礼，至今巍然屹立，完好无损，未有明显风化现象。从总体上，这8座牌坊在建筑结构、用材等方面体现了当时较高的营建技艺水平，具有一定的科学价值。

5.1.2　宜黄县

宜黄北临临川，西接南城，南靠南丰、赣州一带，民居的建筑风格独树一帜，呈现明显的区域特色。宜黄地处山区腹地，建筑类型分为天井式和一字形两大类。天井式民居的建筑尺度整体比北部的临川、金溪一带的要大，天井高敞、外墙高耸。宜黄民居的典型特征是宅院入口高高耸立的门楼，突出屋顶，对入口起到强调和着重装饰的作用。梁架结构分为有阁楼和无阁楼两种，注重脊檩和走檐梁的雕饰，尤其是檐口出挑结构中檐檩下的替木，造型丰富、夸张，是一大亮点。建筑造型上，最后一进通常设天门，形成双层顶。宜黄民居外部造型轮廓丰富，内部梁架富于雕饰，喜着色，建筑整体风格张扬，不拘束。

1. 祠堂

祠堂建筑一般较民宅规模大，平面布局为天井式，梁架采用明间正贴采用插梁式，用材较大，工艺考究，这是祠堂建筑的一般特征，宜黄县的祠堂建筑也是如此。棠阴目前保存完好的祠堂建筑有南源乡夺中村的封氏祠、东陂镇黄柏岭村徐氏宗祠和徐广九公祠、棠阴八府君祠、棠阴镇君山村祠堂等。

封氏祠堂为牌坊式门，四柱三门的石牌坊隐刻在门厅的墙壁上，檐口为一条平直的直线。夺中村位于与南城县的交界处，建筑风格受南城县的影响，正中的正脊上有两对燕尾脊，类似南城传统建筑屋脊的处理手法相同。黄柏岭的徐氏宗祠建于清乾隆年间，五开间一进式，平面为长方形，中轴对称，第一进为前厅，第二进正厅。门厅为门廊式，面阔五间前檐下两根立柱，马头山墙。正厅面阔五间，正贴梁架为插梁式，用材较大，柱径达60cm，梁架施精美彩绘，雕梁画栋，有较高的建筑艺术价值（图5-25）。

夸中村封氏祠　　　　　　　　　　　　　黄柏岭徐氏宗祠

图5-25　宜黄县祠堂

（来源：网络）

棠阴镇的八府君祠，为明代建筑，规模大，工艺考究，用材粗壮，在建筑构造节点和建筑布局上有独特之处，是宜黄祠堂类建筑中的典范（图5-26）。八府君祠位于现今的棠阴小学内，为吴氏大宗祠，是为了纪念棠阴吴氏的开基祖吴竦公而建，由于其排行第八，故称"八府君"。该祠堂始建于明中期，据吴氏族谱记载：明神宗万历八年（1580年）庚辰岁七月与人和市，建造祠宇寝堂，中厅三门，东西二廊，二十八柱，规划井然。原祠堂占地有4000m²，原有门厅、享堂和后寝及两侧的厢房组成，现在门厅和后寝部分已毁，仅剩下享堂部分。

享堂的平面布局较为独特，分为前后两厅，两厅之间的距离仅有一个天沟之隔，面阔三开间，通面阔12.6m，前厅进深四柱，后厅进深五柱，通进深20.5m。两侧各有面阔三间的厢房，内设天井，与普通的民居厢房的结构由很大差别。前后两厅均为悬山顶，屋顶坡度较缓慢，小青瓦屋面，两侧的厢房为硬山顶，前后檐口墙体封护，屋脊要低于享堂，形成主次分明高低错落的屋顶形态。

八府君祠的梁架结构一个典型特征是用材粗壮，梁架气势雄伟，明间柱径最粗的一根周长有2.46m，柱径高达78cm，稍微尺度小一些的约有60cm。前厅正贴插梁式，进深两柱，八架梁插入前后檐柱内，伸出前檐柱支撑挑檐。前后檐额枋上置一斗三升栱，明间正中两攒，次间一攒。三架梁和五架梁梁头雕刻成卷草纹状。边贴梁架用材相对较小，进深四柱，直枋和月梁并用起到联系和支撑作用。三架月梁扁平型下用坐斗支撑。后檐下采用鹅颈型挑手木上置单斗只替支撑挑檐檩。后厅正贴梁架采用插梁式，进深四柱。前檐采用轩顶，四架梁上置单斗只替支撑双架梁，双脊檩之间采用罗锅椽。中间部分的五架梁上，一端用童柱，一端

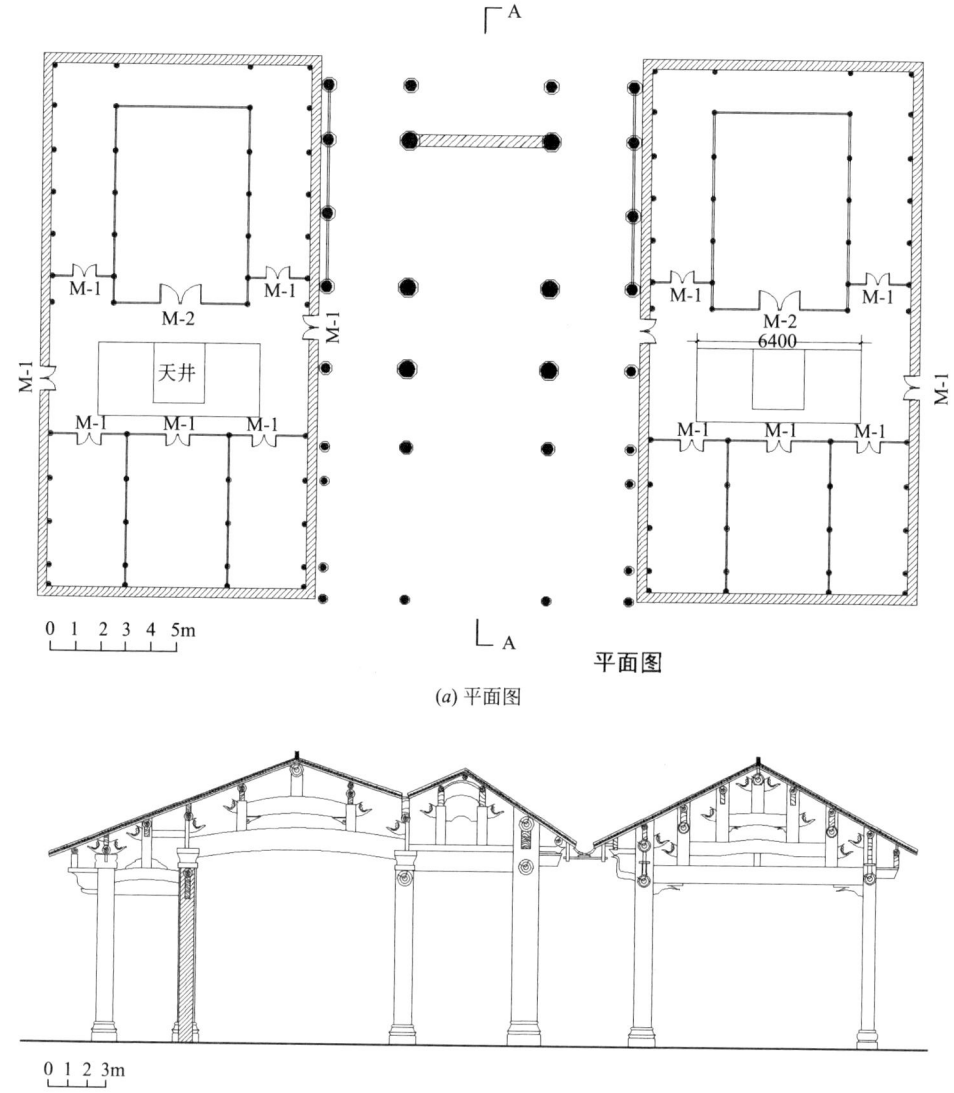

(a) 平面图

(b) A-A 剖面图

图 5-26   八府君祠测绘图

（来源：抚州文博所资料）

用单斗只替支撑三架梁，做法独特。另外，脊檩下和前檐柱端也采用了单斗只替支撑檩条。后檐部分用单步梁穿出后檐柱支撑挑檐檩。边贴梁架采用穿斗式，中柱落地，内侧是月梁和月形穿枋，外侧则是直梁和直枋，形成对比。

八府君祠在一些建筑细部的处理上，构造特别，具有很高的价值。梁架除了用材较大，雕饰精美以外，柱梁之间的构造节点，采用了单斗只替做法，在赣东地区现存的传统建筑中较为少见。在装饰方面，木雕和石雕均体现了高超的建筑工艺，中厅正面挑檐梁梁头上施绿色花卉型替木，造型优美。走檐梁和柱的交接处施镂空雕雀替。明间走檐梁和脊檩做成扁平型，上有鎏金彩绘。前厅正面山柱上有镂空雕的龙头斜撑支撑支撑挑檐梁，起到稳固作用。柱础石为典型的明代制式，分为三部分，底座为正方形，中部为八角形，上部为莲花瓣状，雕刻有宝相花纹。享堂的出檐采用双层椽，类似北方的檐椽和飞椽的构造，这种做法在赣东地区较为少见。享堂和中堂之间的间距较小，仅一天沟的距离，天沟下用梯状龙骨拉结支撑缸瓦的重量，这种构造是此建筑的最为独特之处。在建筑色彩上红黑搭配，是宜黄建筑较为典型的特征，柱身分为两段，联系枋下为黑色，柱端部为红色。梁、枋、檩、椽等上部构件采用红色。

八府君祠（吴氏大宗祠）是有确切年代记载的明代建筑，不管从建筑的工艺还是梁架的结构上都具有典型性，都是目前宜黄祠堂建筑中价值最高、最具代表性的建筑。

2. 官厅

官厅建筑较普通的民宅更为考究，尤其是梁架会采用插梁式以扩大室内空间，或采用建筑等级的标志性构件斗栱，来表达主人的官宦身份。宜黄县的官厅建筑目前发现的有南源乡夺中村的纱帽官厅、四堂官厅和中港镇三村的州司马宅院。

州司马宅院原名黄家大屋，工艺精良、雕饰精美、保存完好是传统建筑中的精品，具有很高的文物价值（图5-27）。该宅院建于清乾隆年间，坐北朝南，三堂直进，规模较大，占地720m²。

图5-27 中港镇三村州司马宅院

（来源：作者自摄）

入口门厅为八字形五滴水门楼式，为一面精美的节孝坊，整面牌坊精心雕琢，雕刻有人物、花卉、动物等，内容丰富，栩栩如生。每一幅图画都蕴含着历史故事或寓意，雕刻细腻入微，美轮美奂。檐下类似椽头的砖上每一个端部都刻了造型生动的花卉图案，且各不相同。门额上竖刻"圣恩"二字，下面的字板上刻有"旌表黄长庚之妻邓氏节孝坊"字样，更难能可贵的是上面的字板上雕刻有当时朝野上众多官员的官职及姓名，为研究当时的历史提供了宝贵的资料。门厅面阔五间，明间采用插梁式构造，边贴为穿斗式。檐下的替木做成扇面形。

进入门厅后，正对第一进天井，两侧厢房保存完好。前堂正中悬挂"州司马"红底金字木牌匾。前堂平面为假五间形式，上设阁楼。明间正贴梁架进深两柱，前后檐柱之间用月梁连接，与一般的构造不同的是月梁与楼楞之间还留有一定的空隙，空隙中置三个雕刻精美的花驼墩。次贴梁架进深五柱，楼楞下第一层为月梁，联系木柱，其上置童柱，童柱间又采用月形穿枋联系，形成双层的月形构架序列，其构造着重装饰效果。明间两檐柱采用的是莲花瓣组合式柱础石。后檐柱额枋上有装饰性的斗栱。前厅为会客场所，建筑构造上格外讲究，也是主人身份地位的显示。第二进天井相对尺度较小。后厅面阔五间，设阁楼，正贴穿斗式构架，柱间用月梁联系，其上有童柱，但与前厅不公同的是，童柱间无联系的月枋。檐下施花卉型替木。

州司马宅院不仅具有较高的历史文化价值，而且建筑工艺之精良，注重细部构造，尺度开阔，具有官宦气质，为官厅建筑中的典范，是一处珍贵的历史文化遗产。

3. 民宅

宜黄地区的民宅类型分为两大类，一类是天井式，一类是一字形。天井式民宅可通过天井纵向延伸，或左右几路天井并列，拼接成大规模的宅院。一般较为常见的是三开间两进式或五开间两进式，规模稍大的就再加半天井。在进深上，五堂并列，形成四进式的大宅，较为少见。宜黄棠阴的"五个厅"，就是五堂直进的在进深上规模较大的民宅。在建筑风格上明代民宅和清代民宅有一定的差异性，明代尺度较小，少装饰，月梁的曲率较大。清代则重装饰，尺度更为高敞，建筑规模也较大。一字形民居一般在山区较为常见，用材较小，多就地取材，制作工艺较为简单。

本书选取一座具有代表性的明代民宅介绍宜黄县明代民宅的建筑风格。棠阴的"日字塘"是目前调查到的宜黄县价值最高的民宅建筑，其梁架结构具有宋制遗风，为明中期的遗构（图5-28）。"日字塘"民宅由于天井内有一个"日"字形深达2m的水池而得名。该建筑坐北朝南，五开间一天井式，外观朴素。

入口门厅为八字形三滴水门楼式，悬山顶，清水砖墙一眠一斗砌法，墙面斑驳。门厅面阔五间，通进深15.7m，进深7.9m。梁架结构为穿斗式，进深6柱。明间宽约3.80m，次间宽2.5m，稍间约2.5m，檐口高3.5m，柱径约20cm。中柱及两侧的金柱用月梁连接，其上置三踩斗栱支撑金檩，金檩之间用月形穿枋联系。月形穿枋和月梁与柱的交接处施丁头栱。中柱及两侧的金柱上置坐斗支撑檩条。后檐的穿枋伸出檐柱支撑挑檐梁，端部雕刻成卷草纹，檩下施替木。檩条上置圆椽，横铺望板。

天井内日字形水池内，现已杂草丛生，两侧的厢房梁架歪闪，损毁严重。

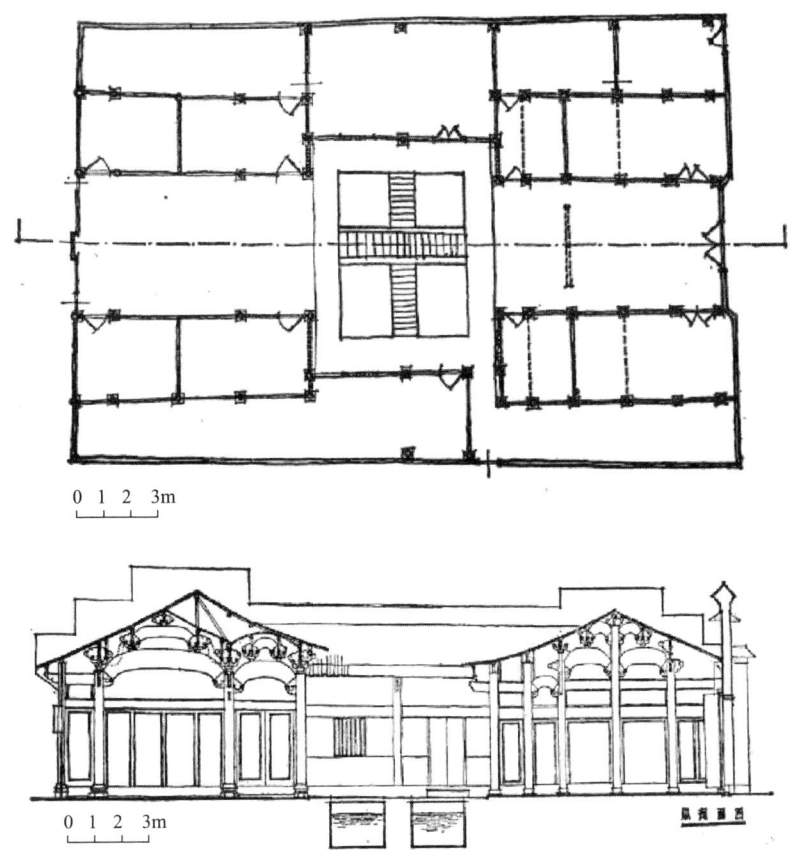

图 5-28　日字堂民宅测绘图

（来源：宜黄古建筑考察组．建筑历史与理论（第三、四辑）［M］．南京：江苏人民出版社，1984：150．）

后厅的梁架构造独特，采用插梁式构造。由于前檐设轩顶，中间部分梁架的脊檩和整个屋顶的脊檩不在一个位置。正贴梁架进深四柱，前后金柱之间的距离为 3.8m，月梁的跨度大。前檐柱和前金柱之间的月梁上置三踩栱支撑轩顶的双脊檩。中间部分的梁架，五架月梁插入前后檐金柱，其上置三踩栱支撑三架月梁。月梁为琴面梁，上凸的曲率高，五架月梁截面高约 65cm，三架月梁截面高约 45cm。前后檐金柱上置斗栱支撑金檩。该建筑上的斗栱形制丰富，是其一大特色。前檐下置五踩斗栱，月梁上的为三踩斗栱，尤其是后厅前后金柱额枋上的五踩斗栱后尾挑出后尾挑出约 1m 承托金檩，构造精妙。前檐柱柱径为 28cm，金柱柱径为 31cm，脊檩的下皮高为 4.4m。

整体的梁架结构为原木色，未着色，梁架上全部裸露在外，无阁楼。整体屋顶平缓，空间的尺度较小，梁柱构造节点颇具宋制遗风，为目前发现价值最高的民居之一。遗憾的是，如今这座老宅已破败不堪，亟须修缮和维护。

宜黄县清代建筑较明时期的建筑尺度大，檐口的高度和开间的宽度都有所增加。在建筑艺术上，更注重装饰，雕梁画栋，走檐梁、檐下构造是一大装饰特色。在建筑结构上，设阁楼，民宅的最后一进通常设阁楼，利用天门采光，形成双层檐。下文以官帽厅为例，介绍宜黄清代民宅的特点。

官帽厅的平面布局为长方形，三堂直进，五开间二进式，总面阔 23.65m，总进深 33m，属于规模适中的住宅。中轴对称，布局合理，中轴线上依次布置门厅、前厅和后厅（图 5-29）。第一进天井两侧还有两个侧天井用于房屋的通风采光。

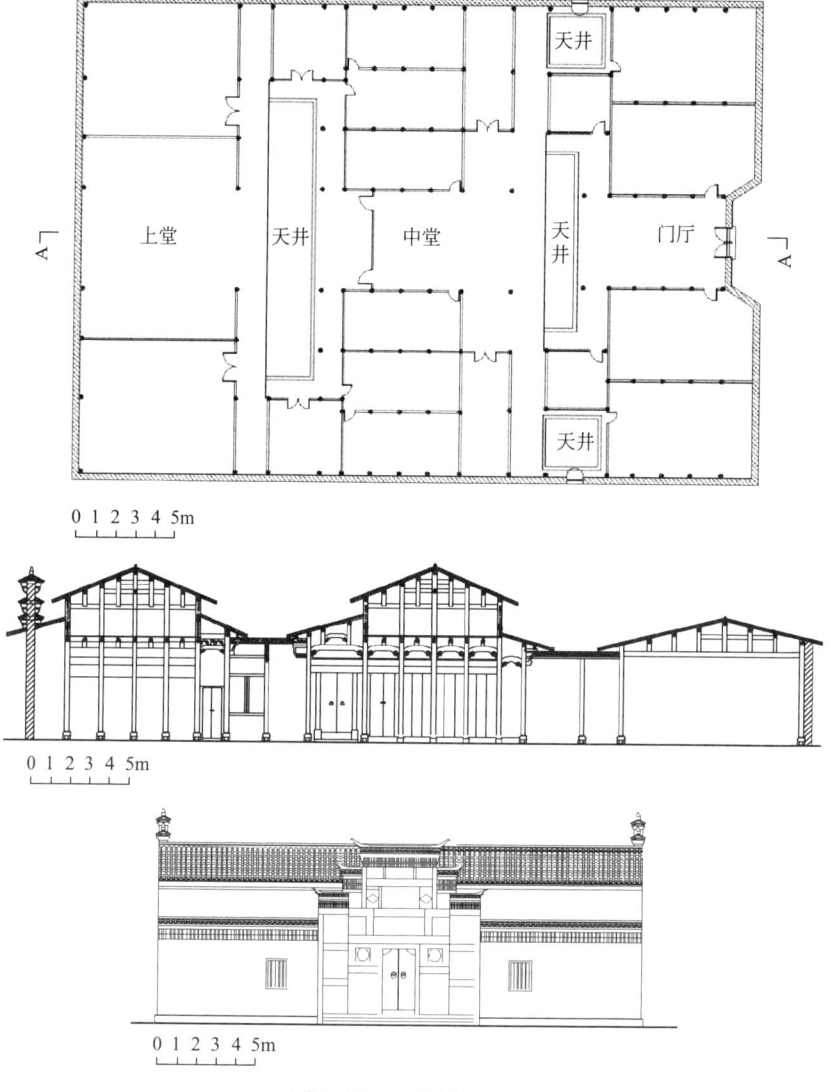

图 5-29　官帽厅测绘图

（来源：作者改绘）

门厅入口为八字形五滴水门楼式，是宜黄一带典型的入口方式。高高耸立的门楼，通高 7.5m，与门厅的屋顶正脊差不多高。门楼立面材质精良，质感细腻，底层为石墙裙，上部为砖贴面，局部有精美的砖雕。门口两侧有两幅圆形砖雕，雕刻技法细腻圆润，主楼檐下和两侧八字墙上有类似月梁式的砖雕构件，月梁端部雕刻花卉图案，栩栩如生，线条圆润流畅，整个立面典雅庄重，气质非凡。该门楼是门楼式建筑中精品，宜黄建筑典型特征的代表。门厅面阔五间，明间面阔4.6m，次间 3.1m，稍间 4.65m，中间三间屋顶凸起，设天门。梁架穿斗式构架，进深 6 柱，设阁楼。柱间的穿枋上置短柱，每根柱和短柱上都对应一根楼楞，其上铺设木楼板。室内中部的楼楞山则有鎏金彩绘做装饰。后檐檐柱和后檐金柱之间施带有雕刻的月梁，月梁上置短柱支撑童柱，童柱与前后柱之间设骑马雀替。后檐下出挑结构是檐柱上伸出鹅颈挑手木支撑挑檐梁，梁头两端置替木，上置挑檐檩，这种构造方式是宜黄建筑檐下出挑结构的典型构造方式之一。

第一进天井为长方形土形虎眼天井，两侧有面阔一间的厢房。厢房的另一侧为近似方形的天井。

前厅为带天门的双层顶，两侧为马头山墙。面阔五间，明间面阔 5m。前后檐柱的距离为 9.5m，进深尺度较大。穿斗式木构架，进深七柱，前檐下为轩顶，月梁联系前檐檐柱和金柱，月梁穿过檐柱，梁头上置造型夸张的花卉型替木，其上置檐檩。后檐下的出挑方式则与门厅的后檐构造相似。走檐梁和关口梁上都施鎏金彩绘。明间前檐柱采用具有明代特征的带有雕刻的莲瓣柱础，其余为方形石础木櫍。前厅阁楼，但构造方式与门厅略有不同的是，柱间用月梁连接，月梁上置短柱。梁架上着色，采用红黑 2 种颜色，柱间的联系枋以下涂黑色，包括柱身和壁板，联系枋以上月梁、楼楞及楼板涂成红色。地面为方砖铺地。天门和檐下的花型替木是宜黄建筑构造上的两大特色（图 5-30）。

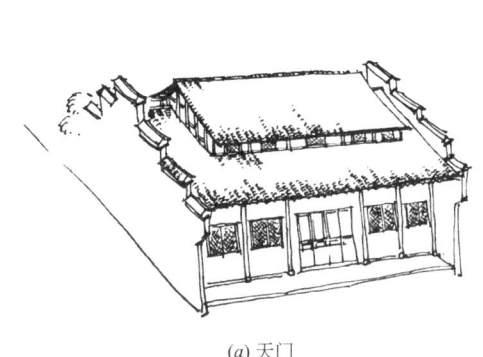

(a) 天门

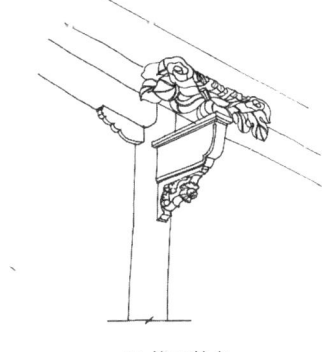

(b) 檐下替木

图 5-30　宜黄建筑构造特色

（来源：作者自绘）

　　第二天井后厅为双坡顶，进深较小，改建现象严重。后檐墙为马头墙。

　　该建筑风格为清水砖墙外立面，叠式马头墙的造型，建筑工艺讲究，材质精良，尤其是檐下构造、设天门的屋顶结构、门楼式的入口门厅是宜黄建筑特征的鲜明体现。

　　宜黄县的天井式传统建筑是体现其建筑工艺的重要类型，在建筑的造型和装饰上独具特色，将其建筑特征大致总结为表5-2。

　　一字形民居在建筑造型上悬山顶，穿斗式构架用材较小，柱间用板壁封护，或是厚实夯土墙，墙上搁檩，规模较小，一般面阔三间。规模较大的一字形民居面阔七间，中间五间屋顶较两侧的两间要高，形成主次分明的格局。建筑材质多用鹅卵石、土、木等材料，呈现出质朴，原真的特征。

宜黄天井式传统建筑特征表（作者自制）　　　　　表5-2

形制	特征	图片
建筑造型	1. 建筑的正立面有门罩式、门斗式和高高耸立的门楼式。高耸的八字形门楼是宜黄民居的典型特征（上图）。 2. 山墙以马头墙为主，有三叠式、五叠式、七叠式，或呈现双数（下图）。侧立面的轮廓以高低马头墙组合式，或是马头墙和人字形山墙组合式	 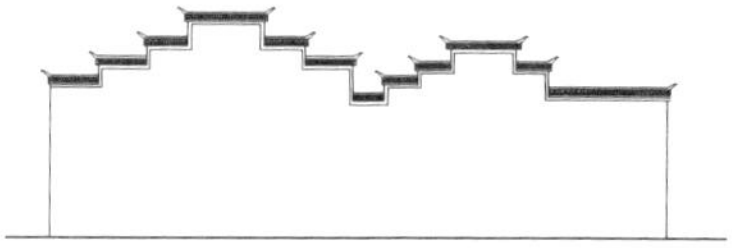
建筑结构	1. 大多数为穿斗式构架，少数正贴采用插梁式。设天门的厅堂设则有楼板将上部的梁架封住，下部柱间施月梁短柱支撑楼楞（上图）。无阁楼的梁架为彻上露明造。 2. 注重檐下的出挑结构，除了在挑檐梁上施雕刻外，其上置造型夸张的替木是一大特色（下图）	 

形制	特征	图片
建筑材质	1. 砖石为主，露出材质本身的质感。建筑墙基较为讲究的宅院在入口重要的位置采用石质墙裙，在侧面一般采用碎石砌筑的墙裙。青砖砌筑，转角石或是门意石为青石或红石，天井通常是青石铺砌筑。 2. 木梁架一般采用杉木或是杂木。	
装饰与细部	1. 柱础石、梁架上的木雕、门口的砖雕，是重点的装饰部位，尤其走檐梁和脊檩做成扁平型并施雕刻做鎏金彩绘，显露富丽堂皇之感。 2. 梁架色彩：大多数宅院是上部分施黑色，下部分施红色，较少的木构架以原色为主。 3. 墙檐线层次丰富，一般叠涩三层，为墙体上的一个重要装饰部位。	

4. 其他建筑

宜黄地区其他建筑类型中，路亭和廊桥建筑较为典型（图5-31）。

路亭为古代的驿道旁建立的亭子，供行人休息、躲雨、乘凉的地方。古时，每隔十里八里便有沿路而建的路亭，规模较小，造型多样。至今我们在宜黄县境内沿古道行走时，还能发现多座路亭。宜黄一带古时官道旁的路亭，顺路而建，外墙石砌而成，高约40cm，长约1m的条石，质感粗矿，石木结构，硬山顶，内用木梁架支撑屋顶，立面为马头山墙。两侧开门，门额上一般都有题刻，描写当地的景致。在离中港镇上坪村不远的山路转弯处坐落着一路亭，一侧门额上题字为"紫寰德里"，一侧为"彩焕梅峰"，此处有一座山峰为梅峰，起到路标的作用。

廊桥在中国建筑文化中源远流长，早在汉朝时就有关于廊桥的记载。廊桥跨河而建，桥上建屋顶，既有保护桥身，又可以提供行人休息、交流的场所。廊桥主要有木拱廊桥、石拱廊桥、风雨桥、亭桥等多种类型，在湖南、江浙一带都有分布。宜黄县的两座廊桥较为独特，一座是南源乡南下村的"仁和仙桥"，另外一座是棠阴镇君山村起到关卡作用的亭桥。

图 5-31　路亭和廊桥

（来源：作者自摄）

"仁和仙桥"是一座廊桥，位于宜黄通往临川和南城的驿道上，跨河而建，重檐结构，一层为悬山顶，二层为歇山顶，造型别致，古朴飘逸。室内有八角形藻井，工艺精良。这不仅仅是一座交通建筑，还是一个祭祀的场所，祭祀面积几乎包括整个桥面，室内供奉观世音菩萨、门神神荼和郁垒、天帝爷、文昌帝和财神爷等。即是廊桥，又是庙桥的建筑并不多见，"仁和仙桥"是这类廊桥的典型代表，且造型独特，保存完好，具有较高的价值。

5.1.3　其他县域概述

抚河流域地区下游地区的传统建筑的形态以临川为中心，在建筑形制上为印斗式天井屋为主，在建筑造型呈现平直型轮廓、清水砖墙，灰白色调，梁架以原木色，砖石材质精良，建筑材质都呈现出本身的质感，这是源于对材料的自信，同时也体现出不刻意粉饰显露本真的文化气质。下游地区的建筑工艺尤其以石雕精美为显著特色，在江西省内的石雕艺术首屈一指。在抚河下游地区除了金溪和宜黄外的其他区域其建筑特征又稍有细微的差别。

1. 临川区

临川区为临川文化的发祥地，也是明清时期抚州府的治所所在地，其经济地位，其建筑风格是最具特色的临川风格。临川区的建筑艺术是高度发达的临川文

化相匹配的物质载体，呈现出追求精致、奢华和有内涵的文化属性。临川区内的
传统聚落在格局完整性方面不及周边的金溪县，但单体建筑的精美度和规模上要
远远高于其周围县域的民居，更胜一筹。临川地区的传统建筑的典型特征有以下
几点：

（1）精美的大宅院，建筑规模大，是财富和实力的象征，同时彰显出临川
文化特有的气质。该地区目前保存得好的精美大宅有竹溪村的"仁达永济"大屋
和清代的绣花楼、河埠周家的四栋大屋并列及一栋"双溪汇秀"民居、邓坊道里
民居、鹏田的陈坊民居、东馆镇玉湖村的"资政第"等，多进天井横纵组合，并
带有辅助用房，有的甚至占地规模达3000多平方米。竹溪村的"仁达永济"大屋，
为喻氏商人的住宅，建于清道光年间，耗时13年才建成，号称有99间房，其规
模之大，令人惊叹。该民宅八字形门楼，进入门楼后为一个开敞的跨院，北侧由
三路天井并排而成，每路三进式，中间一路为主房，西路比中路的规模略小，东
路的为辅助用房。行走在天井之间，如在迷宫中穿梭，不得不慨叹也只有发迹的
商人才有雄厚的实力筑造如此规模的宅院，这是临川历史上商业发达的见证，也
是财富积累在建筑文化上的体现。邓坊的道里民居三幢并排，前有占地几百米的
条石铺砌的开阔院落，每路三天井式，占地面积有4000多平方米。玉湖村的"资
政第"为明末清初建筑，高8.5m，长14m，宽38m，北面建有14间粮仓，可储
粮20万kg，总占地面积达3000多平方米。鹏田的陈坊民居，四柱五楼的牌坊
门大宅，规模较大，占地千余平方米。

（2）雕刻艺术精美绝伦，反映了精湛的建筑技艺。临川的大宅院除了规模
大，还有雕刻精美是其一大亮点。在门楣、墙裙、柱础、石窗等部位，多施以石
雕装饰，梁架、隔扇、壁板等部位采用木雕，处处精雕细琢，体现了高超的雕刻
技艺。雕刻的题材类型多样，有戏曲故事、三国故事、八仙人物、渔樵耕读、珍
禽瑞兽、花鸟祥纹等丰富的内容，蕴含着深刻的文化内涵和吉祥寓意，每一幅图
画都是一个精致的场景，栩栩如生。其雕刻的手法细腻圆润，有浅浮雕、高浮雕、
镂空雕，营造出丰富的层次感和立体感，将建筑的雕刻艺术发挥得淋漓尽致。竹
溪村的绣花楼，其石雕和木雕表现出来的艺术感染力，让人震撼，细细品读每一
幅画面，都表现的惟妙惟肖，不管是在构图上，还是动植物线条的勾勒上都充满
了别致精心的设计感。前厅高约1.5m的石墙裙上，一组石雕由一幅幅内容不同、
构图造型各异的画面组成了一幅展开的画卷。图案构图的边框有卷轴式、扇面形、
桃形、石榴形、麦穗形等等，别出心裁，雕刻的内容有鲤鱼跳龙门、雀鹿蜂猴（爵
禄封侯）、鹤鹿同春等富有吉祥寓意的画面，也有动物喂食，山羊顶牛等温馨富
有日常生活场景的画面。后厅的绣花楼上，天井四周的隔扇、二层的栏板以浮雕
雕刻各种花卉图案，梁头、额枋上有鎏金彩绘的高浮雕，细腻、奢华，透露着典
雅、奢华的美感（图5-32）。

(a) 雀鹿蜂猴 (爵禄封侯)　　　　　　　　　　　　(b) 鲤鱼跳龙门

图 5-32　绣花楼上精美的石雕

(来源：作者自摄)

（3）宅院的入口精致，在细腻中追求品质，有感染力，但不张扬。入口的门罩为大概有两种，一种是八字形，上施门罩，另一种是牌坊坊式。尤其是牌坊式的门厅入口的处理方式形成临川特有的风格，尤其是以河埠周家的联排四幢民居为代表。在建筑形制上，牌坊隐刻在墙面上，未突出檐口，没有尺度夸张的张扬之感。牌坊的垂柱没有落地，仅对门楣处进行了重点的雕饰。在牌坊雕刻细部的处理上，人物形象千姿百态，亭台楼阁檐牙高琢，描绘的一幅幅生动的场景淋漓尽致，俨然一幅 3D 版的画面（图 5-33）。

(a) 河埠周家民居的立面　　　　　　　　　　　(b) "爱莲第" 牌坊门的雕刻

图 5-33　绣花楼上精美的石雕

(来源：作者自摄)

临川传统建筑规模宏大，雕工精美，是其他地区的建筑艺术无法比拟的。木材梁架的未着色，呈现原木色，但在梁头、额枋、出檐等重点部位施以雕刻。在建筑尺度上，檐口高度和木构架的用材尺度适宜，不似下游地区有墙体高耸、天井高敞之感，但以建筑整体布局的规模取胜，在建筑的气质上，整体上有大家风范，呈现低调的奢华之感。

2. 东乡县

东乡县建县较晚，明正德七年（1512 年）才设县，原属于抚州府，临川县东境和金溪县等部分地区合并而成，南邻临川和金溪，所以在建筑风格上与临川、金溪县十分相似。目前保存较好的传统聚落主要集中在南部，与临川、金溪交界处，有黎圩镇的浯溪村、上池村、后畲村、黎阳村，岗上积镇水南村、瑶圩乡的万石塘村，传统建筑成片保存，集中展现了东乡传统建筑形态。

在建筑的风格上，外观方正、石质墙裙、三滴水或牌坊门罩，砖石材质精良，呈现低调素雅的气质。建筑尺度和梁架结构方面，与金溪传统建筑相仿。浯溪村的明代官厅，为明代状元王廷垣的府第，三开间两天井式，体现了典型明代建筑的风格（图 5-34）。

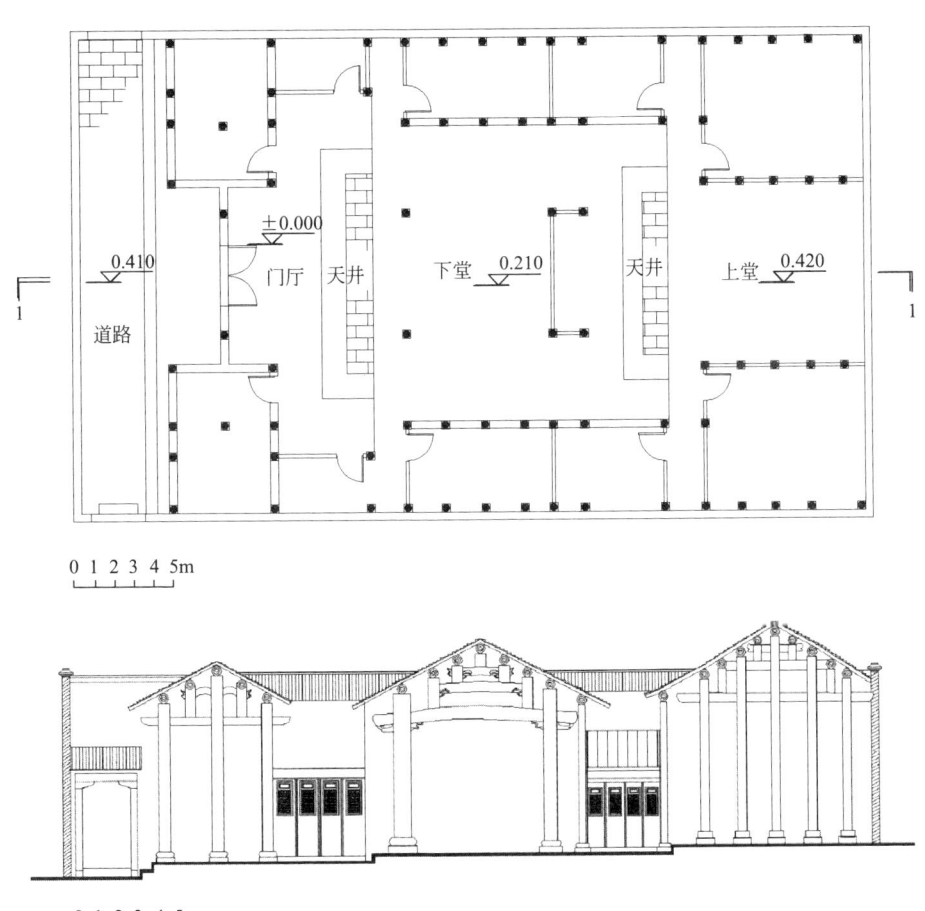

图 5-34　浯溪村明代官厅测绘图

（来源：工作室成员绘）

在建筑材料的选用方面，以就地取材为主，金溪生产印山白石，所以建筑的石材多为青白石。东乡县水南村周围盛产红石，所以该村的街巷铺地、石墙裙、门仪石等，都为红石，进村后感觉色彩鲜明，青砖与红石产生了鲜明的颜色对比。

3. 崇仁县

崇仁县的建筑风格南北地区有明显的区域性，在靠近北部的临川一带，则为临川风格，南部靠近宜黄县，则呈现出宜黄县的风格。

在北部靠近临川地区的白露乡吴坊华家村和河上镇的段家谢村，则与临川金溪的建筑风格，平直的轮廓偶有跌落，青砖一眠一斗砌筑，门罩或八字门楼，青石或红石门楣上多有题刻，原木色梁架，狭长型天井，室内尺度较为人性化。

谙源村处于宜黄中部，是南北过渡的地带，虽在外观上还是平直轮廓，方盒子，但是建筑的砖石材质已不及北部地区传统建筑的材质精良，建筑内部的梁架少雕刻，多呈现出构件本身的形态。

在崇仁县南部靠近乐安和宜黄一带的建筑风格则不像北部的质朴精良，而是造型更为夸张，外墙门楼高耸，砖的材质略显斑驳，不像北部地区的砖打磨和砌筑的如此平整。建筑整体上的尺度要高阔一些。崇仁县相山镇浯漳村靠近乐安地区，据《陈氏族谱》记载，浯漳村号称有千烟，大大小小的祠堂有60多座，现在还保存完好的有7座，祠堂一条街上，从陈氏大宗祠起，至伟庵公祠，全长约200m。其中钟山公祠入口门厅，门楼式，主楼高高凸起，立面用白灰粉饰，呈现粗犷之风。山墙为三叠式马头墙，建筑的轮廓变得更为丰富。整体上南部的传统建筑尺度比北部高敞、轮廓更为丰富，但材质和雕饰上不及北部精良。

4. 进贤县

进贤县保存完好的传统建筑多分布在东南部靠近临川地区，由于李渡镇和温圳镇自古以来便属临川区管辖，直到1969年才划归为进贤县。所以从建筑文化上，李渡镇和温圳的传统建筑风格是正统的临川文化浸润下的临川风格。而靠近南昌一带的架桥镇、罗溪镇，受豫章文化和北部徽文化的影响，建筑风格有稍许变化，下图为架桥镇磨砚山房测绘图（图5-35）。

在平面布局上，有2种模式，一字三间式和天井式。一字形民宅面阔三间，"一明两暗"，排屋单元单独构成。天井式民宅以三间一进式、三间两进式、五间一进式、五间两进式居多，有的其后带半天井，规模大的纵向或横向组织天井围合。建筑造型以为印式，前设反厅，向内排水，虽外观不及金溪、东乡一带的方正，山墙轮廓类似马头墙稍有起伏。

在建筑造型上，清水砖墙，石质墙裙，石门框上有青石或是红石匾额，题刻内容反映了深厚的社会历史文化内涵。建筑入口方式有门罩式、门楼式等。

在建筑结构上，穿斗式木构架为主，有的前檐设轩廊，厅堂设阁楼，不住人，仅作为仓储空间。阁楼的设置从前后金柱上封住，檐步架保持通高。檩子有单檩和付檩的做法。多数建筑椽上不设望板，直接挂瓦。

在建筑装饰上，以石雕和木雕居多，尤其是梁架穿枋月梁、槅扇花窗、檐下的斜撑等图案精美，工艺精湛。织壁上有墨绘，檐下讲究的人家绘屋檐画。

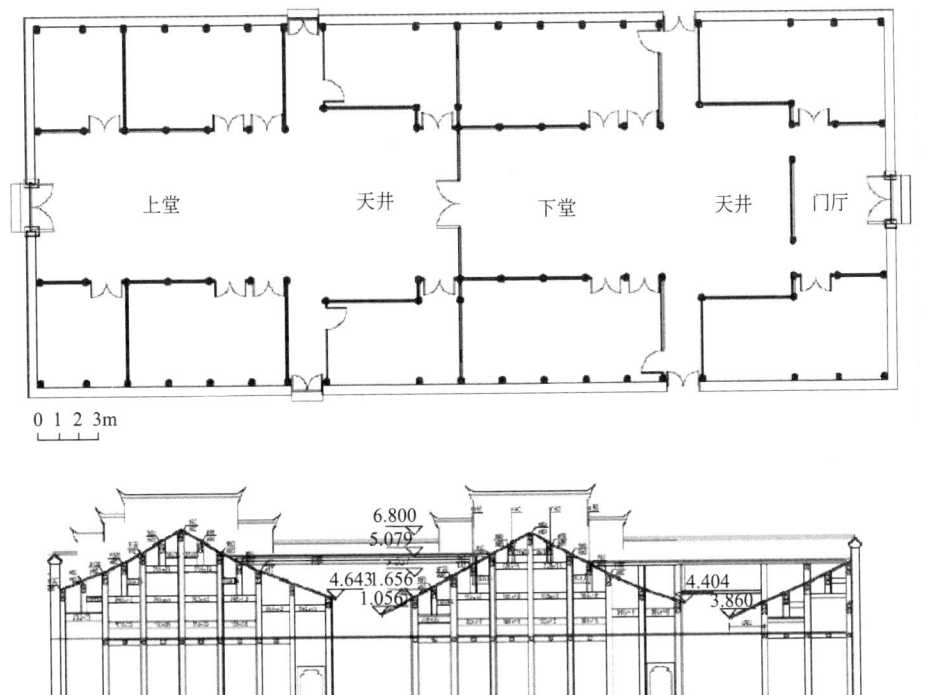

图 5-35　架桥镇磨砚山房测绘图

（来源：翁佳. 抚河下游地区住宅穿斗式木结构法式研究及其当代应用［D］. 南昌：南昌大学，2014。）

5.2　抚河上游地区传统建筑形态特征

抚河上游地区的建筑形态整体上呈现多元化的特征，以南丰县和抚河的源头广昌县为例。南丰县传统建筑门斗式入口和造型丰富的山墙是其典型特征。门斗多为红石门框，有凹形和八字形，两侧的墙上有类似牌坊式的石柱做装饰。屋顶山墙造型丰富，有人字形、马鞍形和其他的曲线形式，大大丰富了整体的建筑造型。梁架颜色有的为上红下黑，少装饰，厢房和门厅为双坡顶，可以两面排水，屋脊上置高高翘起的燕尾脊。广昌县位于赣、闽交界处，建筑风格杂糅，在建筑形制上出现了类似赣南围屋的建筑形式，在建筑的细节上，呈现出闽西建筑元素。建筑造型上，山墙形式多元，有高低错落的叠式马头墙、人字形山墙、马鞍形山墙。入口门楼的比例较为敦厚，喜粉饰，与宜黄一带素面材质的高耸门楼有很大差别。在建筑细部上，正脊上多用两对燕尾脊，高高翘起，是屋顶的一大造型要素，类似闽西风格。屋檐下采用莲瓣型的叠涩，重视檐部构造的处理。在梁架结构上，除了采用一般常用的穿斗式，还有墙上阁檩的砖木结构形式。一般墙上搁檩的结构形式多用于一字形民宅，而广昌一带在天井式民居中也采用此结构形式。

5.2.1　南丰县

南丰民居建筑立面上的人字形、各式弧形组合成丰富的轮廓，屋顶形式丰富，成为南丰民居的一个鲜明的造型要素和外观特征。南丰天井式宅院的建筑入口为阔绰的门斗式，红石镶嵌，或雕刻有精美的纹饰，或简单大方。整栋宅院的建筑尺度，呈开阔质感。另外在深山中山地聚落中的民宅，以一字形土坯、悬山顶建筑为主，偶有几栋天井式宅院。一字形民宅的组合自由、契合地形，朴素淡雅与自然浑然天成。南丰地区建筑整体厚重，轮廓丰富，山墙或人字形或弧形，入口门斗尺度大，红石墙基或入口点缀红石是南丰民居的典型特征。

1. 祠堂

南丰地区对于祠堂等级有家庙、宗祠、公祠等，在临川金溪一带一般有宗祠、祠堂或公祠，而家庙的叫法则多见于福建一带。祠堂分为家庙、宗祠、公祠、家祠等。家庙是为纪念某姓家族始迁本县始祖所建的全族祠堂；宗祠是某姓家族各分支房派的祠堂，多为某村祖先；公祠是宗祠之下的分祠；家祠是各小房祖祠，即私厅。祭祀祖先是古人一项重要的生活内容，上至天子，下至庶民，都要进行祭祖活动，形成完善的祭祀制度。最早的立庙祭祖之风，始于原始社会后期[1]。关于家庙来源，早在周代就有一套严格的祭祀系统，《礼记·王制》中记载：天子七庙，诸侯五庙，大夫三庙，士一庙，庶人祭于寝。古时，宗庙为天子专有，士大夫不能建宗庙。汉朝以前，有官爵者才能建立家庙，作为祭祀祖先的场所，但那时叫宗庙或者祖庙。唐人始创私庙，以祭祀先祖。"家庙"一词是唐代法制上用来称呼官人依唐制所建立起来的宗庙，对宋代的家祠（家庙）和明清祠堂产生了重要影响[2]。南宋，朱熹的《家礼》问世之后，家庭礼教和立祠之制被人们广泛尊崇，从此多称"家庙"为"祠堂"。但修建祠堂要有等级之分，只有帝王、诸侯、大夫才能自设宗庙，普通百姓家不准立祠。直到明嘉靖年间（1522—1566

① 刘雅萍. 宋代家庙制度考略［J］. 兰州大学学报：社会科学版，2009，1：62-68.
② 王鹤鸣. 唐代家庙研究［J］. 史林，2012，6：42-52，186.

年）才有了新规定，允许民间建祠立庙，但是又规定只有做过皇帝或封过侯的姓氏才可称为"家庙"，其余的则称"宗祠"。

"祠堂"这个名称最早出现于汉代，当时祠堂均建于墓所，把祠堂、墓所、祖宗，三者有机相连，是为了祭祀先祖，缅怀祖宗功德，故称为墓祠。后来，祠堂才渐离墓地，建到了人群聚集居住的地方，一般家族不仅有一族合祀的宗祠，族内各房往往还有各自的祖祠，南宋以来，朱熹《家礼》规定立祠堂之制，从此称家庙为祠堂。不过，当时修建祠堂还有等级之限，民间不得立祠。明代嘉靖"大议礼"后，朝廷遂"许民间皆联宗立庙"。此后习惯上，人们将皇宫贵族的祭祀场所称作"家庙"，民间一般称为宗祠，或祠堂。现在福建一带的祠堂多称之为家庙，而在南丰地区既有家庙又有宗祠的叫法。

南丰地区至今保存着数量众多的祠堂建筑，尤其是沧湾镇的沧湾村和白舍镇的古竹村祠堂保存较好，从宗祠到公祠（支祠）体系完整。沧湾村据沧湾胡氏宗谱记载，沧湾胡姓血缘系统主要源于胡氏始祖胡保堂（尊均保公）及其妻，而至二世祖仁、义、礼、智、信五人，则划分为五大支房派有宗祠一座—胡氏宗祠，为全族的祠堂，还有各支房派祠堂四座，分别是仙源公祠、智房祠、季祠和信祠，形成主、支有别的完整的祠堂建筑系统[1]。白舍镇古竹村祠堂众多，村中刘氏的总祠为"刘炳炎公祠"，刘炳炎公明末为江西吉州路推官，相传其晚年回乡后，又在71岁、72岁、74岁、75岁时各育一子，后人尊称为"梅居公""七二公""培公"和"七五公"。该村目前血脉传承有序，谱系清晰，总祠之外有分祠，至今村中还保留"刘炳炎公祠""刘梅居公祠""刘七五公祠"等6座规模不一的祠堂。

1）平面布局

祠堂的平面布局有一开间两进式、三开间一进式前带跨院、假五间一进式、假五间一进式带前院、假五间二进式等。关于带前院的祠堂古竹村就有两座，一座是某公祠（匾额上的字迹已模糊不清），入口在跨院一侧，与正厅方向垂直，进入院内对面是 个杂物间，外围墙体的围合坐落有致。另外一座是"刘梅居公祠"，该祠堂的前院用围墙围合，入口和正厅在同一轴线上，未设入口门厅，围墙断开一个开口即入口（图5-36）。当祠堂的次间面阔尺寸小于稍间时，这时称之为"假五间"，而南丰一带的祠堂如有五开间时，一般次间都要比稍间的小，中间三间为明间，两侧为暗间，形成"明三暗五"的格局。通常祠堂的整体布局中，第一进天井尺度开阔，第二进天井的尺度相对较小。祠堂的布局受礼制影响深刻，一般布局都比较规整，整体呈长方形。在祠堂的平面布局中，沧湾胡氏宗祠的平面布置比较复杂，整体上是假五间两进式，但柱子排列密集，靠近山墙的暗间，室内还有两列木柱，整座祠堂共有256棵柱落地，规模宏大，占地约

① 赵殷英. 宗族文化视角下江西沧湾古镇传统建筑研究［D］. 武汉：武汉理工大学，2013.

(a) 古竹村某公祠   (b) 古竹村 "刘梅居公祠"

图 5-36   带跨院的祠堂

(来源：作者自摄)

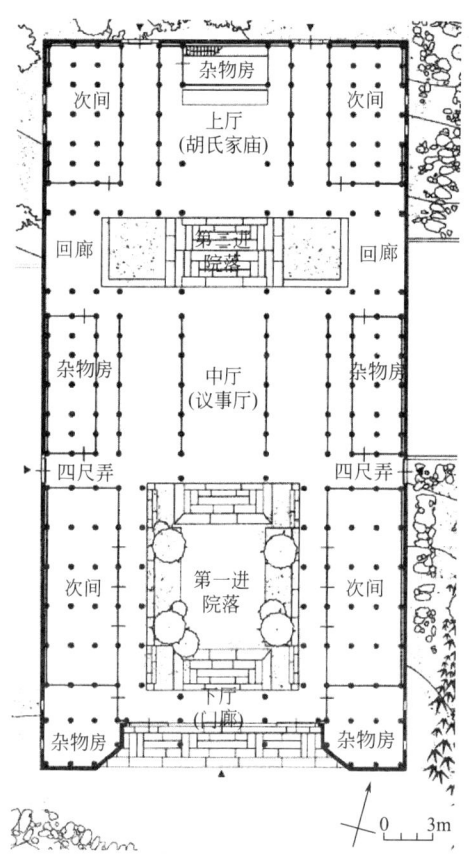

图 5-37   洽湾村胡氏祠堂平面图

（来源：赵殷英. 宗族文化视角下江西洽湾古镇传
统建筑研究[D]. 武汉：武汉理工大学，2013. ）

1600m^2（图 5-37）。一开间的祠堂平面也比较少见，其中洽湾村的"仙源公祠"位于两座民宅之间的狭长地带，进深较长，为一开间两进式，中间有两个天井，由于面阔尺度较小，两侧则不设厢廊，天井的排水池靠近墙体一侧，另外一侧则为通道。洽湾村的"智房祠"为三世祖智公之子胡彦材，为感恩先父，召智房后裔集资修建，在尺度相对开阔的天井内设立风雨亭。

祠堂的选址上，一般宗祠位于村落的边缘外侧风水较好的地方，与民宅分开，背山面塘。而支祠（公祠）则一般位于本支派组团的中心，位于村落内部，支房派的族人进行民宅建设时，通常以支祠为中心，逐步展开形成一个支派的小组团，各个组团共同形成村落整体，在传统村落的空间布局中，鲜明地体现了社会家族的社会结构。

2）梁架结构

在南丰一带的民居出现了两种结构体系，一种是在临川、金溪一带常用的木结构承重体系，主体梁架为木结构体系，横向连接，纵向支撑形成结构稳定的体系，外墙主要起围合作用，并起辅助承重的作用。另外一种是墙体承重的砖木（或是土木）结构，檩子直接搁置在墙上，支撑屋顶的重量。承重墙体有两种类型，一种是中间为土坯，外包青砖，另外一种直接是土坯夯筑。

祠堂建筑多采用的是第一种木构架为承重体系的祠堂，正贴梁架一般为扩大室内空间，采用插梁式，次贴和边贴梁架采用穿斗式（图5-38），尤其是边贴梁架由于紧邻外墙，或是稍间被封护形成暗间，所以通常用材较小，制作不如正贴梁架考究。规模较大的祠堂明间正贴插梁式构架多有四柱十一檩形式，四柱十三檩等形式。正贴梁架四柱十一檩，前后金柱之间用七架梁贯通插入柱内，对应次贴和边贴的穿斗式构架为七柱十一檩形式。一般在假五间的布局形式中，稍间要封护起来，其封护的材质有三种，一是用木板壁封护，二是竹篾骨外皮抹泥的做法，还有一种是直接用土墙砌筑与木构件之间的空隙。祠堂的木构件中一般柱子和走檐梁用材尺度较大，有的柱径达42cm，走檐梁的直径有的约50cm。某种程度上硕大的木柱和梁，已经远远超越了结构本身的力学性能，而是作为公共建筑的一种等级体现和所表达的某种精神上的意义。

(a) 正贴梁架   (b) 次贴梁架

图5-38　祠堂的梁架

（来源：作者自摄）

前檐下是祠堂建筑梁架重点处理和装饰的部位，采用轩顶装饰，穿枋做成拱形，上端置双檩，双檩之间用罗锅椽，此处的屋面采用的是双层椽，下面一层因处理成轩顶效果采用罗锅椽，上面还有一层是沿整体屋顶的坡度顺下来的直椽。穿出檐柱的穿枋端部雕刻成鳌鱼状并支撑挑檐檩。另一种做法虽未采用罗锅椽形成弧面，但使用了一根带雕刻精致，造型优美的拱形穿枋，联系置于穿枋上的童柱。童柱与脊檩的节点采用了一替木其上雕刻一朵盛开的莲花（图5-39）。

图 5-39   祠堂檐下构架处理

（来源：作者自摄）

　　南丰民居的另一构造特点是正面檐柱之间横向拉结走檐梁，用材较大，位于纵向支撑挑檐檩的穿枋之下，走檐梁一般做成扁圆形，中间略拱，且明间的走檐梁位置最高，次间和稍间的位置依次略降低（图 5-40），这样可以突出明间的主体地位。走檐梁为南丰民居重点雕饰的构件，一般梁头两端要施雕刻，梁头与柱的节点施雀替，增强了建筑立面的层次感。

图 5-40   前檐下的走檐梁

（来源：作者自摄）

　　3）建筑造型

　　（1）建筑立面轮廓

　　在建筑外立面的材质上，有砖墙和土坯墙两种，历史上经济条件稍好的村落多采用砖墙，在偏远的山区由于交通和资源条件所限，采用土坯墙，条件稍好的正面用外皮包砖，侧面或者后面就直接是土坯墙裸露。从建筑材料的质感上，整体感觉不如临川、金溪一带的建筑。

　　一般不带跨院的祠堂正立面是门厅的外立面，上段为屋顶，墙体根部为条石墙裙，中间是檐廊处，或内凹处为入口，两侧是墙体，整个界面虚实相映。带跨院的祠堂分为直入式和侧入式，跨院入口为墙上开门或者设置入口门厅，祠堂的正立面为组合式，围墙的层次和门厅的层次叠合。

一进式的祠堂侧立面一般为人字形山墙，中间的连廊处，墙体降低连接与建筑前后檐的高度等高，形成 ⌒⌒⌒ 波折状的鲜明、丰富的轮廓线。侧立面的墙体有人字形硬山山墙、悬山、弧形山墙、马头墙等形式（图 5-41）。有的祠堂门厅和正厅均为悬山顶，屋顶悬挑出山墙约 60cm，用以保护雨水不打湿墙体。悬山顶的建筑外墙一般都是土坯墙。三溪乡黄连山的唐氏祠堂和祝家山的"姚氏家庙"山墙为土坯墙，屋顶相应的为悬山顶。某些祠堂门厅和正厅均为硬山顶人字形山墙，外墙体一般为砖墙，如市山镇官塘村的"胡氏大宗祠"、三溪乡石邮村的"吴清臣公祠"、鸡月岭的祠堂。山墙瓦下用砖层层叠涩，形成丰富的线条肌理。或者是祠堂的侧面采用弧形山墙和人字形山墙组合形式，如古竹村的"刘梅居公祠"，入口门厅的山墙顶部处理成弧形，正厅则是人字形山墙。少数祠堂的侧立面山墙处理成高高低低的马头墙形式。祠堂建筑的立面轮廓丰富，可以明晰地看到屋顶的造型，轮廓形式与屋顶的形式相统一，而临川、金溪一带高高耸起的四周山墙不易看到屋顶的造型。

(a) 硬山顶

(b) 悬山顶

(c) 组合式：前为弧形硬山后为人字硬山顶

(d) 马头墙

图 5-41 侧面山墙轮廓

（来源：作者自摄）

（2）入口形式

入口是祠堂建筑的门面，一般处理得比较讲究。入口门厅分为门廊式、槽门式等（图 5-42）。

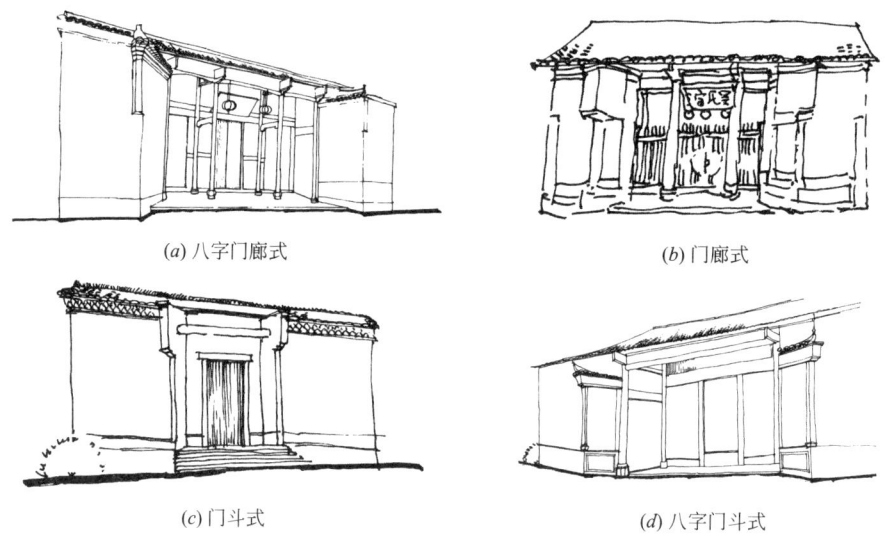

(a) 八字门廊式   (b) 门廊式

(c) 门斗式   (d) 八字门斗式

图 5-42   祠堂的入口形式

（来源：作者自绘）

门廊式：如门厅面阔五间时，则多为中间三间开敞，前檐设廊，梢间用墙体封护。沿入口方向通常砌筑成八字形。中柱上设门，中间三间带檐廊。有的还在前檐柱之间用直棱条排列形成一道高约 2m 的门，形成内外两道门，外面的直棱门主要是起到内外分割空间的作用，而中柱上的大门才是主要的防护功能的大门。讲究的次祠堂入口明间主入口两侧放置威严的石狮，次间入口两侧放置抱鼓石。

槽门式：槽门分为八字槽门和普通非八字形的门。砌筑成八字形槽门，扩大了入口空间，而且八字墙上还做影壁式的装饰，墙头上铺瓦，有的在用腰檐石作突出的墀头，八字墙座石质墙裙，有的墙裙上还雕刻有图案。有红石和青石，多为红石，由于南丰一带产红石较多。普通的槽门则是入口向内凹进一段距离，墙上开门。

入口门厅的门额上一般悬挂有上面刻有某姓氏宗祠、公祠或者家庙的匾额，是祠堂建筑的重要标志（图 5-43）。祠堂的入口设有门簪，一般为三颗，是门上的一种装饰。门簪在外形上多种多样，有四方形、六棱柱形、八棱柱形，还有圆柱形。门簪上的花饰也多种多样，比如各种花卉、文字等。

南丰地区的祠堂规模大小不一，大的有 1000 多平方米，小的则仅有百余平方米，在平面布局上进深相对较短，一进式布局的较多，假五间的是占大多数。在梁架结构上，用材比普通民居要大，做工要考究，正贴梁架为插梁式，且一般最多是七架梁，注重前檐下的梁架结构的处理，做成轩顶，或类似轩的形式，前檐下架尺度大的走檐梁。在建筑造型方面，立面的轮廓丰富，但真实地反映了屋顶形式，侧立面多是人字形的轮廓线组合。入口主要是以檐廊式和槽门式为主。

图 5-43　祠堂的匾额

（来源：作者自摄）

2. 官厅

南丰县市山镇官塘村，一个胡氏聚居的聚落，至今村中留有天井的老宅只保存了两座，一座是位于村中心的"胡氏大宗祠"，另一座则是坐落在村东南的胡氏官厅。门厅前两侧建有疑似是辅助用房的土坯墙悬山顶一字屋，这两座房屋也可能为后人所建，因为处于入口两侧建土坯房似乎是不太合乎常理。府第整体格局为假五间一进式，中轴线上布置门厅、风雨亭和正厅。风雨亭分割成两个狭长型天井，左右为雕刻精美的厢房，天井两侧平整的条石平铺砌。

入口门厅八字形槽门式，八字墙上用红石，做成类似柱子形式落在红石墙裙上。柱础石和腰檐石端部施精美的雕刻。抚河流域地区的屋顶多为小青瓦屋面，门厅的八字墙墙头确采用了勾头和滴水，居然出现了原本是筒瓦屋面的瓦件，某种程度上筒瓦屋面比起小青瓦屋面的等级要高，这也是官厅建筑独特的标志之一。入口的门仪石也采用红石，门上刷白灰上写着"为人民服务"，可能为五十年代所写。门厅的结构为插梁式，二柱六檩，硬山顶。檩上横铺望板，望板上再铺瓦，比一般的冷摊法，檩上直接挂瓦的做法更讲究。入口里侧的墙上写着一个大的红色"福"字。天井内的风雨亭，屋顶为卷棚悬山顶，屋顶方向与正厅方向一致，前后檐与门厅后檐和正厅前檐相接。梁架结构为插梁式，二柱八檩，六架梁插入前后檐柱内，四架梁上的童柱支撑双脊檩，脊檩中间用罗锅椽。厢房的木隔扇的上下绦环板上雕刻一系列精美的人物图案，人物形象栩栩如生，表情丰富，具有很高的艺术价值。厢房内设有阁楼。正厅进深跨度较大，梁架结构独特，正贴梁架为插梁式，前后分为两部分，前檐下处理成轩顶，四架梁穿出檐柱支撑挑檐檩，后一部分为七架梁伸入前檐金柱和后檐柱内，依次是五架梁、三架梁叠加，除脊檩外其余采用了双檩结构。梁架做工考究，木构件尺寸比普通民居稍大。正堂的前檐出檐采用了椽出加飞出的做法，檐椽上置飞椽（也称之为飞子），总的檐出相当于椽出加飞出的距离。大式建筑一般采用这种做法，通常北方建筑中采用较多，飞椽后尾呈楔形，钉附在檐椽之上，使得檐口向上起翘，一方面调节屋面的坡度，一方面可以增加室内采光。而抚河流域地区传统建筑出檐很少有飞出。椽出加飞出的做法是该官厅有别于其他普通建筑的一个特殊构造。从正厅前檐下两侧有通往室外的拱形门，拱形门上原有木门罩，现已毁坏，只剩下垂柱和一个横枋悬挂在那。

　　该官厅整体建筑用材精良，尤其是细微之处的石雕和木雕，圆润舒朗，雕刻技法高超（图5-44）。首先，平面布局是典型的假五间布局形式，梁架采用了插梁式结构，这都是官厅建筑的明显特征。其次，天井内设风雨亭，是其整体布局的独特之处。最后在门厅的前檐下采用了瓦当和滴水以及正厅前出檐采用椽出加飞出的方式，这些细节都体现了比普通民居更考究更高一级的构造做法。官厅目前整体结构保存完好，但局部木柱根部腐朽，天井内杂草丛生需整修维护。

图5-44　官厅

（来源：作者自摄）

3. 民宅

1）平面布局

南丰地区的民宅大体可以分为2种，一种是建在空间相对开敞地带的天井式民宅，另一种则是在偏远山区由于地形因素所决定的单栋式一字形民宅。在南丰县城附近的瑶浦村、石邮村、冶湾村等以天井式民宅为主，而处于大山深处的较偏远的黄连山、祝家山等村落虽然偶有天井式住宅，但主要以一字形民宅为主。在偏远的山区，村落通常建在山脚下，地形高差较大，不便有大的空间纵向发展，这是自然条件因素的影响，还有人文因素的影响，因山区经济不发达，难有财力支撑大规模的建设。

天井式民宅多为三开间一进式，三开间两进式，规模较大的三开间三进式。五开间的民宅较少见，在瑶浦村有一座门额上刻有"解元"的民宅正厅面阔五间。在调查中，发现三开间三进式的规模较大的宅院有瑶浦村的岳家宅和另外一座曾家宅，还有古竹村曾作为红色革命根据的一处刘氏老宅。一字形民宅面阔三间或五间，进深尺度较大，有10m之多。在平面上，有带槽门和不带槽门的两种形式（图5-38），明间带槽门是指建筑的入口向内退一段距离，形成内凹形空间。另有槽门的位置也可以不居中，位于次间的位置，可根据主人的需求布置。

建筑的入口方式分为直入式和侧入式。直入式门厅正对正厅，在同一中轴线上，进入门厅后为第一进天井。侧入式的民宅一般位于巷道里侧，入口朝向巷道，一般前带跨院，由院门进入跨院，院门与正厅的朝向方向垂直。

2）梁架结构

民宅的结构既有木结构承重体系，也有墙体承重的砖木（或是土木）结构。木结构承重体系一般做工考究，相对墙体承重的砖木（土木）结构造价要高。夯土墙一般就地取材，进行人工夯筑即可，制作简单，成本较低。

在天井式民宅中多采用的是木结构承重体系，少量的天井式民宅采用的墙体承重的砖木结构，古竹村的刘氏民宅虽规模较大，但构造上采用的是墙体承重。木构架为穿斗式构架，有四柱七檩、七柱十檩等形式，有的民宅正厅把前檐梁下处理成轩顶，整榀梁架的分为前后两个部分，前一部分为二架梁支撑双脊檩，后一部分为四柱七檩的穿斗式。南丰地区的入口门厅多为两坡顶，穿斗式结构。除脊檩外，檩下多设所有随檩枋。脊檩一般是扁形圆木，用材较大。讲究的民宅檩上架椽，椽子上铺望板，望板有横铺和竖铺两种方式。望板上挂瓦。大多数民宅是椽上直接挂瓦。穿斗式构架的做法有两种方式，一种是童柱置于穿枋上，另一种是在扁平的月梁式穿枋置莲花撑（类似斗栱的构件），莲花撑上的主体是一翘斗栱坐落在荷叶墩上，斗上加替木。这两种做法可能是见证了斗栱发展的时间变化，弯枋莲花撑的做法为明代的构造，穿枋上立童柱的做法是清式做法。总体在屋顶的举架上，屋顶虽整体上坡度平缓，但由图中也可以看出脊步举高明显大于其他步架。南丰地区的梁架上木构件颜色要么偏红，要么偏黑，很少看到木头的原色（图5-45）。

图 5-45　民宅木构架

（来源：作者自摄）

一字形的民宅分为木结构承重和土墙承重（图5-46），墙体承重的占多数，墙上搁置檩条，墙体表皮抹白灰，或有的局部砖包裹，或是直接裸露在外。墙根部一般都会用石块砌筑，起到防潮稳固的作用。木结构承重体系的采用穿斗结构，有七柱十四檩、六柱十二檩形式，跨度较大，木材用料较小，前檐用木板封护，山面是木构架或是辅助墙体。一字形民宅既有一层也有二层结构，二层一般是阁楼，有的悬挑出宽约 0.5m 的外廊。

图 5-46　一字形民宅的结构承重体系

3）建筑造型

（1）建筑立面轮廓

南丰地区天井式民宅建筑轮廓丰富，形式多样，建筑的硬山顶山墙造型做各种形式的艺术处理，是南丰民居的一大特色（图5-47）。单独的硬山顶墙有人字形、各种弧形等样式。造型柔美，飘逸，给原本厚重的建筑风格，增加了艺术的流动质感。

图 5-47　山墙

（来源：作者自摄）

　　整栋天井民宅的不管是正立面还是侧立面，都是尽显山墙的魅力（图 5-47）。正立面通常是八字形槽门，两侧的厢房（或者是厢廊）屋顶做成人字形硬山顶或是弧形山墙，形成起伏—平直—起伏的立面轮廓。这种立面处理方式在天井式民宅中居多数。另外一种为立面是门厅的立面，门厅的轮廓是平直的，入口或是带门斗，或是不带门斗。带有门斗的立面，形成了丰富的空间层次，突出了入口的位置，门斗式的入口是江西地区建筑入口常采用的处理手法。整栋建筑的侧立面轮廓有门厅、厢房和正厅的山墙组合而成，有的形成弧形—直线—弧形的轮廓，或是门厅和正厅都是人字形山墙，形成起伏错落的界面（图 5-48）。

图 5-48　民宅外立面

（来源：作者自摄）

一字形民宅多处于深山之中，落座在山脚下，形成山地聚落，建筑的造型相对简单，多为悬山顶，土坯外墙，墙上开长方形窗，呈现粗犷之感（图5-49）。单体建筑之间的组合有机布局，顺应地形，高低错落，其群体组合形成的丰富自由的肌理，与自然的结合浑然天成，是一字形民宅的建筑组合造型的典型特色。

图5-49　一字形民宅

（来源：作者自摄）

（2）入口方式

民宅的入口是建筑的门面，南丰地区民宅的入口处理尺度阔绰，红石装点，有门斗式、门楼式、门罩式、普通的门洞式（图5-50）。南丰地区经济条件好的商宅采用水磨青砖门面，丝缝砌筑，工整精良。

图5-50　民宅入口形式

（来源：作者自摄）

门斗式：门斗是南丰民居入口的典型形式，向内凹进的门斗形成进入室内的一个缓冲空间，丰富了立面的空间层次，是大户人家进行着力渲染的部位。有的门斗还处理成八字形，形成了更为开阔的入口空间。其檐下架设扁平剥腮走檐梁，一根装饰性的构件，中部略拱，有的端部还设雀替。门斗两侧突出的腰檐石端部一般施有雕刻。红石柱上有的施以精美雕刻。门斗宽 3～4m 左右，向内凹进约 1m。讲究的大户人家，门斗处的砖材质精良，经过精细打磨，并采用水磨对缝式砌筑，墙面做工十分平整，将青砖墙的细腻质感体现得淋漓尽致，门斗处的青砖墙面有别于其他墙身，可见主人对入口空间的处理格外重视。在门斗处的屋脊为了凸起其装饰性，有的在两侧置以高高翘起的燕尾脊。

门楼式：一般门楼位于跨院的入口，做成木门楼或是砖木硬山顶门楼，屋顶独立。比较典型的有南丰古城内府官巷一处宅第的入口门楼，一间一楼式，硬山顶，正中安木门，两侧山墙的红色腰檐石端部雕刻类似垂柱柱头的样式，红色墙裙上处的条石处理成石柱样式，底部还雕刻成带花纹的柱础石。屋檐檐口采用的瓦当和滴水。檐下的走檐梁与屋檐之间用壁板封护，一般走檐梁与屋顶之间会留有一段缝隙。山墙顶部侧面采用叠涩砌法，层层推出。

门罩式：在入口处上方悬挑木门罩，一般都雕刻精美，尺度较小，木构件嵌入墙体内支撑门罩屋顶的重量。

门洞式：普通的门罩一般墙上开门，多用于一字形民宅。

4）建筑细部

屋檐构造：南丰民宅中，不但注重山墙的建筑形式与结构统一，形成丰富的轮廓，而且对檐下的构造也有地域性的构造做法（图 5-51）。有的民宅檐下做成莲瓣式的砖雕并行排列，有的甚至每一个莲瓣上都刻有花纹，布置一层或两层，如有两层时，上下错缝处理，局部的造型处理使得墙面设计不呆板，富有艺术气息。莲瓣的造型略有差别，有的造型圆润，形体饱满，有的可能是类似三角形，几何感强一些。尽管建筑外墙的整体质感不如临川一带的细致精良，但局部的构造处理使得建筑整体更富有设计感。

柱础石形制：柱础石类型多样，不但有时代特征上的差别，同时也有地域性的差别。南丰地区的柱础石，多为组合式，上下两部分，上为扁扁的古镜式，下

图 5-51　檐下的莲瓣式构造

（来源：作者自摄）

为八角形或方形。上部分扁形古镜除大部分是石质的外，还有的木櫍（如下图，左图为石础，右图为木櫍图5-52）。这种类型的柱础石多用于檐柱或厅堂中的屏柱，而界内的柱础石则多为方形，一般上为木櫍，下为石质。柱础石的造型特征也是体现南丰建筑的地域特色的体现之一。

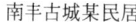

南丰古城某民居　　　　　　　　三仙行宫　　　　　　　　味馀堂书院

图5-52　柱础石

（来源：作者自摄）

　　建筑材质：古竹村民宅的青砖外墙，墙基处为青石板，墙身为青砖两眠一斗的砌法，砖的材质打磨不够精细，整体略显粗糙。在南丰地区考察时，在青砖外墙上发现一些印记和有意思的符号（图5-53）。南丰老城的某民居的外墙上几乎每块砖上都印上了手印，可能是某个工匠为了纪念自己的作品印上去的，也或许是这座老宅主人的手迹。在瑶浦村的"三仙行宫"的山墙上发现很多砖上都竖刻"仙□"的字迹，字迹清秀，第二个现在难以辨认了。古竹村的一座书院"味馀堂"的外墙上发现刻有"味馀堂"字迹，有竖写，有斜着写，似乎是利用了印章直接加盖在砖上形成的。这些特殊的符号可能是某个工匠留下的自己的作品，是为了建造某个重要建筑而专程烧制的砖。这些特殊的符号是那个时代的印记，是历史留下的刻痕，具有很高的历史价值。

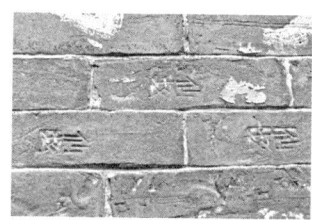

南丰古城某民居　　　　　　　　三仙行宫　　　　　　　　味馀堂书院

图5-53　外墙的印记

（来源：作者自摄）

　　以下是南丰地区民宅的两个案例，一是瑶浦村的曾氏民居，是南丰地区面积较大，做工较考究的民宅代表（图5-54）；另一座三溪乡黄连山唐氏民居，是山地聚落中天井式民宅的代表，面积较小，梁架用材尺度也较小（图5-55）。

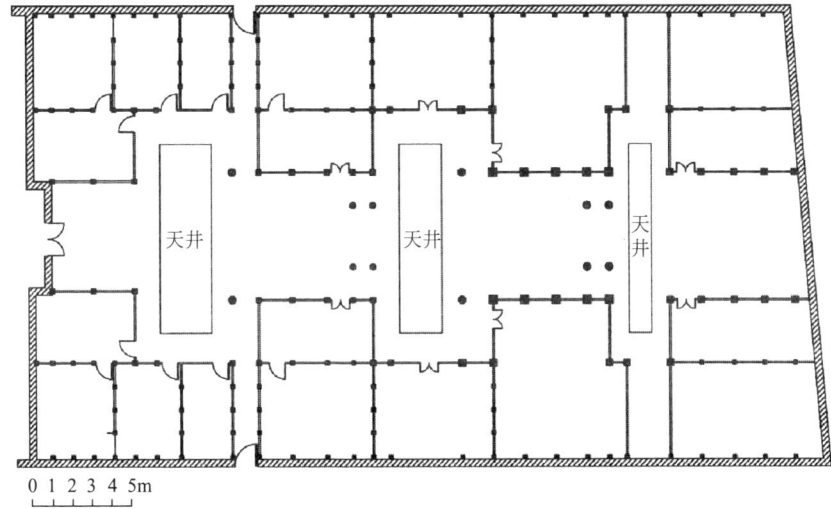

(a) 曾氏民居平面图

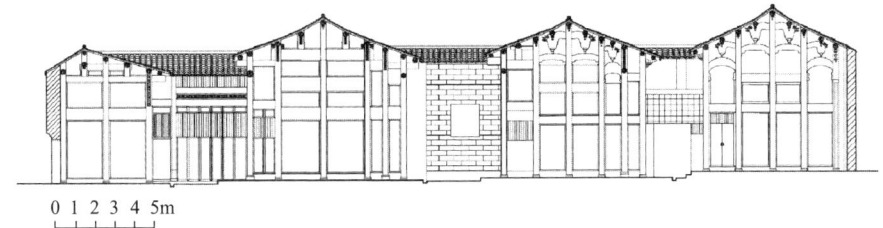

(b) 曾氏民居剖面图

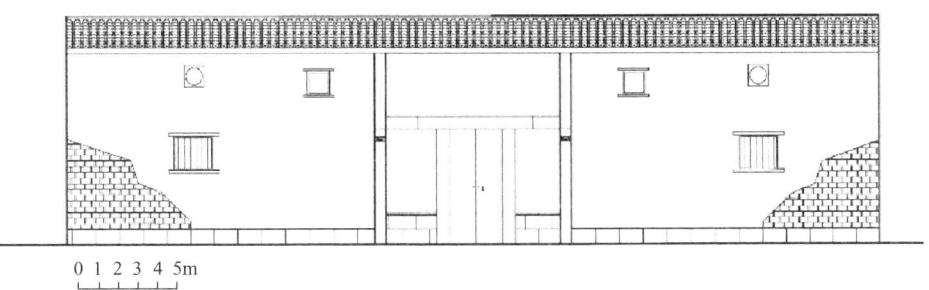

(c) 曾氏民居立面图

图 5-54 瑶浦村曾氏民宅测绘图

（来源：作者自绘）

4. 其他建筑

　　傩神庙作为南丰县的典型建筑，具有很高的历史文化价值。南丰县自古为"傩舞之乡"，傩舞节目繁多，内容丰富，其傩舞班数之多，活动范围之广，是传统傩文化的优秀传承基地。南丰傩舞比其他周围省份的傩文化更古老稚拙，更粗犷豪放，在人类学、社会学、艺术学上具有很高的价值。作为非物质文化遗产的物

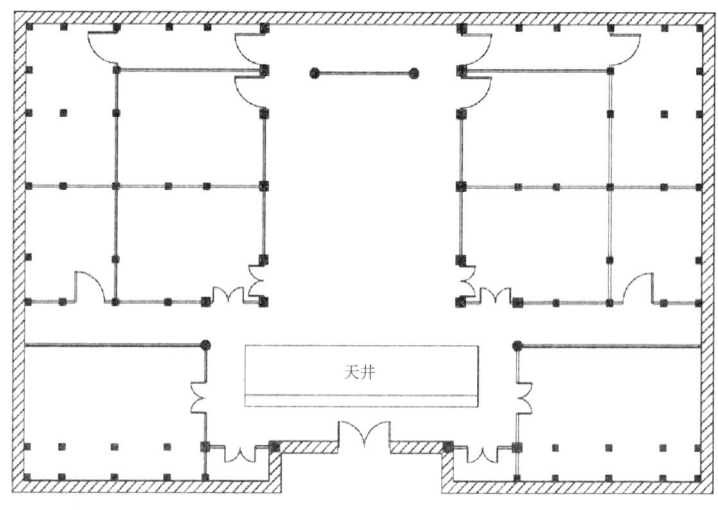

0 1 2 3 4 5m

(a) 唐氏民居平面图

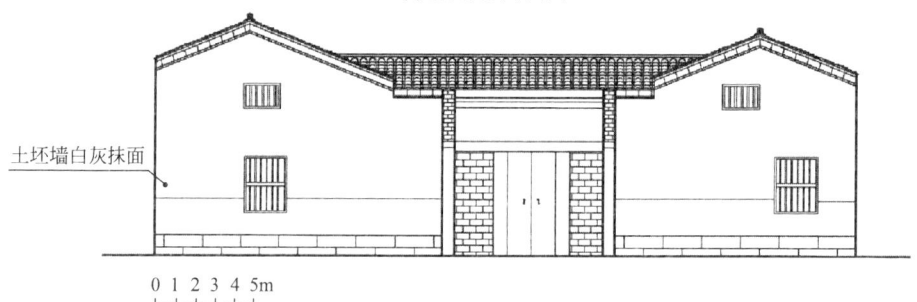

土坯墙白灰抹面

0 1 2 3 4 5m

(b) 唐氏民居立面图

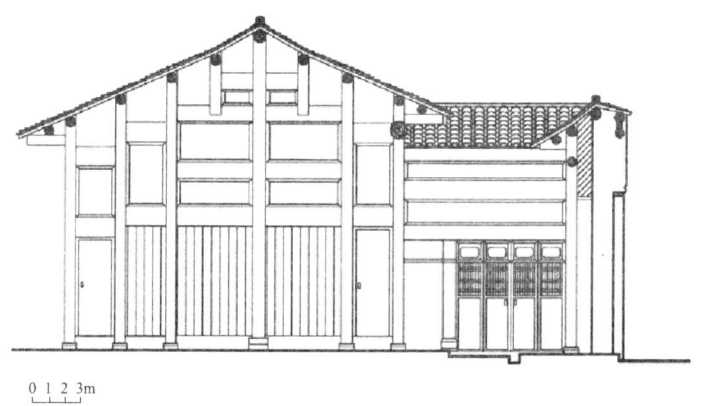

0 1 2 3m

(c) 唐氏民居剖面图

图 5-55 黄连山唐氏民宅测绘图

（来源：作者自绘）

质载体——傩神庙，是南丰民居中一种典型的建筑类型，南丰各地留存20余座傩神庙，尤其以三溪乡石邮村的傩神庙最负盛名。

傩神庙位于石邮村村南的入口处，据村谱记载，傩神庙始修于明代，毁于明嘉靖四十年（1561年），重建于清乾隆四十六年（1781年），并从村北的堖头山移至现在的位置（图5-48）。1985年春节，傩神庙不慎失火，傩神神像、面具俱毁，仅存石刻庙门，后来村人集资照原样修复。该傩神庙面阔三间，硬山顶，筒瓦屋面、红石墙裙、青砖墙面，明间为牌坊门，两侧为拱形门，整体建筑风格粗犷浑厚。正立面明间入口为一面红石牌坊，三滴水屋顶高高耸立，突出了建筑立面的庄重威严之感（图5-56）。门额上镌刻"傩神庙"三个大字，苍劲有力。门额两侧有一对武将踏于麒麟上的砖雕，武将手中所持兵器不同。檐口墀头上两侧各有两幅戏文砖雕，雕刻神荼、郁垒神像，装饰"雀（爵）鹿（禄）蜂（封）猴（侯）"和"瓶（平）鞍（安）戟（吉）羊（祥）"图案，表达了百姓祈福迎祥生活的美好愿景。门仪石上刻"近戏乎非真戏也，国傩矣乃大傩焉"的对联，前者点出乡傩与戏剧不同特征，后者道出国傩与大傩相互关系，显示了华夏傩文化的悠久历史。在傩神庙中，傩神太子坐于神台，13个面具分两排挂在神台上方。另外一处是白舍镇，甘坊村傩神庙位于在村子正中，重檐歇山式，从月梁形制来看，推测属于清以前的建筑，在殿内正中做有藻井。傩神庙是傩舞文化的物质载体，是人们祭祀傩神的场所，是南丰地区最重要的庙宇类型。

图5-56 石邮村傩神庙

（来源：作者自摄）

5.2.2 广昌县

广昌由于所处的区位和特定的社会背景，是一个多元文化融合的地区，受到客家文化和闽西文化的影响，建筑风格在赣东建筑范式下吸收了其他建筑特色，形成兼容并蓄的建筑风格。广昌民居建筑高耸，尺度偏大，高高低低的马头墙是显著的造型要素。受闽西建筑文化的影响，其建筑风格局部呈现了闽西的建筑特色，表现在以下几方面：首先，某些建筑的正脊上两端置高高翘起的燕尾脊，其次是有的建筑屋顶中间略高，两侧略低。再者，天井式布局的及出生吸收了院落布局的特征，院落尺度大，但院内设天井式排水沟。最后，广昌地区出现了客家建筑——围屋，围屋是客家人在长期迁徙的历程中形成群居模式适应自然社会环境的住居。广昌的围屋与赣南客家围屋存在一定的差别，是由于在地化同时又继承围屋特点的综合反映。

1. 祠堂

广昌县的祠堂建筑除了在临川地区常见到的宗祠、公祠，和在福建地区常见到的家庙外，还有一种特殊的建筑类型——厅堂。在村堡之中，多数有一处老厅堂，这里就是该堡当年的发迹地[①]。厅堂与祠堂有着共同的职能，祭祀祖先、举行婚丧嫁娶的仪式、接待亲友等，每逢村中哪户有喜事便在此喝喜茶，举行公共活动的地方。在大的村堡中，多数都建有某姓氏的宗祠（或家庙），在大的等级层次上，厅堂相当于某一姓氏的一个支祠，比宗祠的地位要低。当然在祭祀的内容上也略有不同，在大的村堡中，平常过节过年，村民以厅堂为单位祭拜先人，每逢清明、冬至，则以姓氏宗祠为单位祭拜祖先。笔者在调研中，考察了姚西村凉伞树下、姚西村西里、坪背村、坪背村观下等几处厅堂。保存较好的其他祠堂建筑有甘竹镇龙溪村"土愚公祠"、龙溪村村东的一座祠堂、甘竹村的"刘孟隆公祠"、罗家堡的"罗志高公祠"、驿前镇的"赖布政祖庙"等。龙溪村饶家堡建有"土愚公祠"，是为了纪念该村的开基祖饶士愚而建，饶士愚于元代延祐年间（1314 ~ 1320 年）在饶家堡定居。

1）平面布局

广昌地区的祠堂平面布局上虽多数是天井式，但也有少数的平面布局呈现出院落的特征。天井式祠堂的布局有三开间一天井式、三开间两天井式、假五间一天井式，总体上都规模不大。龙溪村村东的饶氏祠堂坐西朝东，面阔三间，中轴线上有门厅和正厅，天井两侧为厢廊，天井的尺度较大。罗家堡的"罗志高公祠"，门厅后被改建为二层的居委会，正厅为假五间形式，天井尺度开阔。姚西村西里的厅堂，坐东朝西，进深两天井，第一进天井的尺度较第二进尺度要大。通常在民宅建筑中也是前一天井要比后一天井开敞。为前面有一口水塘。厅堂前一般都会挖一口圆形或半圆形水塘，入口前有开阔的场地。驿前镇的赖布政祖庙，面阔三间一天井，天井狭长型。以上的案例，平面布局都是遵循了赣东地区天井式布局的基本特征，而姚西村凉伞树下的厅堂，开阔的天井尺度与普通的天井格局不

---

① 临川文化，http://www.zgfznews.com/linchuanwenhua/linchuanwenhua/wenhuabolan/2010/5/5/487231.shtml.

同，两侧的厢房屋顶与门厅相连，但与正厅是分开的（图5-57）。天井式与院落的最大区别是天井式民居的屋顶相连，而院落围合的屋顶之间是不相联系的，所以该厅堂某种程度同时具有天井和院落的布局特征。福建有的民居中间布局成开阔的院落，广昌县道通闽广，这座厅堂的建设受闽西建筑文化的影响。

图5-57　凉伞树下的厅堂天井

（来源：作者自摄）

2）梁架结构

祠堂的梁架分为木结构承重体系和墙体承重的砖木（土木）结构，或者是木结构与墙体共同承重的混合式（图5-58）。在广昌一带，祠堂中以墙体承重的

墙体承重式

木结构承重式

混合式

混合式

图5-58　祠堂承重方式

（来源：作者自摄）

结构比例要大于木结构承重。

墙体承重一般祠堂面阔三间，形成一明两暗的格局，明间两侧的墙体砌筑，顶部为三角形，檩条嵌入墙体内，一般中间的脊檩直径要大于其他的檩径。明间置粗壮的走檐梁。檩条的数目视建筑的进深跨度而定，檩条之间的水平距离不超过1m。姚西村凉伞树下的厅堂、西里厅堂、坪背村厅堂都属于墙体承重式。

木结构承重式一般除了假五间布局，明间正贴梁架采用抬梁式，其余的都为穿斗式。驿前镇的"赖布政祖庙"穿斗式木结构，五柱八檩，除脊檩和檐檩外其余采用双檩，在正厅后檐的壁龛处设两棵屏柱。明间两侧的封护结构尚为抹灰墙面，第一道穿枋下为木板壁。

龙溪村村东的祠堂正厅采用的木结构与墙体共同承重的混合式，屋顶分为两部分，形成勾连搭形式，主体部分是靠墙体承重，墙上搁置七檩，墙上用黑色画出木柱和穿枋的式样，用绘画的形式表达梁架，说明当地的营建习俗本身虽用墙体承重，但还是摆脱不了对原本木构梁架体系的依赖。两侧的墙上写了"忠孝廉节"四个大字。前檐下有两根檐柱，檐口的重量靠檐柱和两侧山墙承担，明间两侧的梁架，横枋从墙体内伸出，并穿过檐柱支撑挑檐檩，横枋上置童柱支撑前面部分的脊檩。前檐采用木结构支撑形成了一个廊道空间。罗家堡"罗志高公祠"同样采用的是混合承重式，屋顶分为两部分，主体部分正贴梁架是插梁式构造，边贴是墙体和木结构共同承重。前檐部分用木柱支撑，做成轩顶，正贴梁架中的置于走檐梁上的横枋，向内处理成鹅颈式斗栱支撑轩顶的双脊檩，而外侧则是直的横枋支撑挑檐檩。边贴的檐下横枋从墙体中伸出穿过檐柱支撑挑檐檩，其上置造型优美的驼墩支撑轩顶的挑檐檩。檐下的木结构体现了结构与美学的统一，体现了古代匠师高超的技艺和非凡的创造能力。该祠堂是木结构承重与墙体承重完美结合的典范。

3）建筑造型

广昌地区的祠堂建筑造型多样，或高大的牌坊式入口，高耸的马头墙，或低调朴实的门斗式门厅，两山墙为悬山顶或硬山顶（图5-59）。

图5-59　祠堂的建筑立面轮廓

（来源：作者自摄）

（1）建筑立面轮廓

做工考究，财力雄厚的家族祠堂建筑质量较高，通常正立面为牌坊式，有的为八字牌坊式，牌坊的屋顶高高耸立，高于门厅檐口的高度，呈现强烈的夸张炫耀之感。也有的牌坊式入口，其牌坊屋顶的高度与门厅檐口的高度等高。建筑的山墙多为高低叠落的阶梯式马头墙，有三山式和五山式。高低叠落的马头墙使得建筑造型活泼生动。如驿前镇"赖布政祖庙"，入口为牌坊式，侧立面轮廓为马头墙叠落，门厅为三山式，正厅为五山式。

较为普通的祠堂尤其是厅堂，正立面为门厅的立面，山面为硬山顶或是悬山顶。如果建筑的外墙表皮为砖砌则为硬山顶，如果裸露的土坯墙则大多都为悬山顶。姚西村的"姚氏家庙"，入口门厅为门廊式，侧面中门厅为硬山顶，正厅为悬山顶。

（2）入口形式

祠堂入口形式有牌坊式、门廊式、门斗式，还有一种特殊的门罩式（图5-60）。

牌坊式

门廊式

门罩式

门斗式

图5-60　祠堂的入口形式

（来源：作者自摄）

牌坊式的入口建筑张扬，造型夸张。门廊式或门斗式则过平实低调，从入口形式上可以感受到建筑呈现出来的不同气质。门厅是门斗或门廊式，有的中间部分的屋顶要略高于两侧，中间部分的屋脊两端要置燕尾脊，正脊的两尽端同样也要放置燕尾脊。甘竹村"刘孟隆公祠"采用特殊的门罩形式，前檐挑檐檩伸出墙体之外，中间部分采的梁架处理成三角形，用最外侧的挑檐檩下挂垂柱，从墙上伸出的横枋上施有精美的雕刻，从墙体伸出的丁头栱造型优美的弧形支撑横枋。

2. 官厅

罗氏官厅位于甘竹镇的罗家堡，罗家堡人文蔚起，历史文化底蕴深厚。明朝初年人丁兴旺，为广昌的一方望族，在清康熙年间到咸丰同治年间为该村辉煌鼎盛时期，据统计，明、清二朝罗家堡村共有仕宦者26人，其中进士13人，举人9人，为官七品以上者17人，明万历间连中二位进士。清朝康乾盛世之时，罗家堡连中科甲六代，为官者甚众被赞誉为簪缨奕世之家族[1]。至今村中保存完好的古建筑群有两个组团，一个是以"世科第"为中心的组团，另一个是村北以罗氏官厅为主的组团。

罗氏官厅整体为假五间两天井式格局，入口属于侧入式，进入门厅后正对第一进天井，对面的厢房已坍塌。中轴线上布置前厅和后厅。第一进天井尺度较大，第二进天井尺度较小，地面已经杂草丛生。

入口为八字形门斗式，门额正上方写有一个大的"福"字。檐下横亘一根粗壮的走檐梁。入口门厅的外墙为青砖眠砌。前厅悬山顶，出檐深远，土坯外墙。典型的假五间的布局，正贴梁架采用插梁式减柱法构造，五架梁一侧插入后檐金柱内，另一侧置于前檐直径约50cm的走檐梁上。前檐金柱变成短柱置于走檐梁上，扩大了室内空间。正贴梁架只有后檐两根柱落地。除脊檩和檐檩外采用双檩结构。边贴梁架采用穿斗式，五柱八檩，置童柱的二穿枋采用扁平月梁式。后檐用砖墙封护，两侧开拱形门。明间两侧的柱础石采用的是上为圆形下为八角形的组合式。前厅为会友议事的场所，所以梁架处理的考究。后厅为居住祭祀之所，土坯外墙，悬山顶。梁架采用穿斗式，三穿枋采用月梁式扁平状的形式，上置莲花撑支撑金檩。五柱八檩，方形柱础石。明间置祭祀的壁龛，其上方写有"天锡纯嘏"四个大字。这四字的意思是祝愿上苍能赐予大福，长寿永年。

该建筑虽外观朴素，但梁架布置和细节处理呈现了官厅的特质。目前前厅的梁架保存尚完好，后厅屋顶局部漏雨，梁架出现歪闪，木构件局部糟朽，亟待维修保护。

3. 民宅

广昌的民居按建筑形态分为三种类型，有围屋、天井式民宅、一字形民宅。

---

① 黄初晨.岁月无痕——抚州一百古村落行摄记［M］.香港：灵兰阁图书国际公司.2012.

1）围屋

围屋即围起来的房屋，是汉族反映客家文化的住居，其外墙既是围屋的承重外墙，也是整座围屋的防卫围墙。赣南围屋产生于明末清初，从结构上看，围屋可分"口"和"国"两大类，其形制多是方围，部分有圆形、半圆形和不规则形的。赣南客家围屋是"聚族而居"的民居建筑形体，它集家、祠、堡于一体。住在围内的居民，都是某一个姓氏共同祖先的后裔，围内人相见，互以宗亲长幼相称。因此，围屋维持着极强的"血缘性"，保存着较为完好的"宗族文化"。围屋多是客家地区的建筑形式，分布在赣南、闽西南、粤东北等地。目前笔者调研到整个广昌县目前仅存一座围屋，位于驿前镇坪背村观下，正是这个它的稀缺性和独特性丰富了广昌民居的类型。从历史文化的角度，这座围屋是客家文化的物质反映，记录了客家人迁徙的印记。从建筑文化的角度，这座围屋的存在，正体现了该地区建筑文化在多元性，融合性。观下的围屋（图5-61）建于清代嘉靖年间，至今已有200多年，客家赖氏家族聚居，20世纪80年代全村30多户人家都居住在里面。现今只有几户老人家还住在里面，大部分房屋都是空宅了。

图5-61 观下围屋俯瞰

（来源：作者自摄）

（1）平面布局：围屋大体上坐北朝南，前面视野开阔，南面为一望无垠的翠绿荷塘，东面有一条港蜿蜒而过，一派怡然的田园风光。屋舍围绕半圆形水塘布置，环塘一圈为鹅卵石小路，围屋内的交通要道。水塘旁有一口古井，满足生活在围屋内的人日产生活需要，入口门楼在东南，围屋南半部分即环塘的三面都为进深一间的屋舍，西侧和南侧一层的屋舍作为储藏和养鸡、养牛的辅助用房，东侧的二层屋舍用来居住。北侧为带天井的正屋，大多客家地区的围屋一样，正中布置厅堂，厅堂是围屋的"心脏"，是赖氏家族举行公共活动的地方。

（2）建筑外观：入口为三滴水八字门坊式，正脊两端置高高翘起的燕尾脊。围屋用夯土筑成，对外开方形窗，墙基根部用了石板墙裙，土坯转外侧有抹灰层，现在大部分的抹灰层剥落。小青瓦屋面，屋顶高低错落，东侧二层的悬山屋顶依次升高，北侧的正屋围合成天井，西侧弧形的屋面围合，屋顶造型层次丰富。东侧二层屋舍置宽约0.5m的悬挑木楼梯，顺着屋身形成折线型，将所有二层房屋串联，楼梯设在拐角处，丰富了立面层次，加强了交通联系。半圆式围合、土坯外墙、青瓦屋面，整体上呈现粗犷朴野的建筑风格。

（3）梁架特点：虽建筑风格整体呈现粗放型，但局部的细节处理，如入口门楼的梁架设计却别出心裁，一部分为双坡，一部分为轩顶的组合形式，轩顶上的双脊檩中间还用雕饰纹样联系，粗放中使人感觉不乏细节的设计感。整体屋架均为墙上搁檩，形成悬山顶。前后出檐均用穿枋穿出墙墙面支撑挑檐檩，檐下用封檐板保护椽头免于雨淋。

观下围屋整体上虽不及赣南及闽西围屋的防御性强，规模大，但它的形制基本沿袭了围屋的特征。整体围合，同时融入了赣派建筑文化特点，正屋为天井式布局，是客家围屋与赣派建筑融合的典范，因此观下围屋不管是在建筑学上还是社会学上都有很高的研究价值。

2）天井式民宅

（1）平面布局：普通民宅整体布局多三开间一天井式或三开间两天井式。三开间两天式的第一进天井通常较开阔，第二进天井尺度较小，狭长型。正厅多为三开间，一明两暗的格局，入口有直入式和侧入式。

（2）建筑造型：入口方式有门楼式、门斗式，其中门楼有砖砌门楼和木门楼2种（图5-62）。砖砌门楼一般为八字形三滴水或一滴水门坊式，红石墙基，砖墙上外白灰抹面，整体呈白色。木门楼一般四柱三楼，一排中柱，横枋从中柱上穿出支撑前后檐檩，横枋端部悬挂挑垂柱。还有一种组合方式即高高耸起的木门楼与八字墙结合。门斗式，一般入口门厅规模较大，中间开槽门，檐下一根走檐梁横向联系。天井民宅的外墙大多为砖墙，但也有少量为土坯外墙。青砖外墙为眠砌或一斗两眠的砌筑方式。屋顶造型丰富，有高高低低的马头墙、线条明朗的人字山墙、弧形山墙等，各种形式组合，变化生姿。

（3）构造细节：在屋脊、檐下构造的细节上，广昌县在抚河流域地区具有典型的区域特色（图5-63）。在屋脊上，不管是在马头墙上，还是在屋脊的两侧均置高高翘起的燕尾脊，使得屋面的线条生活动活泼，是屋面装饰的特殊构件。有的在明间正对的中段两侧置燕尾脊，在屋顶两侧的正脊端部再置一对燕尾脊，一条正脊上共有4个翘起的燕尾脊。高高的燕尾脊点缀在屋面上，使得房屋的屋

图5-62　民宅入口方式

（来源：作者自摄）

图5-63　构造细节：左图为屋脊右图为后檐构造

（来源：作者自摄）

顶造型张扬、线条层次丰富。檐下的构造也是广昌县民居重点打造的细节，通常有在檐口下有一排或两排莲瓣状的砖砌而成，有的甚至在莲瓣上施雕刻，更加突出其装饰性。檐下的层次丰富，是立面上的重点处理的部位。一般前檐下为一道檐口，屋面将雨水直接排出，而后檐下有的民宅则有两道檐口，后檐墙高于屋面，将屋面遮挡在内，下檐檐口是屋面排水的通道，上檐口则是后檐墙的高度。这种处理方式在金溪地区的民宅也有类似的构造，不同的是广昌民宅的檐口处理的层次更丰富饱满。

　　罗家堡的世科第是广昌建筑的典型代表，本书以此宅为例介绍南丰民宅建筑的特征（图5-64）。该民宅建于清同治年间，为知县罗炜的居所，当地称之为

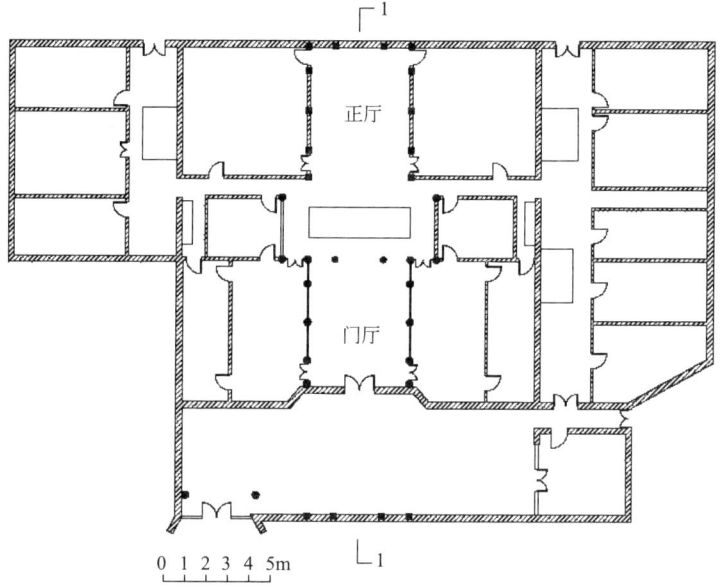

(a) 主体建筑平面图

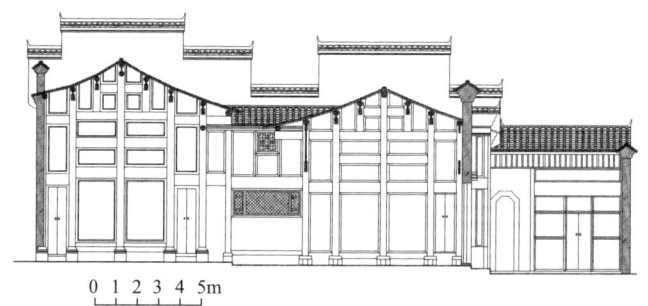

(b) 1-1 剖面图

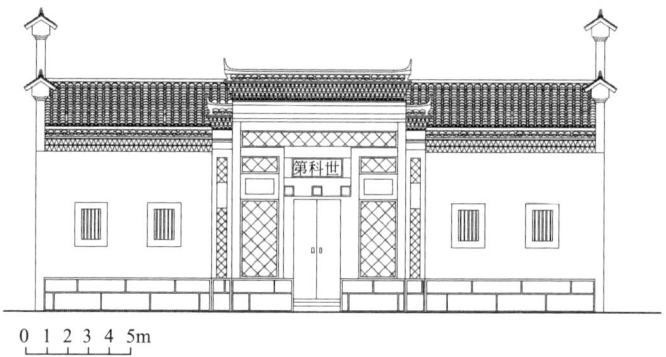

(c) 门厅立面图

图 5-64　罗家堡世科第测绘图

（来源：作者自绘）

罗知县别墅。该民宅坐西北朝东南，入口为门楼，进入后为一跨院，主体建筑三开间一进式，上下两堂。入口的门额上镌刻"世科第"，周围的人物图案，栩栩如生。门框式上有三棵带有雕刻的门簪，是身份和地位的象征。对面为一照壁。入口门厅为八字形三滴水门楼式，砖贴面，立面平整，材质精良，檐下有精美的石雕。门楼檐下的层层出挑的砖雕做成如意斗栱式，起到装饰效果。门厅为穿斗式结构，进深五柱，檩上不采用望板而是望砖铺砌。后檐下设两根甬柱，甬柱之间的额枋上雕刻有精美的木雕。天井两侧的厢房保存完好，其额枋上的雕刻圆润、流畅，层次丰富。正堂的结构为砖墙承重式，只是在墙上仿木构架，砌筑出木构架的样式，涂成黑色，檩条直接搁置在山墙上。即使是天井式也采用了墙体承重的方式，体现了广昌地区传统建筑的特色。该宅院的结构形制代表了广昌建筑的典型特征。马头山墙的墀头上都有砖雕，采用高浮雕形式。山墙的轮廓为叠式马头墙，山墙高耸，石质墙裙，青砖采用眠砌的方式。

3）一字形民宅

在驿前镇姚西村和坪背村调研时发现，除厅堂和家庙等公共建筑外，普通的民宅多为一字形，一层或二层，悬山顶，有的处理成四坡顶，土坯外墙，青褐色瓦面，整体以暖色调为主，建筑风格素野、质朴，村前宁静的水塘，村后为树林，多处于山脚下，与自然环境融为一体，图5-65为姚西村凉伞树下的一字形民宅。建筑结构墙上搁置檩条，檩子上放瓦条，其上挂瓦。前后檐下横枋从墙上伸出，支撑挑檐檩，结构简单。

图5-65　一字形民宅

（来源：作者自摄）

5.2.3　其他县域概述

1. 资溪县

资溪县地处抚河流域地区东部的崇山峻岭的山区腹地，自然生态环境较好。传统聚落的保存相对较少，基于历史上经济基础较为薄弱，交通不便，所以建筑技艺较为朴素、简单。

在建筑的风格上，印式天井屋，造型方正，三滴水门罩、清水砖墙，卵石墙基，但是由于南部靠近南城、黎川一带，屋脊上采用了燕尾脊，这是北部的金溪临川一带没有的建筑元素。建筑的梁架构造搭接简单，檐下和梁柱节点处处理的都比较简单。门框的构造做法与金溪的一致，只是石材质感较为粗糙。

在建筑用材上，尺度较小，梁架结构在满足基本的受力功能，看起来较为单薄，梁、柱的用材相对较小，柱径多在 15 ~ 20cm。由于山区多产鹅卵石，所以在墙基处多用卵石，院内及街巷的铺地也多采用卵石，与平整的条石铺砌的路面产生不同的质感。

整体上资溪县的传统建筑形态，在大体的风格上与比邻的金溪相似，外观方正。建筑工艺更为简单，梁架用材较小，多用卵石，在一些细节元素上受南部的南城、黎川的影响。

2. 南城县

南城县为明清时期建昌府的治所，北临临川、金溪，南接南丰和黎川，历史上是去往福建的水路和陆路经过的交通要道，与闽文化的交流较多，形成赣闽文化交流的一个融合区。

在建筑的造型要素上分，一类是以马头墙和高耸式门楼为代表的建筑风格，以上塘镇上塘村为代表；另外一类是以人字形山墙和上堂带阁楼檐牙高琢的建筑风格，以新丰镇汾水村为代表；还有一类是村中既有马头山墙的天井式，还有类似吊脚楼木板壁悬山顶的一字形，如大山深处曾繁华一时的磁圭村里的传统建筑。

南城县的传统建筑在建筑形态上，建筑的材质质感不及临川地区的墙面平整度高，白色灰缝，灰缝的缝隙较大，虽为清水砖墙，青砖的颜色偏黄褐。建筑的尺度较大，上堂带阁楼的檐口高度有的甚至达七米多，比两侧的厢房高一个阁楼的高度。上堂设阁楼与宜黄地区的设天门的做法不同，二层的阁楼上设栏板，屋顶高起，只有一重顶。屋脊上置高高翘起的燕尾脊，注重屋脊的装饰和入口门楼的形制类似闽西的风格。在梁架结构上，雕饰较少，整体素雅。以梁架均显示原木色，与宜黄地区喜用红黑着色的风格不同。檐下出挑的构造较为简单。厢房上与正房交接的横枋上置童柱，童柱柱头为重点雕刻部位。上堂设阁楼的部位，柱间联系的月梁上置两个花栱，其上置支撑楼板的楼楞，这里的特色是两柱之间要搁置两根楼楞。与檐柱交接的楼楞为了起到美化效果，下施雀替，也是南城县民居梁架的重点雕刻部位。

南城建筑的整体形态为入口门楼的主楼突出屋顶，但不及宜黄的比例高耸，有的天井式民宅轮廓相对平直，但不及金溪的方正，上堂多为人字形山墙，在山墙的形式变化上不及南丰的丰富。在汾水村和云市村，人字形的山墙为主流，带阁楼的上堂，檐口高度，进入室内感觉到人的渺小，建筑的尺度缺乏亲切感。图5-66

为云市村的吴家大院，五开间两进式，两侧还有四个虎眼天井，占地五百多平方米，布局方正规矩，中轴对称。正立面为八字门楼式，檐楼高耸，与宜黄地区风格相似。侧立面为连续三个人字形山墙组合，穿斗式木构架，后厅设阁楼，燕尾脊高高翘起，其建筑风格是南城地区民居的代表。汾水村的吴氏家庙，位于村西的高地上，原来气势雄伟，后改建为小学，仅存最后一进寝室，寝室前带风雨亭，形制独特，明间四根中柱粗壮，室内空间开阔，可见原来祠堂气势雄伟（图5-67）。

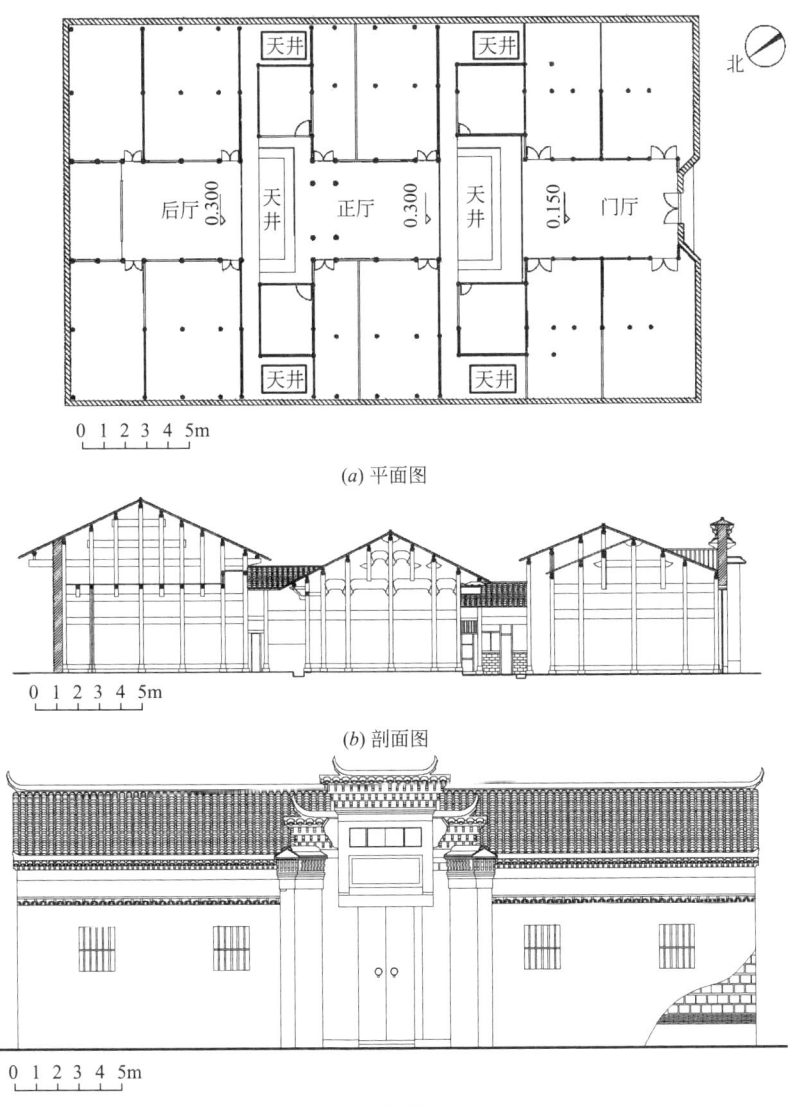

(a) 平面图

(b) 剖面图

(c) 立面图

图5-66　云市村吴氏民宅测绘图

（来源：作者自绘）

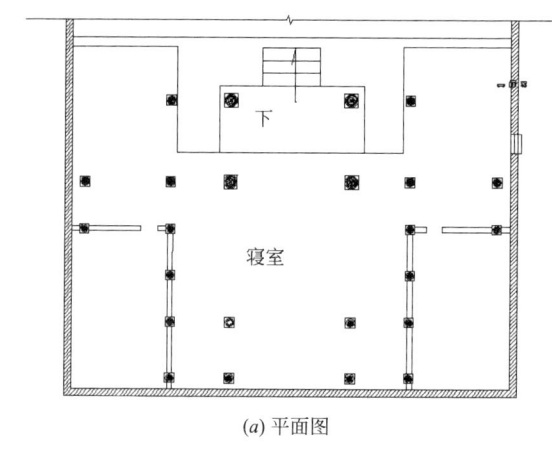

(a) 平面图

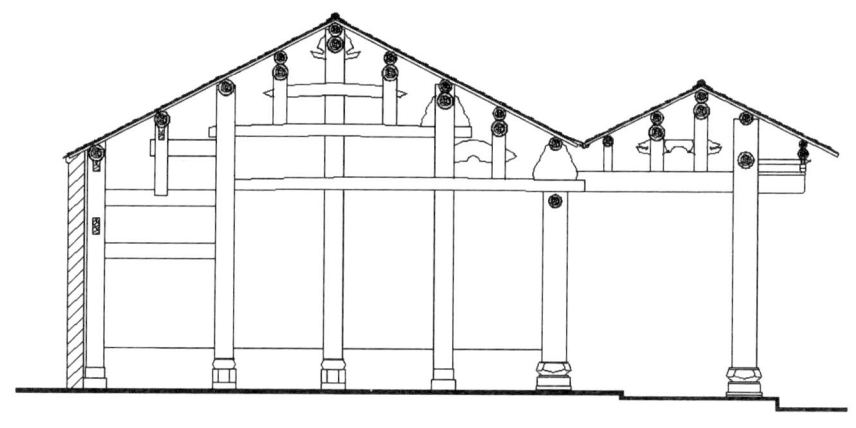

(b) 剖面图

图 5-67　汾水潘氏家庙测绘图

（来源：作者自绘）

3. 黎川县

黎川县自古与闽西地区交流频繁，来往密切，自然也体现在建筑文化上的交融。黎川传统建筑风格呈现闽赣融汇的特质，不仅体现在建筑形态上，还体现在建筑的一些叫法称谓上，如祠堂建筑，一般在赣东地区一般称之为祠堂、宗祠或公祠，而这里却称为家庙，与福建的叫法相同。在黎川地区著名的家庙有以下几处：潭溪乡河塘村著名的李氏家庙，为北宋著名理学家李觏后代所建。龙安河畔千年古村—钟贤村的"鲁佐文公家庙"三堂直进，规模宏大，占地 5000 余平方米，气势非凡。还有位于赣闽边境的黎川县熊村镇桃上村的李氏家庙。

在建筑的形态上体现闽西风格，首先是屋顶的造型，入口门厅中间屋顶略高于两侧，且屋顶坡度平缓，这是典型的福建民居的屋顶处理方式。其次是山墙的形式丰富多样，造型变换类似福建地区的五行山墙，比较典型的是钟贤村一处古宅的山墙。再者是，屋脊有生起，为一条曲线，两侧略高，与南城、宜黄一带平直的屋脊线不同。入口门楼的比例开始变得敦厚起来，不及宜黄、南城一带的高峻。当然体现赣东地区建筑特征是清水砖墙，叠式马头山墙，檐下的白色屋檐线，原木色的梁架结构都是赣东传统民居的特征。

洲湖村的大夫第位于黎川县城东北 40 多公里处的大山坳里，是黎川规模最大，保存最好且形制最为独特的一个建筑群，由于它的外观像船型，某些学者研究其与明朝的天地会有某种联系，引起了社会各界的广泛关注，成了黎川传统建筑的一张名片。且不论它的历史文化的内涵，从建筑形态来讲，建筑的平面和造型上如一艘大船，建筑功能分区明确，布局合理，尤其是排水系统科学，明暗纵横交错。内部的房屋以天井组织，堂与堂之间用马头墙隔开，呈现出抚河流域地区传统民居的典型特征。在一些细部处理上，入口大门上涂色，梁架上有类似闽西建筑中的弯枋连栱式看架，用造型各异的斗栱作为装饰。墙檐下的叠涩构件施以繁缛的雕刻并会有彩绘。门窗、梁架等部位精雕细琢，体现了精湛的建筑技艺。

黎川的传统建筑是赣闽文化交融的物质载体，是文化多元化的物证，既体现了赣派建筑的特征，在某些细节元素上又体现了闽派建筑特征。

5.3 建筑群组合形态

"群"是数学结构乃至所有结构中最基本的原型，一个系统不但包含诸多要素，而且本身表现为要素的组合体，要素之间具有排列组合的构成关系，这种最基本的构成关系的抽象就是系统的结构原型之一，即所谓的"群"[1]。传统聚落中，建筑是组成聚落的单元细胞，由建筑组成宅院空间，再由几栋或多栋宅院组成建筑群，建筑群与其他要素的组合，形成整个聚落空间。以上两节主要探讨建筑本身的形态，本小节在建筑形态的基础上分析建筑组合形态即建筑群的组合空间形态。

在传统聚落中关于空间构的分析，段进教授的研究团队引入结构主义的观点将静态的物质要素按构成关系，将其分为等级子群、并列子群和链结子群。本书引用这种建筑群空间的分析方法对抚河流域地区的建筑群进行分析，由于中并列子群的构成模式在该地区不常见，所以只介绍等级子群和链结子群的这 2 种模式。

等级子群是空间同层次的要素由简到繁，由小到大逐级向上的构成关系。

① 段进，季松，王海宁.城镇空间解析——太湖流域古镇空间结构与形态[M].北京:中国建筑工业出版社，2002：18.

在传统聚落空间中表现为，有单栋房屋组合成合院，再由合院组合成院落组，院落组组成地块，由数块地块组成街坊（图5-68）。这种空间的组织模式，建筑以相同的次序排列组合，秩序感强，空间规则有序，缺乏变化，有单调感。

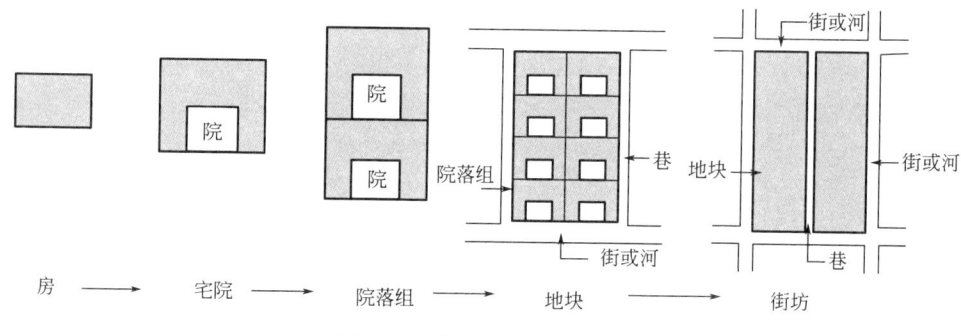

图5-68　等级子群结构方式

（来源：段进，季松，王海宁．城镇空间解析——太湖流域古镇空间结构与形态［M］．北京：中国建筑工业出版社，2002：21。）

链结子群是指2种或多种元素不同层次的空间要素连结在一起发生相互作用形成一个整体，如建筑群与街巷、河流共同组合而成的空间形态（图5-69）。建筑群与其他元素之间组合，使得空间层次丰富，收放自如，富于变化。

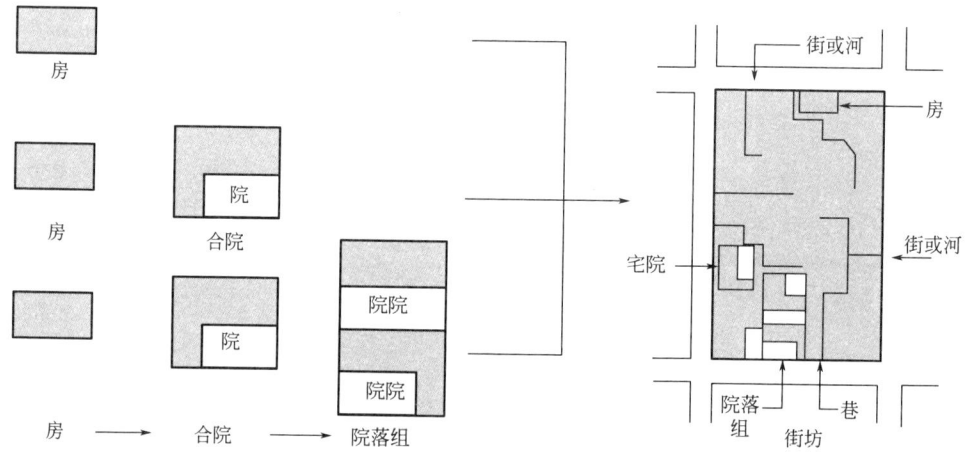

图5-69　链结子群结构方式

（来源：同上）

1. 等级子群：建筑院落之间的空间组合

抚河流域地区的传统建筑从建筑形制上分为天井式和一字形。在建筑群的组合方式天井式民居的组合方式相对复杂，一字形民宅的组合则相对简单。天井式民宅由最小的单元间组成单栋房屋，正房、厢房与天井组成一个单元，称之为一进，再一次向后组成二进或三进式的一幢民宅。一般的普通民宅多为二、三进式，当然也有商人由于丰厚的财富积累建横向和纵向均由多进天井组合的规模宏大的宅院。然后再由多幢天井式民宅按次序排列组成建筑群体空间。由于受地域营建习俗或地形因素的影响，天井式民宅的排列形成纵向组合式和横向组合式（图5-70）。纵向组合式即多幢民宅沿街巷依次向纵深方向排列，天井式院落侧面开门，巷道与房屋的布置方向一致，多条巷道并行布置，形成地块，与之相对是传统聚落的肌理以纵向为主，这种布局方式多建见于抚河流域北部地区，临川、金溪、东乡、进贤县的建筑群的布置多采用纵向式布局，同时反映出来其街巷的肌理则是一横N纵式布局。横向式布局是天井式民宅横向组织，街巷的走向与房屋的朝向垂直，民宅大门正对街巷，巷道之间的围合成地块。横向还是纵向的布局方式取决于建筑与街巷之间的组合关系。等级子群的建筑群组合方式多建于平地和岗地聚落，聚落营建时经过规划，形成布局严整有序的聚落肌理。走在街巷中，建筑群组合而成形成连绵的高墙，少开窗，具有较强的封闭感。

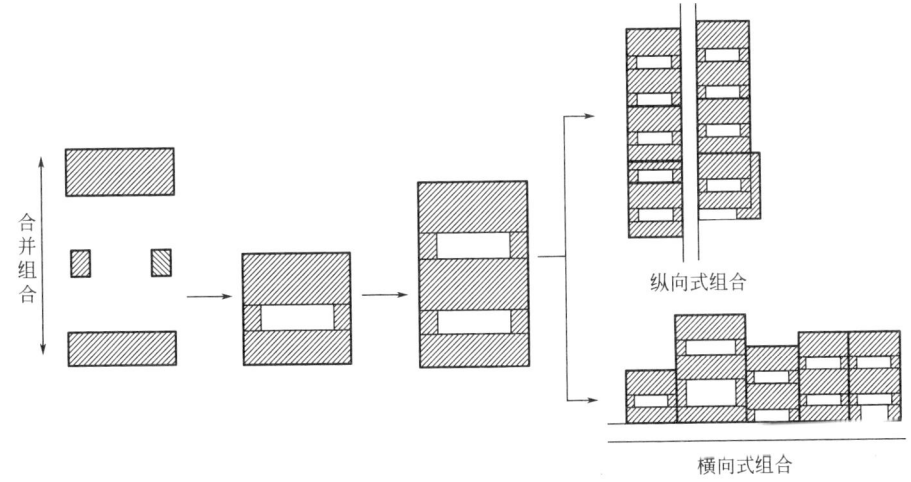

图 5-70 天井式民宅组合

（来源：作者自绘）

　　抚河流域地区传统聚落中呈现一横N纵式街巷布局的建筑群的组合多以纵向式为主，以金溪县的游垫村为例，该村整体形状呈带型，村前一条主街贯穿，纵向六条小巷与主街垂直，天井式民宅沿小巷纵向布置。抚河流域地区的建筑群主要以横向组合的案例较少，除了主要以纵向式布置外，采用纵向式和横向式共同组合而成，街巷纵横布置，形成丰富的空间形态，空间组合较单一模式富于变化，如石邮村局部的建筑群（图5-71）。

　　一字形民宅之间的组合关系，则相对简单，由于一字形民宅多处于山区，由于地形因素，存在两种状态，一是沿等高线布局形成相对规整的横向排列，如铁路坑局部的建筑群，另外一种则是呈自由无序的组合状态，如拿山村局部的建筑群（图 5-72）。

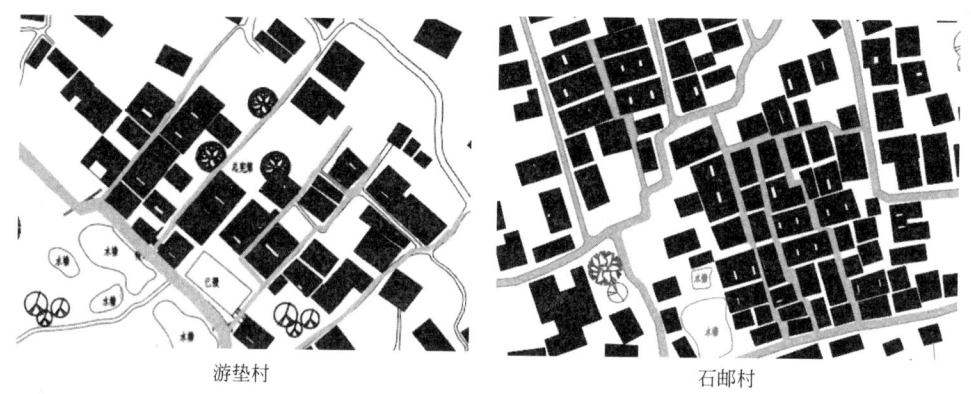

游垫村   石邮村

图 5-71　纵向式与横、纵式组合的建筑群

（来源：作者自绘）

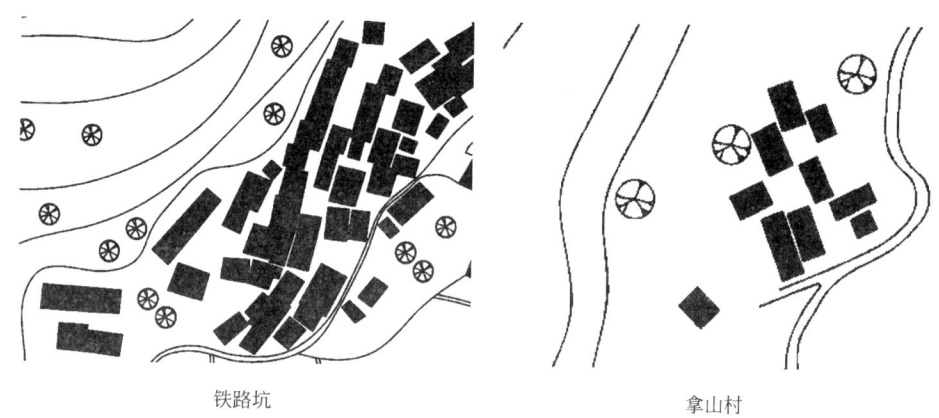

铁路坑   拿山村

图 5-72　一字形民宅组合

（来源：作者自绘）

2. 链结子群：建筑群与其他元素的空间组合

传统聚落中除了建筑群本身之间的组合之外，还有与其他要素如街巷、水塘、古井等的组合，形成多层次的空间序列，进而组织成聚落整体的空间形态。建筑与这些要素之间存在相互依存的关系。由建筑组合而成的"块"状空间与街巷的"线"状空间、水塘的"块"状空间、广场"块"状空间和水井的"点"状空间组合，形成形式各异的空间，是传统聚落中最灵活多变，能够带来空间开合、对比等丰富体验的复合空间形式。针对抚河流域传统聚落中空间组织的特点，将建

筑群与其他元素的空间组合主要分为三类：建筑群与街巷空间的组合、建筑群与
水塘空间的组合和建筑群与井台空间的组合（表5-3）。

建筑群与其他元素的空间组合　　　　　　　　　　表5-3

链结子群	图示		
街巷	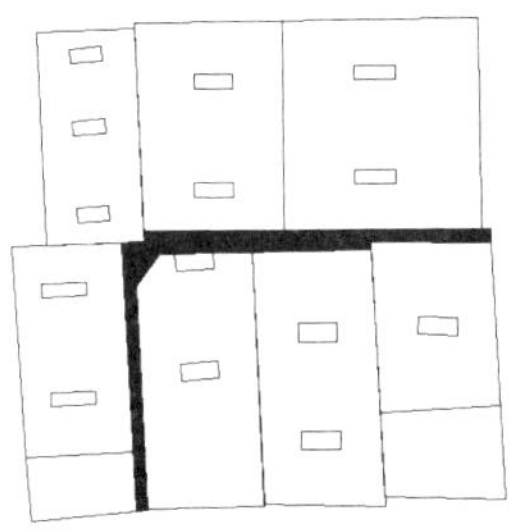	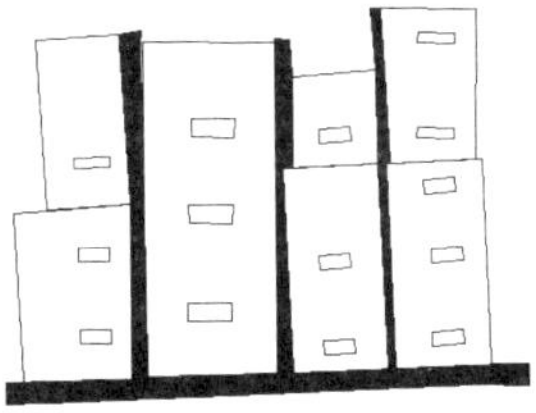	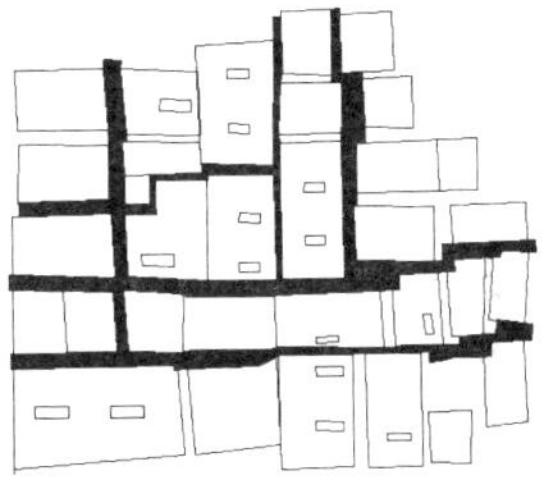
水塘	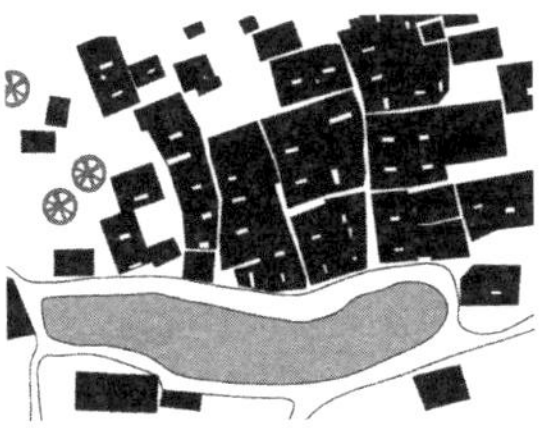	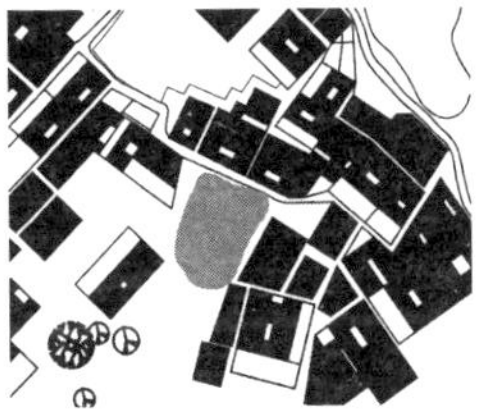	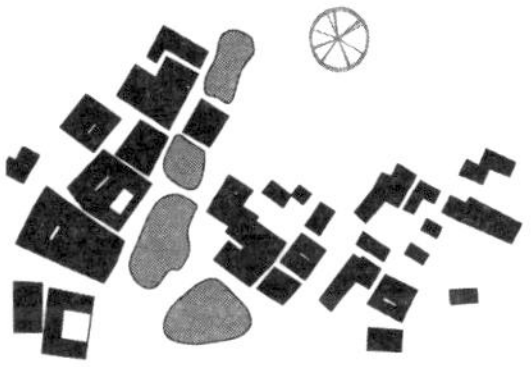
广场	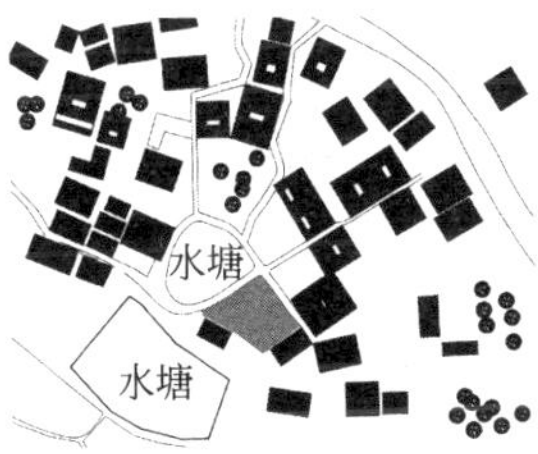		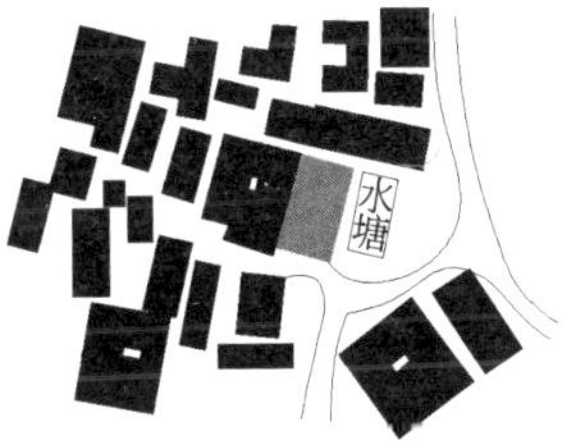
水井	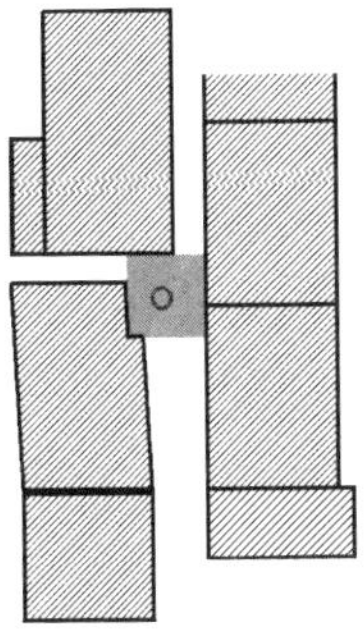	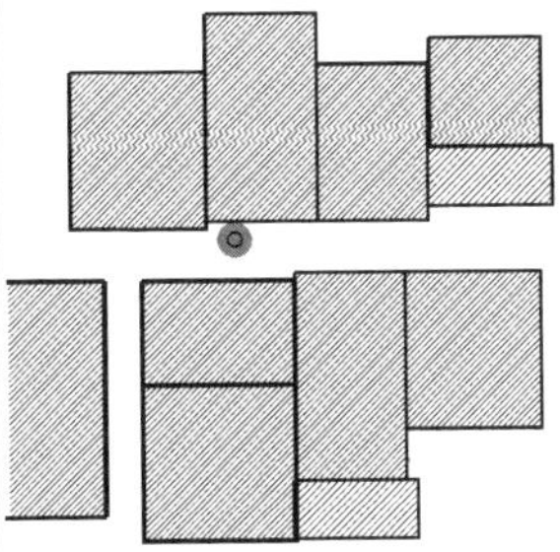	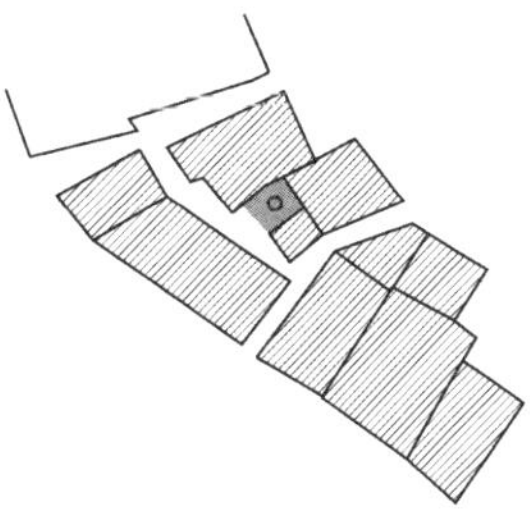

（来源：作者自制）

1）建筑群与街巷空间的组合

抚河流域地区传统中，大多数平地和岗地聚落在建设时经过规划，街巷与建筑之间契合的浑然天成，建筑群的布置与街巷空间互相依存，街巷随建筑的进退收放，也可说，街巷空间是建筑群之间的留白，互为图底关系。尤其是在转角空间、丁字口和十字口的设计，街巷的走势随建筑界面的延伸。街巷的设置影响建筑的布置，在纵巷空间中，宅院的整体朝向与巷道方向平行，入口方向则与巷道方向垂直。当街巷的走向与宅院的布置垂直时，入口方向与建筑整体朝向一致。在聚落规划布局严整型的聚落中，建筑群与街巷之间互相依存，街巷的虚体空间是建筑实体空间的留白，而在山地型聚落中，房屋布局相对松散，街巷设置较为自由，建筑群与街巷之间的空间关系则较为稀疏，图底关系不明晰。

2）建筑群与水塘空间的组合

由于江西地区水系发达，除了江、河、溪等河网密布外，还有大量的水塘置于聚落中，成为丰富聚落空间形态的重要构成要素。抚河流域地区的传统聚落中的建筑群与水塘的关系密切，由建筑群形成的实体空间和水塘形成虚体空间，形成虚实对比，由于空间尺度开合上的变化，在聚落中行走会带给人丰富的空间体验，同时形成的滨塘空间，也是聚落中较为有活力的场所之一。环塘而建的通常是街巷，所以水塘与建筑群之间的关系是水塘、街巷和建筑的层次关系。建筑群与水塘的空间布局，可以分为以下几种：一是建筑群之外设水塘，如前文中讲到的是村前水塘模式，建筑群前为主街，主街另一侧为水塘，这一类型的有进贤县钱塘村、临川洪塘村、金溪城湖村、广昌凉伞树下等。二是建筑群沿水塘单面或两面布置，属于村内水塘模式，水塘位于聚落内部，仅有一侧或两侧建筑群临塘而立，空间的开敞度好，如金溪的珊珂村、南丰古竹村。三是建筑群沿水塘而布，建筑三面或四面环塘，建筑沿水塘驳岸建筑，水塘面积较小，具有较强的内聚性，如金溪北坑村、南丰古竹村等。四是建筑群三面环塘，但由于水塘面积较大，建筑群与水塘空间虽在平面上仅有一个巷道相隔，但在整体空间表现较强的开敞性，如金溪蒲塘村。下图为建筑群与水塘空间组合的四个典型案例（图5-73）。

3）建筑群与广场空间的组合

中国汉族地区的传统聚落并不像西方的聚落空间设广场作为明确的聚落中心，这是由中西方文化的差异在聚落空间上的表达。抚河流域地区传统聚落中的广场空间比较少，空间一般为水塘旁的空地，或是建筑之间的空地，并没有刻意设置广场空间，不像苗寨的铜鼓坪广场是一个比较重要且突出的空间节点。建筑群与广场空间的围合关系，大致可以分为三类，一类是进村的总门楼后有一广场，进入总门楼后有一开阔的空间，一侧为水塘，一侧为广场，广场与建筑群之间的空间关系围合度较弱，如金溪县杭桥村。一类是利用建筑围合成，形成利用率较高，且具有活力的广场空间，如南丰黄连山的一处小广场。这个广场空间并非在

(a) 城湖村

(b) 北坑村

(c) 珊珂村

(d) 古竹村

图 5-73　建筑群与水塘空间组合

（来源：作者自摄）

聚落营建时刻意设置，而是在民宅建设好之后，留出来的空地恰好可以作为村民休憩聊天的场所。另一类是祠堂前的广场，祠堂作为全村的公共活动空间，有的前面设置广场，称之为"祠埕"。但总体上来讲，抚河流域地区的祠埕空间不及徽派聚落中的突出，仅有部分祠堂带祠埕空间，如广昌县坪背村的厅堂前带祠埕，前有水塘，空间开阔，与周围的建筑群之间的围合度也相对较弱。

4）建筑群与井台空间的组合

古井是传统聚落中必不可少的元素，所以井台空间与建筑群的组合关系，也是聚落中的一个公共空间节点。井台空间与建筑群的布局关系，在前文中提到大致可以分为 2 种，一种是与建筑群存在紧密的空间关系，位于街巷中，有独立的井台空间；另外一类是位于聚落外部，称之为村口井，位于水口或村外，与建筑群的关系不紧密。本节主要讨论与建筑群存在紧密关系的井台空间。古井位于沿街一侧，建筑退让出来的半包围的空间中。或者是古井直接位于街巷空间的一侧，没有独立的井台空间。还有一种情况是古井位于街巷中央，为街巷空间的主角。井台空间与建筑群的布置关系灵活，组合方式多样，但究其布置方式大体为两种：其一是由建筑围合而成处于半包围空间中，其二有独立的井台空间，与建筑之间有一定的距离。

　　传统聚落中，建筑群与其他要素街巷、水塘、广场、井台等空间组成灵活的平面布局和丰富的空间形态。正是由于建筑群与其他构成元素的组合使得聚落形成的整体空间形态组织起来具有章法。

5.4　本章小结

　　本章按抚河上游和下游两个片区，对典型建筑类型祠堂、官厅和民宅这三类具有代表性的建筑进行了详细阐述，并从建筑单体组合的方式—建筑群的层面分析了抚河流域地区传统聚落中建筑群的形态。

　　由于各县区所处的地理位置、古时的行政区划、文化交流等各方面的原因，将抚河流域地区分为两个片区抚河上游地区和下游地区，下游地区包括临川、进贤、东乡、金溪、崇仁、宜黄六个县区，上游地区包括南城、南丰、资溪、黎川、广昌五个县。在建筑文化上，这两片区呈现出了不同的建筑风格，下游地区主要受临川文化的影响，传统建筑外观方正、平直轮廓、石质墙裙、砖石精良整体呈现规矩、儒雅的品质，而抚河上游地区（临川文化边缘区）由于受到闽、客文化的影响，门楼高耸、轮廓丰富，整体呈现张扬、多元的建筑风格。

　　在建筑类型上，本书选取最能体现地域风格的三类建筑祠堂、民宅和官厅进行详细分析，尤其是将官厅建筑作为典型，一方面体现了该地区人才辈出，官宦致仕的大的社会文化氛围，另一方面从建筑的风格上，官厅体现了官式建筑和地方民宅双重特性，呈现出不同于普通民宅的独有气质。

　　在建筑形制上，抚河流域地区传统建筑以天井式和一明两暗三开间的一字形住宅为主，建筑整体表现材料本身的质感，不粉饰，北部地区以石雕见长，而南部的广昌一带的砖雕艺术相对发达。

　　建筑群的组合形态从两种类型进行分析，一是等级子群即同种元素建筑之间的组合形态，二是链结子群即建筑群与其他元素之间的组合。等级子群即建筑自身的组合关系，从建筑形制上分为天井式民宅和一字形民宅，天井式民宅具有纵向式和横向式布局两种，一字形民宅有自由式布局和沿等高线布局两种。链结子群主要分析建筑群与街巷、水塘、广场、井台空间的组合关系。建筑群与街巷的组合，一类是建筑与街巷互相依存，互为图底，另一类是建筑与街巷的关系不明晰。建筑群与水塘的空间关系分为村外水塘式和村内水塘式，有一面、二面临塘、三面或四面环塘的模式。建筑与广场空间的关系分为紧密和稀疏，并有门楼内广场、祠堂前广场和一般建筑围合的广场空间等形式。建筑群与井台组合关系，要么形成半包围的独立空间，要么形成四周开敞的空间。

6

抚河流域地区传统聚落空间形态内外
区域比较

　　宋代是江右文化大放异彩的时期，到了南宋，江西是江南地区东西交通的要冲，经济文化流动汇聚之区。"吴头楚尾，粤户闽庭"的地理区位和北人南迁的历史条件，使其在宋、元、明代经济兴旺富庶，文化繁荣昌盛。特定的历史情境孕育了兼容并蓄的江西文化，而海纳百川的多元特质，又决定了江西民间建筑的包容性，传统聚落形态极为丰富。对江西的建筑文化的整体认知，已有的研究成果将江西省建筑文化分为七个区系：环鄱阳湖区系、吉泰区系、建抚区系、婺源区系、广信区系、赣南区系和袁锦区系七个区系。但大体上从建筑文化特征来看，主要有赣东北的徽派建筑、赣派建筑、赣南客家围屋三种。其中赣派建筑的主要分布在赣中地区，赣江中游和抚河流域地区。

　　任何一个事物的存在都不是孤立的，从与之相关或相联系的方面加以分析，才能从系统性和完整性方面有深入的了解。从空间的范围，任何一个地区文化的发展都不是孤立存在，其发展的过程是一个动态的系统，有在大的社会背景下呈现出共同的文化背景，同时又有在特定区域内的文化特色。对于传统聚落空间形态的研究，基于比较的视角，不仅立足于本研究范围，而是从与之相邻的区域相联系，才能从更宏观的层次对该地区的聚落空间形态进行深刻的认知。

　　本章以比较的视角，首先对抚河流域地区内部传统聚落空间形态进行比较，其次是与相邻区域两大不同文化圈影响下的聚落空间形态进行比较，一是赣东北地区的徽派聚落，二是赣江流域吉安地区的赣派聚落。

　　首先，通过内部文化影响的强弱和各文化交流的背景，可以窥探出各个县域范围的共性和差异性，从而更全面深入的了解抚河流域地区的传统聚落空间形态特征。其次，将抚河流域地区传统聚落作为赣派聚落的代表与赣东北徽派聚落进行比较，从生成背景入手，找出空间形态的共性和差异性，总结出赣派聚落不同于徽派聚落的差别，更清楚认识到赣派聚落和徽派聚落虽有共同之处，但属于不同文化孕育下的传统聚落体系，进一步确立赣派聚落的地位。最后，将抚河流域地区传统聚落与赣江流域吉安地区的传统聚落进行比较，二者分别处于江西主要的两大河流域——抚河流域地区和赣江流域地区，属于两大重要的文化圈——临川文化圈和庐陵文化圈，是赣派聚落的典型代表。同为赣派聚落进行内部比较，可以更加鲜明地体现出抚河流域地区传统聚落的典型性和赣派聚落形态的丰富性。

6.1　抚河流域地区传统聚落区内比较

6.1.1　传统聚落空间形态特征

　　抚河流域地区自远古时代便有先人居住，在江南地区是较早被开发的地区之一，春秋时期属百越之地，凭借得天独厚的自然条件，先民们在这块土地上繁衍生息。到隋唐时，物产、人口、商贸、交通基本形成轮廓并开始稳定发展，形成了自身独特的文化脉流。隋唐以后，随着中原政治文化中心的南移，北方望族南迁落户抚河流域地区，促进南北文化交流，临川文化迅速走向繁荣。宋元时期移民开基，明清时期已人口稠密，绵延至今，抚河两岸广袤的大地上，星罗棋布的传统聚落是历史的记录和文化的沉淀。

抚河流域地区传统聚落是在特定的地理环境和文化背景下逐步形成的，也就决定了其空间形态具有一定区域性特征。抚河流域地区以丘陵为主，兼有平地和山地，河网密布，复杂的地形地貌决定了聚落形态的丰富性。其文化背景，以临川文化为主，但由于所处地理位置东邻闽西，南接赣南，又受到多元文化的影响，其空间形态也受到多元文化的影响。

抚河流域地区传统聚落空间形态整体上呈现村堡式、里外堡式和其他类型的三大类。抚河流域地区北部地区以临川为中心，金溪、东乡、进贤一带的传统聚落以村堡式为主，岗地建基，背有靠山，村墙围合有明显的聚落边界，四面设门，门楼引导，具有鲜明的交通导向，梳式街巷具有强烈的秩序感，水塘嵌绕形成丰富的空间开合，祠堂、庙宇、古井、古树等节点丰富。这一类型的聚落是经过统一规划和精细设计之后的结果，自明中叶起，乡绅士族便指导村落的建设，进行统一的规划布局，庙宇、门楼、住宅都井然有序，尤其是形成了完善的道路系统和排水系统。抚州北部地区传统聚落形态经过长时间的发展，相对人为规划的意识较强，具有较好的秩序性。由于近年来，随着经济建设的发展，多数传统聚落的围墙毁坏，建设范围已经超出了原有的范围，所以原围墙的清晰边界已不复存在，大部分仅存核心区域仍然保存着原有的肌理。

里外堡模式的聚落主要分布于南丰、黎川一带，尤其是南丰地区的里外堡模式较为明显。该类型的传统聚落多位于山区，形成里外两个建筑组团，组团之间以路相连，或稀疏的有几栋房屋，两个组团之间形成若即若离的关系。由于地处山区，建筑布局自由、松散，道路随行就势，无明显的边界，人工环境与自然环境融为一体。村落的防御利用自然的山势，建类似城墙上的隘口，巨大石块垒砌成拱形门结构。

广昌一带传统聚落的名字大多数是以"堡"相称，这与该地区的人口构成有关，广昌县大多数是中原氏族客家人，村堡中虽大多数无客家大本营的围屋建筑，但从名字来看，聚族而居，反映了一定的客家建筑文化。广昌地区除了一座典型的围屋外，其他的传统聚落的布局多以厅堂为中心，周围民宅沿厅堂左右和后方扩展。这与客家围屋中的以祠堂为中心的布局是有异曲同工之处，与抚河流域地区北部地区的某些宗祠建筑处于村一端的布局有显著的差异。

从封闭的村堡式向相对开敞的里外堡式过渡时，在南城地区存在一类利用山势自然围合，但东、南、西、北四关的聚落类型。以南城县新丰街的汾水村为例，汾水村在南宋初年建基，至今有八百五十多年的历史。潘氏是明清时期南城的望族，当时是"千烟之村"。该村四面环山，形似"五马攒槽"，以村中的石基头为中心，分东南西北四关，关口是村内外联系的交通节点。利用了山势的围合，既不像村堡式聚落中的门楼，也不似里外堡模式中的隘口，是介于这两者之间的一种形式。

另外，除了村堡式和里外堡式的传统聚落，按地形分平地型以南丰的石邮村为例，岗地型以南丰的洽湾村为例，山地型聚落以宜黄的周陂村为例。石邮村成团状，不受地形影响可以向四周拓展，形成布局均衡的类似方形形状，内部街巷纵横交错，与北部的梳式街巷肌理不同，同时也不同于山地地区的自由式布局，宅院、门楼、祠堂、庙宇各个节点呈现出有意识的规划秩序感。洽湾村由于受到水系和岗地地形的影响，聚落建设受地形的约束，内部街巷布局有一定的规划但同时呈现出自由的状态。周陂村的聚落空间形态松散，道路自由连通，宅院沿等高线布置，整体上呈现出适应自然环境的自发秩序的状态。从空间秩序上讲，这三个例子体现出有意识自为秩序到无意识自发秩序的状态。从另外一个角度，文明化程度越高，更容易形成良好的自为秩序的空间感。

总体上，抚河流域地区的传统聚落空间形态呈现出以下几个方面的特征：

（1）传统聚落规模以中小规模为主。抚河流域地区传统聚落以中小规模为主，主要是基于以下原因：一是从地形的角度，由于丘陵岗地地区，聚落的建设受地形的限制，对形成大规模的聚落不利。二是从社会背景来看，明清时期该地区已人口稠密，有限的土地资源难以满足大聚落的需求。三是从经济背景来，该地区是以农耕经济，同时辅助以小商品经济。江西商人经营方式灵活，渗透力强，经营范围主要是粮食、纸张、木竹、夏布、药材等，大部分是小本生意，利润丰厚的盐业、典当、矿业等少有涉及。抚州商人数量和范围虽广，但经济规模和资金数量，与其他徽商、晋商等相比缺乏竞争力，总体上经济层次和水平不高，从经商的规模和总量来讲，难有大规模的家族式财团，加之各个家族势力相对均衡，形成与之相适应的中小规模的聚落。

（2）整体质朴，淡雅，贴近自然，与自然和谐共生。抚河流域地区传统聚落规模小，掩映在青山绿林中，色调以青灰色为主，色彩淡雅，与自然背景相得益彰，形成亲切、质朴与自然和谐共生的印象，不似徽派聚落粉墙黛瓦、马头墙林立，在色彩和造型上与自然形成了一定反差。

（3）空间形态丰富，规整性和灵活性并存。抚河流域地区传统聚落的空间形态丰富，秩序井然的村堡式和自由布局的里外堡式为典型代表，人为规划的秩序性空间和自发形成的自由空间形态并存。由于丰富多样的地形环境造就了山水环境多样的聚落形态，大部分的布局模式是村前有水塘，村后有后龙山。

（4）尺度适宜，节点空间多样。抚河流域地区传统聚落以中小尺度为主，聚落规模尺度小，无形中拉近了人与自然的关系；街巷空间尺度小，是以步行为主和适应自然气候条件的结果。公共节点空间有适宜人的尺度，形成小巧、适宜人生活的空间尺度。聚落中节点多样，祠堂空间、门楼空间、村庙空间、广场空间街巷空间、古井空间、滨水空间，各种节点空间的有序组合形成开合有度，丰富多样的空间序列。

（5）聚落的中心性不突出。抚河流域地区传统聚落的布局形成均质化分布，大部分传统聚落的中心不明确。除了放射型和以厅堂为中心布局的传统聚落外，大部分的传统聚落没有明确的中心，不似徽派地区以宗祠为中心的聚落布局，有明确的聚落中心，同时也不似海南岛聚落以田为核心布局。聚落的中心性不突出，某种程度上会形成方位的辨识度不高，但对于常年生活在村中的人们来说这不是问题。相反，对于防备外来者来说，这却是一个优势。

6.1.2　传统建筑形态特征

抚河流域地区的十一个县区，总体上是以天井式为主的建筑形制，由于所处的地理环境与社会文化背景的微差，各个县域的建筑特征在建筑的轮廓、构造处理，建筑装饰上呈现一定的差异性。将各个县域的建筑特征概况总结如下表（表6-1）。

抚河流域地区各县区建筑特征总结表　　　　　表6-1

序号	县区	建筑形制	建筑特征
1	进贤	印式天井屋	1. 以天井式印式屋为主。 2. 山墙有马头墙和人字墙形式，清水砖墙，石门楣，石门框。 3. 穿斗式梁架为主，有的厅堂设阁楼，用楼楞承托木楼板，木雕丰富。 4. 整体上朴素，低调，受徽派建筑影响，比临川地区多马头墙形式，是临川风格向徽派建筑过渡的建筑形式
2	东乡	印式天井屋	1. 整体规模较小，外观方正，轮廓平直，山墙偶有顿挫，将木构架包裹，四边如一枚方印章。 2. 清水砖墙，石质墙裙，采用青白或红石，天井四坡内排水。 3. 民宅采用穿斗式木构架，祠堂等级较高的建筑正贴采用插梁式。 4. 整体上呈现朴素，淡雅，低调的建筑风格
3	临川	印式天井屋、一字形	1. 整体规模较大，多商宅大院，外观方正，四周山墙将木构架包裹，门楼、门罩位于屋檐下，形成印式天井屋。 2. 石质墙裙，清水砖墙，做工精良。 3. 建筑结构以穿斗式为主，祠堂建筑采用插梁式。 4. 建筑装饰精美，牌坊式门罩、墙裙、漏窗、木构架等精雕细琢，属于低调的奢华，有克制的精致。 5. 在偏远山区，存在土坯墙一字形三开间的小型民宅。 6. 整体上，临川区内的传统建筑在建筑规模和装饰的奢华程度上在抚河流域地区首屈一指，与其是临川文化发祥地和临川府的地位相匹配

续表

序号	县区	建筑形制	建筑特征
4	金溪	印式天井屋	1. 传统建筑保存数量众多，类型丰富。 2. 外观方正，屋顶内坡，形成四水归堂，山墙偶有跌落，整体上以平直轮廓为主，形成印式天井屋。 3. 由于当地产著名的印山白石，石质墙裙质量精良，与清水砖墙浑然一体，墙面质感细腻，砌筑工艺高超，充分表现出该地区高超的建筑工艺。 4. 原木色木构架，以穿斗式为主，注重檐下的出挑构造。 5. 整体上，建筑程式化程度高，呈现出儒雅的品质
5	崇仁	印式天井屋、牌楼天井屋、一字屋	1. 该地区由于受邻近区域文化的影响，呈现出不同的建筑风格，北部地区紧邻临川区，以华家村为代表，建筑风格为印式天井屋为主，南部地域紧邻乐安、宜黄，以浯漳村为代表，建筑风格为牌楼天井屋。 2. 北部地区的传统建筑外观方正，石质墙裙、清水砖墙，山墙的层次比临川、金溪变化多一些，局部使用马头墙。 3. 南部地区造型变化丰富，牌楼门上的牌楼高耸，主楼高于屋檐，山墙以马头墙为主，砖石的工艺不及北部地区精细。 4. 整体上呈现多元化的风格
6	宜黄	牌楼天井屋、一字屋	1. 建筑造型，牌楼门高耸，山墙以马头墙为主，建筑造型较金溪、临川地区张扬。 2. 建筑平面上，大院多采用虎眼天井，以扩大建筑规模。 3. 梁架多采用红黑色，檐下的花型替木是构造中的一大亮点，注重墙檐构造，层次丰富、厚重，从视觉上可削减墙体的高耸感。 4. 中堂和后堂多设阁楼，作为仓储空间，重檐屋顶，设天门，是宜黄建筑的特色。 5. 在偏远山区，有一字形房屋，规模大的多达九间，主体建筑物顶升起，也有土坯墙三开间的小型民宅。 6. 整体上，造型丰富，层次富于变化，造型较为夸张
7	资溪	印式天井屋、一字屋	1. 建筑规模较小，外观方正，清水砖墙，三滴水门罩，建筑风格类似于金溪的印式天井屋。 2. 梁架构造简单，用材较小，柱径在15～20厘米之间，多用卵石墙基。 3. 在细部的元素上，屋檐上采用高高翘起的燕尾脊，受到东部福建地区的影响。 4. 存在大量的一字形民宅。 5. 整体上，建筑遗存较少，由于地处山区，受财力和物产资源影响，其建筑用材和做工不太考究
8	南城	牌楼天井屋、一字屋	1. 牌楼门突出于屋檐，但不及宜黄高耸，是宜黄和临川牌楼门和门罩的结合体。山墙以人字形为主。 2. 后厅设阁楼，上檐高竟高达8m，室内空间高敞。 3. 建筑构造上，后厅二楼施木栏杆，正房与厢房搭接时用骑柱，且正房两侧的厢房窗户下用护净，前后檐下设看架，屋脊采用燕尾脊受福建风格影响。 4. 在山区，存在土坯墙或是木构架板壁封护的一字屋，以磁圭村的建筑为代表。 整体上，建筑砖石的材质质感，不及临川一带精良，注重屋脊的构造，呈现出明显的临川地区、宜黄地区和福建地区三地建筑杂糅的风格

序号	县区	建筑形制	建筑特征
9	南丰	鞍式山墙门楼天井屋、一字屋	1. 在建筑布局上，天井相对开阔，大院两侧设横屋。 2. 建筑造型上高大的八字入口门楼，多采用鞍式山墙，厢房多两坡顶，当布局为直进式时，两侧的厢房屋顶为人字形或鞍式山墙，形成对称的比肩式，与临川地区的印式屋有明显不同。 3. 采用穿斗式木构架为主，原木色，前檐下设走檐梁，屋顶脊部的举架明显要高于其他的步架。在讲究的宅院，入口设水磨青砖门面。檐下采用莲瓣型装饰。 4. 山区存在大量一字形三开间的民宅。 5. 整体上，建筑造型丰富，天井高敞，尺度适宜，呈现似北方建筑的厚重感
10	黎川	牌楼天井屋、一字屋	1. 屋顶造型中间突起，屋脊两侧用燕尾脊，受闽西建筑风格的影响。 2. 入口门面喜粉饰，其余部分用清水砖墙，屋檐有白边或屋檐画是赣派建筑的特征。 3. 入口门楼比例敦厚，不及宜黄、南城一带的高峻。 4. 大量一字形木构架小型民宅。 5. 整体风格上，体现了赣闽文化交流的多元化建筑特征
11	广昌	牌楼天井屋、围屋、一字屋	1. 建筑类型多样，有天井屋、围屋和一字屋。 2. 在建筑结构上，天井式建筑除了穿斗式木构架外，采用墙上搁檩的方式，但有的并没有完全摆脱木构架的影响，在砖墙上用墨绘的方式将构架画出来，是广昌建筑的一大特色。 3. 围屋的数量虽目前发现的仅存一座，但体现了赣、客文化的交流。 4. 天井尺度与北部临川、金溪一带狭长的天井相比要开阔很多，与福建地区相对开阔的天井尺度类似。牌楼门的比例趋近与福建建筑的风格。山墙有马头墙、人字墙、鞍式等多种形式。 5. 一字形民宅，多用悬山顶，土坯墙。 6. 建筑装饰上，尤其以砖雕见长，驿前镇上有大量精美的砖雕。檐下多采用莲瓣式叠涩。屋脊两端置燕尾脊。 7. 整体上，建筑风格受赣、闽、客多元文化交融的影响，在赣东建筑范式的基础上，形成兼容并蓄的风格

（来源：作者自制）

　　以上为各个县域的总体上的建筑特征，各个县域内的传统建筑都在某些方面呈现了鲜明的地域特色，在建筑造型上，门楼（牌楼门）和山墙的形式表现得较为突出。以门楼和山墙为线索，从北往南可以清晰地看出地域风格的变化（图6-2）。

　　抚河流域地区的传统建筑是在临川文化孕育，多元文化交融下发展成的具有区域特色的赣派建筑的代表，总体上呈现出两点：一是精良淡雅的区域风格，二是和而不同的多元特色。

　　（1）总体上，抚河流域地区传统建筑以天井式为主，建筑风格统一，呈现出精良淡雅的建筑风格，是赣派建筑的代表。抚河流域地区的建筑质量精良，木构架制作讲究，尤其是砖石工艺高超，石质墙裙，丝缝砌筑，墙面平整精细。清

抚河流域地区各县域门楼（牌楼门）和山墙形式　　　　表 6-2

县域	门楼（牌楼门）	山墙形式
临川		
宜黄		
南城		
南丰		
广昌		

（来源：作者自制）

水砖墙，黛瓦白檐，檐下有屋檐画，木构架多以原色为主，建筑色彩透露出材料本身的质感，形成鲜明的区域特色。抚河流域地区传统建筑区域风格的形成，主要有三方面的原因：一是该地区拥有高超的建筑工艺，有名的抚州帮在江西省首屈一指，建筑品质与其建筑工艺是密不可分；二是抚州商帮影响下雄厚的经济基础，才有实力建造构架考究、雕饰精致、砖石精良的宅院；三是该地区是理学文化之邦，受理学文化思想的影响，建筑不粉饰，精工细作，呈现儒雅的品质。在临川一带附近，由于政权统治者安放的移民较少，自古经济文化发达，所以本土的人口增长多，大部分为江西的本地人，移民较少，所以建筑风格稳定、程式化程度高。

（2）抚河流域地区在建筑文化分布上，呈现出"和而不同"的多元建筑文化特征，北部"规矩封闭"、中部"杂糅夸张"、南部"交融多元"。

北部地区以临川为中心，包括进贤、东乡、金溪和崇仁的北部地区，外观方正，砖石精良，形成规矩精致的风格，中部地区宜黄和南城，呈现门楼高耸、人字山墙、燕尾脊翘起等杂糅夸张的建筑风格。南部南丰、广昌、黎川地区则建筑类型多样，呈现出明显的赣、闽、客多种文化影响的多元建筑特征。这是由于所处的地理位置和周围区域文化交流的结果，呈现出不同的建筑文化特征。

临川文化的发祥地与周围的地区深受临川文化的影响，按文化传播的特质，距离越远其影响力越弱，所以临川文化中心区与其他区域的建筑特征呈现出不同的风格。首先，北部地区呈现出规矩、封闭的特征是与临川文化本身的特质分不开的。临川文化属于在半封闭的内陆型地理环境发育起来的农耕文化，导致以小农经济为基础的追求稳定、畏惧变化、内向克制的文化心理状态①，所以反映在建筑文化上，则是强调规矩，低调不张扬，哪怕是财富实力雄厚的大院都是有克制内敛和低调的奢华。其次，在宜黄、南城一带，临川文化的影响力开始变弱，同时受多元文化相互碰撞，宜黄地区门楼高耸的建筑特征是受赣江流域部分县区的影响，而南城一带过去是到福建的交通要道，所以呈现出屋脊翘起、人字山墙等闽派建筑风格。再者，南部的南丰、广昌、黎川地区地处赣、闽、客三种文化的交汇处，加上移民的影响，出现围屋—客家文化影响的典型建筑，天井开阔、屋顶中部突起等闽派建筑的风格，整体上呈现出交融多元的特征。

6.2 与赣东北地区的徽派聚落比较

徽派聚落是我国传统聚落中的主要流派之一，徽州的前辈将他们的智慧凝结在山水营建中，一砖一瓦上，保存下了的徽派聚落记录了徽州人发展的历史，创造了辉煌的建筑文化②。徽派聚落主要分布在古徽州府一府六县，府城为今歙县，包括歙县、黟县、休宁、婺源、绩溪、祁门辖境为今黄山市（除黄山区即原太平县），宣城市绩溪县和江西省的婺源县，其地域范围涵盖了今天的两省三市（图6-1）。

---

① 罗伽禄等.临川文化大观［M］.南昌：江西人民出版社，2014.
② 朱永春.徽派建筑［M］.合肥：安徽人民出版社，2005.

徽派聚落由于强大的徽州文化的影响力和传统聚落保存的完好性和典型性，是学界关注最早，研究最深入，成果最突出的地域性的聚落类型。关于徽派聚落的研究，从聚落景观、布局、空间类型，建筑风格与类型，装饰艺术特色再到聚落形成的生成环境的研究，都有深入的探析，甚至对其中特别的元素——马头墙的作用与演变，都有式微的辨析，同时有学者提出徽质空间、徽风建筑等专有名词。由此可见，徽派聚落的研究可谓

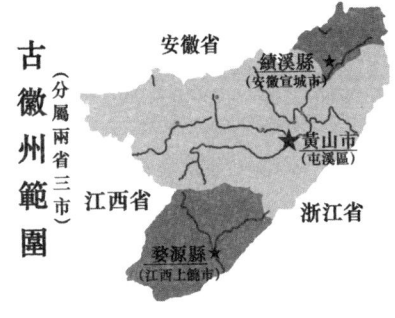

图 6-1 古徽州地域分布

（来源：网络）

是成果丰硕，并为其他类型的聚落研究提供了可借鉴的理论参考。由于赣派聚落（不包括赣东北的婺源地区）中某些区域和徽派聚落的外观相似有马头墙和天井式，在研究不够深入的阶段将赣派聚落认为是徽派的范畴，并没有将赣派聚落独立成一个体系研究。现在已经有越来越多人关注赣派聚落和徽派聚落的共性和差异性，进一步挖掘和提炼江右文化背景下孕育的赣派聚落的典型特征。本书以比较的视角对抚河流域地区赣派聚落和赣东北地区的徽派聚落研究，丰富和完善江西省境内的传统聚落类型和体系，进一步厘清在不同文化背景下孕育的聚落形态特征的共性和差异性。

6.2.1 生成背景比较

赣东北地区北邻安徽，东与浙东、闽北接壤，南以武夷山分闽粤，东部属于丘陵区，多山地丘陵，山地面积约占 80%，地势由东北向西南倾斜，婺源境内有"八分半山一分田，半分水路和庄园"之说。西部接鄱阳湖平原，境内有昌江、乐安河等，水系丰富。在气候方面，该地区属于亚热带季风性湿润气候，全年气候湿润，日照少，雨量充沛，不适合粮食作物的生长，适宜茶、木、竹等经济作物的生长。

赣东北地区的徽派聚落以婺源为中心，包括周边的景德镇地区，靠近安徽一带，受到徽文化的影响，呈现明显徽派建筑风格。赣东北地区与徽州的渊源基于两点，一是婺源原一直隶属于徽州府；二是徽州人到景德镇经商或移民，带来了徽文化。

从行政区划上，婺源自唐朝建县 1100 多年，自古隶属徽州府管辖。在北宋时将歙州改为徽州府，婺源隶属徽州府。直到 1934 年，国民政府将婺源由安徽划到江西。1947 年，婺源划回安徽。1949 年，中国人民解放军二野部队进入县城，宣告婺源县解放，属华东区赣东北行政区，隶属于上饶市。徽州府包括一府、六县，古徽州地区孕育了灿烂的徽文化，婺源县属于徽文化的发源地，所以其建筑

文化体毫无疑问体现的是徽派特征。婺源地区早在先秦时便有人居住，最初是古越人的聚居地。东晋至南宋时期，北方中原人为躲避战乱迁入徽州地区，带来了先进的文化，促进了文化的交流和发展，是婺源传统聚落重要的成形期。南宋到明中叶是婺源社会经济稳定发展时期，也是传统聚落的稳定发展期。明中叶到清中叶在文化经济繁荣鼎盛的社会背景下，婺源传统聚落的发展进入繁荣鼎盛期，清中叶后，逐渐走向衰败[①]。

　　景德镇地区由于相同的地域环境和徽商经济文化上的辐射，再加上当地有很多民宅都是徽商建造的，虽然某些要素上可能有一些变化，呈现出接近赣派建筑的特征，但整体上还是呈现出鲜明的徽派建筑的特征。景德镇地处赣东北，比邻徽州，由于地缘上的优势，是徽州商道的枢纽。当年徽商进入景德镇做生意主要有两条通道，一是通过瑶里的徽州古道进入景德镇，另外一条水路是通过昌江，水路是主要通道。"商之通于徽者，取道有二：一从饶州鄱、浮，一从浙省杭、严"。徽商南下的水路要经过景德镇所在的浮梁县，景德镇是徽州人通往江西入湖广的主要通道。所以景德镇地区与徽州人的交往密切，不仅是徽州商人的驻扎地，还是向其他地方扩散的中转站。除了商业文化的交往，还有一个重要的原因是移民文化，赣东北明清时期是徽商的聚集地，他们移民至此，携带了资金和建筑技术，按照徽州的建筑习俗营建自己的家园。徽商移民成为当地社会的主流成员，景德镇地区徽商的势力大，各行各业都操控在他们手里，到民国初年时，还有 1/3 为徽州人[②]。

　　经济基础是传统聚落形成发展的动力因素，为聚落建设提供了物质基础。徽商是我国最有实力的三大商帮之一，始于宋代，形成于明中叶，在清中前期达到巅峰，雄霸商业 300 余年，积累了雄厚的物质基础，并形成了徽商的独特品格——因儒而商。山多地少的徽州地区，利用已有的资源经商是迫于生存的一种权宜之计。明中叶以后是徽商发展的黄金时代，无论营业人数、活动范围、经营行业与资本，都居全国各商人集团的首位。徽商经营的主要是盐业、典当、木材和茶叶。其中，木材和茶叶是乡土产品，长期稳定，成为徽商的主要经营项目。木商，以婺源人最多，乾隆《婺源县志》记载"婺源贾者率贩木"。茶叶也是婺源重要的商品之一。经商成了徽州人的"第一等生业"，他们的足迹遍布全国，讲求"重诚信，讲道义"的经营之道，获利致富后，回报乡里，热心于修路、架桥、建祠堂、捐建书院等公益性事业。婺源是徽商的发源地，是徽州商帮的重要组成，凭借处于皖、浙、赣三省交界的地理位置优势和丰富的木、竹、茶、瓷土等物产资源，使得婺源商帮实力雄厚，再加上深厚的文化修养和高尚的从商道德，为婺源地区的发展积累了殷实的财富基础。景德镇地区发达的手工业，因盛产瓷器，被誉为

　　① 武启祥，韩林飞，朱连奇．江西婺源古村落空间布局探析［J］．规划师，2010，4：84–89.
　　② 龚静芳．江西徽式民居雕饰艺术特点研究［D］．杭州：浙江农林大学，2010.

瓷都，远销海外。景德镇生产陶瓷的历史悠久，早在汉代景德镇地区就烧制出青瓷器，宋代时景瓷已驰名天下，明清时期奠定了景德镇举世闻名的瓷都地位，工商业非常发达，位居江西四大古镇之首。景德镇地区与经济作物的种植也是一大经济来源。浮梁县茶叶种植和制茶业是一个重要的经济支撑。唐代时浮梁县的茶就已久负盛名，浮梁的瓷器和茶叶发展相互促进，形成规模较大的陶瓷和商品茶的集散基地，在浮梁县和徽州府城之间有一条徽浮古道，为商贸极为繁盛的商贸通道[①]。赣东北的徽派聚落区，明清时期，以农耕经济为主体下情况下，商贾遍天下，经济发达，才得以有实力建造起我们今天看到的精美奢华的深宅大院。

徽文化是一个极具地方特色的区域文化，缔造了辉煌的文明，深刻地影响了人们的价值观念和行为习惯。徽州人注重风水，崇尚人居环境和自然环境的融合，追求天人合一，聚落选址和房屋营建中都少不了"风水"，村落选址、水口营建、街巷布局、商家门向都渗透着风水、阴阳五行的文化内涵，该地区是风水文化负载的杰出地域之一。徽文化中崇尚宗法礼制文化，具有强烈的宗族意识，在封建时期，宗族组织是基层的社会组织，以血缘为基础，聚族而居，宗族的村落形态是主要的居住模式。徽州地区深受程朱理学、儒家礼制思想的影响。朱熹对风水与理之间的看法，使徽州人更笃信风水、尊崇理学。儒家思想的渗透，每个人都严格遵守封建等级制度和道德约束，表现出对家族权力的绝对崇敬和服从。反映在建筑文化上，以伦理道德为核心的儒家观念和儒家礼仪以及由此形成的教化性空间及中轴对称、长幼尊卑的空间序列是民居中最突出的文化特征。徽州自古重视教育，婺源作为朱熹故里，文风昌盛，《婺源乡土志》中记载："号十家村落，亦有讽诵之声"，强调"学而仕则优"，鼓励学子读书进取。商贾表现出"先儒后商""贾而好儒""亦儒亦贾"的特质，他们内心有强烈的读书入仕的情节，大力捐助教育、建设书院，正是徽商促进了教育事业的发展[②]。抚河流域地区与赣东北地区传统聚落形成背景比较可概括如下（表6-3）。

赣东北地区是江西省传统聚落保存三大密集区之一，尤其是婺源地区，传统聚落数量众多，拥有5个国家级历史文化名村：沱川乡理坑村、江湾镇汪口村、思口镇延村、浙源乡虹关村、思口镇思溪村，其他还有清华镇洪村、秋口镇李坑村、秋口镇长径村、江湾镇晓起村、江湾镇江湾村、思口镇西冲村、镇头镇游山村、段莘乡庆源村、浙源乡岭脚村、浙源乡凤山村等中国传统村落。因其山清水秀、粉墙黛瓦、形成清新的水墨画卷和深厚强大的文化基因，被誉为"中国最美

---

① 张文婷.浮梁古村落聚居形态及农耕景观研究［D］.南京：南京农业大学，2012.
② 陈艳.基于空间句法的古村落空间形态研究——以婺源古村落为例［D］.长沙：湖南师范大学，2011.

抚河流域地区与赣东北地区传统聚落形成背景比较   表 6-3

背景 \ 区域		抚河流域地区	赣东北地区
自然地理背景	地形地貌	丘陵山地地区，中部丘陵与河谷盆地相间，地势南高北低，中上游地区属山丘地区，下游属平缓冲积平原区和岗地交织。境内水系发达，以抚河贯通全境	东部属于丘陵区，多山地丘陵，山地面积约占80%，地势由东北向西南倾斜，西部接都阳湖平原，境内有昌江、乐安河等，水系丰富
	气候条件	南方湿润多雨亚热带季风气候区，气候湿润，雨量充沛，光热充足。局部赣抚平原地区，土壤肥沃	属于亚热带季风性湿润气候，全年气候湿润，日照少，雨量充沛，不适合粮食作物的生长，适宜茶、木、竹等经济作物的生长
	区位条件	这一区域对外的交通联系主要有向福建方向的赣闽官道、向北南昌方向与赣江对接，向东南沿海的水陆古道形成一个有机的对外交通网	赣东北位于三省皖、浙、赣三省交界处，有景德镇至徽州府的陆路古道，婺源至徽州府的县际古道，水路方便，景德镇至都阳湖到赣江、抚河再到东南沿海，搭建了交通发达的水路、陆路网
社会人文背景	文化范畴	赣文化	徽文化
	历史文化	注重风水，深受理学思想影响，强调宗族观念	注重天人合一、讲求风水，尊崇理学和儒家礼制思想，宗法意识强烈
	科举教育	临川文化重视教育，文风昌盛。书院蓬勃兴起，文化昌盛，人才鼎盛，在文化上所取得的巨大成就在当时和后世都产生了巨大的影响	文风昌盛，"号十家村落，亦有讽诵之声"，强调"学而仕则优"，鼓励学子读书进取。商贾表现出"先儒后商""贾而好儒""亦儒亦贾"的特质
	经济基础	明清农业、手工业的发展，使得商品经济较为活跃，经济发达，江右商帮对财富的积累，经济富庶的地区	婺源商帮婺源是徽商的发源地，是徽州商帮的重要组成。景德镇的瓷器和茶叶是重要的经济来源，商贸发达，明清时期为江西四大古镇之首

（来源：作者自制）

乡村"。景德镇市的浮梁县的传统聚落，规模大，类型丰富，以瑶里、东埠、严台、磻溪、苍溪、桃墅、游山村为代表，其中瑶里古镇为中国历史文化名镇。浮梁县江村乡严台村、勒功乡沧溪村等被评为中国历史文化名村。赣东北地区的传统聚落保存数量众多，格局完整、自然山水环境优美、人文底蕴深厚，是珍贵的传统文化遗产宝库。

6.2.2　传统聚落形态比较

聚落分布上，赣东北地区由于是山地丘陵，聚落分布稀疏，总体分布呈现较强的线型特点，在河两岸，依水而建，沿河分布，或者沿山谷地带，呈带状分布（图6-2）。大部分聚落以沿河分布为主，少量聚落建在山脚下，除沿河和山脚下其余地方几乎无聚落点分布。抚河流域地区的聚落分布虽有沿河分布的规律，但线型分布的趋势不如赣东北地区明显，整体上呈散点状分布。这本身是由地形所决定的，在抚河流域地区的北部地区多平原岗地，所以在地势稍平坦的地方建村的随机性较大，而赣东北地区的丘陵山地地区，只有沿河谷地势较低的地方建村，才能比较方便的满足人们日常生活需求。

在聚落规模上，聚落规模有大、中、小三种类型，大、中型的沿河分布的较多，而小型聚落一般位于山脚下。以江湾镇的汪口村、下晓起村为例，现有人口1500多人，建筑的占地面积约10万 m^2，属于大型聚落。下晓起村占地面积约6万 m^2，人口有500多人，属于小型聚落。传统聚落之间的距离多为5～8km[①]，这是一个形成有效的资源配置，又不互相干扰的适宜距离。抚河流域地区的传统聚落规模以中小型为主，在密集区，两者的间距仅有不足半公里距离，所以从资源配置的角度，多小型聚落。

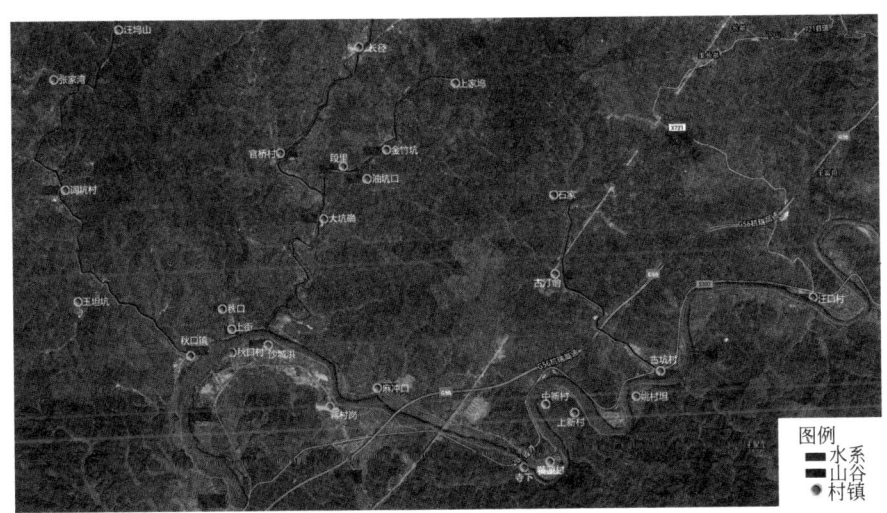

图6-2　赣东北地区聚落线状分布图

（来源：根据谷歌截图改绘）

徽派聚落崇尚天人合一，这和他们本身所处的地理环境是分不开的，"无山无水不成居"，与自然环境的完美契合，是时代积累起来的营建智慧的结晶。聚落与水系的关系上，赣东北地区徽派聚落与水系结合更为紧密，其选址脱离不了水环境，把水系看作是村落发展的生命线。聚落的形态为一河两岸、沿河带状，

---

① 武启祥，韩林飞，朱连奇，陈方杰.江西婺源古村落空间布局探析［J］.规划师，2010，4：84-89.

腰带水团状等几种，还有位于反弓水的位置呈团状或带状（图6-3）。处于风水学的角度，腰带水的地理位置要比反弓水吉利，所以相对而言，还是处于腰带水位置的聚落数量较多。赣东北徽派聚落与水的关系较为亲近，有的甚至是沿河而建，形成一河两岸的布局，平行于溪流的商业街，夹溪而建的传统聚落，房屋建在溪水岸边，如果是商业街，则设店面作坊，如无商业的沿河则是住居空间。整体上赣东北地区的徽派聚落与水系契合的聚落形态更为丰富。赣东北地区徽派聚落形态主要有平地舒展型和岗地起伏型，平地型聚落位于水系冲积型的平地地区，岗地型一般是背山面水，位于山脚下，前后有几米的高差。在对山水环境的契合上，自然风景的优美程度上，赣东北徽派聚落比抚河流域地区传统聚落更胜一筹，这本身也是由地理环境所决定的。

(a) 汪口村(腰带水团状)

(b) 前坦外村(反弓水团状)

(c) 木杭村(沿河而布带状)

(d) 李坑村(夹溪而建Y字形)

图6-3   赣东北地区徽派聚落与水系的布局关系

（来源：谷歌地图）

在聚落肌理上，赣东北徽派派聚落由于"地狭民稠"，建筑用地紧张，规划布局严整紧凑，房屋连片。路网结构以纵横交错型为主（图6-4），一般以垂直于房屋而建的横向街道为主街，而顺院落而建的巷道为次级道路。汪口村一条横街为主轴，东西向全长 670m 的主要街——官路正街，石板铺地，两侧为商铺，曾盛极一时，18 条小巷由河岸纵向延伸到后山，道路的组织模式是巷道垂直于等高线，横向的街道平行于等高线。抚河流域地区的传统聚落由于形似的社会自然背景，同样地狭人稠，在经济条件较好的聚落，道路房屋建设经过统一规划，布局严整，下图为赣东北地区的理坑村和抚河流域地区的石邮村的聚落肌理对比（图 6-5）。赣东北徽派聚落巷道空间的宽高比（*D/H*）约 0.2 ~ 0.5，给人压抑、逼仄的感觉，但高低起伏的马头墙丰富了街巷的天际线，石板铺砌，两侧山墙很少开窗，偶尔有几个面积很小的高窗，形成封闭性强，对外来者起到很强的防备作用。抚河流域地区的传统聚落也是以高墙窄巷的巷道特征为主，但高耸、逼仄、封闭性要比徽派聚落稍弱。

在传统聚落的组成元素中，赣东北徽派聚落村中一般无水塘，而临溪较近，

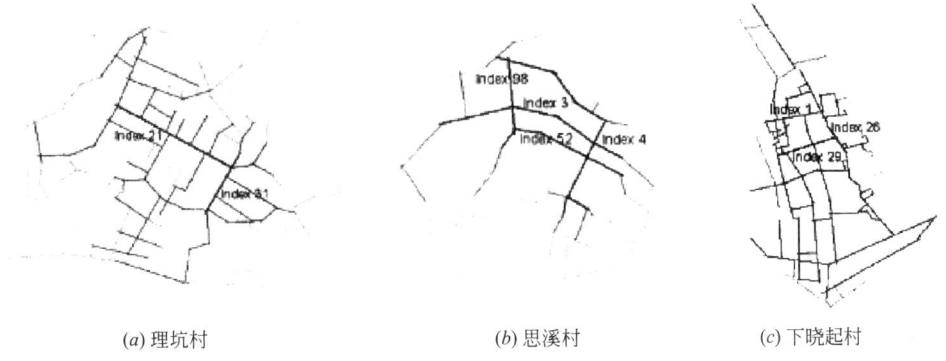

(a) 理坑村　　　　　　　(b) 思溪村　　　　　　　(c) 下晓起村

图 6-4　赣东北地区徽派聚落的街巷肌理[①]

（来源：陈艳. 基于空间句法的古村落空间形态研究——以婺源古村落为例［D］. 长沙：湖南师范大学，2011.）

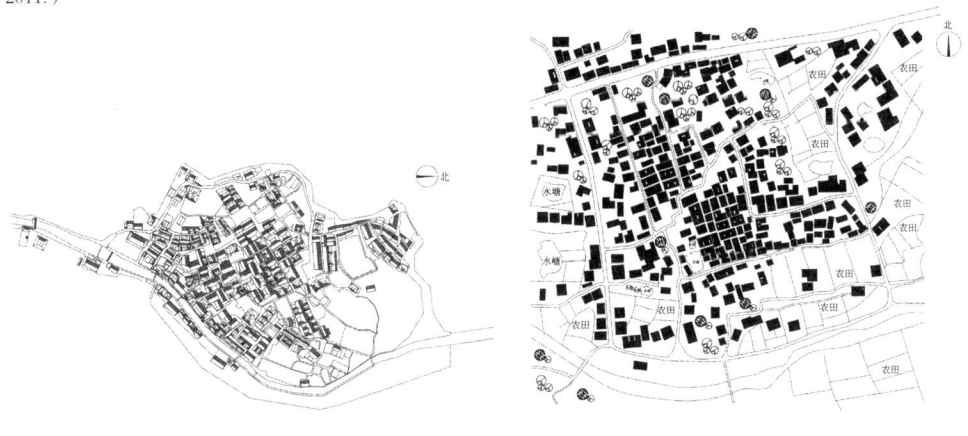

(a) 赣东北婺源理坑村　　　　　　　(b) 抚河流域地区南丰石邮村

图 6-5　赣东北地区徽派聚落与抚河流域地区赣派聚落肌理对比

（来源：作者自绘）

形成丰富灵动的水巷空间（图6-6）。水塘是抚河流域地区传统聚落中重要的组成元素，通常村前有水塘，村内也有数口塘，村内外水塘嵌绕，形成虚实相衬的滨塘空间。相比之下，赣东北的水巷空间的活力要比抚河流域地区传统聚落中的滨塘空间更富有活力。

赣东北徽派聚落和抚河流域地区传统聚落由于地形、人文因素的影响，在平面形状上都呈现带型、团型、放射型的形态（图6-7）。

(a) 赣东北理坑村水巷空间　　　　　　　(b) 抚河流域地区北坑村滨塘空间

图6-6　水巷空间和滨塘空间

（来源：作者自摄）

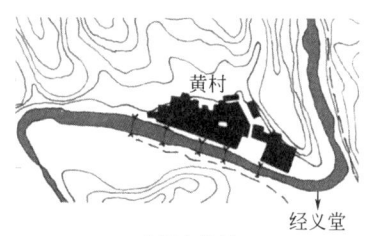  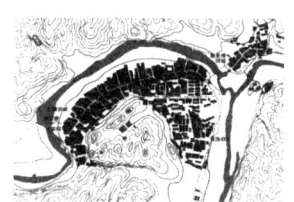

古坦乡黄村　　　　　　　浙源乡凤山村　　　　　　　清华镇

(a) 赣东北徽派聚落

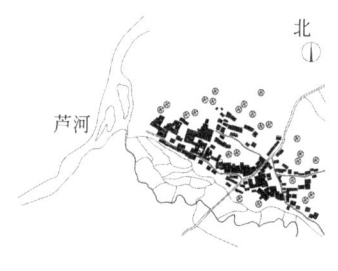  

石门乡靖思村　　　　　　　鹏田乡陈坊村　　　　　　　合市镇全坊村

(b) 抚河流域赣派聚落

图6-7　传统聚落平面形状图

（来源：（a）陈志华，李秋香.婺源［M］.北京：清华大学出版社，2010.（b）作者自绘）

　　在节点设置上，主要指影响整个聚落风水布局的水口和影响聚落结构的祠堂。赣东北地区聚落对于水口的营建比抚河流域地区的聚落更为重视和强调，这是更为讲究风水聚气、理势的结果。水口是村落的命脉，所以将其作为重要的聚落节点处理。水口将自然景观要素结合人工构筑物桥、亭、塔等，形成丰富的空间层次，成为村中重要的标志。水口一般选在两岸有山"关锁"的地方，两岸的山一般叫狮山和象山。沱川乡的理坑村背山面水，背后三面环山，前面的理源溪环绕，理坑村水口位于村落西南老树浓密的狮山、象山锁住的山谷口之中，犹如"狮象把门"，为了聚气锁势，水口建筑群筑有理源桥、文笔、文昌阁、天杆等，形成完整的"五行"格局，现仅存理源桥。抚河流域地区的传统聚落也设水口，但对水口营建的重视程度不及赣东北徽派聚落，通常的做法是在村口立庙和古树。祠堂建筑的位置上，赣东北徽派地区村村有总祠，大多数位于村头，少数在村尾或其他位置。祠堂是最高的空间等级，关乎宗族的命脉，在宗族中有不成文的规定：祠堂周围的房屋方向不可与其相背，祠堂对周围建筑的朝向起着至关重要的控制作用①。抚河流域地区的传统聚落的总祠位于村中，而宗祠位于村头，或村尾其他位置，祠堂的场所影响力比徽州地区要弱一些。

　　抚河流域地区赣派聚落和赣东北徽派聚落的总体比较情况如下（表6-4）。

抚河流域地区赣派聚落与赣东北地区徽派聚落比较　　　　　表6-4

	共性	差异性
抚河流域地区赣派聚落和赣东北地区徽派聚落比较	1. 选址与营建注重风水，讲求天人合一。 2. 房屋、街巷、节点具有强烈的人为规划意识。 3. 聚落形态有平地舒展型和丘陵起伏型。 4. 聚落肌理多为紧凑型，部分聚落路网为横纵交错型。 5. 聚落的平面形态有带型、团型、放射形等。 6. 聚落的街巷空间形态共同呈现高墙深巷的特征。 7. 聚落内外设计有完善的排水系统	1. 整体分布上，徽派聚落呈现较强的带型，赣派聚落为散点网状。 2. 聚落规模上，徽派聚落有大、中、小型聚落分布均衡，赣派聚落以中小型聚落为主。 3. 在聚落布局上，徽派聚落与水系关系更为密切，在街巷的布置上，徽派聚落多充满灵动感的水巷空间。赣东北徽派聚落一般临水，村内几乎无水塘，抚河流域地区的传统聚落内外多水塘嵌绕。 4. 在节点设置上，徽派聚落比赣派聚落更重视水口的营建，通常建有庙宇、牌坊、文昌阁等建筑

（来源：作者自制）

6.2.3　传统建筑形态比较

1. 抚河流域地区赣派建筑与赣东北徽派建筑的共性

　　（1）建筑平面布局：抚河流域地区赣派建筑与赣东北徽派建筑都是以天井

---

① 段进等.空间研究4：世界文化遗产宏村古村落空间解析［M］.南京：东南大学出版社，2009：44.

式布局，以天井作为院落的核心空间纵向和横向组合各个厅堂和厢房，中轴对称，布局严谨紧凑，表现出四水归堂的理念，同时强化了空间的秩序性，深受传统儒家礼制思想的影响。整体平面上布局方正，天井狭长。

（2）建筑造型：两个地区传统建筑墙体高耸，抚河流域地区临川周围与徽派建筑一样外观方正，入口有多采用门罩式，门楼式。马头墙是赣派和徽派建筑共有的建筑元素，马头墙是徽派建筑的典型元素，抚河流域地区的马头墙的造型以南城和广昌地区表现比较突出。

（3）建筑结构：两个地区都是砖木结构，木结构承重体系，穿斗式构架为主，墙体起到围护作用。祠堂建筑则正贴梁架采用插梁式，以扩大室内空间。

（4）建筑装饰：两个地区的传统建筑都体现了高超的建筑工艺，尤其是雕刻艺术精湛，砖雕、石雕、木雕都达到了很高的艺术水平。

（5）建筑类型：建筑类型丰富多样，除祠堂、庙宇、戏台等公共建筑，由于这两个地区共同的崇文重教和经商的社会文化背景，反映在建筑上，留有精致的商宅大院、大夫第，学而仕退休后回归故里建的气派的官厅、州司马第、尚书第、翰林第等名人宅第。

（6）建筑气质：墙体高耸，四面围合，墙上基本不开窗，或开高窗，整体上呈现较强的封闭气质。

2. 抚河流域地区传统建与赣东北徽派建筑的差异性

（1）平面布局：两个地区的传统建筑虽都是以天井在组织各个房间，但布局和功能上有差别。赣东北徽派民居正堂三间左右添加夹弄，其中之一设楼梯，以便通向二楼。在建筑的布局上更强调女眷的活动空间，由于徽州是程朱理学之乡，而婺源又是"朱子阙里"，礼法更严。正房明间设太师壁，壁前为前堂，是待客，全家人活动的中心。壁后为后堂，日常起居之所。正房次间和厢房之间有一段过道，称之为"退步"。正房两侧的夹弄其中不设楼梯的一侧，便是用来连通"退步"和后堂的。当前堂来客时，便于女眷回避。卧室、退步、夹弄、后堂是古时小姐们的活动空间[①]。相比之下，抚河流域地区传统建筑在平面布局上没重点强调女性空间，布局相对简单，无夹弄，正屋一明两暗，两次间为卧室，明间设太师壁，分前堂和后堂。

（2）建筑外观：徽派民居有白灰粉饰，为粉墙黛瓦。赣东北徽派建筑从屋檐下到墙基处通体用白灰粉饰，以白、黑色调为主，掩映在青山绿水中，呈现清新淡雅的色彩。抚河流域地区赣派民居为清水砖墙，青砖黑瓦，表现出建筑本身的质感，以灰色调为主，朴素雅致，与自然环境更为协调（图6-8）。

（3）建筑结构：赣东北徽派建筑是"楼居"建筑模式，二层住人，所以大

① 陈志华，李秋香.婺源［M］，北京：清华大学出版社，2010.

(a) 赣东北理坑村　　　　　　　　　　(b) 抚河流域地区珊珂

图 6-8　赣东北徽派建筑与抚河流域地区赣派建筑外观比较

（来源：作者自摄）

多数建筑都有两层，甚至是三层。由于要承受更多的重量，所以楼楞下设置用材较大的月梁，以承楼面上的荷载。抚河流域地区赣派传统建筑多是一层，宜黄地区有的建筑有两层，上设阁楼，由于阁楼不住人，只做储藏空间，所以楼楞用方形或圆形，没有太多的力学功能的要求。从室内看不到顶部的梁架，多以梁架大多制作较为简陋，粗糙，不太讲究。而不设阁楼，敞开的梁架则制作精良。

（4）祠堂建筑形制：祠堂多是三间或五间两进式，包括门厅、享堂和寝堂三部分，平面布局规整（图 6-9）[1]，但徽派地区的祠堂入口五凤门楼式，重檐翘角，造型华丽夸张，与普通民居有明显区别。而抚河流域地区传统聚落中祠堂建筑入

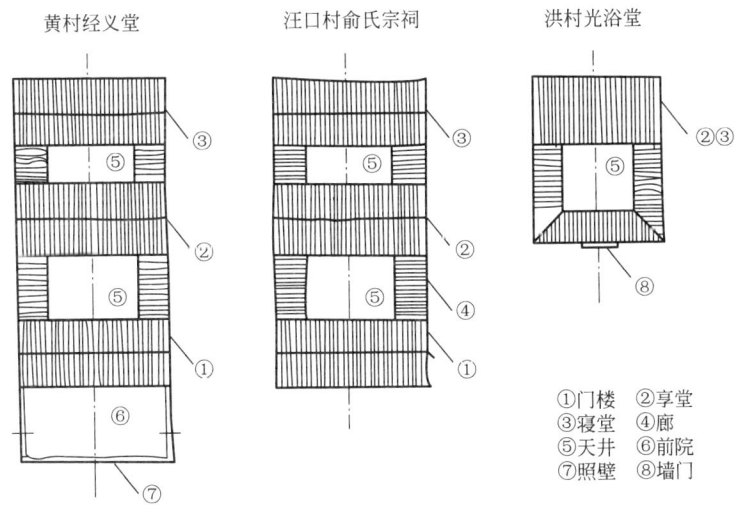

图 6-9　典型祠堂布局示意图

（来源：陈志华，李秋香．婺源［M］．北京：清华大学出版社，2010．）

---

[1]　陈志华、李秋香．婺源［M］．北京：清华大学出版社，2010．

口与普通民居没有显著差别，有门罩式门廊式等，入口低调，不张扬，不及徽派的祠堂建筑有强大的气场（图6-10）。平面布局上与抚河流域地区赣派的祠堂布局类似，天井比普通民宅要尺度要开阔，近似方形。

婺源汪口村俞氏宗祠   抚河流域地区崇麓村邹氏祠堂

图6-10   赣东北地区徽派祠堂与抚河流域地区赣派祠堂

（来源：作者自摄）

（5）建筑装饰：两个地区的建筑装饰艺术包括砖雕、石雕和木雕三雕工艺都达到了很高的水平，但相比较而言，赣东北徽派建筑的木雕的工艺更盛一筹，而抚河流域地区赣派建筑的石雕艺术则更精致生动（图6-11）。这是由于赣东

(a) 赣东北地区木雕

(b) 抚河流域地区石雕

图6-11   赣东北地区木雕和抚河流域地区石雕

（来源：作者自摄）

北地区拥有丰富的木材资源，同时有就有高超的雕刻技艺。木雕在赣东北徽派建筑中分布广泛，包括桌椅、床罩、门窗、隔扇、梁架等所用木材之处几乎是无处不雕，以山水、人物故事、动植物花卉等为题材，雕刻出富有吉祥寓意的图案，采用镂空雕、高浮雕等雕刻技法，生动的刻画出一幅幅美轮美奂的画面。抚河流域地区赣派建筑中的石雕艺术发挥到了极致，门楣、石窗、墙裙、柱础石等石构件上，饱满生动地刻画了各种各样的图案，线条流畅，细腻圆润，镂空雕、浅浮雕、高浮雕等混合运用，塑造出丰富的层次和强烈的空间感。

（6）建筑类型：除了普通居住、礼制祭祀建筑外，赣东北徽派建筑和抚河流域地区赣派建筑都注重文化建筑的建造，包括书院、藏书楼等，然而在赣东北徽派建筑中文峰塔、文昌阁、文笔等祈求文风昌运的建筑要比抚河流域地区赣派建筑要多。这一类型的建筑为了振兴文运而建，通常立于水口。光绪《婺源县志》记载有13座文昌阁，但远远不止这些，历史上可能几乎村村水口都建。目前现存的有凤山村水口处的文峰塔，是目前婺源县仅存的一处（图6-12）。在清中后期，赣东北婺源一带流行建文峰塔等这一类建筑来祈求文运是与当时的社会文化背景息息相关的。婺源在宋代时科举文化发达，考取功名人数有317人。明代时虽有所减少，仍有113人，到清代只有87人了[①]。整体的文化影响力，考取功名的人数呈下降趋势。这是由于该地区大量人口外流，从事商业，关注学术和科名的人减少造成的。基于这样的社会背景，为了重振之前的辉煌举业，清中后期纷纷建文峰塔等祈愿。

（7）明代建筑保存状况：抚河流域地区明代建筑的保存状况相对赣东北地区徽派聚落要好。由于免于战争的破坏和历史的因素，抚河流域地区至今保存有大量的明代建筑，仅金溪县乌墩塘一个村落所保存的明代建筑就有10余栋，且成片集中保存的明代建筑，其规模和完整程度令人震撼，其他附近的村落都有明代建筑分布，尤其是明代的祠堂、牌坊较为典型。赣东北地区在明

图6-12 凤山村水口处的文峰塔

---

① 朱保炯，谢沛霖，明清进士题名碑录［M］.上海：上海古籍出版社，1979.

清易代时经历了一次大规模的破坏，在太平天国时期又遭到一次惨烈的破坏。婺源地区是太平军战争最长期反复的地区之一。从清咸丰五年（1855 年），到同治元年（1862 年）期间，县志中类似"焚杀甚重""民居焚烧殆尽""焚民居三十余家"等这样的记载连篇累牍。由此可见在这场战争给婺源地区的传统建筑带来了深重的灾难，大部分民宅焚毁。经过惨重的破坏，到了清末，乡村已星罗棋布，人们再一次重建了家园。所以历经战乱，乡土建筑几毁几兴，明代建筑大部分被毁，所剩寥寥无几[①]。

下表中将赣东北地区和抚河流域地区的传统民宅做一个比较分析（表 6-5），并对这两个地区的传统建筑的对比情况进行总结（表 6-6）。

赣东北地区和抚河流域地区传统民宅对比　　　　　　　　　　表 6-5

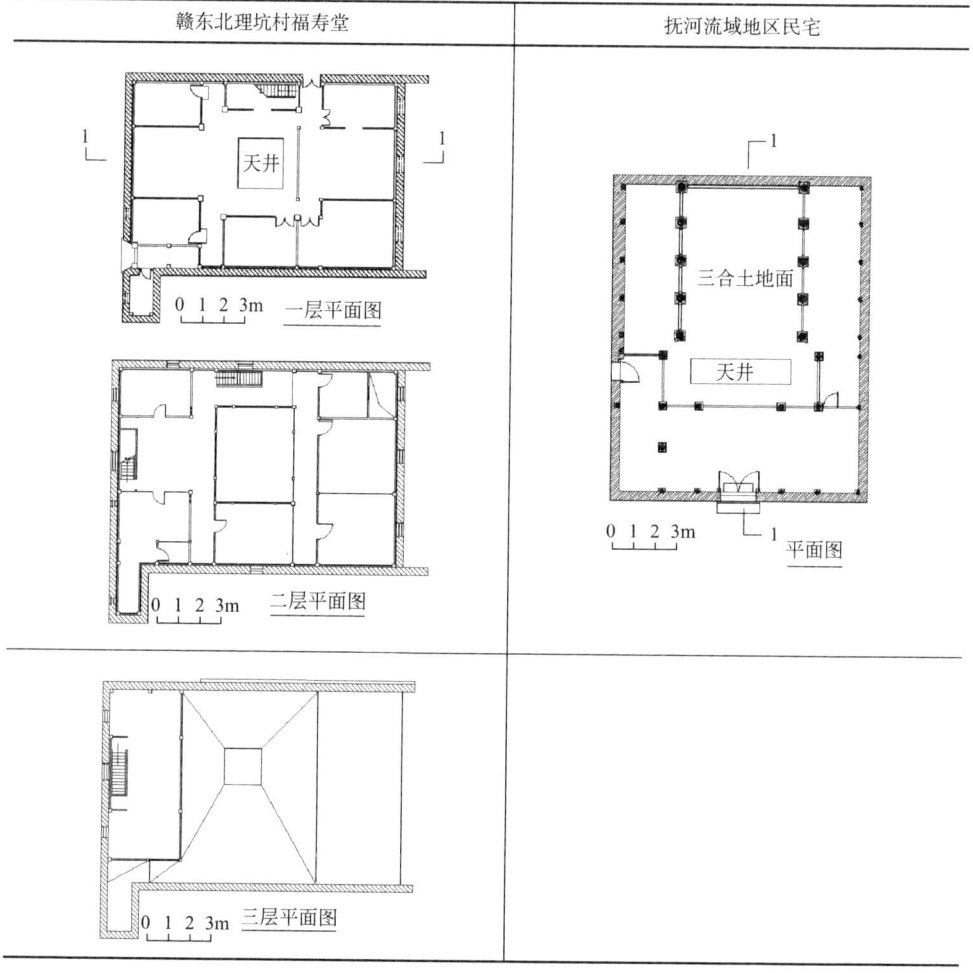

_____

① 陈志华，李秋香.婺源［M］.北京：清华大学出版社，2010：17.

续表

赣东北理坑村福寿堂	抚河流域地区民宅
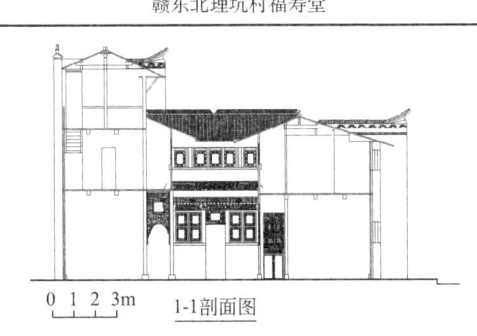 0 1 2 3m　1-1剖面图	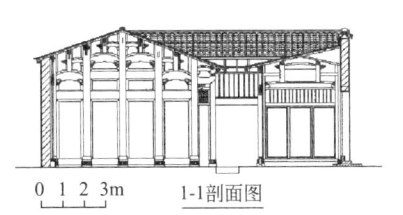 0 1 2 3m　1-1剖面图
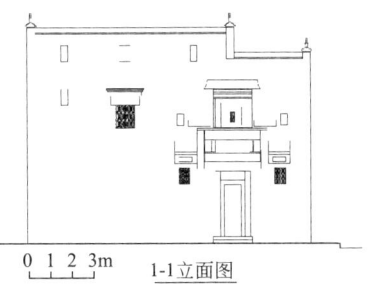 0 1 2 3m　1-1立面图	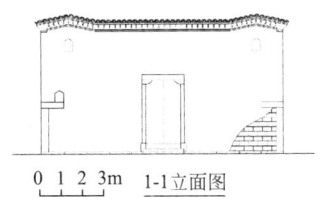 0 1 2 3m　1-1立面图
赣东北徽派民居为天井式布局，在功能布局上更强调女性空间，设"退步"。建筑层数有二、三层，二楼住人，属"楼居"模式。建筑的山墙为马头墙，高高低低的马头墙组合，建筑轮廓丰富。外墙立面用白灰粉饰，少开窗，其总体的特征为"黛瓦、粉墙、深井"。建筑结构上多为穿斗式，屋架制作精良。注重建筑装饰，尤其是木雕艺术发达。建筑整体上呈现较强的封闭性气质	临川的赣派民居以天井式为主，平面布局方正，在平面功能布局上，较为简单明了，中间为厅堂，两侧为卧室，不及徽派建筑强调女性空间。建筑多为一层，即使是二层，其上为阁楼，为仓储空间，不住人。建筑造型平直轮廓，或鞍形山墙，部分为马头墙形式。清水砖墙，不粉饰，这是在外观上与徽派建筑最大的差别。建筑结构多为穿斗式。虽整体上也体现出其封闭的气质，但封闭性不及徽派建筑强烈

（来源：作者自制）

抚河流域地区与赣东北地区传统建筑比较　　　表6-6

	共性	差异性
抚河流域地区和赣东北地区传统建筑比较	1. 平面布局以天井式为主，中轴对称，天井狭长。 2. 砖木构架，以木结构承重为主，多为穿斗式。 3. 建筑工艺高超，装饰精美。 4. 建筑类型丰富，尤其是注重礼制坛庙建筑。 5. 建筑气质上呈现较强的封闭性	1. 徽派传统建筑更注重女性空间。 2. 抚河流域地区以清水砖墙为主，而徽派建筑粉墙。 3. 抚河流域地区多为一层或二层，其上为仓储空间。徽派建筑为楼居式。 4. 徽派的祠堂建筑立面造型夸张、张扬，具有较强的识别性和凝聚力。 5. 抚河流域地区石雕和砖雕精美，而徽派建筑木雕更出众。 6. 抚河流域地区保存的明代建筑数量相对较多

（来源：作者自制）

6.3　与赣江流域吉安地区聚落比较

　　吉安地区位于江西省的中部，抚州地区的西部，赣江中游的吉泰盆地，是庐陵文化的发源地和庐陵文化圈的中心区域。之所以选择抚河流域地区的传统聚落与吉安地区进行比较基于以下三点：

　　（1）从流域的角度来讲，本书研究的地域范围为抚河流域地区，抚河是江西省的第二大河。吉安地区地处赣江中游，赣江是江西的第一大河，是历史上贯通南北的交通大动脉。抚河流域地区的传统聚落和赣江流域吉安地区的传统聚落都具有鲜明的地域性。

　　（2）从文化圈的角度，吉安地区是庐陵文化圈，抚州地区是临川文化圈，这两大文化是江右文化的共同支柱，缔造了辉煌灿烂的江右文化。临川与庐陵一衣带水，历史上下属郡县的关系曾相互交叉，人民交往频繁，商贸往来密切，两地文化学者有深入的交流，两地文化相互依存，是区域文化交流的楷模。

　　（3）吉安地区和抚州地区都属于赣中地区，这两大区域的传统聚落不同于赣东北的徽派聚落和赣南的客家围屋，都属于赣派聚落，是赣派聚落的典型代表，同时又由于这两大地区的传统聚落在聚落的布局和建筑形态方面又有独特的区域性。所以将抚河流域地区的传统聚落与吉安地区相比较，有助于进一步挖掘区域聚落的独特性，有助于更进一步准确定位赣派聚落的特征。

6.3.1　生成背景比较

　　吉安，古称庐陵、吉州，位于江西省中部，罗霄山脉的中段，赣江中游，东邻抚州市，南连赣州市，北与宜春、丰城接壤。本书研究的吉安地区的传统聚落主要指能体现赣中聚落特色的区域，包括吉安市的吉州区、青原区和吉安县、泰和县、吉水县、莲花县等以吉安中心的县区。就地理位置而言，吉安地区扼湖南、江西两省的咽喉通道，上溯赣江可达闽粤，下可到鄱阳湖与长江相连，占有重要的地理位置，为商贸和文化的交流发展提供了有利条件。

　　在自然地理背景方面，该地区属于以山地丘陵为主，但吉水、泰和、吉安等县处于吉泰盆地，地势相对平坦，周围山脉逶迤，西有罗霄山脉，东侧大王山，背面有一缺口与赣抚平原交接。境内河网密布，赣江为主轴，大小28条支流汇入，水资源丰富。在气候方面，属于亚热带季风湿润性气候，冬冷夏热，雨量充沛。土地资源肥沃，为传统的农业生成提供了有利的条件。

　　吉安地区历史源远流长，在秦朝时便设庐陵县，东汉时，孙策分豫章郡置庐陵郡。宋代时，吉州庐陵郡领庐陵、吉水、安福、太和、龙泉、永新、永丰、万安 8 县。元代时改为吉安路。明清时期设吉安府，领庐陵、泰和、吉水、永丰、安福、龙泉、万安、永新、永宁 9 县。清初沿明制，乾隆八年（1743 年），析永新、安福地置莲花厅，吉安府辖 9 县 1 厅，直到清末。吉安素有"江南望郡""金庐陵""吉州福地""文章节义之邦"的美誉，是孕育庐陵文化的人文故郡。之所以称之为庐陵文化，是因为庐陵作为行政区划的名称长时间存在于历史中。庐陵文化的发展，经历了两个高峰期，一个是宋代，一个在明代，尤其是宋代庐陵文化的发达程度达到了顶峰，庐陵文化的在中国文化的发展史上占有重要地位，在一定时期内是民族先进文化的代表。在江西，则是江右文化的重要支柱之一。在庐陵文化的浸润下，产生了一批历史文化名人，如文坛宗师欧阳修、爱国重臣文天祥、宋代诗人杨万里、明代哲学家罗钦顺等一大批彪炳史册的文化名人。

庐陵文化以"三千进士冠华夏，文章节义堆花香"而著称于世。庐陵文化最显著的特征是崇文重教，科举兴盛。从隋至清开科考试的 1000 多年，庐陵地区考取的进士近 3000 名，而文化发达的苏州只 1771 人，就一个州府而言，是全国最多的。不但有考取天下第一多的进士和数量众多的状元，而且在明代建文二年（1400 年）庚辰科和永乐二年（1404 年）甲申科中鼎甲 3 人均为吉安人，这种"团体双连冠"现象在中国科举史上绝无仅有，因而吉安有"一门九进士，父子探花状元，叔侄榜眼探花，隔河两宰相，五里三状元，九子十知州，十里九布政，百步两尚书"的美誉。

在历史上几次大规模的北民南迁，庐陵地区吸收了先进的中原文化，以吉泰盆地为中心的庐陵地区在经济和文化上迅速崛起。尤其是在宋代，成为农业发达的地区，吉泰盆地成为江南粮仓，有了发达的农业基础，为手工业、商业的发展奠定了基础，以吉州窑为代表的陶瓷名满江南，有了一定的物质积累，明初吉安的商品经济发展迅速，外出经商的商人数量众多，构成了有名的"吉安帮"，吉安帮是江右商帮的重要组成部分[①]。庐陵地处赣江中游，交通便利，生产发展，经济繁荣，得益于赣江这条便利的水上交通线路，历史上中原人入粤，主要经过赣江，促进了庐陵文化、中原文化及岭南文化的交流。自隋唐以后，吉安地区人口不断增长，农业、手工业和商业的发展，为社会发展提供了丰厚的物质基础，沉淀出以书院文化、宗教文化、农耕文化、手工业文化、商贾文化等为主的厚重的庐陵文化，成为江右文化的重要支柱，在中国文明的发展进程史上占有相当重要的历史地位。

抚河流域地区创造了灿烂的临川文化，吉安地区缔造了辉煌的庐陵文化，且两者在自然地理和人文背景上有很多共同之处。由于本书在第 2 章中对抚河流域

---

① 杨小东. 庐陵状元文化研究［D］. 武汉：武汉大学，2013.

地区聚落的生成背景作了详细的介绍，故以表的形式对抚河流域地区的传统聚落和吉安地区的传统聚落的生成背景做一个对比（表6-7）。

抚河流域地区和吉安地区有如此深厚的文化底蕴和雄厚的物质基础背景，至今我们仍可以从大量保存完好的传统聚落中品读出厚重的历史人文信息。吉安地区的传统聚落数量众多，其中保存较为集中的是吉安市，有9个国家级历史文化名村，25个省级历史文化名村，位居全省前列。国家级历史文化名村有青原区文陂乡渼陂村、吉水县金滩镇燕坊村、吉安市富田镇陂下村、吉安市吉州区兴桥镇钓源村、吉安市青原区富田镇匡田村、吉水县金滩镇桑园村、安福县洲湖镇塘边村、峡江县水边镇湖州村、峡江县巴邱镇、峡江县水边镇何君村、峡江县水边

抚河流域地区和赣江流域吉安地区传统聚落生成背景比较　　　　表6-7

背景 ＼ 区域		抚河流域地区	赣江流域吉安地区
自然地理背景	地形地貌	丘陵山地地区，中部丘陵与河谷盆地相间，地势南高北低，中上游地区属山丘地区，下游属平缓冲积平原区和岗地交织。境内水系发达，以抚河贯通全境	西有罗霄山脉，东侧大王山，背面有一缺口与赣抚平原交接。地形山地丘陵为主，吉水、泰和、吉安等县处于吉泰盆地，地势相对平坦。境内河网密布，赣江为主轴
	气候条件	南方湿润多雨亚热带季风气候区，气候湿润，雨量充沛，光热充足。赣抚平原地区，土壤肥沃	亚热带季风湿润性气候，冬冷夏热，雨量充沛。土地资源肥沃，为传统的农业生成提供了有利的条件
	区位条件	这一区域对外的交通联系主要有向福建方向的赣闽官道、向北南昌方向与赣江对接，向东南沿海的水陆古道形成一个有机的对外交通网	吉安地区扼湖南、江西两省的咽喉通道，上溯赣江可达闽粤，下可到鄱阳湖与长江相连，占有重要的地理位置，为商贸和文化的交流发展提供了有利条件
社会人文背景	文化范畴	临川文化，著名的才子之乡	庐陵文化，以文章节义之帮享誉全国
	历史名人	晏殊、汤显祖、王安石、曾巩、陆九渊等	欧阳修、颜真卿、文天祥、解缙、罗钦顺等
	科举教育	临川文化重视教育，文风昌盛。书院蓬勃兴起，文化昌盛，人才鼎盛，在文化上所取得的巨大成就在当时和后世都产生了巨大的影响	庐陵文化最显著的特征是崇文重教，科举兴盛。以"三千进士冠华夏，文章节义堆花香"而著称于世
	经济基础	明清农业、手工业的发展，使得商品经济较为活跃，经济发达，江右商帮的对财富的积累，经济富庶的地区	农业发达，吉泰盆地成为江南粮仓，有了发达的农业基础，为手工业、商业的发展奠定了基础，吉安商帮是江右商帮的重要组成部分
	文化交流	与客家文化、闽粤、岭南文化交流	与客家文化、闽文化的交流

（来源：作者自制）

镇沂溪村、安福县洋门乡上街村、吉安县敦厚镇圳头村、吉安县横江镇公塘村等。除此之外，还有一大批风貌完好，格局尚存的传统聚落，可谓是传统聚落的文化宝藏，是庐陵文化的沉淀和历史的见证。抚河流域地区保存完好的聚落以国家级历史文化名村竹桥和东源为代表，尤其是在金溪地区传统聚落保存数量之多，分布之密集堪称传统聚落的博物馆，是历史上人文昌盛、经济发达的见证，是临川文化的物质载体。

两个地区具有相似的深厚文化背景和曾经发达的经济基础，均处于重要的水系交通要道，在文化交流上有所偏重。聚落整体上均呈现人文规划的秩序感，高尚的文化品质和尊礼重族的社会风尚。但由于微观上地理环境的不同和区域的生活习俗、社会文化上的差异，使得这两个地区的聚落形态存在一些鲜明的差异。

6.3.2　传统聚落形态比较

1. 抚河流域地区传统聚落与吉安地区传统聚落空形态的共性

1）聚落的选址与营建注重风水

江西是风水学中理形派的发源地，所以在聚落和建筑的选址、朝向，营建中极其注重风水。风水在聚落营建中发挥重要作用，不仅聚落的选址、形态、朝向会考虑风水因素，周围的山脉、河流、树木也是构成元素。风水学中认为水能够"载气纳气"，抚河流域地区和吉安地区的传统聚落都采用了人工处理的方式，达到了风水中理想的藏水纳气、天人合一的环境。以抚河流域地区的南城临坊村和吉安地区兴桥镇的钓源村为例，临坊村的整体聚落形态为"七星伴月"和"三关一锁"，钓源村形成"三门两锁"的意向。临坊村"七星伴月"指的是村中的七口水塘为七星，建成的带形人工聚落环境为月。"三关一锁"是村四周建有三个关口，分别建有门楼，其中东侧古道通向外面的地方也建一门楼称之为"锁"，为了锁住"气"。风水学上讲村内的水流来水要旺，去水缓慢，便于利用，可以留财。下水口要建桥、亭、塔等，或者有大树增加锁阴气势。钓源村十分重视水口的处理。在上水口设天门，有元化观镇守，可惜已经不存了。下水口低洼的处，钓源人建起三道人工堤，便在人工堤后面建一座寺和一座塔，形成"三门两锁"，使得向外流出的水有序流动，挡住了财气外泄[①]。

2）聚落的布局呈现精心规划、统一组织

在抚河流域地区和吉安地区，发育饱满，曾经发达的传统聚落其选址营建都是经过了统一的规划和布局，路网结构清晰，建筑布置有序，空间退让有度，水系和人工环境的有机结合，不管是在大的与自然环境的契合、整体布局上，还是

---

① 丁功谊，李梦星.钓源古村的建筑文化特征［J］.井冈山大学学报：社会科学版，2014，5：123-128.

在节点和细节的处理上都可以发现强烈的人工规划的痕迹。抚河流域地区和吉安地区的传统聚落都有部分形成村堡式，一方面是财富实力的象征，另一方面从聚落形态上，这些聚落有清晰的边界，内部规划秩序井然。抚河流域地区的以金溪的东源村和竹桥村为例，前文有介绍，在此不再赘述。吉安地区的村堡式聚落以双元村和燕坊村为例。双元村四周有长达4-5里的护村墙和护村河，整个村子有一前一后两个门，规划有序。燕坊村古建筑群规划整齐，布局合理，整个村落处于村墙、护村河的环抱之中，各巷道均为青石板、红石板或鹅卵石铺成，屋内描金绘凤，精雕细刻，字画满堂，折射出明清时期建筑建筑风貌。

3）注重水系空间在整个聚落形态中发挥的作用

由于这两个地区水系发达，加上风水观念的影响，在聚落中自然少不了"理水"，一方面在意向和风水学中追求心理的慰藉，另一方面是满足生活需求，具有实际功能上的意义。这两个聚落的选址往往沿河而布，村内水塘嵌绕，形成丰富的滨水景观。水塘在聚落形态中具有美好意向，如渼陂村的28口水塘形成"二十八星宿"，而在竹桥村中的7口水塘则形成"七星伴月"之势。聚落中不但引水，还要排水。街巷用青石板或鹅卵石铺地，两侧有完整的排水系统。排水系统统一规划，合理布局，保证千年不涝。传统聚落因地制宜，前低后高，雨水通过纵横交错、明暗结构的排水将水排到水塘或者河中。

4）聚落形态中呈现出较高的文化品质和审美追求

这两个地区历史上都有深厚的文化背景和雄厚的经济基础，我们从商宅大院、气势恢宏的建筑中便可感受。官宦志仕，人才辈出，建筑具有极高的文化品位，从建筑的门额题字，诗文绘画中可见一斑。聚落整体形态天人合一，建筑造型多样，建筑色彩和谐统一，建筑细节装饰精致美观，体现出古人较高的审美需求。尤其是从精美绝伦的砖雕、石雕及梁、枋、隔扇、雀替、藻井等木构架中细致圆润的木雕、金碧辉煌的鎏金彩绘、素雅飘逸的墨绘中，不但体现出高超的建筑工艺，同时也展现了古人崇尚艺术的追求。

2. 抚河流域地区传统聚落与吉安地区传统聚落空间形态的差异性

（1）传统聚落的分布上，吉安地区分布密集，且聚落规模整体上较大，形成大聚落周围中小型聚落聚集的分布状况，如钓源村清道光年间记载曾经人口有万余众，说明其规模之大；渼陂古村的占地面积约1km²，人口3000余人，均属于大型聚落。抚河流域地区的传统聚落以中小规模为主，大聚落较少，在岗地平原地区分布密集，山区则相对稀疏。金溪蒲塘村历史有"千烟之厦"，已算该地区的规模大的聚落了。这两个地区的聚落分布情况如图6-13所示。

（2）聚落形态上，吉安地区的传统聚落以平地舒展型聚落为主，在岗地地区有岗地起伏型聚落。抚河流域地区的传统聚落由于地形复杂，呈现平地型舒展型、岗地起伏型、山地跌落型，类型丰富。

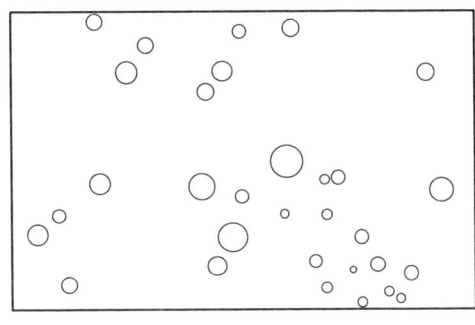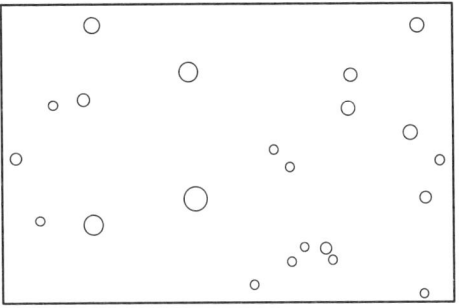

吉安地区   抚河流域地区

图6-13 抚河流域地区和吉安地区传统聚落分布示意图

（来源：作者自绘）

（3）聚落的肌理上，吉安地区传统聚落肌理以横向为主，抚河流域地区北部地区的传统建筑聚落肌理是以纵向为主（图6-14）。吉安地区的传统聚落多条横向道路平行，横向交通联系紧密，形成秩序清晰、规划严整有序的聚落肌理。祠堂和书院建筑与普通民宅的形态对比，使得聚落的核心点突出，形成主次分明的聚落形态。抚河流域地区北部地区的传统建筑的聚落肌理是以纵向为主，街道为一横N纵式，多条纵向的巷道并排，纵向的交通联系性强。民宅和祠堂同为天井式，在规模上有大小有一定区别，但在中心性和场所的凝聚力等方面比吉安地区的要弱。在建筑图底关系上，抚河流域地区的传统聚落的布局更为集中紧凑。总体上，这两个地区的聚落肌理都呈现较强的秩序感。

(a) 吉安地区渼陂村   (b) 抚河流域地区东源村

图6-14 抚河流域地区和吉安地区传统聚落肌理图

（来源：作者自绘）

（4）聚落的节点设置上，主要是以祠堂为例，吉安地区祠堂的核心性地位较为突出，从建筑的平面布局上，祠堂建筑为天井式，普通宅为一字形，形成强烈对比，祠堂前通常有开阔的空间，形成向心力和对聚落组团的聚集性。以宗祠等公共建筑为中心向周边发展，是庐陵地区村落发展的普遍模式。聚落的整体布局以宗祠为核心，向四周辐射发展或者以宗祠建筑的轴线为村落轴线呈扇形发展，结合地形以宗祠为中心成辐射形或者扇形发展①。抚河流域地区的传统聚落中祠堂有的在村外一端，有的在聚落中心，但总体上其核心地位不如吉安地区祠堂的中心性和场所凝聚力强（图6-15）。

(a) 吉安地区渼陂村

(b) 吉安地区双元村

(c) 抚河流域地区竹桥村

(d) 抚河流域地区东源村

图6-15   抚河流域地区和吉安地区传统聚落祠堂的位置图

（来源：作者自绘）

（5）传统聚落的街巷空间形态是影响聚落空间形态的重要因素，各个空间要素通过线型的街巷空间联系在一起。街巷因主次关系、其所处位置的重要性、宽度一般分为分为主街、支巷和辅助的小巷空间，层级清晰，满足传统聚落中人们的交通出行、交往的基本功能，如是商业街，还承担着商贸功能。吉安地区和抚河流域地区的传统聚落的街巷空间或笔直开阔或蜿蜒幽深，空间变化丰富，路网组织规划有机，但在细节处理和界面组合上，又体现出不同的地域风貌。

在交叉口节点设置上：吉安地区的传统聚落的多数巷口呈喇叭口，形成一头

① 李辉.江西吉水燕坊——仁和店古村落公共建筑及公共空间研究［D］.西安：西安建筑科技大学，2011.

宽，一头窄的形态，这里的建筑布局有"歪门斜道"的讲究，巷道两头，宽窄不一，路面呈斜形。抚河流域地区一带的传统聚落街巷的转角处设抹角的转角石，有的建筑的墙面处理成弧形，来满足交叉路口通行的需求。

在界面上的处理上，底界面有用鹅卵石、石板或者是中间为石板，两侧为鹅卵石的组合式。这两个地区都有这样的做法，但抚河流域地区的传统聚落中以石板铺砌的较多，吉安地区则用鹅卵石的较多，这是由当地所产的建筑材料有关。侧界面中，砖石的材质及砌筑的方式对整体的感觉影响较大（图6-16）。吉安地区

图6-16 抚河流域地区和吉安地区传统聚落转中街巷的空间形态

（来源：作者自摄）

的传统街巷中砖通常采用眠砌到底或两眠一斗的做法，砌筑工艺为"蓝灰勾缝"，砖缝较大，红石门框、白色门罩或屋檐画，色彩丰富。抚河流域地区的传统街巷，墙基为青石板，一眠一斗的砌筑，砖石质量较好，打磨平整，整体上比吉安地区的材质要精良，工艺要讲究。在街巷的顶界面轮廓上，吉安地区的传统街巷中人字形山墙、高低错落的马头墙、屋檐上高高起翘的鹊尾脊，整体组合变化有致，轮廓丰富。相对比抚河流域地区传统街巷的轮廓变化相对单调，整体呈现质朴、低调的感受。

6.3.3　传统建筑形态比较

　　赣江中游吉安地区，吉泰盆地一带，属庐陵文化圈，人们的生活习惯、文化传统和审美心理形成一个区域性的共同特征，在民居的建筑造型、结构、装饰等方面形成了大致类似的有别于其他地区的建筑风格，称为庐陵民居[①]。抚河流域地区包括明清时期的抚州府和建昌府，为临川文化区，该地区的传统建筑形态在长时间的沉淀、演变，形成了区域特色，与庐陵民居对应，称之为临川民居。本书在建筑类型、平面布局、建筑结构、建筑装饰等方面对庐陵民居和临川民居做一个比较，同时庐陵民居和临川民居都属于赣中地区的民居代表，是赣派民居的典范，同时代表了赣派民居的典型特征，反映了地区间的区域代表性。

　　由于吉安地区孕育的庐陵文化和抚河流域地区孕育的临川文化重视教育，在科举教育上都取得了重要的成就，为江西两大文化发达的地区之一，同时也是吉安商帮和抚州商帮故里，经济发达，财力雄厚。反映在建筑文化上，这两个地区有共同的特点：一是建筑类型众多，二是建筑重雕饰，三是建筑讲究文化品位。由于读书之风尤盛，书院建筑数量众多；官宦名儒辈出，有大夫第、翰林第、司马第等大院散落在大量的传统聚落中，旌表科举和夸表家族的小品建筑则数不胜数。这两个地区的建筑装饰端庄、典雅，包括砖雕、木雕、石雕、彩绘、粉饰等增加建筑审美的细部点缀精细美观。门额题字、诗文绘画等体现了抚河流域地区和吉安地区传统建筑的高品质的文化追求。除了以上共同点之外，由于地区文化和居住习惯的不同，在建筑形态上存在一些差异。

1. 平面布局

　　庐陵民居以天井院和一字形小型民居为主，临川民居以天井式为主，在山地地区有一字形民居。庐陵民居一类是天井院的平面模式，另一种是一字形的"三开间、一堂四房"的小型民居。天井院民居是南方的天井和北方的院落结合的产物，把内天井推到门外糅合了北方的院落风格，天井成为排水通风、干湿两用的

① 丁功谊，李梦星.钓源古村的建筑文化特征［J］.井冈山大学学报：社会科学版，2014，5：123-128.

活动空间。天井院坚定的扬弃了内天井，屋面排水直接排到室外，解决了建筑的防潮问题，但厅堂的采光和日照问题需要用其他的方式解决①。天井院民居布置更为灵活，不受固定模式的限制，天井院作为建筑的外部空间而存在，是连接正房和附房的交通空间，正房与附房之间隔开，可以布置在中轴线上，也可以布置在一侧。天井院民居在节约用地的前提下，可以自由灵活的实现多方向的生长和扩建。天井式民居以"进"为单位组织平面，正房与厢房之间屋顶相连，建筑内部形成一个完整的内界面，解决室内的排水、通风和采光的问题，建筑布局严整有序，中轴对称，强调礼制和尊卑长幼的秩序。

庐陵民居中的一字形民宅，一般为三开间，中间为堂屋，前后隔开分为前厅和后厅，两侧为居住用的房，形成一厅四房或一厅六房的格局。房屋的进深较大，以满足生活需求的功能，有的甚至进深十米有余，在进深方向大于面阔方向。一家一栋，形成的独立式住宅。临川地区的一字形住宅则多位于山地地区，庐陵民居中的一字形住宅在富裕、发达的地方也采用这种布局方式。由此可以推断，在建筑的用材和建筑工艺上临川民居中的一字形住宅则比庐陵的一字形住宅质量要差。

祠堂建筑是传统聚落中等级较高具有标志性的建筑。临川民居和庐陵民居的祠堂建筑的平面布局整体上都是天井式，门厅和享堂之间有一大型近似方形天井的天井，其尺度要远远大于享堂和拜殿之间的第二进天井的尺度，这是二者平面布局上的共同之处（图6-17-1，图6-17-2）。庐陵祠堂一般为两堂直进式，三栋以上的祠堂那肯定是大姓望族。祠堂前有一开阔的平地（称为祠埕），是供族人祭祖和娱乐的活动场所。而临川祠堂前少数有祠埕空间，但大部分没有，缺乏这种场所的集聚力。庐陵民居中祠堂的入口有门廊式、门楼式，入口开阔，门廊檐下施斗栱，门楼式入口则门楼高耸，突出屋面，与普通民居呈现出截然不同的气质。祠堂建筑的山面轮廓有马头墙、人字形或者二者组合。

2. 建筑造型

庐陵民居和临川民居各具特色。从建筑轮廓上，庐陵民居以马头墙和人字形山墙为主，一字形民宅主要是叠式马头山墙。在前后檐下有骑瓦山墙，形成上部为人字形，端部为直线型的组合形式，当地称之为鱼背式山墙，结合了人字形山墙和马头墙的特色，比人字形山墙看起来更加灵活，比起叠式马头墙来又多了几分庄重。临川民居的马头墙一般是平直的，端部不起翘，而庐陵民居的马头墙则端部起翘，形成鹊尾式马头墙。在建筑立面上，庐陵民居和临川民居在要素上有共通之处，在风格上有显著差异（图6-18）。庐陵一字形民居的立面组合模式是门洞、题字的门楣或装饰作用的门罩，天窗，形成鲜明的地域风格。临川民居一般立面不开窗，或者是两侧开小窗，主要有门洞、门楣、门罩等元素。虽然都有

---

① 黄浩.江西民居［M］.北京：中国建筑工业出版社，2008：188.

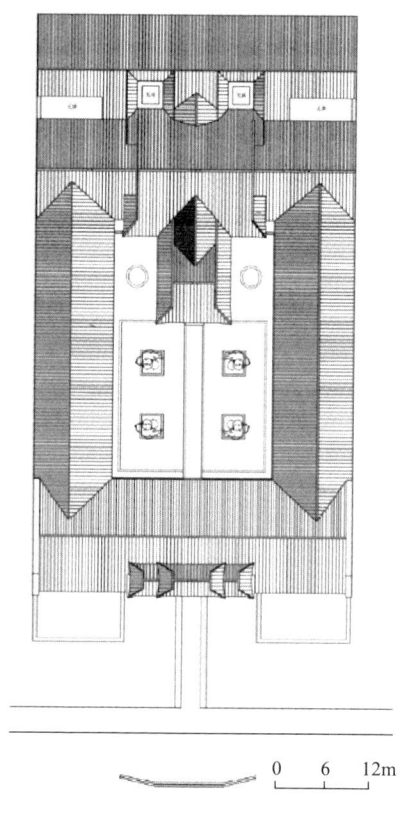

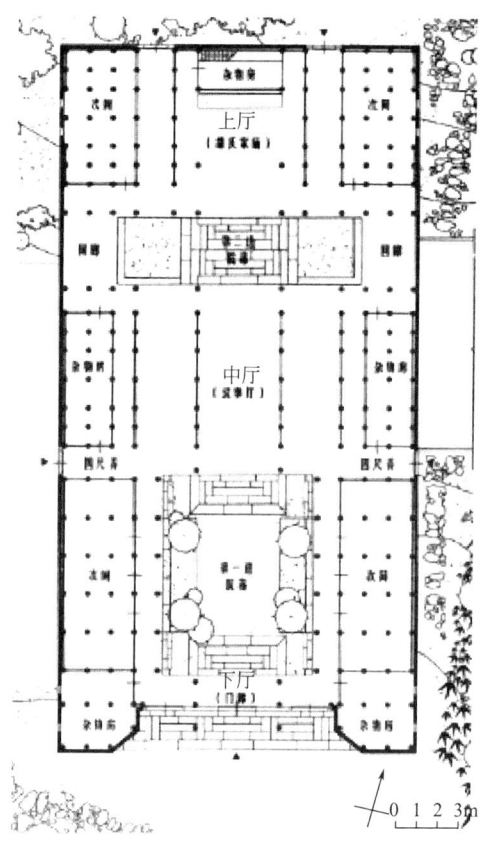

图 6-17-1　吉安地区富田
王氏祠堂平面图

（来源：舒畅．江西富田古镇形态及建筑特
征研究［D］．武汉：武汉理工大学，2014.）

图 6-17-2　抚河流域地区洽湾胡氏
宗祠平面图

（来源：赵殷英．宗族文化视角下江西洽湾古镇传
统建筑研究［D］．武汉：武汉理工大学，2013.）

一滴水和三滴水门罩，但造型和做法有差异。庐陵民居的门楣上一般为白底墨字，
临川民居则是用石板门额上刻字。屋顶造型一般为硬山顶，单层顶。庐陵民居中有
的设天门，有的屋顶为双层檐，有的仅是正面是双层檐，有的前后都是双层檐，两
层檐之前是长条形的窗户，增加阁楼的通风采光的效果。临川民居中的宜黄民居在
后厅通常是双层檐，但与庐陵民居不同的是，屋顶中间部分生起，形成重檐屋顶。

3. 建筑结构

庐陵民居和临川民居均有木构架承重式和砖木混合式。祠堂建筑的梁架一般
采用插梁式。庐陵民居多为砖木混合式，山墙承托楼楞和檩条。结构上层高一层
半，设阁楼，二层不住人，只堆放杂物。临川民居中天井式民居一般为穿斗式，
一字形民居为砖木混合式。

吉安地区与抚河流域地区传统民宅比较情况见表 6-8 所列。

(a) 一滴水门罩——庐陵民居

(b) 一滴水门罩——临川民居

(c) 三滴水门罩——庐陵民居

(d) 三滴水门罩——临川民居

(e) 牌坊式门罩——庐陵民居

(f) 牌坊式门罩——临川民居

图6-18 庐陵民居和临川民居立面元素

(来源：作者自摄)

吉安地区和抚河流域地区民宅的对比情况表　　　　　　　　表 6-8

吉安地区陂下村胡氏民宅	抚河流域地区澳塘村周氏民宅
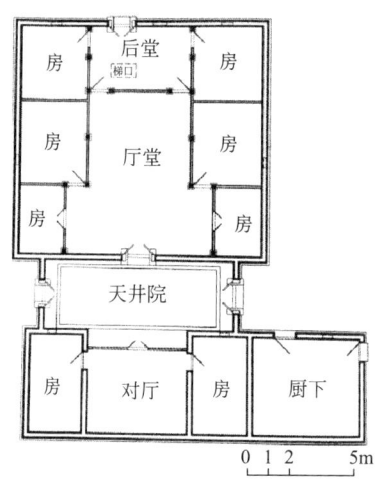	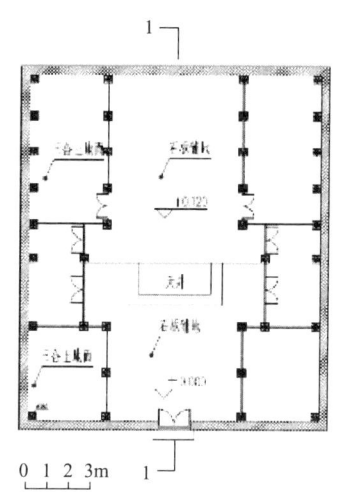
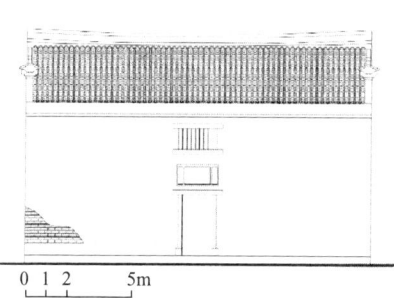	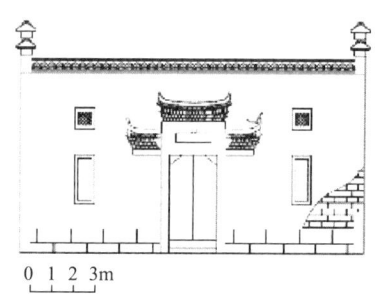
	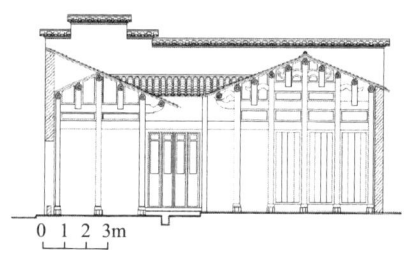
庐陵民居天井院平面，布局灵活。建筑结构为山墙承重式，二层设阁楼。山墙为人字形，前后檐为骑瓦鹊尾式山墙，或称鱼背式山墙。正屋建筑面阔三间，立面上门洞、门楣和天窗三要素为区典型组合模式。中小型民居比起天井式民居来通风采光效果要差，但防风御寒效果要好	临川民居平面为天井式布局，中轴对称。穿斗式木构架，原木色，做工考究。建筑整体轮廓，以平直型山墙，部分有马头墙。正立面石质墙裙，门洞上为门楣和三滴水门罩。从整体的建筑工艺水平来讲，临川民居的建造质量要优于庐陵民居

（来源：作者根据资料绘制）

4．建筑构造

庐陵民居最大的特色是采用天门、天眼和天窗来解决厅堂的通风和采光的问题。天门是厅堂前外墙上方屋面上开出一个裂隙口，其构造是在外墙处断开几根椽子，把瓦面垫高，即构成一条缝隙，当大门关闭时变成为室内唯一的、采光、日照和通风口。天眼是类似天门的形式，在屋面上直接开口，为了避免雨水直接落入厅堂，便在它的下面作一段元宝形状的内天沟，将雨水导出室外。天眼形成的屋面裂口比天门的缝隙构造在采光和通风上有更好的效果。除了天门和天眼这种采光、通风的构造外，直接在外墙的大门上开一个约 60cm×90cm 的高窗，不设窗扇。庐陵民居中，由于拒绝了天井的布局模式，采用天井院和一字形进深大的民居形式，不得不采取天门、天眼、天窗的特殊高位的采光、通风的方式，这一构造成为庐陵民居的一大典型特征[①]。临川民居一般用天井采光、通风，在宜黄地区有类似天门的做法，最后一进厅堂上设阁楼，中间部分屋顶生起，四周设条窗代替庐陵民居中屋顶裂开的做法，以保证阁楼上的采光、通风（图 6-19-1，图 6-19-2）。

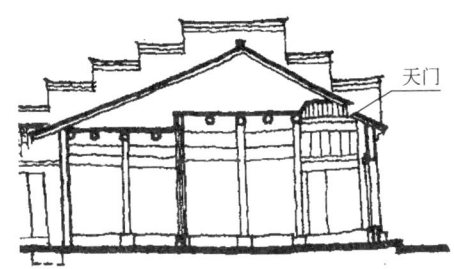

图 6-19-1　庐陵民居天门

（来源：黄浩.江西民居［M］.北京：中国建筑工业出版社，2008.191-193.）

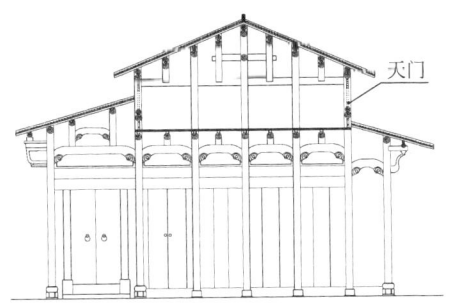

图 6-19-2　临川民居天门

（来源：自绘自摄）

---

① 黄浩.江西民居［M］.北京：中国建筑工业出版社，2008：190-197.

5. 建筑的材质

　　庐陵民居的砌筑用清水墙蓝灰勾缝,从墙基到屋顶全部用眠砌的方式,在砖缝处使用"蓝灰勾缝"的技艺,用木炭灰和石灰、细沙相拌的泥料粉粘,沿砖缝用泥刀勒出一条笔直的线状,遮住砖缝的泥浆,颜色比青砖稍深点,呈条格图形,使墙面整洁而美观,又不失原貌。墙基用石板或青砖砌筑,石板有很好的防潮防风化作用,而用砖砌筑的墙基则在钓源村墙基所用砂浆采用糯米稀饭拌石灰,糯米砂浆中还要加入桐油、蜂蜜等成分,具有很好的隔水性能[①]。临川民居一般为墙基为石质墙裙,青砖一眠一斗砌筑,砖石材质精良,整个墙面平整、砌筑工艺考究,灰缝较小,体现干净利落的建筑气质。相比较而言,临川民居砖墙材质和砌筑工艺要比庐陵民居更胜一筹(图6-20)。

6. 建筑装饰

　　庐陵民居注重檐下的构造,有精美的屋檐画,屋檐画内容丰富,有花鸟鱼虫、人物故事等,幅面较宽。虽然临川民居中也有屋檐画,多为墨绘,大部分檐下为一条白边,只有讲究的宅第才用墨绘,不及庐陵民居更为强调。庐陵民居檐下的

(a) 庐陵民居

(b) 临川民居

图 6-20　庐陵民居和临川民居墙体材质

(来源:作者自摄)

---

　　① 邓洪武,邹元宾. 庐陵古村群存在的支撑——江西古村落群建筑特色研究之二 [J]. 南昌大学学报:人文社会科学版,2003,5:89–94.

多为彩绘。房屋构架中的梁柱构件喜涂漆和鎏金，尤其是木雕上，相反砖雕和石雕的艺术影响力较弱。临川民居极为重视门楣，门楣上雕刻人物故事、图案花卉等。庐陵民居中在雕刻中喜富丽堂皇鎏金木雕，而临川民居则以精美淡雅的石雕见长。这二者不管是在绘画题刻上、门楣楹联上，其表达的文化内涵，都体现出较高的文化品位和艺术修养。总体的装饰风格上，庐陵民居喜粉饰，在屋檐、门罩，除了绘画外，还采用灰塑的装饰手法，造型丰富夸张、富丽堂皇，临川民居则透显材质本身的质感，艺术风格精致内敛（图6-21）。

(a) 屋檐画——庐陵民居

(b) 屋檐画——临川民居

(c) 门楣——庐陵民居

(d) 门楣——临川民居

(e) 雕刻——庐陵民居

(f) 雕刻——临川民居

图6-21　庐陵民居和临川民居建筑装饰

（来源：作者自摄）

在整体风格上，庐陵民居体现了南方青砖灰瓦的江南风格，更融合了徽州马头墙的张扬跌落、北方四合院的厚重之感，呈现南北交融的建筑风格。临川民居以天井式、马头墙和印斗式山墙为主，青砖灰瓦、颜色素雅，材质精良，雕刻细腻，呈现出低调、精致的建筑风格。

在江西省境内，比较出名的木匠派系，或者说是建筑工艺高超，技术水平较高的团体分别是抚州、余江和都昌①。建筑品质是工匠的营建技术和经济势力共同的，所以不难得出抚州地区（抚河流域地区）传统建筑品质精良的直接原因了。

6.4 本章小结

为了深入地分析抚河流域地区传统聚落空间形态特征，体现其区域特色，本章从比较的视角，首先对抚河流域地区内部的聚落空间形态进行了总结与梳理；其次与赣东北地区徽派聚落进行比较，以明确抚河流域地区传统聚落作为赣派聚落的特征；再者，通过与赣江流域吉安地区的赣派聚落对比，找出赣派聚落共性的同时，突出抚河流域地区传统聚落空间形态的区域特色。

抚河流域地区传统聚落以中小规模为主，一方面由于地形多丘陵的自然地理因素和历史上人口稠密的社会因素，受耕地资源制约，难以形成大规模的聚落，另一方面在农耕文明向小商业资本经济发展时，造就了一批商贾富人，但由于是小商品经济的特点，没有形成财富实力相当雄厚大的家族财团，所以反映在建筑文化上，并没有形成大规模的家族聚落。传统建筑的形态上，建筑的风格追求质朴、淡雅，建筑工艺考究、质量精良。这是由于抚河流域地区是农耕文明、理学文化高度发达的地区，所以形成了与背后文化特质相匹配的建筑风格，与此同时又由于小商品经济财富积累有限不会形成极富奢华、财富炫耀之感的建筑。

抚河流域地区传统聚落与赣东北地区徽派聚落的生成背景相比，均属于丘陵山地地区，崇文重教，经济文化发达富庶的地区。抚河流域地区传统聚落和赣东北徽派聚落营建大部分都经过精心规划，注重风水，公共设施完备。相对而言，抚河流域地区传统聚落人口规模超过千人的相对较少，在建筑平面布局中对女性空间的重视程度不及徽派建筑，这是由于徽州地区强大的家族式商帮财团易发展成大的聚落，且受程朱理学传统儒家思想深刻影响的结果。但抚河流域地区传统聚落清水砖墙，精良的砖石工艺呈现出儒雅的品质，是临川文化特质所决定的，是赣东北徽派建筑所不能及的。

抚河流域地区与赣江流域吉安地区的传统聚落，是赣派聚落的典型代表，其

---

① 潘莹.江西传统聚落建筑文化研究［D］.广州：华南理工大学，2004.

空间形态特征的相似性在于，二者多数经过精心规划、统一组织，并呈现出较高的文化品质和审美追求。由于建筑构成单元不同，表现在聚落肌理上的差异性，抚河流域地区北部的传统聚落肌理是以纵向为主，吉安地区的则以横向为主。在节点设置上，吉安地区的传统聚落中祠堂多位于聚落中心，其场所凝聚力更强，相反抚河流域地区传统聚落的空间布局更趋于均质化。在聚落的界面处理上，抚河流域地区传统聚落砖石工艺更胜一筹，质感细腻，更彰显出雅致的精气神。

抚河流域地区传统聚落空间形态
与其影响因素关联分析

以上第三、四、五、六章，分析和总结了抚河流域地区传统聚落空间形态的表征和特色，本章由表及里，探析空间形态背后形成的动力因素。传统聚落空间形态的形成是多种因素共同作用的结果，先厘清其所可能涉及的影响因素的范畴，再深入分析，探讨影响因素如何作用于空间形态，建立起空间形态表征与其影响因素之间的关联。

7.1　传统聚落空间形态的影响因素概述

　　传统聚落是人类文明的物质载体，是在特定的历史地理条件下，经过长时间居住经验的总结和沉淀，聚落的选址、规模和稳定性等形态受到了环境和生存技术的实际效应的限制，聚落的空间布局与社会组织有密切的联系，某种程度上反映了社会关系，表明聚落是一个适应生态条件、反映社会组织与合作的基本生活单位，像一个有机的整体一样稳定的聚合在一起[①]。聚落中的自然环境是聚落发生、发展的物质基础，人工环境则是承载人们生产、生活发展的基本容器。聚落空间的创造者是人，承载了人与人的诸多关系的组合，血缘关系、地缘关系、业缘关系等，正是由于人的活动的存在，聚落的空间同时也被赋予了多重含义。一个聚落得以稳定的生存、发展，除了受制于本身特定的自然条件，还取决于其中人的主体思想、行为，所以聚落形态是自然地理和社会人文等因素综合作用的结果。

　　在一定的区域内，由于地理环境和文化背景的相似性，聚落形态整体上呈现出鲜明的区域性。我国幅员辽阔，地理环境复杂多样，人们的生活习惯、民风民俗、审美认知等存在较大差别，生产力和生产方式的差异，呈现出大量丰富多彩，特色鲜明聚落。不管是北方规矩的四合院、贵州占山而居的苗寨，还是西北黄土高原上的窑洞，都体现了人类在各种因素的制约下，为满足基本的生存和生活而创造的一种居住环境。当我们观察到聚落空间形态丰富性的表征时，不能仅仅停留在表面，由表及里，揭示其背后形成的根源因素，是系统认知聚落空间形态的一个组成部分。在聚落发展的特定阶段，可能某个单一因素会暂时起主导作用，但是从传统聚落环境的整个发展过程来说，是各种因素共同作用的结果[②]。早在生产力不发达的时代，传统聚落营建伊始，可能自然地理因素是制约聚落空间形态的主导因素，随着生产力的进步，人们的建造技术不完全受制于自然，伴随着

---

① 王竹、魏秦、贺勇、李立敏．黄土高原绿色窑居住区研究的科学基础与方法论［J］．建筑学报，2002，4：45-47，70．

② 徐贤如．传统聚落环境分析［D］．昆明：昆明理工大学，2007．

文化意识和经济基础的发展，自然与人类的活动长期相互作用，以自然环境为物质基础，人文因素为主导，各种因素相互影响、相互交织，形成了沉淀世代乡民营建智慧的传统聚落景观。由于这些影响因素自身的千差万别，制约着传统聚落的发展演变，诠释了风貌各异、多元共生的传统聚落体系。

影响传统聚落的空间形态的因素相辅相成，相互交织，从某单一的影响因素入手，不可能厘清空间形态背后的作用机制。就传统聚落的选址而言，除了考虑到地形地势及周围的物产资源有利于满足生产生活，和周围聚落之间的关系，同时还要满足风水学上的要求。空间形态的形成是聚落漫长的发展过程中，人与自然环境相互作用的结果，是文化内涵、历史背景、经济发展、社会关系等物态的表达。分析传统聚落的空间形态，探寻背后的影响因素的根源，有助于我们学习古人在聚落营建中渗透的智慧，透过现象看到背后地域文脉中更为深刻的动力机制。

7.1.1　自然地理因素

自然地理环境是传统聚落赖以生存发展的物质基础，不谈自然地理环境聚落便无从谈起。"建筑之始，产生于实际需要，受制于自然物理，非着意于创新形式，更无所谓派别。其结构置系统及形制之派别，乃材料环境所形成。"[①]梁思成先生在研究建筑时，认为环境和建筑材料是决定建筑结构的根本原因。同样对于传统聚落而言，顺应自然、就地取材，趋利避害适应环境，同时最大化的创造出相对舒适的居住环境，这是聚落生存、发展的基本法则。本书将影响聚落空间形态的自然地理因素大致归纳为五类：大范围的地形地貌、小范围下的山水环境、气候条件、物产资源及区位交通等。这五类影响因素中，地形地貌、气候条件和物产资源某种程度上是不能改变只能去适应的客观条件，而山水环境和交通条件却是可以通过人的行为选择或人工活动进行改善。

1. 地形地貌

地形地貌是在一个相对大范围的地理环境,对聚落整体形态的影响十分显著。我国的传统聚落分布广泛，所处的地形地貌的复杂多样。根据所处的地形，可以将传统聚落分为山地聚落、高原聚落、平原聚落、草原聚落、丘陵聚落和湖滨水域聚落[②]。由于高原地区的地形也可细分为平地、丘陵或山地，所以高原聚落本身是一个多种类型的聚落综合体。其他的几种聚落整体形态差别较大，高差起伏较大或平地延展，密集分布或稀疏布局，其地形因素起到了决定性作用。山地聚

---

① 梁思成.梁思成全集（第四卷）［M］.北京：中国建筑工业出版社，2001：7.
② 管彦波.论中国民族聚落的分类［J］.思想战线，2001，2：38-41.

落由于所处的环境山多地少，聚族占山而居，房屋沿等高线层层向上，形成高差大，房屋分布密集、道路顺势自由的特点。聚落环境与山体环境融为一体，是对因地制宜，顺应地形的最好诠释。贵州苗寨是山地聚落的典型代表，吊脚楼从山脚一直悬挂到半山腰，甚至是山顶，沿山体的等高线布局，鳞次栉比，寨中的巷道多砌筑成台阶状，蜿蜒在聚落之中。草原聚落通常是指放牧逐草迁徙的类型，由于其特殊的性质所决定，一般呈散点状分布，并且没有固定的聚居点。平原聚落一般易于规划建设，建设难度相对较小，路网规整，房屋有序排列，形成平展型聚落，由于耕地资源充足易形成大规模的聚落。中原地区由于地势开阔，聚落建设受制于地形的因素较小，多呈团块状舒展型布局。丘陵型聚落分布于山脚下，前低后高，高差不大，有少量分布于山间起伏较小的岗地，聚落的整体形态为起伏型。丘陵地区的聚落由于天然的山水环境，为风水学理论提供了实践的平台，山水环境复杂的地区往往更注重风水。江南水乡的聚落，一般与水关系密切，水系影响了聚落的布局。沿水而建、溪水穿村，因为有了水的存在，而多了几分灵动。地形是孕育聚落的土壤，其丰富性造就了聚落形态的多样性，可谓是一方水土，一方聚落。

在同一大的地理环境下，聚落所处的微观环境，即周围的山水环境对聚落的形态形成一定的影响，尤其是在山水环境较为复杂的山地地区和丘陵地区。同是山地聚落或丘陵聚落，其聚落形态虽在整体上属于一个大类，但在聚落的空间形态上又有微观的差别。山水环境这种微观地理环境的差别对山地聚落和丘陵聚落的空间形态的影响体现比较明显。山地聚落中山体的坡度、坡向，对聚落的朝向和高差有直接的影响。丘陵聚落的空间形态与山、水的关系，直接影响到聚落的整体形态、建筑的布局，道路的设置等。中国传统聚落营建理念是背山、面水，尽量背后靠山，由于山体的走向不同，大多数聚落尽量选择南向，但也有聚落为了顺应地势而选择其他的朝向。这是山体对聚落朝向的影响，房屋多沿等高线而建，主要道路的设置则与等高线平行。同时与山体距离的远近，岗地起伏度的大小，对聚落空间形态也有影响。水系也是影响聚落布局的重要因素。在平面上，河流走向平直，沿河而布的聚落多呈带型，建筑的布置上有的是面河而布，有的是顺河而建。在河流的转弯处，有腰带水和反弓水，腰带水的聚落选址，往往三面环水，聚落呈团状。反弓水的聚落一面临水，由于这种地形在风水学上认为是不吉利，所以这种类型的聚落形态不太多。聚落与水系的远近不同，微观形态上的处理也有差别。滨水而建的传统聚落中，有码头、桥等人工设施，伸入水中的亲水平台、人们在河边浣洗，体现着富有浓郁生活气息的空间场所。沿河界面、街道的处理是聚落中重点营造的滨水景观，与远离水系的聚落相比，其空间形态更为丰富。山水环境的微观差别对传统聚落的空间形态的影响更着重于与山、水的契合及节点空间设置上所带来的差别。

2. 气候条件

气候条件包括大气运动对地面影响的各种因素，包括温度、湿度、风向、降水等。我国从南到北跨越了多个气候带，气候特征差别显著。在应对气候或者说适应气候的策略上，在技术手段有限的传统农耕社会，只能依靠建筑材料和有限的技术手段，聚落的整体布局和建筑的建造都体现着古人营造的智慧。北方地区干燥寒冷，建筑以保温取暖，争取更多日照为主，建筑之间的间距较大，以获得更多日照的时间，宅院的布局以院落围合，开敞的院落空间，使得有更充足的阳光照射进来。建筑的墙体较厚，屋顶的处理上在望板上还有厚厚的泥背起到保温作用。为了避免室内温度的流失，只在向阳的一侧开窗，或者是向阳一侧开大窗，而背光一侧仅开一扇小窗起到通风作用。南方地区夏季湿热，以散热和避免阳光直射为主要目标，所以南方地区的传统聚落多建筑密集，高墙窄巷，有利于形成风道，带走多余的热量。建筑布局以天井式为主，室内外空间相通，有利于通风散热，甚至有的为了避免阳光直射，在天井上做格棚，遮挡阳光。建筑开窗较多，挑檐、披檐等灰空间，室内外空间的分隔不那么强烈，屋顶和墙体更为单薄。整体上北方地区建筑布局呈开阔之感，建筑本身呈现封闭感、厚重感。南方地区巷道尺度小，布局紧凑，建筑体量上较为轻盈，围合封闭性弱。

3. 物产与资源

传统聚落在相当长的一段时间都是依赖原有的物产资源得以生存发展，由于各个地区的环境和所盛产资源的不同，受制于技术和环境的限制，便形成了与之相适应的聚落形态。对传统聚落影响较大的资源有耕地、矿产、经济粮食作物和可作为建筑材料的资源等。耕地资源的多少和质量的优劣是直接决定聚落发展的制约性因素，在聚落选址之初首要考虑的一个问题就是耕地资源的多寡和优劣。在传统农耕经济时代下，耕地资源充足的地区往往聚落分布密集，耕地资源较少的山区则聚落分布稀疏。此外，可转换为经济效益的生产资料如矿产资源、木、竹、经济作物等，可依靠这些资源进行贸易，提高经济基础，换取更多的生产生活资料。传统建筑的营建多是就地取材，当地的建筑材料某种程度上决定了建筑技术的发展和建筑形制特征。可作为建筑材料而存在的物产资源，有石、木、竹等，传统建筑以木构架为主，木材的选取多就地取材，有的地区以杉木为主，有的地区有其他的树种，而且盛产木材的地区，用料粗大，且木材质量较好，形成以木结构为主的房屋，如徽派、赣派建筑。当传统聚落周围山上石资源丰富时，包括红石或青石资源，其建筑墙裙、铺地则多用石板。有的传统聚落临河盛产鹅卵石，则墙基和铺地则以卵石材质为主。西北地区的黄土高原上，多山谷，气候寒冷，木材少，但土质稳定好，所以形成了具有西北特色的大量窑洞建筑。

4. 区域交通

交通条件自古是影响聚落发展的重要外部条件。古时的交通主要是水路和陆路（古道）2 种方式。在古时交通不便的时代，水路是重要的交通线路，运输货物或人们的出行主要依靠水路。在濒临水系，水路发达的传统村落，可能会由于商业贸易的发展，形成一定规模的商业街，完成从村落到墟镇的层级转换，演变成商业性质的墟镇。纵观江西明清时期发达的樟树镇、吴城镇、河口镇、景德镇四大古镇，无一不是依靠便利的水路交通而发展起来，这本身由于江西省内河网密布的地理环境所决定的。具有"药市"之称樟树镇位于赣江中游，与袁江交汇之处；吴城镇扼鄱阳湖入赣江的咽喉，赣江和修河二水入湖之处。河口镇位于江西省东北部，地处信江中游，与铅山河合流之处，可出鄱阳湖至长江，可入鄱阳湖溯赣江到广州。景德镇位于昌江河畔，距离长江不远。有的传统聚落地理区位较好，三省交界处，有四通八达的官道，也会因为交通的便利带来物资的交换和文化的交流，形成经济基础较为雄厚，规模大的聚落。在交通干线上的传统聚落往往发展的规模大，而身处交通不便的大山腹地的聚落由于物资运输和人们出行不便，带来的是往往是信息闭塞并阻碍了其经济的发展，通常规模较小。某种程度上，聚落交通条件的便利程度与其经济发展程度成正比。

7.1.2　社会人文因素

如果自然因素对传统聚落空间形态的影响起到的是显性作用，而社会人文因素在某种程度上则是偏重隐性的作用。可以这样说，自然地理因素对聚落形态的影响可以通直观的感受觉察出，比如南方湿热地区高墙窄巷、建筑多开敞，北方寒冷地区建筑厚重封闭性强。社会文化中的礼制思、风水理念、宗法文化等因素通过聚落布局或建筑形态表达时，可能不如自然因素看起来那么直接。传统聚落对自然地理环境的适应性是经过几百年来不断地演变，成熟乃至沉淀下来的一种状态，同时作为社会文化的物质载体，不是某一单一的文化因子的结果，而是社会文化各个因子综合作用的结果。自然地理因素和社会人文因素对聚落的影响，没有哪一种是起到绝对决定性作用的，一般来讲经济和文化比较落后的地区，自然因素对聚落形态起到的制约作用往往难以逾越，而经济和文化较为发达的地区，社会和文化所起的作用则更为显著[1]。聚落生长的社会人文背景本身就是一个复杂的系统，既有不同文化圈的文化特质的差异性，又有本身所含的文化因子种类的多样性。本书将社会文化因素归纳为历史、政治、经济和文化四个方面，

① 彭一刚.传统村镇聚落景观分析［M］.北京：中国建筑工业出版社，1994.

每一个方面是社会文化因素的一个小类，可以说，每一个小类下还有更为具象的因素。

1. 历史

历史长短是衡量传统聚落价值的一个重要指标。传统聚落绵延至今，历史越长所可能涉及的信息就更丰富。传统聚落的历史价值，可以从两个方面衡量，一是迁居开基到现在的历史，二是现存传统建筑年代的久远程度。有的传统聚落虽然开基较早，早在宋元时间就辟基建设，但至今古宅和传统街巷肌理已不复存在，总体判断它的历史价值不高。而有的聚落虽建于明清时期，但至今风貌古朴，古宅林立留存下了大量有历史信息的遗迹遗物，其历史价值相对较高。如果传统聚落建村历史较长，同时聚落风貌的传承延续性也较好，作为文明的物质载体，能够给我们带来更为丰富的历史文化信息，综合起来历史价值较高。在抚河流域地区的传统聚落，大部分为宋元开基，甚至更早，明清时期发展到相对成熟的阶段，由于明清时期农耕文明发展到相对成熟稳定的阶段，以知识分子乡绅主导村落建设，清末民国以后逐渐走向衰败。传统聚落的发展历程和大的社会背景息息相关，中国几千年来都是稳定的传统农耕型社会，到了近代，商业资本的萌芽，整个社会向商品经济社会转型，以适应传统农耕社会的传统聚落开始走向衰败。从传统聚落的形态来看，我们至今看到很多传统聚落是宋元时期的基址，明清时期形成的街巷骨架和逐步进行交替的明清建筑和近现代建筑融合的建筑风貌。传统聚落发展演变的历史，某种程度上折射着社会发展的历史和民族文化的演进历程。我们保护传统聚落，也就是在拯救乡土文明，拯救我们民族传统文化的基因。至今抚河流域地区保存下来的传统聚落是承载了千年来临川文化的积淀，是一个区域文明的见证。在当今，传统聚落快速消亡的历史背景下，带来的不仅仅是建筑文化的消亡，更是历史的断层。保护传统聚落，便是保存我们民族的历史文化基因。

2. 政治

影响传统聚落的外在的政治因素，包括战乱、人口迁徙、行政区划和其他某些人为的因素。因军事要地、政权更替、资源争夺等原因都会引发战乱，战乱所直接到导致的后果是影响人们的生产生活，破坏其稳定的社会秩序。在易发战乱区，往往人口发展不稳定，聚落的发展也深受影响。战乱或者天灾等方面的原因引起的人口迁徙，伴随着人口的流动，导致不同地区的文化交流，包括民风民俗及建筑文化的交流。历史上的行政区域的划分，尤其是在古代通讯、交通不发达的情况下，某种程度上区划等于设置了一定的壁垒，某一州府的核心地区会形成一定的区域性文化，在地处州府核心区域的在普通百姓形成一定的生活习惯、民风民俗，在各个州府的边境地区会与其他地区有所交流。在众多学者进行建筑文化的分区时，其行政区划也是一个重要的因素。

整个江西地区地处长江以南，相对受北方政权更迭所引起的战乱波及较小，成为北方移民的重要接纳地。在传统农耕社会，相对稳定的社会背景下，江西地区是农耕文明发育较好的一个典范。抚州地区因为良好的地理环境是接纳移民的重要地区。早在魏晋时期就有许多大族来此定居，隋唐时期许多中原人因躲避战乱迁入抚州地区。两宋时期，抚州地区人口大量增长，同时伴随着也是临川文化大放异彩的时期。这一时期人口增长的重要原因是靖康之乱后的北民南迁，并带来了中原地区先进的文化和生产技术，在士绅阶层的引导下对社会建设发挥了积极稳定的作用。在明代中后期，广东和福建的流民开始进入赣南，并填充了赣东和赣北地区。虽有大量人口移入抚州地区，但在明初"江西填湖广"的大社会背景下，也有大量人口外迁，据《抚州府志》记载明代抚州的人口和与户数较宋代相比有下降趋势[①]。抚州地区迁入的移民和自有人员的流动促进了文化交流、融合，推动了抚州地区的社会经济的发展。

抚州地区包括明清时期的抚州府和建昌府。抚州府是临川文化发源地，其管辖的县域也是临川文化传播的核心区。建昌府的治所在南城，其管辖区域位于赣东与闽、粤交接处的山区，远离战乱，是江西通往闽粤沿海的重要交通通道，在明中后期由于流民安置建置紧张又重新设新城县（今黎川县）。虽同属临川文化圈，文化传播的规律越向外影响力越弱，同时又由于是不同的府治管辖，在建筑文化上存在一定的差别。

抚州地区的传统聚落在明清时期定型，到太平天国后的清末到民国时期走向衰落。在衰落的过程中，"文化大革命"的十年浩劫，对村内的传统建筑进行了人为的灾难性的破坏，致使很多有价值的遗迹遗物难逃劫难，至今我们在传统聚落中看到的很多雕刻人物头被挖去，破坏了其文物价值，造成了不可估量的损失。可喜的是，近年来随着人们保护传统聚落意识的觉醒，越来越多的人关注和保护传统聚落，正在向营造积极有利的社会氛围方向发展。

3. 经济

"聚落经济"是聚落这个小社会与内部生产力相适应的生产关系，内部的组织结构、宗法制度、意识形态甚至审美观点"上层建筑"都是建立在"聚落经济"基础之上的[②]。传统农耕社会，大部分聚落中的经济基础主要依靠自给自足的小农经济为主，宗族采取财富共享的方式维持稳定。随着生产力的发展，出现剩余产品的交换，促进手工业、工商业的发展，进一步促进了聚落层级的划分，形成墟市、集镇商业型聚落和普通农耕型聚落。传统聚落中的经济方式分为农耕经济，商品经济两种。在抚州地区，身处江右商帮为主导的小商品经济发展的大区域环

---

① 朱琳.明清时期临川士绅与地方社会［D］.南昌：南昌大学，2011.

② 彭鹏.华北山区传统聚落外部空间研究［D］.南昌：南昌大学，2007.

境，大部分传统聚落是农商结合的方式。

抚州地区的北部，岗地与平原相间，水系丰富，适合农业、商业的发展，自古是重要的粮食生产基地，经济地位较为重要，有"赣抚粮仓"之称。由于盛产粮食，粮食转化为可交易的商品。在临川、金溪、崇仁地区一带米谷成为大宗商品，多粮商①，金溪县琉璃乡的"名荐天朝"牌坊刻有一道完整的圣旨，记载了该村的明初秀才徐积善捐谷 4500 石救济灾民这一慈善义举，专门设立牌坊以表嘉奖。大耿村的义封门是明英宗下诏敕建，为了表彰村内的乡绅捐赠赈济粮 1100 石，是对慈善事业的褒奖。这一带的粮商较多，在国家危难，时遇饥馑的情况下捐粮相助。在东源村探访时，当地的老乡告诉我们，位于村西北的齐冈河以前每年的 5～8 月份丰水季的时候，专门有水运的船工将粮食运走，船工不是当地人，是专业的运输队伍。抚州商帮是江右商帮的重要组成部分，明清时期由于人多地少，大量人口外出经商谋生，为商贾者 1/3，他们的足迹远达云贵、两湖、北京等地，在外经商致富后，回报乡里，兴建豪宅，投资家乡的公益事业。规划整齐的石板路、精美的古宅、恢宏的祠堂无不透露着财富的积淀。

总体上，抚州地区属于较为富庶的地区，经济发达，在发达的经济基础上才能孕育文化上的发达，成为"才子之乡"。尽管如此，由于经济区域发展具有不平衡，交通方便的地区，经济发达的地区形成集镇和规模较大的聚落，而大山深处由于资源匮乏，交通不便，经济基础较差，仅能满足日常生活的需求，聚落发育不完善，规模较小。

4. 文化

传统聚落是乡土文化的物质载体，承载着世代乡民生活的延续和记录，是他们的生命家园，是不同时期，不同社会结构，不同文化水平下的历史的记录者。传统聚落在发展演变过程中，始终受到自然地理因素的制约，是在特定条件下对自然环境的适应，那么同时也始终脱离不了聚落的主体—人，人与自然，人与人的关系在传统聚落形态中得到了鲜明的体现，或者是说，人们的思想观、价值观和社会结构方式、生产生活方式作为一种助推力影响了聚落的建设。在封建社会以儒家思想为基础的宗法、礼制道德观、重族重家的血缘关系、各地不同的民俗信仰，追求天人合一的风水理念等都深刻地影响了传统聚落的空间形态。此外，各地区在特定的自然、文化、历史背景下经过长时间的积淀形成具有特色的区域文化，然而随着人口流动必定会带来文化上的交流，不同文化影响下的相邻地区往往也是文化交汇融和区，文化的交流带来的便是建筑文化的交流。

---

① 王根泉，魏佐国.明清两代江西抚州地区商品经济发展的水平［J］.江西社会科学，1992，6：130-135.

宗法伦理制度在封建社会时期漫长的发展过程中，经过不断调试，到明清时期作为统治阶级推行的统治思想，教化民众，封建伦理道德观念深入人心，从人们的道德伦理观、社会组织关系到聚落的布局都深受影响。宗法制度以宗族血缘关系为基础，宗族自治，形成稳定的社会基层组织。人们以血缘关系得以维系和发展，聚族而居，强调认同感和责任感，以血缘关系展开布局，社会结构和聚落空间结构相对应。以宗族祠堂为核心，分房分组团而布，形成统一规划布局的有机整体。在封建社会中，礼制思想的熏陶下，人们渴望通过读书来改变自己的社会地位，崇尚"万般皆下品，唯有读书高"，在经济基础较好的地区，人们有更多的条件读书，崇文重教之风盛行，科举文化发达，反映在建筑文化上，从传统聚落的细部可感知其文化气质。

中国传统文化源远流长，各民族各地区都有各种不尽相同的风俗习惯和宗教信仰。因风俗习惯和生产生活方式的不同，在聚落中营造出与之相适应的空间形态，如贵州苗寨在节日有载歌载舞的习俗，所以每个聚落中都会设置一个圆形的铜鼓平广场，作为寨子中重要的空间节点。由于人们的宗教信仰的差别，反映人们的精神空间的设置也会有差别。信仰是传统文化的组成部分，它表达了人们对生活的期许，寄托心中美好的祝愿，是人们精神生活的重要支柱。在传统聚落特定文化孕育下，祭祀的场所空间是必不可少的节点空间。由于信仰类型的不同，与之相对应的则是庙宇类型的多样性和建筑形态上的差别。在聚落的布局上，有的是以庙宇为中心，有的庙宇位于聚落的外围，形成不同的空间形态。江西是佛、道并重的地区，所以抚河流域地区的庙宇类型以佛寺、道观为主，还有一些其他类型的庙宇。

风水学是中国传统文化中的特色文化现象，是几千年来人们对于自然认知，在道法自然，天人合一的指导思想下对聚落的选址和营建过程中形成的一套理论。它集中了建筑哲学、建筑美学、建筑技术等各要素，是中国传统文化的一个整体体现。江西是风水学盛行的地区之一，传统聚落的选址和布局都受到了其深刻的影响。

文化交流的结果带来的便是建筑文化的交流。建筑文化交流，呈现两大特征：一是按照移民通道传播，华中科技大学以李晓峰老师为首的研究团队从移民的角度切入来研究移民通道上聚落形态的变化。二是在不同文化区的边缘地带，由于地缘的优势呈现强烈的融合现象。在抚河流域地区南部黎川、广昌一带，呈现赣、闽、客多元文化的融合，而北部地区是临川文化的发祥地，影响力较强，主要受临川文化的影响。

抚河流域地区传统聚落空间形态与自然地理背景中地形地貌、气候条件、区位交通、物产资源和社会人文背景中历史、政治、经济、文化之间关联示意，如图 7-1 所示。

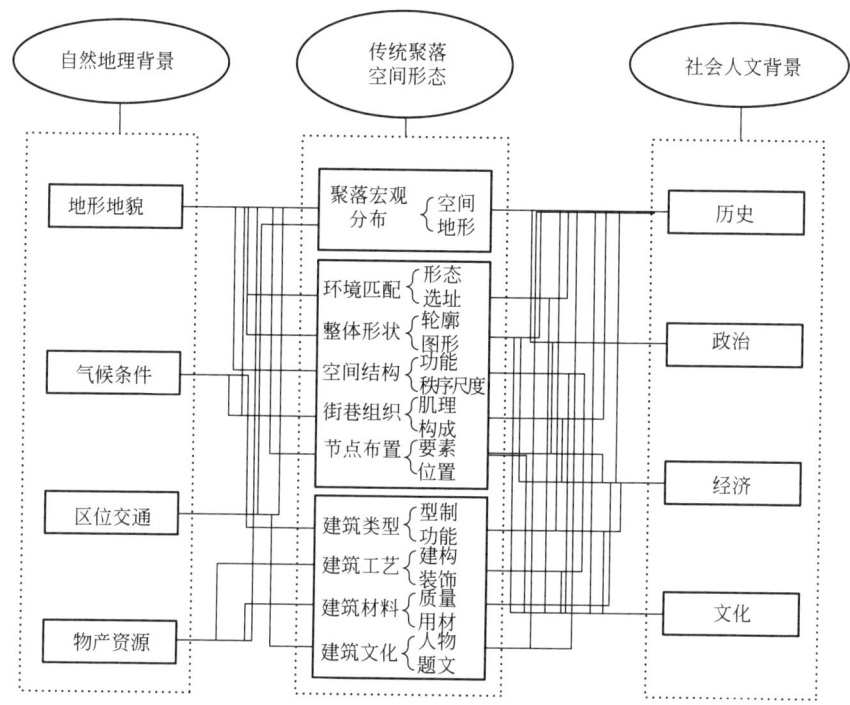

图 7-1　传统聚落空间形态与其影响因素之间的关联示意

（作者自绘）

7.2　传统聚落空间形态与其影响因素的关联分析

7.2.1　传统聚落宏观分布与其影响因素

聚落的分布受自然因素中地形地貌、区位交通、物产资源和社会人文因素政治环境、经济基础和文化的影响。抚州地区地形条件复杂，以岗地丘陵型聚落为主，聚落在水系和古道沿线分布密集，可耕种的土地资源较多时，聚落规模稍大且相对密集。在抚河流域地区大的区域环境背景下，少受战乱且社会发展稳定，形成千年延续的聚落传承。该地区整体上经济条件较好，但人口密集，以小商品经济形式为主，与之相适应的聚落规模以中小型为主，难有徽派聚落中由于大的家族财团而形成的规模较大的聚落。

地形地貌是影响聚落分布的一个重要因素。平地和岗地地区聚落分布较为密集，在山区则较为稀疏。一方面是因为大部分地区更乐意于选择有利于聚落建设的相对平坦的地区，除了某些少数民族有占山而居的习俗外。另外一方面，地势相对平坦的地区拥有更多的可耕种的土地资源。抚河流域地区的在北部属赣抚平原，包括东乡、金溪、临川、进贤一带，平地，岗地较多，而在黎川、宜黄、资溪地区则山地较多，整体上北部地区传统聚落分布更为密集。其中水系的分布也是影响聚落分布的一个条件，沿河（抚河）一带，某种程度上容易形成冲积平原，而一些小的支流，人们逐河而居，其一是方便生产生活用水，其二是古时水路是重要的交通通道，易形成发达的交通通道。抚州地区一些重要的集镇，如驿前镇、宜黄镇、浒湾镇、上顿渡镇都沿河分布，有便利的水运交通条件，才得以促进商贸经济的繁荣。总体来说，虽有沿河分布的趋势，但非临水的山地丘陵间也有星星点点的聚落分布，整体上不如赣东北徽派聚落地区的带状分布趋势那么明显。综合起来地形起伏不大、耕地资源多，交通区域好的地区传统聚落分布密集，金溪一个县境内传统聚落数量有百余个，是分布密集地区的典型。在宜黄、资溪县境内的山区则聚落分布较少，且聚落规模较小，多几户成团，几十户甚至上百户的聚落在山区就已经算较大规模的了，如崇仁地区的铁路坑、拿山村，广昌地区的凉伞树下、挫窝斗等都是小规模聚落的代表。

在一种现象呈现的背后往往是多种因素交叉影响作用的结果。从社会人文背景中的经济因素来看，抚河流域地区明清时期为商贾者1/3，还有一部分人亦农亦商，主要是小商品经济，名门望族实力没有突破一定的限度，以小规模的家族聚族而居。此外由于地域性的社会结构原因，各个家族之间的势力分布均衡化，导致难以形成大规模的聚落分布。即使是规模较大的聚落如金溪县的疏口村，村居面积约 1km²，难以和吉安地区的渼陂村和赣东北地区的汪口村较比。疏口村是理学之邦，历史上人文蔚起，著书立说者贤达人士众多，以明代吴悌及其子吴仁度为代表，疏口村村落发展规模大，与其文化的发达和人才兴旺是分不开的，这当然又涉及文化因素。传统聚落宏观分布与影响因素之间的关联及传统聚落宏观分布呈现出的地域差异性，总结如表 7-1 所示。

传统聚落宏观分布与影响因素之间的关联　　　　　　　表 7-1

聚落空间形态	特征与构成	与影响因素的关联	地域差异性
传统聚落宏观分布	中小规模： 一般面积在 1km² 以下，1km² 以上便是大聚落了。 平地和岗地型多分布密集： 聚落与聚落之间的平均距离约为 500m	1. 基址地形地貌的原因，平地和岗地地区易于建设，交通方便，耕地资源相对较多，所以分布相对密集。 2. 经济基础和财富积累的原因，中小规模是与当时的小农经济和小商品经济相适应的结果。 3. 地域社会结构的原因，家族势力相对均衡，没有像徽州地区那样大的家族势力，未形成大的聚落	总体上，抚河流域北部地区地形起伏不大，交通区位好，耕地资源相对较多的区域传统聚落分布密集，以金溪县为典型，而中南部宜黄、资溪等地区山地较多，聚落分布稀疏且规模小

（来源：作者自制）

7.2.2 传统聚落空间形态与其影响因素

1. 聚落的环境匹配特征

聚落的环境匹配特征受自然地理因素中地形地貌的影响和社会人文因素中历史、文化的影响。在聚落所处的微观地理环境，由于山体和水体与传统聚落契合的方式差别，形成不同的聚落山水环境模式和形态类型。在聚落选址和营建过程中注重风水学中的山水"形势"，形成藏风聚气的小气候环境。

抚河流域地区大的区域环境以丘陵山地地形为主，兼有岗地平原地区，地形复杂多样，这就造就了每一个聚落所处的微观环境千变万化。在中国传统天人合一观念的影响下，聚落营建追求因地制宜，道法自然，形成与自然和谐共生的局面。传统聚落在选址上，离不开风水理论的指导，尤其是在江西这样一个风水盛行，理形派的重要的发源地地区。江西省山水环境复杂为理形派赖以起源发展的环境基础，二者相辅相成。这本身也是由于山水环境的关系复杂才得以有风水学理论的发展。在北方平原地区，四周一马平川，没有察砂点穴等可依托的自然环境。但相比较而言抚河流域地区对风水学的崇尚较吉安地区弱一些。在抚河流域地区的传统聚落虽各在选址上有微观环境差别，大部分传统聚落处于出背山面水，藏风聚气的小环境，背后靠山或小型的山冈，前面依水塘或河流小溪，四周环山，力求"枕山、面水、环屏"的山水格局。而在地势相对平坦的临川、进贤一带，则一般是村前水塘，面水，四周是开阔的田畈，地形起伏较小，周围视野开阔，地形特征则不是很明显。

传统聚落所处的微观环境不尽相同，根据地形地貌中的山水环境格局，上文中将聚落的山水环境大致分为水塘环绕、山林庇护，滨水而立、山林护卫，三面环水、岗地建村，背后靠山、溪水穿村，靠山而建、面塘而依等五种典型模式。当然除了这五种以外，还有其他的山水环境不太典型的模式。地形是村居环境的底盘，聚落契合地形而建，因地制宜，根据地势情况，聚落呈现出不同的整体形态，概括为平地舒展型、岗地起伏型、山地跌落型。位于地势相对平坦的地区则呈现平展型，聚落向四周扩建时受地形制约较小，这种类型的聚落在抚河流域地区所占比重较小。由于该地区以丘陵岗地为主，依岗地而建，前后有高差，聚落形态呈现起伏型的所占比重较大。村后多有后龙山，一方面满足风水学中靠山的需求，另一方面前低后高的地势由利于排水，也是从实际的安全角度考虑的结果。山地跌落型，一般背后靠高山，在山脚下沿等高线而建，聚落有明显的高差层级关系。

2. 聚落整体形状特征

传统聚落的整体形状受自然因素中地形地貌因素的影响，社会人文因素中受历史、经济、文化的影响。传统聚落的平面形状在平地地区四周有可拓展的空间，多呈团状；沿河和沿山谷多呈带状，在南丰一带的山区由于某种文化因素的作用，形成里外堡的团簇型。在布局形式中，在山地和水塘密布的地区多呈自由分散式布局，而岗地平地地区相对严整型的形态。聚落中经济基础较好，则通常规模相对稍大，呈现明显的边界，经济发达反过来促进文化兴盛，人丁兴旺，聚落发展完整有序。山地地区交通不便，经济欠发达地区，依照山体的坡度、坡向，无序自由式发展，呈离散状，四周的边界不明晰。

建成轮廓的四周边界，大致分为四周建村墙边界明确，一面有明确轮廓，其余三面不完整和四面轮廓均不完整三种类型。第一种类型多位于抚河流域地区的金溪、东乡一带的村堡式聚落，由于聚落建设的习惯，四周建村墙，村墙是村内外明确的边界。关于建村墙的原因，是出于防御性的安全考虑和内敛性的文化特质所决定的，现存的具有明显边界的传统聚落以东源为代表。历史上虽然该地区几乎村村建村墙，但由于年久失修，大部分村墙只剩残垣断壁，甚至荡然无存。大多数传统聚落随着现代化的建设，已突破村墙的限制，往外拓展，只有一面还存在明晰的边界，这一面往往是聚落的正立面，而其他三面则多存在无序化建设，形成不规整的边界。在山地地区的聚落，基于地形因素，尤其是山体的坡度、坡向影响房屋的布置，房屋建设呈无序化自由发展，四面的轮廓均不规整。同时具有明确边界的传统聚落是在明清时期由乡绅知识分子进行过规划建设，整体上呈现的是有序状态，也是与其经济基础分不开的，越是经济条件好的聚落，在外发迹的商人回报故里，经过统一规划设计，聚落建设则越严整有序。虽然有的传统聚落聚落内外有多口水塘，道路房屋布置要依照水塘驳岸建设，整体上呈现自由的状态，但依旧是有一定的秩序感。经济发展有助于教育发展，促进文化上的兴盛。在中国传统社会，仕、商、儒、耕，相辅相成，抚河流域地区在抚州商帮和临川才子这样的双重文化背景下，传统聚落更好地诠释了仕、商、儒、耕文化的发展脉络。南丰的古竹村虽地处大山腹地，但人才兴盛，聚落规模大，核心区域的二街八巷，布局有序。该村所处的地势四周山环水抱，村落基址处于一块相对平坦的基址上。当地的老乡告诉我们，直到土改前，古竹村所拥有的土地是方圆几十里，附近其他的村民租种他们的土地。正是因为它当年文化发达除了官宦名人，形成当地的名门望族，发展大的家族势力，占用超出配置的土地资源。

抚河流域地区经济欠发达的山地地区，传统聚落形态依等高线跌落，依照山体的坡度和坡向，建筑多一字形任意自由布置，道路随机，整体高差起伏较大，四面边界不规整，呈现出自由无序的状态，但四周的生态环境良好，聚落掩映在群山中，村民过着清苦却超脱的生活。

3. 聚落空间结构特征

空间结构受自然因素中地形地貌的影响，受人文因素中历史、经济基础、宗法社会制度、民俗信仰等因素影响。交通便利,商贸发达的聚落,有与之相对应的功能分区,有商业街。在受宗社会制度的影响,聚族而居,以宗祠或总祠为核心,以房派分组团居住。

在功能格局上,一般的传统聚落都有居住生活区,交往娱乐区、祭祀礼制区、耕种劳作区,而安全防御区和商业集贸区则只有部分传统聚落有。安全防御区的设立基础是处于安全防备,通常是经济基础较好需要防盗防土匪而建,这个分区在村堡式聚落和里外堡式聚落中体现的比较突出。通常在村堡式聚落财富实力雄厚需要村墙防盗防土匪,多建有村墙,起到一定的防御作用,以竹桥村为典型。里外堡式的防御区在里外堡聚落形态中,其防御格局通常是依靠自然山体险要地势,形成围合,通道上形成类似长城上的隘口,以南丰古竹村为代表。除此以外,其他类型的聚落则这一分区不是很明晰。商业集贸区通常是墟镇型聚落,设有专门的商业街,是四邻八乡商品买卖交换的场所,通常交通便利,聚落规模相对较大,而非墟镇型聚落有的也设商业街,如古竹村内的老街,两侧为沿街店面,专门满足本村人的生活需求。居住生活区是传统聚落的主要功能区,其空间结构的布局,反映了宗法社会关系,以宗祠(总祠)为核心,不一定是聚落的几何中心,其建筑布局按照房派分组团,每个房派往往紧紧围绕在支祠(公祠)周围。随着宗法社会的解体,这种居住的组团关系也越来越不明确,只有在传统风貌保存较好,结构清晰的聚落体现得较为明显。祭祀礼制区包括敬祖收宗的祠堂和人们精神信仰表达的场所,这与中国传统社会的宗法制度和人们的宗教信仰信息相关。

传统聚落中的秩序和尺度方面,是一方面依据当地居民的生活习惯而设,如门楼空间,街巷尺度,另一方面受地形因素影响,滨水空间的尺度和各空间的组合序列。秩序中的等级,体现了中国人传统思想中儒家礼制和宗法观念的影响,体现建筑的等级性,祠堂为聚落中最为重要的建筑,所以位置好、规模大、建筑工艺更为精良。聚落中的空间尺度中,尤其是街巷空间和宅院空间受气候条件的影响。

4. 聚落街巷组织特征

街巷布局受自然因素中的地形、气候、物产资源以及社会人文因素中历史、经济的影响。街巷布局在山地地区多沿等高线布置或垂直于等高线联系纵向交通,街巷的高差通常随行就势。由于南方地区天气湿热,街巷多狭窄高耸,避免阳光直晒,减少太阳辐射量。在经济条件较好的聚落,街巷界面材质精良,细部多装饰。

街巷布局受地形因素的影响,一方面考虑与水系的关系,绕塘而设或是沿河而布,形成良好的滨水空间,另一方面与地势有关,聚落依山而建,道路则随行就势,通过台阶和坡道来处理高差问题,尤其是在岗地聚落和山地聚落中较为明显。沿山脚而建的聚落,道路沿等高线而建,联系横向交通,或者垂直于等高线处理高差来解决纵向交通。在街巷的尺度上，主街和支巷除了因为满足交通需求而有一定的主次关系，街道的高宽比是影响街巷热环境的主要参数，高宽比变大，进入街巷的太阳辐射能量就会减少①。抚河流域地区传统聚大部分的街巷呈现高墙窄巷的形态，这与当地气候条件密不可分。南方地区湿热，为减少太阳的辐射，两侧墙体高耸，巷道宽度较小，高宽比较大，所以接受太阳辐射量就会减小，同时街巷内的热环境对建筑室内的环境也有一定的影响。

历史上经济条件较好的传统聚落，界面上注重细节的设计并采用较好的材质。侧立面上有镂空雕石窗、木窗做装饰，青砖砌筑，地面铺严整的条石，与石质墙裙浑然一体。在条件欠发达的地区侧界面为土坯材质，路面铺砌简单，几乎无装饰，呈现天然淳朴气质。

街巷界面的材质与物产资源有关，尤其是石材的运用，在金溪地区多产印山白石，所以铺地的条石、石雕、门仪石、墙裙都采用这种石材，在东乡水南村附近产红砂石，其所用石材基本均为红纱石，与青砖灰瓦形成强烈的颜色对比。南丰一带也产红石，街巷界面中均采用这种石材，而在资溪、宜黄一带，所产石材较少，但滨水有丰富的鹅卵石，所以路面和墙基为鹅卵石铺砌。

5. 聚落节点布置特征

节点布置受自然地理因素中地形地貌的因素，社会人文因素中历史、文化因素中宗法社会制度、风水学理论、民俗信仰、崇文重教、居住习惯、生活需求等多重因素的影响。在节点建筑中尤其是祠堂，都位于地势较高，风水较好的地方。由于生活和居住习惯，抚河流域地区北部地区设立门楼节点，既是交通建筑，也是人们休息聊天的公共场所。民俗信仰反映在建筑文化上，设立相应的坛庙类型。该地区书院建筑数量众多，和曾经文风昌盛，教育发达息息相关。传统聚落中古井、古树、古桥节点根据人们实际的生活需求布置，或是几种元素组合形成一定节点空间，起到风水学意义上的水口的作用。

节点空间是传统聚落空间形态中类型丰富的构成元素，其位置和形态的布置是多种因素共同作用的结果。祠堂是重要的公共建筑空间，也是节点中最为重要的类型，是宗法社会制度在建筑文化上的体现，同时也是传统聚落中的权力空间，其选址通常是在风水理论的指导下位于最利于全族发展的位置。村庙一般位于传统聚落的外围，是信仰寄托，祈愿纳福的场所，其类型与人们的信仰对应，较其他地区具有江西特色的一类是万寿宫，除了在古城古镇商贸发达的地方，甚至在乡野中也建万寿宫，金溪县邱家古桥旁便建有一座万寿宫。佛、道是该地区的传统宗教，佛寺和道观是主要的村庙类型，尤其在南丰广昌一带道教盛行，几乎村

① 张乾. 聚落空间特征与气候适应性的关联研究［D］. 武汉：华中科技大学，2012.

村建有三仙庙，其他还有建将军庙。其他类型的数量较多的村庙还有土地庙，这与中国传统农耕社会性质息息相关。其余还有一些小众信仰的其他类型的村庙和近现代以来传入我国的基督教等。

书院建筑没有在上文中作为一个单独的节点类型介绍，是因为它通常设置在某些宅院内，作为私塾，或是作为单独公共的建筑，其布局的位置对整体的聚落形态影响不大，所以未作为一个单独的节点类型。抚河流域地区的书院建筑数量众多，从建筑类型上来讲，是非常重要的文化建筑，是该地区历史上文风昌盛、人才辈出的物质载体。自唐代到清末，抚州先后创建各类书院近160所，古代抚州的书院建设不仅起步早，而且数量多，分布广[①]，为古代教育发挥重要作用，最重要的是与临川文化所取得的巨大成就是相匹配的。抚河流域地区北部的一类典型的交通建筑门楼，是聚落中比较重要的节点类型，是传统聚落内外的关卡，同时也是巷道入口的标志，有的门楼前面通常有一块开敞空间也作为人们休息聊天的场所，依据居住习惯和生活习俗而设。

古井是传统聚落中主要为满足人们的生活需求而设立的节点，大部分设在生活区内，也有的位于村口与古树相映，为村中的水口，有的带有一定的文化内涵，如竹桥村口的"品"字三井。古树的位置相对随机，有的位于村口起到标志性作用，或是旁立村庙、古桥，是村中的水口，有的位于村后古树成片，形成庇护全村的风水林。古桥是为了解决交通出行，按水系与聚落的位置关系而设，离不开地形的影响，同时有的也担负风水学意义上水口的作用。

传统聚落空间形态与其影响因素之间的关联关系，错综复杂，便于进一步认知，现将关键要点及地域的差异性表现梳理成表格形式（表7-2）。

传统聚落空间形态与影响因素之间的关联　　　　表7-2

聚落空间形态		特征与构成	与影响因素的关联	地域差异性
传统聚落空间形态	环境匹配	聚落形态：平地舒展型、岗地起伏型、山地跌落型山水契合模式：水塘环绕，山林庇护；滨水而立、山林护卫；三面环水、岗地建村；背后靠山、溪水穿村；靠山而建、面塘而依	1. 基于地形地貌原因，与抚河流域地区大的区域环境以丘陵山地地形为主，兼有岗地平原地区，复杂多样地形的地理环境有关，对聚落形态的制约作用。2. 由于微观的山水环境的不同，传统聚落与自然环境契合成几种模式。3. 聚落选址受风水理论的影响，形成藏风聚气的小气候环境	抚河流域北部地区东乡、金溪、临川、进贤等县多平地舒展型和岗地起伏型聚落（平地型聚落以临川洪塘村、进贤县杨溪李村、周坊村为例），在中南部崇仁、宜黄、资溪、南丰等县的山区则多为山地跌落型聚落，且多为靠山而建，山脚下沿等高线分布（以崇仁铁路坑、宜黄县周陂村、资溪金竹村为例）

① 张发祥. 古代抚州书院发展探析［J］. 东华理工大学学报：社会科学版, 2009, 4: 307–312.

续表

聚落空间形态		特征与构成	与影响因素的关联	地域差异性
传统聚落空间形态	整体形状	建成轮廓： 四面规整、三面不规整、四面不规整 平面形状： 带型、向心型、团型和团簇型 布局形式： 自由分散型、严整紧凑型	1. 受地形地貌的影响，山地地区的聚落布局形式多呈自由分散式，平地和岗地地区多为严整紧凑型。 2. 受营建习俗的影响，抚河流域北部地区村落边界四面设村墙，形成村堡式，抚河流域南部地区形成里外堡团簇式布局。 3. 受经济、文化的影响，聚落中经济基础较好，则通常规模相对稍大，呈现明显的边界，经济发达反过来促进文化兴盛，人丁兴旺，聚落发育完整有序。山地地区交通不便，经济欠发达地区，依照山体的坡度、坡向，无序自由式发展，呈离散状，四周的边界不明晰。 4. 由于受文化交流的影响，广昌、南丰、黎川受闽、客文化影响，出现客家围屋，聚落形态呈现多元化	金溪、东乡、进贤县的传统聚落原为村堡式，明清时期周围设村墙，形成四面规整的轮廓线，后来随着建设发展，突破村墙的界线，多形成聚落的主界面规整，其他三面不规整的状态。村堡式聚落多为团型或向心型，布局严整紧凑（以东乡县后畲村，金溪县后林村、竹桥村、东源村为例）。以南丰县为典型的里外堡式聚落多位于山区，四面不规整且布局自由分散（以南丰县黄连山、祝家山和古竹村为例）
	空间结构	功能构成： 居住生活区、交往娱乐区、祭祀礼制区、耕种劳作区、安全防御区、商业集贸区 秩序： 轴线、序列、韵律和等级 尺度： 单视场空间尺度和空间序列的尺度	1. 在空间尺度方面，根据当地的居住习惯而设。 2. 空间序列的组合，一方面是由于当地的营建习惯，另一方面是地形因素的影响。 3. 受中国传统思想中儒家礼制和宗法观念的影响，体现建筑的等级性，祠堂比普通民宅规模要大，建筑工艺更为讲究。 4. 受气候条件的影响，尤其是传统聚落中的街巷和宅院空间的尺度体现了气候适宜性	整体说来，抚河流域传统聚落由于受特定历史背景、地形因素和气候条件，空间尺度以中小尺度为主，创造出宜人的生活空间，在人为规划意识较强的传统聚落中，体现出良好的秩序性（以进贤县曾湾村、崇仁县华家村、南城县汾水村、南丰县洽湾村、石邮村为例）
	街巷组织	平面肌理： 规划严整型（一横N纵、放射型、横纵交错型）、自由随机型 界面构成： 端界面、底界面、侧界面和顶界面 尺度： 主次分明、尺度较小	1. 受地形影响，尤其在山地聚落中街巷布局随行就势，呈自由式布局。 2. 受气候因素的影响，形成适应南方湿热环境的高墙窄巷的街巷形态。 3. 受经济影响，经济基础好的聚落街巷界面采用石板铺砌，界面材质精良。 4. 受当地物产资源的影响，当其周围盛产石材时，多用石板铺砌，盛产鹅卵石时，则用鹅卵石铺路。 5. 受营建习俗的影响，形成"一横N纵"式、肌理清晰的街巷布局	该地区传统聚落中的街巷形态大致分为两类：一类是在平地和岗地聚落，经济基础较好，街巷经过规划设计呈现布局严整、肌理清晰、界面材质较好的形态（如金溪县黄坊村、疏口村，崇仁县段家谢村、临川流坊村为例）；另外一类是山地聚落，由于受地形影响，布局自由，且经济条件较差，界面材质不讲究（以广昌凉伞树下、姚西村，南丰鸡月岭，黎川长南山为例）

续表

聚落空间形态		特征与构成	与影响因素的关联	地域差异性
传统聚落空间形态	节点布置	要素： 重要建筑节点、古井、古桥、古树 位置： 是否位于聚落中心及水口、关键性节点位置等。	1. 受宗教习俗的影响，设置不同类型的坛庙，其中万寿宫是江西坛庙建筑的典型。 2. 受风水观念和宗法制度的影响，传统聚落设水口，祠堂位于村中风水最好的位置。 3. 各个节点的设置受地形的影响，祠堂位于村中的地势较高的位置，古桥架于河流之上	该地区传统聚落中节点空间类型丰富，但从总体上看祠堂、坛庙的重要节点空间对整个聚落的场所凝聚力不强，中心性不够突出（如进贤县晏家村、金溪歧山村、崇仁县浯漳村、南丰瑶蒲村、南丰洽湾村等）

（来源：作者自制）

7.2.3 传统建筑形态与其影响因素

1. 建筑类型

建筑类型受自然地理因素中的气候因素的影响，社会人文因素中历史、民俗信仰、经济基础、文化交流因素的影响。抚河流域地区的传统建筑与南方地区气候相适应的建筑形制以天式民宅为主，同时在经济条件好的地区建筑规模大，质量精良，而山区相对经济较弱的地方则主要以一字形土坯墙民宅为主。由于文化影响力的作用，建筑特征呈现多元化。在历史时序上，传统接聚落以明清建筑为主，且明代建筑和清代建筑呈现鲜明的时代特征。

此处所指的建筑类型包括两个方面，一是建筑形制上的类型，二是建筑功能上的类型。抚河流域地区的建筑形制类型主要分为 2 种：一种是天井式，另一种是一字形小型民居。天井式民居是适应南方湿热气候，有利于室内通风采光的适宜性的住宅形式，同时也满足了"四水归堂"文化心理的需求。天井式民宅在抚河流域地区内各个县域由于地域文化和居住习惯有一些微观差异，南部的南丰、广昌一带的天井较临川周围地区要高敞，尺度要大。一字形的小型民居主要位于山区，由于地形和经济因素所决定的，由于山脚下没有足够大的平坦的基址建成几进式的民宅，一字形的可根据地形随机布置，同时一字形民在多用土坯墙，采用当地的材料，造价低廉。建筑的功能类型中，有居住建筑、祭祀礼制建筑、交通建筑、商业建筑、手工作坊等，前三种传统聚落中的基本类型，商业建筑是经济条件较好的传统聚落中存在的建筑类型，而手工作坊等生产性的建筑是有一定的业态支撑的聚落才会有，与其经济和文化的因素有关。如金溪竹桥的雕版刻书的养正山房，崇仁游坊村造纸的作坊。值得一提的是，抚河流域地区是重要的产粮基地，同时有很多粮商，与之相对应的建筑类型是粮食的仓储空间——粮仓，比较典型的是临川区玉湖村的资政第内的粮仓，位于民宅的北部，有 14 间，底层架空防潮，可藏粮 20 万 kg。在调研中还发现金溪县琅琚镇下东漕村一座带有粮仓的宅院，宜黄棠阴镇的文保仓等。

抚河流域地区以临川文化为主，但在边缘地区受其他多元文化的影响，反映在建筑文化上，则呈现出不同的特征。北部的抚州府地区是临川文化的核心区，建筑外观方正，材质精良，呈现儒雅的品质，而在南部建筑府地区，则门楼高大，造型丰富，燕尾脊翘起，受客家和闽西文化的影响。

从时间轴上，目前保存的传统建筑主要是明清时期，由于时代的差异性呈现出不同的建筑风格。明代建筑外观造型简单，梁架粗壮，多用月梁，整体尺度小，而清代建筑则整体规模大，造型多变，梁柱的节点简单，重装饰。

2. 建筑材料

建筑材料受自然地理因素中物产资源的影响，受社会人文中经济因素的影响。

传统建筑多就地取材，建筑材料直接影响和制约了建筑形态。有实力的商人通常采用较好的用材，不仅仅局限于本地的材料，甚至不惜财力从外地运来。

建筑材料的好坏直接影响了建筑品质。在抚河流域地区北部地区以临川、金溪为代表的天井式建筑，外观清水砖墙，石质墙裙，灰白色调，砖石的质量精良，砖砌工艺高超，灰缝较小，墙面严整，历经几百年的风雨依旧平整如初，未有明显风化现象。这一带生产灰白石，而且灰白石耐雕刻，不易风化。在抚河流域地区南部地区南丰、广昌一带，青砖红石，砖石的质量比北部临川金溪地区要逊色一些。这是南丰一带生产红石，红石较灰白石易风化。资溪、宜黄盛产鹅卵石，所以建筑的墙基多用卵石。

经济基础决定上层建筑。经济条件好的商人的豪宅，用料都是上乘的材料，粗梁大柱，严整的砖石材料，不仅仅局限于本地材料，不惜财力从外地运米。较为典型的一个案例是宜黄棠阴的罗家大院，中厅前檐下有一条长 8.3m 的条石，被誉为"江南第一石"，从四川水运过来。因为宜黄当地石材有限，且质量不佳。而经济一般或是稍差的民宅，由于财力所限用材较小且不太讲究。

3. 建筑工艺

建筑工艺受自然地理因素中的物产资源的影响，受历史、经济因素、文化交流的影响。建筑材料通常是建筑工艺发展的一个物质基础，如产石材的地区则石雕技艺精湛。建筑工艺是和其经济基础密不可分的，经济发达的地区或是商人的宅院一般制作考究，装饰精美，而经济欠发达的地区建筑工艺相对简单、粗糙。文化的交流相应也会产生建筑技术的交流。

在时间轴上，建筑技术的发展随着社会进步和生产力的发展不断提高。在原始社会进入新石器时代时，产生了2种代表性的居住方式，一种北方黄河流域地区的穴居，另一种是长江以南地区的巢居。长江以南地区在穴居的基础上经过长时间的演变，发展成为干阑式建筑。到隋唐时期，民居发展为成熟的木构架体系，建筑类型也随之增多。明清时期，传统建筑进入程式化和稳定的时期，建筑承重体系发展到成熟阶段达到顶峰，尤其是在清代主要在建筑的装饰方面有进一步发展，追求华丽的风格。抚河流域地区的传统建筑大体上，清代建筑比明代建筑在砖雕、石雕、木雕等雕刻装饰方面更为精美奢华，符合建筑技术大体的发展趋势。建筑技术的发展离不开经济基础的支撑，明清时期抚州地区由于商业文化兴盛，才得以有实力建造起质量精良和规模宏大的宅院。

在空间维度上，建筑技术的发展是建筑形态的支撑。建筑技术在古代是通过匠人口传身授的建筑营造技艺，是世代工匠累积的建造智慧。除了官式建筑外，民间的建筑由于各地区的建筑技术发展不均衡性和各地区传统建筑的建造技术和建筑形态呈现多样化，地域的匠作技术呈现鲜明的地域性。江西民居在建筑风格上形成稳定的制式，而在局部的建筑构造中，做法多样。在大的区系范围内如此，甚至是在相邻的县域范围的构造做法都有不同。某些地域由于建筑技术水平高超，形成有名的帮派。在江西名列前茅的建筑技术较好的木匠团体有抚州帮、都昌帮、余江帮。

抚河流域地区地域传统建筑工艺在整个江西地区来讲都是名列前茅，尤其是临川附近的砖石工艺精湛，特别是石雕之精美，雕刻技术高超，在门楣、石窗、柱础石等图案细腻生动，空间层次感强，极富立体感，而在广昌地区砖雕工艺发达，影壁、门额上的多施砖雕，图案丰富多样。

在经济条件好的地区，建筑制作精良，用材考究，以临川竹溪村的商宅、金溪竹桥村古宅，广昌驿前镇上的古宅为例，显然要在制作的精细程度上要大于一般普通型的聚落民宅，在雕刻、绘画等装饰上也是精益求精，展现了高超的建筑工艺和丰富的建筑文化内涵。在经济欠发达的山区，建筑构造简单，采用原始的材料，工艺简单，少装饰。建筑工艺的传承和交流显然和文化的传播融合密不可分的，是一种集体智慧的结晶。它通过世代工匠的经验积累，长时间的沉淀，形成适应于特定地区的材料、经济、文化等多种因素的区域性的建筑工艺。

4. 建筑文化特征

聚落中传统建筑的文化品质受崇文重教思想和经济基础的影响。由于重视教育，文风昌盛，人们有很高的文化品位，反映在建筑文化上，数量众多的科举建筑，深厚文化内涵的楹联题刻、旗杆石等具有纪念意义的建筑或构筑物。

抚河流域地区传统村落中至今保存着科举文化见证的题有"进士第"、"科甲第"、"明经第"、"世科第"、"解元第"、"登龙第"等匾额的宅院。一般而言，只有该家族中中过进士、贡士的方有资格在门额题"进士第""明经第"等，而题有"科甲第"的，是该家族中通过科举考试中举或中进士后入仕的才有资格①。金溪琉璃乡蒲塘村、尚庄村、谢坊村尚存"进士第"，蒲塘村历史有4名进士，进士第是纪念其中某一位而建，尚庄村的"进士第"大约是为了纪念明代进士李日文而建。广昌县甘竹镇罗家堡保存一座完好的"世科第"，面积3000多平方米，除主要的居住用房外，还布置有书房、绣花楼、观音堂等，布局完善，构思巧妙，是难得的建筑精品。在金溪县浒湾镇中洲村、南丰县琴城镇瑶浦村分别有"解元第"，中洲村的"解元第"是为了纪念吴国柱在康熙二十年（1681年）辛酉乡试考取武解元。瑶浦村的主街上一座宽敞的宅院面向主街，入口门额上镌刻"解元"两个大字。金溪县合市镇珊珂村保存一座"登龙第"宅院，还有巷道口一座"大夫第"门坊，应为标榜该村的云南通安州知州李炽而立。

在传统村落中还反映了古代由学入仕的宅第"大夫第""翰林第""尚书第""天官第""州司马第""中宪第""中议第""文林第""外翰第""儒林第"等。其中有些官衔为名副其实，但有些可能是通过"例授"得到的虚衔。尤其是清代，商人比较富裕，往往向有关官府按例输出钱款，买得一个"国学生""贡生"或"登仕郎"甚至"奉直大夫"的身份，叫作"例授"，以求得到政治上的某些特权和庇护②。其中以"大夫第"的宅院居多，典型的是琉璃乡蒲塘村的"大夫第"，为清代商人徐亮山、晓山在乾隆年间而建，二人经商致富捐得布政司的官衔，例授奉直大夫，故在家乡建造了大夫第。入口门坊上的匾额上刻"大夫第"，前面的巷门一关，就形成一个独立封闭的单元。走进巷道，由两幢并排的直进式大屋组成，雕刻奢华。琅琚镇疏口村和谢坊村存"天官第"宅院，疏口村的"天官第"为纪念明万历十七年进士吴仁度而建，谢坊村在明朝有四人荣登进士榜，所以留下了"大夫第""科甲第""进士第"等宅第门额。宜黄县中岗镇兰水村，保存一座规模宏大的宅院，后厅的前檐下悬挂"州司马第"的木匾，还有金溪的横源村"州司马"的宅第。其他还有东源村的"中议世第"，岐山村的"中宪第""大夫第"、竹桥村的"文林第"、戌源村"儒林第"、大耿村的"尚书第"等。

在传统村落中的数量众多的门楼、门坊、巷门等昭示着族人登科及第后的荣耀。琉璃乡尚庄村在四个方向分别设有进村的关口，南关为"科甲传芳"门坊。琉璃乡印山村入口门楼上镌刻"科甲联芳"，指的是印山村徐氏家族累世出进士。"鼎第里"门楼位于合市镇大耿村，明代榜眼徐琼故里。"鼎第里"是为

① 王炎松，袁铮.金溪古村落四季行［M］.南昌：江西美术出版社，2015.
② 吴定安.乡草集：金溪历史文化研究［M］.南昌：江西人民出版社，2012.

徐琼而建，指徐琼高中榜眼的功名。全坊村"科第"总门楼，为牌坊门，坐落在村前正中，坐北朝南，为村中的总门，左为东门楼，高约 4m；其右为西门楼，又称独家门，高约 5m。三门合成一只燕子形，总门楼为燕子嘴（头），东、西两门似燕子两翅。总门楼高 6m 有余，宽 6.5m，为两层四柱三门牌坊式，正中为入口，少有雕饰。门额上有一块长 0.5m，宽 1.6m 的石匾额，镌刻"科第"两个苍劲有力大字。该村始迁祖同公为宋初明经及第，属科举中试，立此门是激励后人科举连捷，奋发努力。科举门坊建筑最为典型的是合市镇的游垫村，明代工部侍郎胡桂芳故里。该村的街巷肌理为一横五纵，每条纵向都有一个门坊，从西至东依次是"进士第""侍郎坊""尚书府""方伯巷"和"大夫第"门坊，形制各异，这些官位其实都是指同一个人——胡桂芳，这一切似乎诉说着一个人的荣耀。

村中除了宅第、门坊外，还有用来标榜身份、光宗耀祖的旗杆石。古代科举制封建社会里，经过科举考试，就可在祠堂或祖屋门前立旗杆石，以彰显身份，昭示世人。在金溪县游垫村据村里的老人说，这里原来有 36 对旗杆石，至今还可看到伫立在路旁的旗杆石。崇仁县白露乡的华家村在"平原旧家"门楼、"江州衍庆"门楼的两侧各有一对旗杆石，在清朝时演绎了"一门三进士，兄弟两翰林"的科举盛事。据记载，华家村在清嘉庆、咸丰、同治、光绪年间先后出过翰林、进士、举人 9 人，华煜、华星棋、华星汉和华休仁等高中进士，其中华煜曾任刑部主事。如今，在村中门楼和祠堂门前仍竖有多处旗杆石，在古代，只有考取功名的人才能立旗杆石树旗杆，以彰示恩荣[①]。

这些村中的文化元素，是村落百年传承的标志，是历史上文化的积淀，从村落文化到聚落形态的形成都产生了重要影响。抚河流域地区传统聚落历史文化底蕴深厚，明清时期崇文重教之风尤盛，科举文化发达，至今这些厚重的文化积淀作为无形的文化品质深深烙印在传统聚落中。抚河流域地区传统聚落历史文化底蕴深厚，明清时期崇文重教之风尤盛，科举文化发达，至今这些厚重的文化积淀作为无形的文化品质深深烙印在建筑文化中，反映了该地区传统聚落特有的一种文化特色。科举文化对优秀村落文化的形成、村落格局的影响、重要节点建筑标榜、府第宅院的建设、门额题匾文化等产生了重要影响。

将传统建筑空间形态与其影响因素之间的关联及传统建筑形态的地域差异性概况整理如下表（表 7-3）。

---

① 临川晚报，http：//cache.baiducontent.com.

传统聚落空间形态与影响因素之间的关联　　　　　　表 7-3

传统建筑形态		特征与构成	与影响因素的关联	地域差异性
建筑形态	建筑类型	建筑形制类型：天井式、一字形和围屋建筑功能类型：居住建筑、祭祀礼制建筑、交通建筑、商业建筑、手工作坊	1. 受气候条件影响，天井式民居适应南方湿热气候，有利于室内通风采光。2. 受地形因素的影响，在山地地区由于地形存在高差，平地面积所限，不适宜建天井式民宅，所以山地聚落中大部分为小型的易于自由布置的一字形三开间的民宅。3. 建筑功能类型受经济、文化的影响，经济条件好的传统聚落有商业建筑，且在一定的业态支持下有相应的手工作坊、粮仓等；而文化底蕴深厚重视教育的聚落有书院建筑。该地区多种宗教信仰并存，所以存在各种坛庙建筑。4. 受历史因素的影响，目前传统建筑以明清时期为主，且呈现出不同的时代特征。5. 受政治因素中的行政区划和人口迁移因素的影响，抚河流域北部地区（原抚州府辖区）以临川文化为主，建筑造型上外观方正，南部地区（原来建昌府辖区）受多元文化的影响，建筑轮廓丰富且呈现多元化的特征	总体上，由于受特定的地域历史文化和地形、气候等因素的影响，抚河流域传统建筑形态呈现出"和而不同"，一方面反映了该地区的整体建筑风格，另一方面在局部地区又凸显出地域特色（金溪县传统建筑外观方正、平直轮廓，宜黄县门楼高耸、马头山墙突出，南丰县鞍形山墙，开阔的门斗式入口，广昌则具有赣、闽、客的建筑风格融合）
	建筑材料	砖、石、木及其他材料	1. 受物产资源的影响，传统建筑多就地取材，建筑材料直接影响和制约了建筑形态。2. 受经济条件的影响，有实力的商人通常采用较好的用材，不仅仅局限于本地的材料，甚至不惜财力从外地运来。经济条件越好，用材越讲究	抚河流域北部地区传统建筑材质，从建筑材料质感上来讲比南部地区更为精良，界面更为严整平滑，尤其是砖、石墙界面表现较为突出（北部地区以临川竹溪村、金溪印山村、尚庄村等建筑质感细腻，平整，南部以南城县上唐村、南丰洽湾村和广昌的罗家堡为例不及北部的砖石材料精良）
	建筑工艺	木作技术、砌筑技术；砖雕、石雕、木雕等雕刻技术	1. 建筑工艺离不开建筑技术的发展，并且具有一定的区域性。2. 受经济条件的影响，经济基础较好的宅院，建筑制作精良，用材考究。3. 建筑工艺是经过时间的沉淀，在特定地区的材料、经济、文化等多种因素的影响下形成的区域性的建筑工艺	就抚河流域地区整体建筑工艺而言，在江西地区名列前茅。就内部比较而言，北部地区以石雕见长（以金溪的蒲塘村"大夫第"门楼石雕、临川村周家村"爱莲第"牌坊门上的石雕为典型代表），中南部宜黄、驿前地区以砖雕取胜（以驿前镇"奎壁联辉"、八天公祠、"龙峰拱秀"等建筑上的砖雕为例）

续表

传统建筑形态		特征与构成	与影响因素的关联	地域差异性
建筑形态	建筑文化	物质载体：科举建筑、楹联题刻、旗杆石等	1. 受文化因素中重视教育，文风昌盛因素的影响，抚河流域地区传统聚落历史文化底蕴深厚，明清时期崇文重教之风尤盛，科举文化发达，至今这些厚重的文化积淀作为无形的文化品质深深烙印在建筑文化中。 2. 受经济条件的影响，经济的发展可以促进文化的繁荣，反之，文化上的昌盛又对经济产生推动作用	抚河流域地区传统聚落历史文化底蕴深厚，明清时期崇文重教之风尤盛，科举文化发达，至今这些厚重的文化积淀作为无形的文化品质深深烙印在传统聚落中。（目前遗存的物质载体，以金溪印山村"科甲联芳"门楼、大耿村"尚书第"、宜黄兰水"州司马第"，南丰瑶蒲村的"解元"、广昌驿前"进士第"为例）

（来源：作者自制）

7.3　本章小结

　　本章是在前几章传统聚落空间形态特征的基础上，由表及里探析空间形态背后形成的影响因素，分析其空间形态和其影响因素的关联。本章主要探讨先将影响因素分为自然地理因素和社会人文因素两大类，并在每一类中将错综复杂的影响因素归纳为几个方面，自然地理因素包括地形地貌、气候条件、物产与资源、区位交通，社会人文因素包括历史、政治、经济和文化等四个方面。

　　传统聚落空间形态始终是受自然地理和社会人文双重因素的影响和制约，可能在某一特征方面自然因素影响强而社会因素影响较弱，或者是反之。以传统聚落的空间形态为线索，从宏观至微观层面，分别对传统聚落宏观分布、传统聚落空间形态、传统建筑形态三个层次分析与其影响因素的关联。通过分析，可以归纳出以下几点：

　　（1）传统聚落空间形态每一个方面的特征几乎都是受到自然和人文双重作用的结果。自然地理因素对聚落空间形态影响发挥制约力的作用，社会人文因素对聚落空间形态起到驱动力的作用。

　　（2）自然地理因素中地形地貌对传统聚落宏观和中观层面的空间形态影响最大。

　　（3）在社会人文因素中历史因素是在时间轴上随传统聚落发展的隐性因素，任何形态的呈现都是时间沉淀的结果。

　　（4）社会文化因素中，文化因素和经济因素对聚落空间形态的形成发展起到强大的推动作用，经济作用是一只有形的手，在一定时间内发挥显著的时效作用，而文化作用则是一只无形的手，在潜移默化中起到催化作用。

总体上，抚河流域地区传统聚落的空间形态与其所处的自然地理背景和社会人文背景呈现出复杂的关联关系和较强的适应性。首先是对地形和气候环境的适应性，形成与之相适应的空间形态；其次是对经济形式的适应性，抚河流域地区是农耕经济和小商品经济结合的形式，传统聚落和建筑呈现与之适应的形态。再者在以临川文化为主和多元文化交融的文化背景下，传统聚落形成与文化特质相适应的空间形态特征。

8

总结与展望

8.1 主要研究结论

本书在长期调研与考察的基础上，以抚河流域地区 11 个县区的传统聚落为研究对象，从传统聚落的生成背景入手，宏观、中观、微观三个层次分析了抚河流域地区传统聚落空间形态特征，然后以比较的视角将抚河流域地区聚落的空间形态进行区内外对比，最后由表及里分析传统聚落空间形态与其影响因素之间的关联。其中，从宏观层面解析了抚河流域地区传统聚落的分布，从中观层面，以形态学和图形学的视角分析了传统聚落空间形态，在微观层面分析了传统建筑形态特征，并在此基础上，将抚河流域地区传统聚落空间形态与赣东北徽派聚落和赣江流域吉安地区的传统聚落进行对比，以深入总结抚河流域地区传统聚落空间形态的典型性。

本书主要注重从人文地理学背景，以形态和图形的角度，比较的视角系统研究了抚河流域地区传统聚落空间形态特征，主要得出以下结论：

1. 抚河流域地区传统聚落的生成背景

（1）抚河流域地区丘陵为主、河网遍布的地形地貌、亚热带湿热的气候条件和发达的水系交通是传统聚落空间形态形成发展的基本因素。

（2）该地区"仕、商、儒、耕"的社会文化背景对传统聚落空间形态特征产生了深刻的影响。在临川文化的浸润下，曾相对富庶的经济条件促进了文化的繁荣，而文化的繁盛一方面造就了大量的人才，另一方面又促进了经济发展，形成相互促进的社会氛围。稳定的农耕宗族结构是传统聚落延续稳定发展的基本条件，为聚落的选址布局提供了社会组织保证。以小商品为主的抚州商帮的经济背景为传统聚落发展提供了物质支撑，形成公共设施完备、建筑质量精良的聚落形态。理学名邦和儒家礼制思想盛行的社会环境和文风昌盛，人才辈出的文化背景对传统聚落布局和建筑形态产生影响，彰显规矩、儒雅的文化品质。

2. 宏观层面抚河流域地区传统聚落的分布

（1）抚河流域地区传统聚落的空间分布，以金溪和临川两个地区最为密集，其他各县基本成均质化分布，且主要集中在岗地和平地地区，70%属于近水聚落。这一方面是由耕地资源决定的，抚河流域地区北部为赣抚平原，是重要的粮食生产基地，人口稠密，聚落的数量基数大。偏远山区由于耕地资源有限，交通不便，通常经济不发达，聚落相对较少。

（2）抚河流域地区属临川文化圈，根据文化传播规律，抚河下游地区以临川为中心的周边县域为临川文化核心区，上游地区为临川文化边缘区。抚河下游建筑文化区由于受临川文化中儒家思想的深刻影响，聚落布局和建筑造型上都呈现"规矩、质朴"的特征。抚河上游建筑文化区受临川文化的影响相对较弱，同时由于地理位置的关系紧邻闽西和赣南客家地区而受闽文化和客家文化的影响，聚落布局和建筑造型形成"多元、张扬"的特征。

（3）抚河流域地区传统聚落群从时间轴大致可以分为三个阶段：明初以前聚落的迁徙定居动态运动阶段、明清时期聚落繁荣发展阶段，近现代聚落稳定密切联系阶段。在聚落群形成模式和空间分布上，抚河流域地区的传统聚落群形成类型以裂变型和组合型为主，裂变型聚落群往往以母体为中心，在相对集中的范围内形成家族式聚落群。组合式聚落群的整体空间分布，呈现以裂变的家族式聚落为组团的显著特征，各个组团之间，有散点的其他姓氏聚落分布，在一定的范围内，形成以道路交通为联系纽带，自然资源为共同物质基础的区域聚落共同体。同时，一定区域内在经济因素的刺激下完成了普通聚落、乡脚、市、墟镇等网状层级体系。

（4）抚河作为抚河流域地区的地理轴线，同时也是北民南迁的移民通道和水运的商贸通道，促进了南北经济、文化的交流。

3. 中观层面抚河流域地区传统聚落空间形态

（1）抚河流域地区传统聚落的空间形态从图形的角度解读，大致可以分为两大类：一类布局规划严整有序、街巷肌理清晰明确，具有强烈的人为规划意识，另一类建筑布局松散自由，道路随形就势，呈现出自组织的有机状态。这两种传统聚落肌理的呈现主要是由于地形和经济因素共同决定的。第一类通常位于平地或岗地地区，地势相对平坦易于规划建设，天井式宅院有序组合。第二类通常是位于山地地区，由于受地形限制，多是一字形住宅顺应地势而建，道路则是随机连接，聚落肌理自由、边界不明晰，但由于聚落轮廓和山水环境的契合呈现更为丰富的形态。平地或岗地型聚落经济条件好、文明程度高的传统聚落，一方面在聚落的建设规划时由乡绅主导，统一规划，另一方面在外致富的商人回报乡里，投入大量的财力修建街巷、祠堂等公共设施，使得聚落的规划建设严整有序，体现出强烈的秩序感。山地型聚落经济条件一般较差，传统聚落的布局则是受地形因素的影响较大。此外，经济条件稍好、文明程度相对高的一小部分山地型聚落，通常也经过一定规划，但始终要依赖于地形的建设，聚落肌理则总体上呈现自由式。

（2）传统聚落的布局肌理呈均质化分布，没有明确的聚落中心。除放射型聚落，以村前的水塘呈发散状布局，有明确的聚落中心外，其他大部分的聚落无明确的中心，不像徽州和广府地区以祠堂为中心布局或苗寨有铜鼓坪广场作为村中明确的核心空间。而重要的祠堂（宗祠）和坛庙的节点建筑空间，多位于聚落外围，对整个聚落所形成的场所凝聚力不强。

（3）村堡式和里外堡式是这一地区的两种典型的聚落空间形态。村堡式聚落村墙围合，通常有总门楼关口的一侧界面为主界面。四面设门，呈现出强烈的封闭性，聚落内部规划组织有序，门楼引导、梳式街巷，水塘嵌绕，形成丰富的聚落空间形态。里外堡式聚落则是由两个明显的组团组成，组团之间有道路连接，形成一个聚落整体。聚落布局多自由式，其防御格局具有典型特色，离聚落的人工环境距离较远，多利用山势围合，用石块垒砌成拱形门，形成隘口。

4.　微观层面抚河流域地区传统建筑形态

（1）抚河流域地区传统建筑是赣派建筑的代表，具有区域典型性，同时由于多元文化影响，呈现出显著的地域分异。抚河下游地区（临川文化中心区）以临川为中心周边东乡、金溪、进贤、崇仁北部的传统建筑外观方正、平直轮廓、石质墙裙、砖石精良，整体呈现规矩、质朴、儒雅的品质，而抚河上游地区（临川文化边缘区）由于受到闽、客文化的影响，门楼高耸、轮廓丰富，整体呈现张扬、夸张、多元的建筑风格。这是由于文化交流，人口构成、行政建置等多种因素共同作用的结果。

（2）在建筑形制上，以天井式和一明两暗三开间的一字形住宅为主，建筑整体表现材料本身的质感，不粉饰，北部地区的以石雕见长，而南部的广昌一带的砖雕艺术相对发达。

（3）将官厅作为一类特殊的建筑类型分析，由于它本身地位的特殊性，与普通民宅相比有独特性，呈现出特有的气质。建筑的布局多为假五间，正贴梁架采用插梁式构造，采用斗栱等具有等级标志性构件，但在整体上通常规模不大，建筑造型低调朴素。

（4）建筑群按物质要素按构成关系，将其分为等级子群和链结子群，等级子群主要是建筑之间的按等级秩序的组合关系，分为横向式和纵向式组合。链结子群是建筑与聚落中其他构成元素之间的关系，本书主要介绍了建筑与街巷、水塘、广场、井台等空间的组合形式。

5.　抚河流域地区传统聚落空间形态区内外比较

（1）传统聚落规模以中小规模为主，整体质朴、淡雅，贴近自然，与自然和谐共生。传统建筑呈现出"和而不同"、质量精良、品质儒雅的建筑文化特征。聚落以中小规模为主，一方面由于地形因素和人口稠密，耕地资源制约，难以形成大规模的聚落，另一方面在农耕文明向小商业资本经济发展时，造就了一批商贾富人，但由于是小商品经济的特点，没有形成财富实力相当雄厚的家族财团，所以反映在建筑文化上，并没有形成大规模的家族聚落。抚河流域地区稳定的农耕文明和相对发达的小商品经济条件下造就了发达的文化并培育出了杰出的思想家、政治家等名人志士，是农耕文明、理学文化高度发达的地区，所以孕育了与文化特质相匹配的建筑风格，追求质朴、淡雅，建筑工艺考究、质量精良。与此同时又由于小商品经济财富积累有限不会形成极富奢华、财富炫耀之感的建筑。

（2）抚河流域地区赣派聚落与赣东北地区徽派聚落的生成背景落相比，均属于丘陵山地地区，崇文重教，经济文化发达富庶的地区。抚河流域地区赣派聚落和赣东北徽派聚落营建都注重风水，讲求天人合一，公共设施完备，大部分聚落房屋道路布局经过人为精心规划的结果。相对而言，抚河流域地区传统聚落人口规模超过千人的聚落相对较少，在建筑平面布局中对女性空间的重视程度不及徽派建筑，这是由于徽州地区强大的家族式商帮财团易发展成大的聚落，且受程朱理学传统儒家思想深刻影响的结果。但抚河流域地区传统聚落清水砖墙，精良的砖石工艺呈现出儒雅的品质，由临川文化特质所决定的，是赣东北徽派建筑所不能及的。

（3）抚河流域地区与赣江流域吉安地区的传统聚落属江右文化中临川文化和庐陵文化两大文化圈，是赣派聚落的典型代表。临川文化和庐陵文化创造了辉煌灿烂的成就，所孕育的聚落在特定的区域背景下呈现出一定的相似性和差异性。二者空间形态特征的相似性在于，聚落空间形态多数经过精心规划、统一组织，并呈现出较高的文化品质和审美追求。由于建筑构成单元不同，表现在聚落肌理上的差异性，抚河流域地区北部地区的传统聚落肌理是以纵向为主，吉安地区则以横向为主。这是由于抚河流域地区典型的聚落建筑单元以天井式宅院向后延伸，形成梳式街巷，吉安地区的传统建筑多以中小型的一字式住宅并排，屋前屋后为街巷，形成横向街巷。在节点设置上，吉安地区的传统聚落祠堂多位于聚落中心，且祠堂与民宅的建筑形制有更大的反差，其场所凝聚力更强，相反抚河流域地区的传统聚落的空间布局更趋于均质化。在聚落的界面处理上，抚河流域地区传统聚落砖石工艺更胜一筹，质感细腻，更彰显出雅致的精气神。

总体上，抚河流域地区的传统聚落的特征是中小规模，空间形态均质化、建筑工艺精良，其聚落文化低调、质朴、彰显儒雅品质。

6. 抚河流域地区传统聚落与其影响因素的关联

（1）传统聚落空间形态每一个方面的特征几乎都是受到自然和人文双重作用的结果。自然地理因素对聚落空间形态影响发挥制约力的作用，社会人文因素对聚落空间形态起到驱动力的作用。可能在某一特征方面自然因素影响强而社会因素影响较弱，或者是反之。自然地理因素中地形地貌对传统聚落宏观和中观层面的空间形态影响最大。社会文化因素中，文化因素和经济因素对聚落空间形态的形成发展起到强大的推动作用，经济作用是一只有形的手，在一定时间内发挥显著的时效作用，而文化作用则是一只无形的手，在潜移默化中起到催化作用。

（2）抚河流域地区传统聚落的空间形态与其所处的自然地理背景和社会人文背景呈现出复杂的关联关系和较强的适应性。首先是对地形和气候环境的适应性，形成与之相适应的空间形态，以岗地型聚落为主，天井式宅院和高墙窄巷来适应湿热的气候环境。其次是对经济形式的适应性，抚河流域地区是农耕经济和小商品经济结合的形式，传统聚落和建筑呈现与之适应的形态，其经济总量和层次不高，传统聚落以中小规模为主，建筑的气质儒雅，质量精良，呈现质朴的风格，但未出现像徽派那样的家族财团营建的大规模和极尽奢华的建筑。再者在以临川文化为主和多元文化交融的文化背景下，传统聚落形成与文化特质相适应的空间形态特征，抚河下游地区的聚落和建筑风格呈现出规矩、儒雅的建筑风格，上游地区受赣、闽文化影响，聚落和建筑呈现张扬、多元的建筑风格。

抚河流域地区复杂的自然地理条件和"仕、商、儒、耕"的社会文化背景对传统聚落空间形态特征产生了深刻的影响。该地区传统聚落分布密集，以中小规模为主，空间均质化，有村堡和里外堡式两种典型模式，建筑工艺精良，是赣派聚落的典型代表。同时，在建筑文化分区上，传统聚落空间形态北部呈现出"规矩、儒雅"的特征，南部相对来说则具有"张扬、多元"的特征，总体上呈现出"和而不同"的风格。

传统聚落文化是乡土文化的根，尤其在江西抚河流域地区农耕文明发育完好并且是农耕经济向小商品经济过渡得较好的地区。该地区的传统聚落呈现出与其经济形式（农耕经济和小商品经济结合）相适应的形态，是中国"农商"结合的聚落形态的典范。

8.2　研究不足与展望

8.2.1　研究不足

（1）抚河流域地区传统聚落的宏观分布上如能采用地理信息系统（GIS）中空间分析方法，将能得到更精确的分布规律。GIS技术应用于聚落研究，尤其是涉及地形的空间分布，是这一技术的优势所在，可以帮助我们从更大范围内，从高程、坡度、坡向和与水域的关系角度精确地分析出聚落的空间分布规律。

一方面，由于采用这一技术需要跨专业合作，另一方面如此大范围的地形图资料的获取也是研究面临的一大困难。由于技术和地形图资料所限，仅从传统的手段进行了大致的分析，在后续研究中如能有条件采用这一技术进行分析，是抚河流域地区传统聚落研究努力的方向。

（2）抚河流域地区作为一个地理学上的概念，对于聚落相关的背景人口变迁、经商线路、文化融合等方面还需要进一步加强。在同一区域内自然地理条件大致相同的背景下，聚落空间形态的研究除了客观的地理自然环境影响因素外，却产生了形态各异的聚落。从某种程度上，社会文化因素也是说人的因素占了主导作用，但这又不同于西方所谓的"文化决定论"。所以探讨聚落背后的人的因素，涉及人口构成、人口变迁、经商线路、文化交流的背景需要更多的史料支撑。

关于对史料的获得与整理，挖掘和考证，并不是建筑学专业的强项，需要进一步和人文社科的专业合作。如能掌握更详尽的背景资料，就可以从深层次把握聚落空间形态的成因，会对聚落空间形态特征的研究与认识更为深刻。

（3）本研究中采用了对比的视角，将抚河流域地区传统聚落与赣东北徽派聚落和赣江流域吉安地区传统聚落作了初步的对比研究，仅是抛砖引玉，得出初步结论以从客观的角度认识和把握抚河流域地区传统聚落空间形态的特征。

关于抚河流域地区赣派聚落与赣东北徽派聚落的比较，包括与赣南客家围屋的比较研究，同在江西省范围内出现的不同体系的聚落类型，是对江西省聚落类型丰富性的论证，这将是一个复杂的课题。另一方面，在江西两大重要的文化圈孕育下的临川文化区传统聚落和庐陵文化区的传统聚落，同为赣派聚落，以比较的角度研究，可以进一步确定赣派聚落的总体特征。在后续研究中从更宏阔的视野，从比较的角度对江西省传统聚落进行研究是一个值得深入的课题。

（4）本研究通过相关资料和实地考察普查出的传统聚落有200多座，由于调研的时间和精力有限，一定还存在疏漏。在对传统聚落快速消亡和对其保护的关注日益增高的背景下，保护传统聚落就是在保护我们民族文化的根。各部门通力合作，建立一个抚河流域地区传统聚落的数据库，是一个长期且迫在眉睫的任务。

关于传统聚落空间形态的研究，是一个涉及建筑学、人类学、历史学、社会学、地理学的多学科、多层次、多要素综合的系统，本书对抚河流域地区传统聚落空间形态的研究还不够深刻。在不断更新的研究体系中，随着跨学科研究的不断深入，研究方法的多样化，研究视角的多元化，对于聚落的研究始终是一个值得挑战的课题。

8.2.2　研究展望

1. 传统聚落的价值认定

传统聚落与地域环境紧密结合，是建筑文化的一笔重要的历史遗存，是我国优秀民间文化生存发展的根基。传统聚落具有悠久的历史和深厚的文化底蕴，不同阶段对传统聚落的价值认定有所不同。对传统聚落关注和研究的最初阶段，传统聚落仅仅是生产生活的场所，人们比较关注其使用价值。当满足物质生活需求后，人们越来越关注传统聚落背后的历史文化意义，其文化价值受到广泛认同。传统聚落是乡民们世代生活的物质空间，同时又能反映出历史背景和区域文化特色，是历史文化的物质载体，其建造过程渗透了乡民们的营建智慧，所以传统聚落从存在之始就具备了物质和精神的双重功能。近年来，传统聚落的文物属性也开始备受关注，我们对传统聚落的保护和研究也应当从文物价值的角度去思考和判定。

2. 传统聚落保护现状

进入现代工业文明和信息文明时代，由于强势文化的强烈冲击，具有本土特色和个性的地区性传统聚落正受到前所未有的侵蚀，其数量快速递减，这使得在新的时代背景下对传统聚落的研究与保护、有机更新与活化成为一个迫切和紧要的课题。据不完全统计，抚河流域地区的传统聚落目前有200多座，其保存数量众多，整体质量较高。但在这三年来，笔者历经二十余次的考察，有的传统聚落考察不止一次，甚至到过三四次，每次去都会感受到比前段时间来的时候更加荒凉和破败。该地区传统聚落的保护现状主要有以下两点：一是遗存丰富，数量众多；抚河流域地区200多座传统聚落中，被评为中国历史文化名村的仅有2座，被评为中国传统村落的仅有18座，另外还有大量的传统聚落的文物价值待发掘。以江西省金溪县为例，该县拥有历史文化名村2个，中国传统村落6个，除此以外还有大量传统风貌较好、格局完整的传统村落和保存大片民居群的村落，成片传统建筑尚存的村庄有900多个，传统风貌尚好的有100多个。由此可见，在传统聚落中除少数传统聚落的价值得到认定外，还有数以千计的散落在各地的传统聚落亟待关注和保护。二是毁坏情况严重，保护难度大。传统聚落的破坏情况主要分为自然破坏、建设破坏和偷盗破坏三种。第一种是自然破坏，除少数有活力的传统聚落外，大部分都已变成空心村，如崇仁县河上镇段家谢村是该县有名的古村，村内几乎无人居住，民居空置，祠堂废弃，许多老宅已出现屋顶漏雨、墙体开裂现象。如不及时采取措施对古宅进行维护和修缮，再过五年、十年，许多珍贵的乡土建筑将会坍塌在历史的烟尘中。第二种是建设破坏，随着乡村经济条件改善，许多乡民将老宅拆掉，在原址盖新房，或者另辟地基新建与传统风貌不协调的小洋楼，破坏传统聚落的古朴风貌和聚落肌理。第三种是偷盗破坏。偷盗行为已成为传统聚落保护中的一大致命"杀手"。近年来，许多不法文物贩子，趁老百姓缺乏保护意识，勾结小偷，走村串乡，盗窃门楣、窗花、石雕甚至整栋古宅进行倒卖，给乡土建筑带来了严重破坏。不过好在国家和政府已经意识到这个问题的严峻性，2015年7月，住房城乡建设部、国土资源部和公安部联手发布了《关于坚决制止异地迁建传统建筑和依法打击盗卖构件行为的紧急通知》，但因偷盗对乡土建筑而造成的损失，已无法挽回。鉴于以上现状，传统聚落保护面临诸多困难，一方面守护传统聚落的普通村民文物保护意识短时间内难以整体提高，另一方面有限的文物保护经费只是杯水车薪，难以大范围覆盖到需要保护的传统聚落中来。

3. 传统聚落保护与更新思考

要想使传统聚落在当前"弃村奔城"的背景下，得以延续其生命力，仅仅靠机械的保护是行不通的，在保护的前提下要进行有机更新，延续其历史文脉，真正地"活"起来，才是其发展下去的根本出路。根据抚河流域地区的文化特色和资源优势，对传统聚落的保护与更新提出设立"临川文化生态保护实验区"和"分级保护"的思路。

1）设立"临川文化生态保护实验区"

抚河流域地区的传统聚落是与临川文化所创造的辉煌文明高度匹配的物质载体。保护该地区的传统聚落对挖掘临川文化资源价值，打造区域文化品牌，塑造区域文化形象，提高区域文化软实力，增强区域影响力意义重大。将抚河流域地区传统聚落的整体规划方案定位为"一区、两线"。

"一区"为以临川文化背景下的传统聚落群以原生态整体保护为基础，打造"临川文化生态保护实验区"，整体范围包括临川文化影响范围内的传统聚落，重点打造以临川、金溪、东乡、进贤等地临川文化核心区的多个重点聚落，建立生态博物馆（群）。

"两线"为依据传统聚落的共性特征与背景，串联临川文化路线；依据传统聚落共性特征与背景，串联抚州商帮路线。

依据传统聚落的共性特征与背景，串联临川文化路线。根据临川历史人物的活动与科举教育成就，确定和调研同类型村落，包括陆九渊故里、王安石故里、曾巩后裔故里、汤显祖故里、四大才子故里、科举教育村落群等，寻找与临川文化相关的历史文献线索以及与传统聚落营造成就匹配的特色元素，并将它们串联起来分析并总结其聚落格局和建筑技艺的共性特征。

依据传统聚落共性特征与背景，串联抚州商帮路线。根据临川历史商业活动和物质流通，确定和调研同类型村落，包括抚州商帮名商故里古村落群和特色手工艺聚落群及万石塘、竹桥、印山、竹溪重要商业节点聚落等。寻找与抚州商帮相关的历史文献线索以及与古村落营造成就匹配的特色元素，并将它们组织在一起分析并总结其聚落格局和建筑技艺的共性特征。

此外根据各地的资源特色，可适当考虑植入以下文化产业，为传统聚落更新和利用注入活力。

在文化创新方面，整体打造临川文化传统聚落旅游品牌。针对传统聚落村落的文化旅游开发项目，政府与民营资本采取PPP投融资模式，广泛吸纳包含文化精品酒店、民宿客栈、特色餐饮、特色农业主题园、传统文化教育、艺术创作园区等具有文化情结的文化旅游投资。采用多种古村落活化模式，形成一系列具有特色产业和特色文化内涵的古村落群。

特色教育品牌系列：特色国学村、特色教育村。

特色养生休闲系列：稻作耕作园地、特色葡萄山庄、特色蜜橘山庄、特色茶庄、特色香料文化山庄、特色绿色食品养生山庄。

特色传统工艺系列：特色古建筑工艺村、特色雕版印刷村、特色陶瓷艺术村、特色戏曲村。

特色艺术文化系列：特色书画村、特色摄影村、特色美术写生基地等。

2）提出"分级保护"的策略

根据传统聚落的保护状况和文化资源特色及交通状况等因素将传统聚落分为三个等级，第一级别为一级保护，第二级别为二级保护，第三级别为三级保护。

第一级别（一级保护——原真性保护）：对于那些具有极高价值和文化品位的传统聚落，如已经入选世界文化遗产地、中国历史文化名村（中国传统村落）等，政府必须予以严格地保护，坚决制止一切乱开发现象，由政府负责统一修缮，绝对保护古村落文化的原生性和整体性。

第二级别（二级保护——改造性利用）：对于那些已遭到一定程度的破坏，其文化品位和文化特质属于"古今杂糅型"的传统聚落，即那些虽保存有较多数量的传统民居、传统聚落设施和人文遗址，但整体环境已被现代文明所切割的"古村不古"的村落，政府应予以一般性保护，并将保护的重点放在重要建筑物的维护和村落建设的统一规划上，同时加强旅游开发的引导和管理。

第三级别（三级保护——控制性建设）：对于那些局部保存古代建筑文化遗址而被习惯上称为传统聚落的聚落点，除文物部门认定的文物保护对象以外，则应在风格上遵循其文化和建筑特色的前提下，政府允许并鼓励村民进行现代化建设。

以金溪县的传统聚落保护为例，列入一级保护的传统聚落有竹桥、东源、疏口、印山、东岗、全坊，列入二级保护的有蒲塘、大耿、北坑、尚庄、谢坊、黄坊、游垫、龚家、乌墩塘、后林、后车、戌源，列入三级保护的有珊珂、靖思、崇麓、岐山、城湖、下李、陆坊、彭家渡、后龚、黄通。

在新农村建设的背景下，传统聚落无疑也要与时俱进，需要着重强调的是与一般的村庄建设不同，传统聚落保护和更新的根本是保护其所承载的历史信息。在全国村庄规划全覆盖的背景下对传统聚落保护规划需要注意以下几点：首先是"人"的因素，村落空心化和快速消亡的根本原因是人口的流失，留不住人意味着乡村文化和文明传承就无从谈起。关于如何留住人，除了农耕外，要有一些产业的植入，提高经济发展水平，并且要改善居住生活环境，配套相应的公共服务设施，比如垃圾处理站的建立，污水处理厂定点布置，健身娱乐器材的安置，道路公共交通问题的解决等。其次是在规划过程中，一定要尊重地域特色，尊重当地的风俗习惯，文化特色，切忌酿造成"千村一面"的悲剧。最后是要注重生态环境的保护，植入的产业要绿色、环保，不能以牺牲自然环境为经济发展的代价。人们在日常生产生活中自觉形成保护环境的意识。总体上关于传统聚落的保护规划要实现"文态传承，业态支撑，生态保护"的目标。

　　传统聚落的研究与保护，活化与再生是一个长期且艰巨的过程，经历城市化进程的阶段后，希望可以实现回归乡村的诗意栖居，实现"望得见山，看得见水，记得住乡愁"的美好愿景。

附录　抚河流域地区国家历史文化名村及
中国传统村落名单
（截至 2016 年 12 月）

县域	序号	名称	乡镇	级别	公布批次
进贤县	1	晏家村	文港镇	中国传统村落	第一批
	2	李家村	温圳镇	中国传统村落	第一批
	3	艾溪陈家村	架桥镇	中国传统村落	第二批
	4	曾湾村	文港镇	中国传统村落	第二批
	5	旧厦村	罗溪镇	中国传统村落	第二批
	6	周坊村	文港镇	中国传统村落	第三批
	7	西湖李家	前坊镇	中国传统村落	第四批
金溪县	8	竹桥村	双塘镇	中国传统村落 中国历史文化名村	第一批 第五批
	9	东源曾家村	合市镇	中国传统村落 中国历史文化名村	第三批 第六批
	10	东岗村	合市镇	中国传统村落	第三批
	11	仝坊村	合市镇	中国传统村落	第三批
	12	疏口村	琅琚镇	中国传统村落	第三批
	13	印山村	琉璃乡	中国传统村落	第三批
	14	浒湾村	浒湾镇	中国传统村落	第四批
	15	黄坊村	浒湾镇	中国传统村落	第四批
	16	合市镇	龚家村	中国传统村落	第四批
	17	合市镇	大耿村	中国传统村落	第四批
	18	合市镇	游垫村	中国传统村落	第四批

续表

县域	序号	名称	乡镇	级别	公布批次
金溪县	19	合市镇	戌源村	中国传统村落	第四批
	20	合市镇	乌墩塘村	中国传统村落	第四批
	21	左坊镇	后车村	中国传统村落	第四批
	22	对桥镇	昜田村	中国传统村落	第四批
	23	陆坊乡	下李村	中国传统村落	第四批
	24	陈坊积乡	岐山村	中国传统村落	第四批
	25	琉璃乡	蒲塘村	中国传统村落	第四批
	26	琉璃乡	北坑村	中国传统村落	第四批
	27	琉璃乡	谢坊村	中国传统村落	第四批
	28	石门乡	石门村	中国传统村落	第四批
东乡县	29	浯溪村	黎圩镇	中国传统村落	第三批
宜黄县	30	建设村	棠阴镇	中国传统村落	第三批
	31	解放村	棠阴镇	中国传统村落	第三批
	32	民主村	棠阴镇	中国传统村落	第三批
南城县	33	尧坊村	天井源乡	中国传统村落	第二批
南丰县	34	洽湾村	洽湾镇	中国传统村落	第四批
黎川县	35	洲湖村	华山镇	中国传统村落	第四批
广昌县	36	驿前村	驿前镇	中国传统村落	第一批

参考文献

［外文文献］

［1］Abarkan A. The Study of Urban Form in Sweden ［J］.Urban Morphology，2009，13(2)，121–127.

［2］Auer C O. The Morphology of Landscape［M］.University of California Publications，1996.

［3］Rossi A. The Achitecture of the City［M］. MIT Press，1982.

［4］Chairatudomkul S. Cultural Routes as Heritage in Thailand：Case Studies of King Narai's Royal Procession Route and Buddha's Footprint Pilgrimage Rout［M］. Thailand：Silpakorn University，2008.

［5］Chery M H. Heritage tourism［J］. Cultural Resources Magazine，2002，1：18–25.

［6］Conzen M P，et al. Metropolitan Chicago's Regional Cultural Park：Assessing the Development of the Illinois ＆ Michigan Canal Notional Heritage Corridor［J］. Journal of Geography，2011，100（3）：111–117

［7］Curt C. The South Carolina National Heritage Corridor Taps Heritage Tourism Market［J］.Forum Journal，2003，8：66–50.

［8］CIIC. 3rd Draft Annotated Revised Operational Guidelines for the Implementation in the World Heritage Convention［C］Madrid，Spain，2003：56–58.

［9］Convention concerning the Protection of the World Cultural and Natural Heritage ［R］.UNESCO，1972.

［10］Durland M，Gooler L. An introduction to social network analysis［J］. New Directions for Evaluation，2005，107：5–13.

［11］de Blij H J，Murphy A B. Human Geography：Culture，Society and Space［M］. 3rd ed. New York：John Wiley Sons，1986.

［12］McKay D L，Blumberg J B. The Role of Tea in Human Health：An Update［J］. J. Am.Coll. Nutr. 2002（21）：1–13.

［13］Effrey R. Parsons. Archaeological Settlement Patterns［M］. Annual Review of Anthropology，1972.

[14]　de Bruijn E. Premodern Japan and the modern museum: Tea ceremony utensils in the Cock Blomhoff collection [J].Collections, 1999（11）: 25–34.

[15]　Avrami E, mason R, Torre MDL. Values and Heritage Conservation [M]. Los Angeles: The Getty Conservation Institute, 2000.

[16]　Frarnpton K. Modern Architecture and the Critical（Present Architectural Design Profile）[M].San Francisco: John Wiley & Sons, Inc.,1982.

[17]　Maurice F. Chinese Lineage and Society: Fukien and Kwangtung [M]. University of London, 1996.

[18]　Otto F. Occupying and Connecting: Thoughts on Territories and Spheres of Influence with Particular Reference to Human Settlement [M]. Trans, Michael Robinson. Stuttgart / London: Edition Axel Menges, 2009.

[19]　Hudson F S. A Geography of settlement [M].London: Macdonald and Evans, 1970.

[20]　Willey G R. Prehistoric Settlement Patterns in the Viva Valley, Peru（Bulletin 155, Bureau of American Ethnology, Smithsonian Institution）[M]. Washigton: Harvest Book Company LLC 1953.

[21]　Willey G R. Prehistoric Settlement Patterns in the Viva Valley, Peru（Bulletin 155, Bureau of American Ethnology, Smithsonian Institution）[M]. Washington: Harvest Book Company LLC, 1953.

[22]　Johnson J. Economic impact of Pennsylvania's heritage areas: A study in success [M].Washington: Alliance of National Heritage Areas, 2010.

[23]　Silk J L. Scents and Spice [M].New York tunes CO Publishing, 2004.

[24]　Parsons J R. Archaeological Settlement Patterns [J]. Annual Review of Anthropology, 1972, 1（1）: 127–150.

[25]　CONZEN M R G. Alnwick Northumberland — A Study in Town–plan Analysis [M].London,1960.

[26]　Maretto M. Urban morphology as a basis for urban design: the project for the Isola dei Cantieri in Chioggia [J].Urban Morphology, 2005, 4（1）: 9–29.

[27]　Michael B. Rural Settlement in an Urban World [M].Oxford: Billing and Sons Limited, 1982.

[28]　AlSayyad N. From Vernacularism to Globalism: the Temporal Reality of Traditional Settlements [J]. Traditional Dwellings and Settlements Review, 1995（7）: 13–24.

[29]　Kraftl P. Urban Architecture. International Encyclopedia of Human Geography [M].Oxford: Elsevier, 2009: 24.

［30］Oliver P. Encyclopedia of Vernacular Architecture of the world ［M］. Cambridge University Press, 1997.

［31］Penn A. Space Syntax and Spatial Cognition：Or Why the Axial Line? ［J］. Environment &Behavior, 2003, 35：30 ~ 65.

［32］Radford J Q, Bennett A F,Cheers G J. Landscape-level thresholds of habital cover for wood-land-dependent birds ［J］. Biological Conservation,2005, 124：317-337.

［33］Ramakrishna. Business Strategy versus Performance Trade -offs：Evidence from the Indian Tea Industry ［J］.Global Business Review，2010（11）：317-331.

［34］Mandal RB. Systems of rural settlements in developing countries ［M］.India：Concept Publishing Company, 1989.

［35］Stynes D J , Sun Y. Economic impacts of National Heritage Area visitor spending ［M］.Michigan：Michigan State University，2004.

［36］Hehl-Lange S. Structural elements of the visual landscape and their ecological functions ［J］ Landscape and Urban Planning, 2001, 54：105-113.

［37］Sir Terry Farrell .10 YEAR 10 CITIES ［M］.London：Laurence King Publishing. 2002.

［38］Wolframs. Effects of Green Tea and EGCG on Cardiovascular and Metabolic Health ［J］. J. Am. Coll. Nutr.，2007（26）：373-388.

［39］World Heritage Center. Routes as a part of our cultural heritage ［M］.UNWHC Publications，1994.

［40］Zimring, C. & Dalton, R.C. Linking Objective Measures of Space to Cognition and Action ［J］. Environment and Behavior, 2003,35：3 ~ 16.

［中文文献］

［1］安玉源.传统聚落的演变·聚落传统的传承——甘南藏区聚院研究[D].北京：清华大学，2004.

［2］蔡英杰.陕北黄土丘陵沟壑区"原生态"聚落空间形态演化研究[D].西安：西安建筑科技大学，2012.

［3］曹春平.闽南传统建筑中的五架坐梁式构架［J］.华中建筑，2010，8：157-160.

［4］陈佳.明清时期抚州商人与农村社会变迁［D］.赣州：赣南师范学院，2012.

［5］陈晶.徽州地区传统聚落外部空间的研究与借鉴［D］.北京：清华大学，2005.

［6］陈顺祥.贵州屯堡聚落社会及空间形态研究［D］.天津：天津大学，2005.

［7］陈艳.基于空间句法的古村落空间形态研究［D］.长沙：湖南师范大学，2011.

［8］陈轶波.传统聚落空间组构形态研究——以高椅村为例［D］.长沙：湖南师范大学，2013.

［9］陈勇，陈国阶.对乡村聚落生态研究中若干基本概念的认识［J］.农村生态环境，2002，01：54-57.

［10］陈志华，李秋香.婺源［M］.北京：清华大学出版社，2010.

［11］陈紫兰.传统聚落形态研究［J］.规划师，1997，4：37-41.

［12］成旭华.聚落式校园形态研究［D］.上海：同济大学，2006.

［13］程大锦.建筑：形式空间和秩序［M］（第3版）.天津：天津大学出版社，2008.

［14］老子.老子［M］.北京：中国社会科学出版社，2003.

［15］储金龙，城市空间形态定量分析研究［M］.南京：东南大学出版社，2007.

［16］戴志坚.闽海民系民居建筑与文化研究［M］.北京：中国建筑工业出版社，2003.

［17］邓洪武，邓裴，雷平.钓源古村"风水玄机"中的生态环境理念——江西古村落群建筑特色研究之四［J］.南昌大学学报：人文社会科学版，2007（3）：88-93.

［18］丁武军，王健中.日傩文化的源起与流变［J］.江西社会科学，2003（5）.

［19］段进，季松，王海明.太湖流域古镇空间结构与形态［M］.北京：中国建筑工业出版社，2002.

［20］段进，揭明浩.空间研究4：世界文化遗产宏村古村落空间解析［M］.南京：东南大学出版社，2009.

［21］丁功谊，李梦星.钓源古村的建筑文化特征［J］.井冈山大学学报：社会科学版，2014，5：123-128.

［22］段汉明.建筑的尺度与时空特征［J］.新建筑，2000，5：19-20.

［23］方志远.明清湘鄂赣地区人口流动与城乡商品经济［M］.北京：人民出版社.2001.

［24］方志远,冯淑华.江西古村落的空间分析及旅游开发比较[J].江西社会科学，2004，8：220-223.

［25］方志远.赣商与江西商业文化［J］.江西社会科学，2011，3：239-247.

［26］费孝通.乡土中国：生育制度［M］.北京：北京大学出版社，1998.

［27］辅德.《复奏查办江西祠堂疏》，《皇清奏议》卷55.

［28］赣抚平原水利工程管理局 . 江西赣抚平原水利工程志［M］. 1991.

［29］龚静芳 . 江西徽式民居雕饰艺术特点研究［D］. 杭州：浙江农林大学，2010.

［30］龚恺 . 关于传统村落群布局的思考［J］. 小城镇建设，2004，3：53-55.

［31］管彦波 . 论中国民族聚落的分类［J］. 思想战线，2001，2：38-41.

［32］广昌县地名办公室 . 广昌县地名志 . 1985.

［33］郭晓东 . 黄土丘陵区乡村聚落发展及其空间结构研究——以葫芦河流域为例［D］. 兰州：兰州大学，2007.

［34］郭树森 . 江西道教概说［J］. 中国道教，1996，3：31-33.

［35］郭谦 . 湘赣民系民居建筑与文化研究［M］. 北京：中国建筑工业出版社，2005.

［36］何川 . 湖南滨水村镇空间形态研究［D］. 长沙：湖南大学，2004.

［37］何峰 . 湘南汉族传统村落空间形态演变机制与适应性研究［D］. 长沙：湖南大学，2012.

［38］贺业钜 . 中国古代城市规划史论丛［M］. 北京：中国建筑工业出版社，1985.

［39］侯军俊 . 赣文化时空演替和区划研究［D］. 南昌：江西师范大学，2009.

［40］胡水凤 . 繁华的大庾岭古商道［J］. 江西师范大学学报，1992，4：60-65.

［41］胡欣 . 聚落变迁中的文化遗产传承与保护研究——以晋中市榆次区相立古村为例［D］. 太原：太原理工大学，2014.

［42］胡月萍 . 传统城镇街巷空间探析［D］. 昆明：昆明理工大学，2002.

［43］黄浩 . 江西民居［M］. 北京：中国建筑工业出版社，2008.

［44］黄丽虹 . 抚河流域水资源承载力研究［D］. 南昌：江西师范大学，2013.

［45］黄南南 . 区域主体意识的觉醒，地域特色义化的复兴［J］. 江西社会科学，1997，12：58-63.

［46］黄向春 . 客家界定中的概念操控：民系、族群、文化、认同［J］. 广西民族研究，1999，3：21-23.

［47］黄初晨 . 岁月无痕——抚州一百古村落行摄记［M］. 香港：灵兰阁图书国际公司，2012.

［48］黄浩 . 浓妆淡抹总相宜——江西天井民居建筑艺术的初探［J］. 建筑学报，1993，4：31-36.

［49］江西省东乡县志编纂委员会 . 东乡县志 . 1989：50-53.

［50］江西省金溪县人民政府主修 . 金溪县志 . 2006.

［51］荆其敏，张丽安 . 中外传统民居［M］. 天津：百花文艺出版社，2004.

［52］克里斯托弗·亚历山大.城市并非树形［J］.严小婴译.汪坦校.建筑师.1985，24，11：206-224

［53］李博.流域空间关联结构研究——以石泽河流域聚落研究为例［D］.兰州：西北师范大学，2013.

［54］李德喜.湖北的牌坊［J］.华中建筑，2007，1：180-184.

［55］李辉.江西吉水燕坊——仁和店古村落公共建筑及公共空间研究［D］.西安：西安建筑科技大学，2011.

［56］李晓峰.乡土建筑——跨学科研究理论与方法［M］.北京：中国建筑工业出版社，2006.

［57］李钰.陕甘宁生态脆弱地区乡村人居环境研究［D］.西安：西安建筑科技大学，2011.

［58］李晓琼.江西九江地区清代民居建筑装饰艺术研究［D］.武汉：华中科技大学，2005.

［59］李鉴泓主编.中国古代城市建设［M］.北京：中国建筑工业出版社，1987.

［60］李允鉌.华夏意匠［M］.天津：天津大学出版社，2005.

［61］李淑娟.明清时期抚河流域地区商品经济发展初探［D］.南昌：江西师范大学，2014.

［62］李宁，李林.传统聚落构成与特征分析［J］.建筑学报，2008（11）：52-55.

［63］李超.文昌十八行"梳式"聚落的成因及形态特征研究［D］.武汉：华中科技大学，2011.

［64］李秋香，陈志华.新叶村（中华遗产·乡土建筑）：［M］.北京：清华大学出版社，2011.

［65］李国香.江西传统民居及其区系研究［D］.南京：东南大学.2001.

［66］李百浩，万艳华.中国村镇建筑文化［M］.武汉：湖北教育出版社，2008.

［67］李贺楠.中国古代农村聚落区域分布与形态变迁规律性研究［D］.天津：天津大学，2006.

［68］李昕泽，任军.传统堡寨聚落形成演变的社会文化渊源——以晋陕、闽赣地区为例［J］.哈尔滨工业大学学报：社会科学版，2008，6：27-33.

［69］梁思成.梁思成全集（第四卷）［M］.北京：中国建筑工业出版社，2001.

［70］梁雪.传统村镇实体环境设计［M］.天津：天津科学技术出版社，2001.

［71］梁峥.牌坊探究——以皖、赣、鄂地区为例［D］.武汉：华中科技大学，2007.

［72］林慧祥.文化人类学［M］.北京：商务印书馆，1991.

［73］刘金龙，张士闪．文化社会学［M］．济南：泰山出版社，2000：88.

［74］刘亮．江西许真君信仰研究［D］．南昌：江西师范大学，2012.

［75］刘纶鑫．论客家先民在江西的南迁［J］．南昌大学学报：社会科学版，1998，01：108-112.

［76］刘伟．城固县上元观古镇聚落形态演变初探［D］．西安：西安建筑科技大学，2006.

［77］刘雅萍．宋代家庙制度考略［J］．兰州大学学报：社会科学版，2009（1）：62-68.

［78］刘烈辉．浅析赣南客家围屋建筑的文化特征［J］．时代文学，2008（10）：148-149.

［79］刘致平．中国建筑类型与结构［M］．第3版．北京：中国建筑工业出版社，2003.

［80］楼庆西．中国古建筑二十讲［M］．上海：三联书店，2001.

［81］芦原义信．街道的美学［M］．尹培桐译．天津：百花文艺出版社，2006.

［82］卢建松．建筑地域性研究的当代价值［J］．建筑学报，2008，7.

［83］陆元鼎主编．中国民居建筑（上）［M］．广州：华南理工大学出版社，2003.

［84］陆九渊．《与侄孙濬》，《象山全集》卷一．

［85］罗伽禄等．临川文化大观［M］．南昌：江西人民出版社，2014.

［86］马国馨．日本建筑论稿［M］北京：中国建筑工业出版社，2000.

［87］周炳文．江西旧抚州府田献之研究（卷二）［M］．上海：上海古籍书店，1980：24.

［88］夏良胜．《建昌府志序》，《东洲初稿》卷七《郡志略》.《文渊阁四库全书》本.

［89］凯文·林奇．市形态［M］．林庆怡，陈朝晖，邓华译．北京：华夏出版社，2001.

［90］R.E.帕克等．城市社会学［M］．宋俊岭等译．北京：华夏出版社，1987.

［91］南丰县地名办公室．南丰县地名志．1987：159.

［92］聂朋．赣西邓家大屋的布局结构、花纹雕饰及历史文化蕴含［J］．新余高专学报，11，2：33-36.

［93］（挪）诺伯格-舒尔兹．存在·空间·建筑［M］．尹培桐译．北京：中国建筑工业出版社，1990.

［94］（挪）诺伯格-舒尔兹．建筑——存在、语言和场所［M］．刘念雄，吴梦姗译．北京：中国建筑工业出版社，2013.

［95］潘安．客家民系与客家聚居建筑［M］．北京：中国建筑工业出版社，1998.

［96］潘熙．移民背景下的四川宗祠建筑研究［D］．成都：西南交通大学，2013.

［97］潘莹.江西传统聚落建筑文化研究［D］.广州：华南理工大学，2004.

［98］潘莹，施瑛.简析明清时期江西传统民居形成的原因［J］.农业考古，2006，3：179-181.

［99］潘莹，施瑛.论江西传统聚落布局的模式特征［J］.南昌大学学报：人文社会科学版，2007，3：94-98.

［100］彭鹏.华北山区传统聚落外部空间研究［D］.南昌：南昌大学，2007.

［101］彭一刚.传统村镇聚落景观分析［M］.北京：中国建筑工业出版社，1992.

［102］浦欣成.传统乡村聚落二维平面整体形态的量化方法研究［D］.杭州：浙江大学，2012.

［103］祁庆富.论吴文藻先生引进西方文化理论的贡献［J］.中央民族大学学报，2002，4：37-41.

［104］康熙《江西通志》。

［105］许应嵘，朱澄澜，谢煌：《抚州府志》，《地理志》，卷二之二《沿革》.清光绪二年（1876），刻本，36册.

［106］白潢等修.西江志卷27 土产［M］.南京：江苏古籍出版社，1981.

［107］原广司.世界聚落的教示100［M］.刘淑梅等译.北京：中国建筑工业出版社，2003.

［108］原广司，世界聚落的教示100［M］.于天祎等译.北京：中国建筑工业出版社，2012.

［109］藤井明，聚落探访［M］.北京：中国建筑工业出版社，2003.

［110］志水英树.建筑外部空间［M］.张丽丽译.北京：中国建筑工业出版社，2002.

［111］单霁翔.大型线性文化遗产保护初论：突破与压力［J］.南方文物，2006，3：2-5.

［112］单勇兵，马晓冬.基于GIS的徐州乡村聚落空间分布规律研究［J］.徐州师范大学学报：自然科学版，2011，29（1）：73-75.

［113］沈克宁.富阳县龙门村聚落结构形态与社会组织［J］.建筑学报，1992，2：53-58.

［114］施瑛，简析江西传统民居的外墙艺术［J］.农业考古，2009，3：201.

［115］舒畅.江西富田古镇形态及建筑特征研究［D］.武汉：武汉理工大学，2014.

［116］石克辉，胡雪松，乡土精神与人类社会的可持续发展［J］.华中建筑，2000，2.

［117］孙大章.中国民居研究［M］.北京：中国建筑工业出版社，2004.

［118］孙华伟.云南省村镇"类"传统街巷空间的整合研究［D］.昆明：昆明

理工大学，2008.

[119] 孙夏.济南朱家峪古村落聚落空间形态研究［D］.济南：山东建筑大学，2011.

[120] 谭人殊.一种关注：西南山地流域滨水聚落肌理形态研究——以重庆及云南的若干滨水聚落为例［D］.昆明：昆明理工大学，2009.

[121] 陶犁，王立国.国外线性文化遗产发展历程及研究进展评析［J］.思想战线，2013，3：108-114.

[122] 田伟丽，宫定宇.小店河公共空间与聚落结构［J］.山西建筑，2009，7：20-22.

[123] 田莹.自然环境因素影响下的传统聚落形态演变探析［D］.北京：北京林业大学，2007.

[124] 王韡.徽州传统聚落生成环境研究［D］.上海：同济大学，2006.

[125] 王绚.传统堡寨聚落研究——兼以秦晋地区为例［D］.天津：天津大学，2004.

[126] 王鹤鸣.唐代家庙研究［J］.史林，2012，6：42-52，186.

[127] 王昀，传统聚落结构中的空间概念［M］.北京：中国建筑工业出版社，2009.

[128] 汪洋.山地人居环境空间信息图谱——理论与实证［D］.重庆：重庆大学，2012.

[129] 王法磊.流域生态需水研究——以抚河流域为例［D］.南昌：江西师范大学，2010.

[130] 王根泉.明清时期一个典型农业地区的墟镇——江西抚州府墟镇试探［J］.南昌大学学报：人文社会科学版，1990，2：84-88.

[131] 王根泉，魏佐国.明清时期江西一个典型的手工业市镇——宜黄棠阴镇经济结构分析［J］.抚州师专学报，1992，2：79-85.

[132] 王根泉，魏佐国.明清两代江西抚州地区商品经济发展的水平［J］.江西社会科学，1992，6：130-135.

[133] 王鹤鸣.唐代家庙研究［J］.史林，2012，6：42-52，186.

[134] 王建华.聚落考古综述［J］.华夏考古，2003，2：97-100，112.

[135] 王路.村落的未来景象——传统村落的经验与当代聚落规划［J］.建筑学报，2000，11：16-22.

[136] 王梦.大悟县历史村镇空间形态特色研究［D］.武汉：武汉理工大学，2014.

[137] 王士性.《江南诸省·江西》，《广志绎》卷四.

[138] 王文卿，周立军.中国传统民居构筑形态的自然区划［J］.建筑学报，1992，4：12-16.

[139] 王文卿, 陈烨. 中国传统民居的人文背景区划探讨[J]. 建筑学报, 1994, 7: 42-47.

[140] 王炎松 袁铮. 金溪古村落四季行 [M]. 南昌: 江西美术出版社, 2015.

[141] 王制. 生态视野下的聚落形态和美学特征研究 [D]. 天津: 天津大学, 2006.

[142] 王竹, 魏秦, 贺勇, 等. 黄土高原绿色窑居住区研究的科学基础与方法论[J]. 建筑学报, 2002, 4: 45-47, 70.

[143] 魏春雨. 地域界面类型实践 [J]. 建筑学报, 2010, 2: 62-67.

[144] 翁佳. 抚河下游地区住宅穿斗式木结构法式研究及其当代应用 [D]. 南昌南昌大学, 2014.

[145] 吴必虎. 中国文化区的形成与划分 [J]. 学术月刊, 1996, 3: 10-15.

[146] 吴定安. 乡草集 [M]. 南昌: 江西人民出版社, 2012.

[147] 吴良镛. 国际建协北京宪章: 建筑学的未来 [M]. 北京: 清华大学出版社, 2002.

[148] 吴良镛. 人居环境科学导论 [M]. 北京: 中国建筑工业出版社, 2002.

[149] 吴庆洲. 建筑哲理、意匠与文化 [M]. 北京: 中国建筑工业出版社, 2005.

[150] 武进. 中国城市形态——结构、特点及其演变[M]. 南京: 江苏科技出版社, 1990.

[151] 武启祥, 韩林飞, 朱连奇, 等. 江西婺源古村落空间布局探析[J]. 规划师, 2010, 4: 84-89.

[152] 席丽莎. 基于人类聚居学理论的京西传统村落研究 [D]. 天津: 天津大学, 2014.

[153] 夏祖华, 黄伟康. 城市空间设计 [M]. 南京: 东南大学出版社, 1992.

[154] 陆九渊《年谱》,《象山全集》卷三十六.

[155] 肖文胜, 蔡玉文. 江右商帮兴衰史带给新赣商的启示 [J]. 南昌高专学报, 2011, 1: 28-30, 37.

[156] 谢力军, 张鲁萍. 浅析江右商帮的没落 [J]. 江西社会科学, 2002, 2: 85-88.

[157] 熊伟. 广西传统乡土建筑文化研究 [D]. 广州: 华南理工大学, 2012.

[158] 熊伟. 流坑村民居建筑形态研究 [D]. 南京: 南京艺术学院, 2008.

[159] 徐贤如. 传统聚落环境分析 [D]. 昆明: 昆明理工大学, 2007.

[160] 许怀林. 江西史稿 [M]. 南昌: 江西高校出版社, 1998.

[161] 许飞进, 刘强. 乐安流坑村传统聚落形成与演变的特色探讨[J]. 农业考古, 2008, 3: 236-238.

[162] 闫卫坡. 岷江上游杂谷脑河流域山区聚落分异与生境的耦合效应 [D]. 绵阳: 西南科技大学, 2013.

［163］严文明.聚落考古与史前社会研究［J］.文物，1997，6：27-35，1.

［164］杨庆光，楚雄彝族传统民居及其聚落研究［D］，昆明：昆明理工大学，2008.

［165］杨小东.庐陵状元文化研究［D］.武汉：武汉大学，2013.

［166］亚历山大等.建筑模式语言［M］.周序鸿等译.北京：知识产权出版社，2002.

［167］杨定海.海南岛传统聚落与建筑空间形态研究［D］.广州：华南理工大学，2013.

［168］（丹麦）杨·盖尔.交往与空间［M］.何人可译.北京：中国建筑工业出版社，2002.

［169］姚糖.赣东北民居考［D］.上海：同济大学.1987.

［170］业祖润.传统聚落环境空间结构探析［J］.建筑学报，2001，12：21-24.

［171］宜黄古建筑考察组.建筑历史与理论（第三、四辑）［M］.南京：江苏人民出版社，1984.

［172］易行广.禅宗的演播与江西［J］.江西社会科学.1997，6：47-50.

［173］乔弗莱·司古特.人文主义建筑学［M］.张钦楠译.北京：中国建筑工业出版社，1989.

［174］康恩泽.城镇平面格局分析：诺森伯兰郡阿尼克案例研究［M］.宋峰等译.北京：中国建筑工业出版社，2011.9.

［175］余侃华.西安大都市周边地区乡村聚落发展模式及规划策略研究［D］.西安：西安建筑科技大学，2011.

［176］余英，陆元鼎.东南传统聚落研究——人类聚落学的架构［J］.西安：华中建筑，1996，4：48-53.

［177］余英.中国东南系建筑区系类型研究［M］.北京：中国建筑工业出版社，2001.

［178］余龙生.简析明代江西商人的行商特色［J］.上饶师范学院学报.2002，8：77-79.

［179］俞勇军.赣江流域空间结构模式研究［D］.南京：南京师范大学，2004.

［180］张发祥.古代抚州书院发展探析［J］.东华理工大学学报：社会科学版，2009，4：307312.

［181］张瀚.《商贾纪》，《松窗梦语》卷四.

［182］张乾.聚落空间特征与气候适应性的关联研究——以鄂东南地区为例［D］.武汉：华中科技大学，2012.

［183］张苒.沁河中游古村镇空间构成解析——沁河中游古村镇系列研究之二［D］.武汉：华中科技大学，2007.

［184］张文锋，李平亮.清中叶江西农村墟市的发展及其内涵［J］.农业考古，

2006，6：41-43.

［185］张文奎.人文地理学概论［M］.长春：东北师范大学出版社，1989.

［186］张文婷.浮梁古村落聚居形态及农耕景观研究——以瑶里、沧溪、严台三地为例［D］.南京：南京农业大学，2012.

［187］张驭寰.中国城池史［M］.天津：百花文艺出版社，2003.

［188］赵逵.川盐古道上的传统聚落与建筑研究［D］.武汉：华中科技大学，2007.

［189］赵万民，汪洋.山地人居环境信息图谱的理论建构与学术意义［J］.城市规划，2014，4：9-16.

［190］赵冶.广西壮族传统聚落及民居研究［D］.广州：华南理工大学，2012.

［191］赵殿英.宗族文化视角下江西浯湾古镇传统建筑研究［D］.武汉：武汉理工大学，2013.

［192］郑芹.松茂古道沿线聚落探析［D］.成都：西南交通大学，2012.

［193］中国乡土建筑编辑委员会编.中国乡土建筑［M］.杭州：浙江人民美术出版社，2000.

［194］中国民族建筑研究会.族群·聚落·民族建筑［M］.昆明：云南大学出版社，2009.

［195］钟建华.江右之秀——抚州商帮文化与演变［M］.南昌：百花洲文艺出版社，2005.

［196］周世泉，廖应生."临川文化"的概念、内涵、外延二题——临川文化的个性特征［J］.抚州师专学报，1994，4：1-7.

［197］周文英等.江西文化［M］.沈阳：辽宁教育出版社，1995.

［198］周学红.嘉陵江流域人居环境建设研究［D］.重庆：重庆大学，2012.

［199］朱保炯，谢沛霖.明清进士题名碑录［M］.上海：上海古籍出版社，1979.

［200］朱琳.明清时期临川士绅与地方社会［D］.南昌：南昌大学，2011.

［201］朱炜.基于地理学视角的浙北乡村聚落空间研究［D］.杭州：浙江大学，2009.

［202］朱永春.徽派建筑［M］.合肥：安徽人民出版社，2005.

［203］朱永春.摊与中国乡土建筑［C］//第13届中国民居学术会议资料，2004.

［204］朱光亚.中国古代建筑区划与谱系研究初探.中国传统民居营造与技术［M］.广州：华南理工大学出版社，2002.

［205］祝文明.安顺屯堡聚落空间形态与保护策略研究［D］.武汉：华中科技大学，2010.

［206］庄齐.人类学视野下的家族聚落空间形态演变——以陈埭丁氏家族为例［D］.厦门：厦门大学，2008.

［207］邹逸磷.中国历史地理概述［M］.上海：上海教育出版社，2005.

后　记

　　书稿即将付梓。看着这三十多万字沉甸甸的稿子，心中不免五味杂陈，今日收获的喜悦浸润了无数次考察的艰辛与写作的迷茫。从严寒到酷暑，从朝霞满天的清晨到日暮西山的黄昏，我穿梭在江西大地上的传统村落里，从赣东北的婺源到赣南的围屋，都留下了我的足迹。然而我考察次数最多，关注时间最久，给我触动最深的是抚河流域地区的传统村落。有幸，我以此为研究对象完成了我博士论文的写作。

　　忆起 2012 年的元旦第一次到江西考察，来到抚州市东乡县的后畲村，接下来的几年里曾无数次地坐车来到美丽的江西探访传统村落，一年来江西十几次甚至几十次，这样我和这个文化如此厚重的地方结下了不解之缘。每每走到时空凝固的小巷里，我仔细打量着这一砖一瓦，我和这里的房子对话，和营建它们的先人对话；我潜心学习，学习古人营建的智慧，感悟古人布局的精妙，更是感受乡土文明沉淀的力量。我的考察时常是悲喜交加，找到一个好村子时的喜悦难以言表，长途跋涉遇到明代建筑时兴奋欣喜，看到残垣断壁的黯然神伤，发现一些精美的老房子被偷盗时失望沮丧。

　　在走乡串村一路考察的过程中，有太多有趣的故事和回忆，历历在目。印象最深的是读书的时候在乡下调研，最难解决的是交通问题，村子通常离乡镇市区比较远，调研的交通基本靠村村通的公交、打摩的或者租车。非常有趣的　次经历，我和师妹易宇在东乡县考察红光垦殖场附近的吴伯宗状元府后，已无班车到达县城，抱着荒唐的想法，师妹在路边举着一张写了"求搭车去东乡"的纸，靠着这张纸，我们顺利地搭上了拉家具的板车到达了县城。当时没有害怕，只有好奇和惊喜。还记得在南丰县的大山里，我和师妹刘雪去考察在深山中的一个小山村黄连山，村子不通车只能靠摩托车和步行进村，我们坐着当地老乡的摩托车一路颠簸，历经半小时，经历几近把内脏都颠出来的错觉，不禁慨叹这是我们走过的世上最难走的路，没有之一。到达黄连山，看到这座美丽而又独特的山村，所有旅途的劳顿瞬间消失，又全身复活继续干活。在村落探访过程中，冥冥之中遇到了很多事很多人，给了我莫大的帮助，感慨上苍的眷顾，也是我一生中非常宝贵的经历。

　　虽然考察过程中历尽艰辛与劳顿，庆幸的是，本书在写作过程中得到了很多人的指导与帮助，不胜感激。首先要非常感谢我的导师王炎松教授，他不厌其烦地与我讨论，在我迷茫和困惑的时候指点迷津，使我得以打开思路，豁然开朗。感谢师母袁老师，感谢她在我失意的时候对我的安慰和鼓舞，使我重拾信心继续努力。感谢武汉大学教育科学学院的陈闻晋老师，多次与我一起到乡下调研，给我讲解很多关于历史文化方面的知识，受益匪浅。感谢在百忙之中抽出时间进行指导的华中科技大学建筑与城市规划学院的李保峰老师和万谦老师，非常感谢他们提出宝贵的建议。感谢抚州市文物博物管理所丁潮康所长，在调研和资料收集过程中数次与他会面，向他请教当地古村落保护情况和古建筑专业知识。还要感谢提供给我诸多方便的金溪县文化局的王新景局长，抚州的陈峰主任和报社的黄初晨记者。王局长开着一辆小面包，载着我们跑遍了金溪的诸多古村，为我们提供生活上的便利，节约了很多宝贵的时间。陈峰主任是一位古村摄影发烧友，发现并挖掘了很多有价值的古村落，并开通了抚州古村的微信公众平台，为抚州古村的保护宣传发挥了重要作用，他对古村的热爱之情也使我深受鼓舞。黄初晨记者的作品《岁月无痕——抚州一百古村落行摄记》为我的写作提供了很多基础性的资料，成为我的案头书，感谢他十多年来对抚州古村的关注和挖掘整理，使得抚州古村的价值被越来越多的人了解和认知。还要感谢我在乡野调研过程中遇到的很多来不及问姓名的朴实真诚的老乡们，他们热心为我指路，找族谱，甚至让我们去家里吃饭，他们是乡土文明延续的主人，是最可亲可敬的人。

最后再次感谢在本书写作过程中给予我指导和支持的师友们，感谢中国建筑工业出版社的编辑同仁耐心认真的审阅，终使本书顺利完成。江西传统村落资源之丰富，我的学习和研究不过是九牛一毛，还有太多内容值得研究和关注，也希望有越来越多的人能够关注和研究江西的传统村落，使这些散落在大地上的明珠能重放异彩。由于水平有限，时间紧迫，我的研究还很粗浅，书稿中定还有很多疏漏和缺憾，敬请各位方家批评指教。本书暂为目前阶段性的研究成果，关于江西传统村落方面的研究还在继续，期待后续的研究更为深入，取得更为有意义的研究成果，以期对江西传统建筑文化的梳理与挖掘、传统村落的保护与活化有所裨益。

段亚鹏

2017 年 7 月 10 日深夜